国家社科基金
GUOJIA SHEKE JIJIN HOUQI ZIZHU XIANGMU
后期资助项目

现代国家与其边缘：近代兰州城市发展研究（1872~1949）

The Modern State and It's Margin:
A Research on the Modern Urban Development of
Lanzhou, 1872-1949

邵彦涛　著

社会科学文献出版社
SOCIAL SCIENCES ACADEMIC PRESS (CHINA)

国家社科基金后期资助项目
出版说明

  后期资助项目是国家社科基金设立的一类重要项目，旨在鼓励广大社科研究者潜心治学，支持基础研究多出优秀成果。它是经过严格评审，从接近完成的科研成果中遴选立项的。为扩大后期资助项目的影响，更好地推动学术发展，促进成果转化，全国哲学社会科学工作办公室按照"统一设计、统一标识、统一版式、形成系列"的总体要求，组织出版国家社科基金后期资助项目成果。

全国哲学社会科学工作办公室

序 国家与其边缘视域下的兰州城市史研究

彭南生

历史上的兰州，既平常，又特别！说它平常，是基于它具有所有城市的共同特点，地处要冲，黄河穿城而过，人口集聚，贸易虽说不上发达，但在西北内陆地区亦可谓为茶马贸易之枢纽。说它特别，则缘于它距离中原太过遥远，尤其是在交通工具非常落后的古代，用"远在天边"来形容它，一点也不过分。但在王朝政治边界的变动中，兰州却被赋予了"治边重镇"的特殊地位。它看似边缘，但在更加边远的西北内陆地区却俨如中心，清朝将陕甘总督的治所设于兰州，便是它地处西北内陆秩序中心并发挥战略作用的明证。尤其是进入近代，在"海防"与"塞防"的争论中，兰州的地位更显突出。左宗棠入甘，不仅开启了兰州城市近代化的序幕，而且再次表明了清政府对兰州在固疆治边中的战略地位的认可。抗战时期，西北又被赋予了抗战救国的历史重任。九一八事变后，"开发西北"的呼声不绝于耳，有识之士纷纷远赴西北考察，无不看重西北对挽救民族危亡乃至对民族复兴的重要性，爱国侨胞林鹏侠自述其考察西北的动机时说："彰往察来，深信吾中华民族必可复兴，西北又适为复兴之根据地。"① 著名记者陈赓雅也说："自'九一八事变'爆发，日人强占我东北四省以来，国人感于民族前途危机之日迫，始高瞻远瞩，转移目光于边疆方面，于是'开发西北'呼声，洋溢云表。"② 在民族存亡的危难

① 林鹏侠：《西北行》，甘肃人民出版社，2002，第2页。
② 陈赓雅：《西北视察记》，甘肃人民出版社，2002，第7页。

时刻，西北的重要性再次展现在人们面前，处于西北内陆中心的兰州，在挽救民族危机、建设现代民族国家的进程中再次扮演了重要角色。抗战胜利后，中华民族迎来了一个重要的复兴机遇，国人纷纷在中华民族共同体的话语体系下探讨如何构建政治民主、市场统一、文化多元的民族国家。一时之间，关于兰州，出现了"兰州中心""兰州重心""祖国的心脏""百年前的芝加哥"等美誉，甚至出现了"建都兰州论"等主张。缘何一个传统疆域观念下的边陲城市能够受到国人的垂青？这一主张的背后究竟蕴含着什么观念？

　　带着对这一问题的思考，本书作者邵彦涛从兰州大学历史学基地班到了华中师范大学中国近代史研究所，跟随我攻读硕士研究生。兰州大学作为老牌"985"高校，学风淳朴，名播遐迩，且与我校中国近现代史专业交流较多，前辈学者王劲先生与华中师范大学苏中立先生来往甚密。2007年以前，国家掀起了西部大开发的热潮，我应邀作为兰州大学"萃英计划"讲席教授，每年赴兰大讲学一个月，主要面向研究生讲授中国近代史研究专题、经济史的理论与方法等课程，并面向全校做一两场学术报告。彦涛当时还是兰大历史文化学院历史学基地班的一名大四本科生，他旁听了部分课程，并在一次学术报告会后经杨红伟老师介绍，与我讨论了报告会上的学术问题，并表达了想来武汉跟随我读研的愿望，我当即表示欢迎并鼓励他认真准备。之后，彦涛顺利通过推荐免试，保送到了华中师范大学中国近代史研究所。在硕士阶段，我鼓励他继续关注西北近现代史，坚守属于自己的问题意识和学术道路。他以《近代中国的"西部牛仔"——近代兰州区域市场中的客商研究》为题，探讨了客商在近代兰州区域市场的地位和作用，该文被评为2011年度华中师范大学优秀硕士学位论文，他也被推荐免试攻读博士学位。在博士阶段，他继续思考"兰州问题"，以近代兰州城市的发展演变为题，撰写学位论文。他将近代兰州的发展置于现代国家与其边缘的互动关系中，鲜活地展现了边缘社会参与并推动现代国家构建的历史实态。这篇论文还获得了湖北省2015年优秀博士学位论文。参加工作后，彦涛又以这篇博士学位论文为基础，申报并获批了国家社科基金后期资助项目，由此又进一步丰富了史料、充实并完善了部分章节，最终成为展现在读者面前的这部书。

　　兰州城市史研究既要呈现其平常面，又要揭示其特殊面。就其平常面看，它的地理环境、沿革变迁、空间布局、经济成长、市政建设、文化教育乃至城市精神等，构成城市史研究的基本元素。就其特别面而言，近代以来的兰州在城市近代化进程和现代民族国家构建过程中，不仅承载着边缘地带中心城市固疆治边的功能，而且一直在努力摆脱边缘角色，试图从边缘中心上升为民族国家的中心，这一努力过程本身就是现代民族国家构建过程的一部分。这样一来，看似平常的东西便变得不平常，便有了几分特别，这个特别，既是时代赋予，也是空间的馈遗。

　　本书的最大特色在于将单体城市研究从单一的个案研究中解放出来，放诸现代国家构建与其边缘关系的视野中进行宏观的解读。作者将考察的时间界限定位在1872～1949年，并以五章的篇幅将兰州的平常面置于"国家与其边缘"的视角中加以观照，使兰州城市史研究突破了既有的框架，有了一些新意。对于边缘城市而言，其城市现代化与其说是自身积累的结果，不如说是国家主导的产物。国家构建是边缘城市发展的基本原因和动力，也深刻影响和改变了边缘城市的空间格局与发展方向。作者把清末民国时期诸多人士将兰州称为"中国中心"的观点概括为"兰州中心说"，并认为这种观点的出现，不只是因为兰州位于中国地理几何中心，更是缘于现代国家构建进程中中华民族共同体的建构。中国自古以来就是一个多民族国家，多元一体是中华民族不同于其他民族的特征。民族共同体的构建是一个漫长的交融互动的演进过程，也是一个从自在到自觉的过程。就中华民族共同体的形成来说，古代处在自在时期，历代王朝采取羁縻、安抚、怀柔、互市、和亲等政策措施处理统治民族与其他民族之间的关系，客观上促进了民族之间的一体化。鸦片战争以来，国家外遭强敌入侵，内陷分裂割据，民族危机逐步加深，各民族认识到在西方列强侵略面前的共同命运，民族共同体意识逐步增强。从思想史演进的角度看，清末民初是中华民族共同体意识生成的一个重要时期，辛亥革命是构建中华民族共同体的一场重要实践。把"兰州中心说"和"建都兰州论"放到现代国家构建的进程中看，它何尝不是一个身处边缘，又不甘边缘，且希望从边缘走向中心的一种民族自觉呢？单从字面上看，"兰州中心说"和"建都兰州论"似乎都有些离谱，却是现代国家构建进程中，中华民族共同体建设的一个历史性的符号象征。国家构建促进了兰州的城市现代化，反过来说，城市反边缘化的努力同时也是构建现代民族国家的有机成分。

作者对"兰州中心说"的分析是全书精彩之处。现代国家的建立，本就是一个由中心不断向边缘渗透整合的持续过程。既往研究多聚焦于"中心"的立场，关注中心对边缘的影响，本书另辟蹊径，从"边缘"的立场出发，描述一个边缘城市如何尝试摆脱边缘身份，甚至自命为"中国中心"。这一现象不是兰州独有，而是边缘社会普遍存在的一种社会心态，颇具"边缘革命"的色彩。正如作者所说："'兰州中心说'的提出，代表着国家中心人群对西部价值的重新发现，也是在边疆危机和抗日战争的大背景下，对中国'中心'进行重新定义的一次尝试。"在2020年中共中央、国务院印发《关于新时代推进西部大开发形成新格局的指导意见》之后，重读这段历史，反思近代以来中国"中心"观的演变，对于加深"中国"的空间性认识，不断扩展国家发展的战略回旋空间，有着重要的现实意义。

邵彦涛博士的学术之路才刚刚开始，这部书也是他的第一部学术专著，始生之物，其形必丑，该书难免有着这样或那样的不足，作者一定会从读者的善意批评中不断修正和完善。我希望彦涛博士不忘学术初心，继续求实开新，在学术道路上稳健、持久地走下去！

2021年12月于武汉桂子山

目　　录

图表目录

绪 论

　　漫步乡间，也许你会在空地上发现一块青石界碑。界碑的一侧刻有某某省或某某市的名字，另一侧则是另一省或另一市的名字。为了创建有序的秩序以维持空间的连续性，人们创造了具有硬性规定的政治边界。这是具体的边界，反映了人们对地理空间的认识。另外，还有大量非硬性规定的边界，它们存在于人们的思想中，反映了人们对空间的想象。

　　近代兰州就是这样一个想象的边界，它既是内地的边缘，也是西北少数民族的边缘。通过兰州，历代中央帝国将"中国"的有限空间导向了充满异域色彩、极具开放性的无边西部。国家视野中的兰州，是这样一个磁体，它是拱卫中心的堡垒，是面向西北施展国家策略的基地，也是中心文化面向西北打开的一扇窗户。区域视野下的兰州，是这样一个容器，它是西北各少数民族接近国家中心文化的平台，也是向着中心文化表达和展示自我的舞台。对西北人而言，兰州就是繁华的内地；对中东部的国人而言，兰州则是"骑着骆驼的边疆"。一边是"内地"，一边是"边疆"，兰州就处在这样一个永远作为"他者"，可以向不同的对方进行穿越的空间位置，一个对于不同的对方都是"边缘"的边缘位置。处于内地与边疆之间的兰州城市，既是国家控制西北、表达权威以实现国家治理结构移植的堡垒，也是西北边缘文化自我表现的舞台。透过近代兰州城市，我们既可以看到从中心视角无法观照到的国家影像，又可以观察到边缘社会和边缘文化的多维度投影。因此，本书力图以近代兰州城市史为参照，探讨和分析现代国家与其边缘的关系，同时也从现代国家与其边缘关系的视角，探讨和分析近代兰州城市史。两种视角和方法相互印证，相互辅助，充分展现历史的多维性和复杂性。

一　现代国家与其边缘

从中心与边缘的角度来看，现代国家构建的重要目标是实现从王朝国家向现代国家的转变，将边缘社会纳入国家的整体秩序并维持国家政治统治的基层权威基础，从而形成国家对边缘区域的全面监控，以维持国家权力的均质性。"从这个意义上说，现代国家建设就是一个由中心或内地不断向边疆渗透整合的持续过程。"[①] 那么我们不禁要问：现代国家对边缘社会的渗透过程中，边缘社会产生了什么样的变化？做出了何种反馈？边缘社会的反馈对现代国家构建过程产生了何种反作用？既往研究往往站在中央王朝的立场上以"历史－政治型"的叙事模式来论述中国的边缘、边疆问题，"而对边陲社会的回应还缺乏足够的注意"。[②] 因此，本书的立意就在于从兰州这一边缘城市出发，通过对其地理政治、空间格局、经济发展、市政建设、社会心态的考察，探讨边缘社会在现代国家构建进程中的地位和作用。

（一）"现代国家"及其构建

"国家"这一概念经历了较长的演进过程。在古希腊的亚里士多德看来，国家指城邦范围内一切公共生活及其地域的总称。在古罗马，国家被理解为 Republic（共和国），共和国是指属于人民的共同事务。文艺复兴以后，随着近代民族国家的兴起，一个能够不加区别地概括一切政体的总体名词"国家"（State）开始出现。在当代西方政治学界，较为通行的对国家的定义是由德国社会学家马克斯·韦伯做出的，即国家"是在某一特定的领土范围内能够宣称合法地垄断强制力的人类团体"。[③] 而在马克

---

① 周朗生、范铁中：《近年来国家建设中的边疆政治问题研究综述》，《云南行政学院学报》2012 年第 6 期。

② 姚大力：《西方中国研究的"边疆范式"：一篇书目式述评》，《文汇报》2007 年 5 月 7 日，第 6 版。

③ Max Weber, *Essays in Sociology*, translated and edited by H. H. Gerth and C. Wright Mills, London: Routledge and Kegan Paul, 1970, p. 78.

思看来，"国家的本质特征，是和人民大众分离的公共权力"。① 列宁也指出，"国家这个有组织的暴力，是社会发展到一定阶段必然产生的，这时社会已分裂成各个不可调和的阶级，如果没有一种似乎驾于社会之上并一定程度脱离社会的'权力'，它便无法存在"。② 尽管不同理论对"国家"的定义存在差异，但有一点是共通的，那就是强调国家作为制度构建和公共权力代表的普遍性和均质性。这也揭示了他们所探讨的国家指的是相对前资本主义国家（即传统国家）而言的现代国家。

　　现代国家的建立，意味着一种新秩序的诞生，"现代国家构建"（State-making 或 State-building，又称国家政权建设）的概念遂应运而生。20 世纪 70 年代，出于对现代化理论流于空洞和意识形态化的不满，一些学者倡导回到历史过程之中，重新认识欧洲现代国家的成长过程，进而形成了现代国家构建的叙事模式。这一研究理路，与 20 世纪 80 年代西方政治学研究中从行为主义向"以国家为中心"的回归一起，形成了一场"重新发现国家"的思想潮流。概而言之，现代国家构建要求"遵循现代原则，建立符合权威与社会的现代关系的现代公共政权。其核心内涵是国家角色的现代化"。③ 在国内，由于现代国家构建叙事能够有效地将现代化叙事与革命叙事结合起来，所以，现代国家构建研究已经成为介于近现代史研究的现代化范式与革命史范式之间的一种新的研究方向，进而成为历史研究的一条主线。④

　　与西方先发现代化国家不同，中国作为后发现代化国家，是在西方外力压迫的"外患"和自身王朝衰退的"内忧"之双重压力下被迫开始从传统国家向现代国家迈进的。因此，中国与西欧国家的现代国家构建进程有着明显的不同。在论及这一不同时，论者多强调构建进程的不同，西欧是先社会后国家，而中国是先国家后社会。这就把现代国家构建划分为国家建设和社会建设两个部分，其中国家建设体现为国家权力的强制性扩

① 《马克思恩格斯选集》第 4 卷，人民出版社，1995，第 116 页。
② 《列宁选集》第 2 卷，人民出版社，1972，第 600 页。
③ 汪雪芬、王博：《"国家政权建设"的概念旅行：从西方到中国》，《中共杭州市委党校学报》2017 年第 2 期。
④ 刘文楠：《南京国民政府的国家政权建设——史学界对 1932～1937 年民国政治史的研究述评》，《南京大学学报》2014 年第 6 期。

张，社会建设体现为公民权的建立以及由此对国家权力扩张的合法性赋
权。正如杜赞奇所说："国家权力在现代的扩张涉及一个双面的过程：一
是渗透与扩张的过程，一是证明此种渗透与扩张的合法性。"[①] 认为中国
先国家后社会，其潜台词是，作为后发现代化国家，中国的现代国家构建
呈现出一组矛盾形式，即国家权力向社会急剧扩张，但现代公民权及相对
应的制度体系却没有同步建立。换句话说，"现代国家构建"并不是国家
权力扩张的代名词，近代中国的国家构建进程并不只意味着权力扩张，还
包含对扩张后的国家权力合法性的审视，内含目标与现实之间的紧张和冲
突。近代中国的现代国家构建过程充满了曲折，在造就一个现代国家的雏
形后，却没有实现权力的统一、均质化和维护公共利益，无力推进现代国
家的合法性构建。这是以中国为代表的后发现代化国家在国家构建过程中
普遍存在的一个困境。

　　许多研究中国近现代史的学者，如杜赞奇、孔飞力、王奇生、彭慕兰
等都将现代国家构建作为透视中国近现代国家与社会变迁的分析框架，同
时也着重分析了现代国家构建中的这一困境。如杜赞奇提出了基层政权内
卷化问题。在杜赞奇的研究中，现代国家构建就是一个国家权力向乡村延
伸、社会控制加强进而导致国家政权扩张和内卷化的过程，同时造成了地
方财政的恶性循环，养活了一批"盈利性经纪人"。[②] 王奇生提出了基层
政权土豪劣绅化问题，同样认为民国时期国家构建对乡村社会产生了压制
破坏的影响。在农村人才外流、地痞流氓和土豪劣绅当道的情况下，南京
国民政府在不进行社会革命的前提下，将政权强行渗透至保一级，进而产
生了一个庞大的干部队伍。但是这个干部队伍却无法如自治理念所设想的
那样起到民意机构的作用，而是蜕变为土豪劣绅，最终成为共产党革命的
对象。[③] 孔飞力提出的税收中间人问题，与前面二人的视点也很接近。
他认为南京国民政府的失败在于未能将中间人从税收体系中排除出去，
而经过土改，税收中间人群体被替换为乐意为新政权服务的穷苦农民，

---

① 杜赞奇：《文化、权力与国家：1900～1942 年的华北农村》，王福明译，江苏人民出版
　社，1996，第 86 页。
② 杜赞奇：《文化、权力与国家：1900～1942 年的华北农村》。
③ 王奇生：《革命与反革命：社会文化视野下的民国政治》，社会科学文献出版社，2010。

进而推动了农业生产和工业化的发展。① 彭慕兰则研究了现代国家构建过程中核心与腹地的显著差异。在现代国家构建过程中，中国的治国方略发生了转变，"这种新的国策既改变了国家专注的使命，也改变了它认为最为重要的地方。随着中国地位的改变，中国内部不同地区的地位也在改变"。② 国家转向自强逻辑后，国家的注意力就集中在对富有竞争力的地区的控制、现代化建设及从总体上减少威胁国家主权的债务。晚清以来中国政府的失败，不是因为"自强"方面做得不好，而是因为对国家旧使命的忽视，广大腹地既承受着政权内卷化之苦，又承受着国家政策转型之苦。

总之，从传统向现代的转型过程中，以国家为中心的权威再造是近代中国转型的核心，"这个过程如同一个巨大的马达，搅动着社会生活的行动方向，决定着社会成员、包括地方精英的命运"。③ 在近代中国，日益富裕的东南沿海和日益贫困的内陆边缘是中国共同的组成部分。如果说东南沿海的日益富裕是现代国家构建的得意政绩，那么内陆边缘地区的日益贫困则是现代国家构建的灾难性后果，并间接导致了这一实践结局最终的失败。因此，在学界既有研究的基础上，进一步深入探讨现代国家构建与其边缘社会的关系，就是一个非常值得深耕的重要课题。

（二）边缘研究的意义与方法

1. "边缘"的概念辨析

作为一个地理学概念，"边缘"指沿边的部分，含义与"边际"和"边界"相同。如森林的边缘、草地的边缘、沙漠的边缘等自然地带的边缘，又如某个省、市、县的边缘地带等行政区划的边缘等。边缘概念具有相对性，边缘是与"中心"相对的边缘位置。作为参照系的"中心"位置的移动和变化，也会造成边缘含义的变化。

如果把国家作为一个整体来考量，则相应的也就出现了国家的边缘地带。从自然地理位置上来说，国家的边缘地带是指远离国家中心

---

① 孔飞力：《中国现代国家的起源》，陈兼、陈之宏译，三联书店，2013。
② 彭慕兰：《腹地的构建——华北内地的国家、社会和经济（1853～1937）》，马俊亚译，上海人民出版社，2017，第47页。
③ 张静：《国家政权建设与乡村自治单位——问题与回顾》，《开放时代》2001年第9期。

的边缘地区。中华文化自古就重视整体性，都城一般被认为是中心，远离都城的地方就被认为是边缘，从而形成了稳定的"中心－边缘"格局。

大致来说，"边缘"有两种，一种是"外边缘"，一种是"内边缘"。"外边缘"的概念与边疆极为接近，指的是作为政治边境的边缘。边疆即边缘的地域，"唯远离中心之所，才是边疆"。① 因而边疆在中国古代亦泛指边缘、边际，"凡是与内地文化相异、经济落后并为周边少数民族或政权控制的区域，或与周边少数民族与政权控制之地相邻区域，古人皆视之为边疆"。② 1937 年国民政府《教育部廿六年度推行边疆教育计划大纲》中界定的边疆涉及蒙古各旗、绥远、察哈尔、宁夏、甘肃、青海、新疆、西藏、西康、云南、贵州、四川、湖南湘西、广西等地。③ 可见国民政府对边疆的认知，建立在地理、文化、民族、经济等多重角度之上，"边疆"也并没有一个固定的区域界线，在概念上等同于"边缘"。许多学者也将甘肃和兰州视为边疆，关凯就曾感慨，甘肃、青海、贵州等地无一寸边境线，"即使兰州市的地理位置本是坐落在中国领土的地理中心线上"，也常被视为"边疆"地区。④ 因而从国家疆域的角度来看，我们很难对"边疆"与"边缘"的概念做出严格区分。但就当前我们的词汇使用习惯来看，在大多数情况下，"边疆"都专指靠近国界的领土，"'边疆'、'边境'、'边界'三个名词时所指称的幅度是逐渐缩小而逼近于边界线的"。⑤"边缘"是与中心相对的一个隐喻性存在，其具体所指和含义是暧昧的、模糊的、游移不定的。而边疆却具有具体性和实指性，被其所指称的对象，往往是某个或某几个实实在在的地理空

---

① 关凯：《反思"边疆"概念：文化想象的政治意涵》，《学术月刊》2013 年第 6 期。
② 段金生：《南京国民政府的边疆观念及民族认识》，《云南民族大学学报》2009 年第 6 期。
③ 张羽新、张双志编纂《民国藏事史料汇编》第 1 册，学苑出版社，2005，第 75～82 页。
④ 关凯：《反思"边疆"概念：文化想象的政治意涵》，《学术月刊》2013 年第 6 期。
⑤ 张世明、龚胜泉：《"边疆"一词在世界主要法系中的镜像：一个语源学角度的考察》，《中国边疆史地研究》2004 年第 2 期。再如，《辞源》对"边疆"的解释是"边境之地"，《现代汉语词典》的解释是"靠近国界的领土"，二者都强调边疆与国界、国境的联系。参见《辞源》，商务印书馆，1998，第 1683 页；《现代汉语词典》，商务印书馆，2016，第 76 页。

间。比较两个概念，"边缘"概念的外延更宽，适用范围更广，也更适合本书的研究对象。

第二种边缘"内边缘"，这个位置不一定与国境、国界有直接的关联，甚至可能是中国疆域内部，处于经济、政治、社会、思想体系"隙缝"中的"内地的边缘"（internal frontier）。① 正如《帝国在边缘》一书的前言中所指出的："这些'边缘'有时处于帝国的政治边境，但更多情况下是处在政治秩序之内的社会、经济或文化体系的缝隙处（Fissures）。"② 在本书中，笔者认为边缘③是国家领土上的一个位置，是与国家的政治中心、经济中心、文化中心都存在相当距离的一个位置。近代兰州就是这样一个"内边缘"，它不仅处于中华帝国体系向外扩张的大路支线上，是中华帝国"消融边陲"的新核心；还属于中华帝国体系向内充实的"隙地"，是将"化外"之区置于王朝国家控制之下，将其思想和文化教化为"正统的"思想和文化的"半边缘"的区域。因而近代兰州的发展，同时体现为两个政治进程：一方面表现为从国家的统治核心，不断向西北地区辐射政治、经济和文化的支配力，实现从"非直接统治"

---

① 鲁西奇很早就提出了"内地的边缘"的概念，认为它是指处于中华帝国疆域内部，但并未真正被纳入王朝国家控制体系或国家控制相对薄弱的区域。这些区域多处于中华帝国政治经济乃至文化体系的空隙处，是帝国政治经济体系的"隙地"。在"内地的边缘"区域，国家权力相对缺失，地方社会秩序的建立多有赖于各种地方势力。详见鲁西奇《内地的边缘：传统中国内部的"化外之区"》，《学术月刊》2010 年第 5 期；鲁西奇《"帝国的边缘"与"边缘的帝国"》，姚大力、刘迎胜主编《清华元史》第 1 辑，商务印书馆，2011，第 455～473 页。

② Pamela Kyle Crossley, Helen F. Siu, Donald Sutton, *Empire at the Margins: Culture, Ethnicity, and Frontier in Early Modern China*, Berkeley, Los Angeles and London: University of California Press, 2006, "introduction", p. 3.

③ 在英语世界的研究中，用来描述"边缘"的英文词主要有"frontier"、"border"、"margin"和"periphery"四个。其中"frontier"和"border"在英语中都有"边疆"和"边缘"的意思。不过在具体使用中，"border"更偏重于"边疆"和"边界"，而"frontier"则多被翻译为"边陲"，即既可理解为边疆，也可理解为边缘。"periphery"则指的是边缘地带、边缘区域，Pitman B. Potter 就在研究中用该词指称中国的边缘区域，包括内部边疆和外部边疆。大致来看，四个英文词都可以翻译为"边疆"或"边缘"。但"margin"一词在外延上广具包容性，Pamela Kyle Crossley、Helen F. Siu 和 Donald Sutton 三人主编 *Empire at the Margins: Culture, Ethnicity, and Frontier in Early Modern China* 一书就用"margin"涵盖了"frontier"、"border"以及"internal frontier"。因而本书使用"margin"一词来对译"边缘"这一概念。

到"直接统治"的转变，以达到政治控制和开展文化教化的"同化"过程；另一方面也是地方社会和人群通过认同或者利用具有威权的朝廷（中央政府）的象征，在国家势力范围扩充的同时，将自身改造为文明的"内地"和"现代化"都市，从而在一定程度上参与现代国家构建的过程。

2. 从"边缘"看"中心"

近代以来，在"以史为鉴"和"经世致用"的关怀下，中国学者对边疆史的研究日益深入，大批边疆史研究著作问世。如葛绥成《中国边疆沿革考》（1926），曾问吾《中国经营西域史》（1936），顾颉刚、史念海《中国疆域沿革史》（1938），童书业《中国疆域沿革略》（1946）等著作，从各个角度对中国历代边疆政治军事活动以及治边策略进行探讨，逐渐形成了对中国边疆史研究的"历史 - 政治型"叙事模式。① 与之相对应的则是儒家天下大一统的边疆观，这种边疆观以国家统一为本位，从中原王朝的角度出发，把内地到边疆的各类族群都视为中华民族，并以此为基点将历史上的中国边疆视为中原儒家文明发展的边缘地区，将现代的边疆视为现代化开发进程中的不发达地区，② 进而在此基础上研究边缘地区的"汉化"或"内地化"过程。以"汉化"或"内地化"的视角来审视边疆，既是夷夏思维的作用，客观上也是边疆民族相对落后、文字史料缺乏等客观因素导致之结果。伴随现代国家构建的不断深化，边疆民族的自我意识不断增强、文化水平显著提升，以边疆为"中心"来考察边疆问题成为可能。著名人类学家胡庆钧早在 1946 年就认识到此点，他指出辽阔的边疆具备不同的地理、经济与文化背景，从边疆的观点来解释历史，较之从中央政权的角度来解释别有意义，能看到许多隐微的部分。③

在 20 世纪 60 年代，西方世界从"汉学"到"中国研究"（Chinese Studies）的重大范式转换中，以"边缘"为中心的研究视角进一步得到

---

① 袁剑：《人类学视野下的中国边疆史》，《读书》2009 年第 4 期。
② 杨洪远：《从欧文·拉铁摩尔到王明珂：解读中国边疆研究的另一个视角》，《内蒙古社会科学》（汉文版）2012 年第 6 期。
③ 胡庆钧：《今日的边疆问题》，《云南日报》1946 年 10 月 20 日，第 2 版，转引自段金生、尤伟琼《范式变迁："边缘"与"中心"的互动——近代民族国家视域下的边疆研究》，《思想战线》2013 年第 1 期。

肯定。在现代性理论中，边缘被定义为落后的、传统的，中心则是进步的、现代的。现代性理论中的"我们"是以西方为中心的"我们"，而"我们"之外的世界则是位于边缘的"他者"。在对"西方中心论"进行批判的基础上，后现代主义与后殖民主义同时否定了"大写的历史"，并指出其中存在着颇为严重的"中心"（center）与"边缘"（periphery）的对立。在后现代主义看来，一切中心都值得怀疑，中心本身就是边缘，"中心几乎总是与边缘一词并列，或者以边缘为参照，因为这两者构成了一种对立关系。……中心是为了自己的存在而依赖于对他者边缘化的一种人为的建构"。① 他们逐渐将其关注的重点转变为原来不为人重视和缺席的"边缘"，不仅要研究"边缘"的历史和文化，还主张超越"中心"与"边缘"这一界限。从而，边缘也就不仅是中心的附庸，更是一个向中心发出挑战、消解中心的最佳位置。这种思想改变了西方理论界的格局，进而影响了西方的中国研究。

在20世纪60年代西方中国研究范式的转换中，人类学处于开风气之先的地位。社会人类学家施坚雅（G. W. Skinner）最早指出了中心与边缘的差异和不统一。施坚雅发现，帝制晚期的中国城市并没有形成一个完整的全国性系统，而是形成了若干区域性系统，各个区域性系统之间只有微弱的联系。由于区域间发展不平衡，自然地理和人文地理差异性极大。这产生了两个结果。第一，不时打断中国历史正常发展的因素，其中包括帝国晚期历史上的重大灾祸与动乱几乎总是限制在一定空间范围。第二，帝国朝廷的一些关键性决策延缓或阻碍了区域的而不是全帝国的发展周期。施坚雅破除了中心铁板一块的神话，把中心解构为区域，又将区域解构为核心－边缘理论下具有严格层级的区域系统。② 美国卫斯理学院历史学教授柯文所著的《在中国发现历史》于1984年出版，无疑在史学界把对现代性的反思推向了一个高点，并引发了对中国史研究的讨论热潮。在该书中，柯文提出了"中国中心观"的四个特征：采用内部的而不

---

① 维克多·泰勒、查尔斯·温奎斯特编《后现代主义百科全书》，章燕、李自修等译，刘象愚校，吉林人民出版社，2007，第59页。

② G. W. 施坚雅：《中国封建社会晚期城市研究——施坚雅模式》，王旭等译，吉林教育出版社，1991，"施坚雅教授中国城市史研究评介（代序）"，第6页。

是外部的准绳来决定中国历史现象所具有的历史重要性；在"横向"上将中国分解为区域、省、州、县与城市，以展开区域与地方历史的研究；在"纵向"上把中国社会分解为若干不同阶层，推动较下层社会历史的撰写；提倡多学科理论方法的结合和借鉴。① 柯文所提倡的这种"眼光向下"和"微观研究"，大大拓展了史学工作者的视界，给中国史研究带来了很大的启发，也提高了对西方其他社会理论的认知度和接受度。

在此之后，西方"后学"迅速传入并逐渐被应用于中国史学研究。借助"后学"的理论，人们开始认识到"中国中心观"的不足。柯文的"中国中心观"所批判的，与其说是"传统与现代"的二元性，不如说实现了"中心"与"边缘"的置换——将"西方中心论"下处于边缘的中国近代史置换为以中国为中心的"内部取向"史学。但是，以中国为中心的史学研究方法产生了新的问题，即以"中国"这个"中心"作为二元辩证中新的一极。正如陶东风所批评的那样，"中国版的'后学'一方面在批评西方现代性话语的普遍主义与西方中心主义的时候，诉之于西方后学的反本质主义；另一方面又悖论式地持有另一种本质主义的族性——身份观念与华夏中心主义情结，试图寻回一种本真而绝对的中国身份（'中华性'），并把它与西方'现代性'对举，构成一种新的二元对立"。这种"本真性"不但是对西方后学的误读，而且导致了"告别'现代性'的结果必然是合乎'逻辑'地走入'中华性'"。② "中华性"又变成了一种本真的、绝对的、不变的中心或元话语。在后现代主义和后殖民主义对中心和霸权的消解下，"中国中心观"又逐渐向多元中心观和无中心观演变。这在无意中又遵循了"中心"与"边缘"的置换规律，促使历史学家的眼光不断向下、向边缘延伸，研究边缘以解构、对抗和消解中心。

在反思和批判"中国中心观"的基础上，边缘研究蔚然兴起。在中国近代史的语境中，边缘指的是与"中国中心"相对的边缘位置，并指

---

① 柯文：《在中国发现历史——中国中心观在美国的兴起》，林同奇译，中华书局，2002。

② 陶东风：《全球化、后殖民批评与文化认同》，《东方丛刊》1999 年第 1 期。

向国土和文明共同的边缘。边缘研究的意义在于，边缘的存在界定了中心的范围，描述边缘成为描述中心的一个方式。同时，边缘不仅接受来自中心的权威，还可能反叛甚至对抗这种权威。正如袁剑所说："在当今全球化时代，对于中心位置的进一步探究呼唤着对边缘社会的新认识。适应此趋势，边缘社会的视角开始重新成为厘清众多悬而未决之问题的新途径。"①边缘研究也能够引发对中心的反思，提升中心的包容性和兼容性。王明珂直言："所谓边缘观点或边缘研究，不一定是将边缘视为核心，而是努力发掘被忽视的边缘声音及其意义，及造成其边缘地位的历史过程，并因此让研究者对自身的典范观点（学术的和文化的）产生反思性理解。"②

　　拉铁摩尔的中国边疆民族研究可以看作最早从边缘视角对"中国中心观"提出的批判。他认为边缘可以主导中心，将"边疆"放在了一个更具主动性的位置上，并力图将整个中国历史（中心）都纳入他的边疆观中。他提出："边疆形态的公理是，它可以对任何历史时期作正面及反面的说明。当边疆或边疆的任何一部分在脱离中国时，它企图使中国分裂，阻止统一，但它同时却投入与草原的某一统一活动。另一方面，当边疆倾向于中国时，它大概会对中国的统一有所贡献，并使草原部落或部落的一部分脱离草原范畴，加入中国。"③

　　王明珂对"华夏边缘"的研究就遵循了从"边缘"看"中心"的视角，并力图以边缘来诠释和界定中心。《华夏边缘：历史记忆与族群认同》虽然是一部人类学著作，但是由中国人"族群边缘"的形成与变迁，解答了"什么是中国人"的问题，以边缘为起点，从而达到对核心人群的认知。王氏以"边缘"来定义"中心"，既是对"中心"定义"边缘"的反叛，也达到了从"边缘"看"中心"的目的。在这之后，王氏又相继出版了《羌在汉藏之间：一个华夏边缘的历史人类学研究》《游牧者的

① 袁剑：《边缘社会的外国眼：拉铁摩尔及其中国边疆民族理论》，《中国民族报》2010年5月21日，第6版。
② 王明珂：《羌在汉藏之间：川西羌族的历史人类学研究》，中华书局，2008，"新版自序"，第3页。
③ 拉铁摩尔：《中国的亚洲内陆边疆》，唐晓峰译，江苏人民出版社，2005，第291页。

抉择：面对汉帝国的北亚游牧部族》等著作，都达到了从"边缘"看"中心"、以"边缘"来诠释"中心"的效果。①

孙秋云的《核心与边缘：18 世纪汉苗文明的传播与碰撞》② 则从苗疆社会的边缘角度，反思和解构"国家"中心。他通过对 18 世纪清朝的"改土归流"和苗民起义的历史再现，从多民族国家内部文明传播的角度，对传统中国的国家形成给出了不同于近代西欧民族国家构建的新解释。在他的研究中，边缘成为主角，而且他试图用边缘的主角意识去消解传统的"中心"。彭兆荣、李春霞合著的《岭南走廊——帝国边缘的地理和政治》③ 在王明珂边缘研究的基础上，更着重强调了边缘对中心的"磁力"，边缘相对于历史的政治地理学的整体性存在。作者的"边缘理论"被具体化为富有"地方感"的表述方式，他以对边缘的大写，完成了对"中心"思维模式的反思，从而凸显了"边缘"作为"地方"的一种表述单位，表达了文化多元化、"多源化"的观点。

一般而言，中心一旦形成，便会锁定自身的优势而难以改变。但难以改变并不意味着不能改变。事实上，边缘与中心的位置是动态的、可置换的，随着政治经济文化的变迁，边缘可以变成中心，中心也可以变为边缘。在这方面最典型的案例是郑州与开封的位置转换。朱军献在对郑州和开封的研究中指出，"近代以后，因为黄河泛滥的影响，开封城市的外部环境变得不利，郑州却获得了有利的外部环境因素，致使二者形成反向的社会经济运动趋势，最终因区域优势因素的日渐倾斜与发展差距的拉大，使二者在区域城市体系中的中心—边缘结构关系，在发生本质性变迁——政治关系重构"。④ 这种中心与边缘的置换在区域史研究中较为常见，如长江下游地区的南京、苏州和上海之间的更替变动关系；河北保定、山东济宁在 20 世纪上半叶的中心位置先后被石家庄和

---

① 王明珂：《华夏边缘：历史记忆与族群认同》，台北，允晨文化公司，1997；王明珂：《羌在汉藏之间：一个华夏边缘的历史人类学研究》，中华书局，2008；王明珂：《游牧者的抉择：面对汉帝国的北亚游牧部族》，台北，联经出版事业股份有限公司，2009。
② 孙秋云：《核心与边缘：18 世纪汉苗文明的传播与碰撞》，人民出版社，2007。
③ 彭兆荣、李春霞：《岭南走廊——帝国边缘的地理和政治》，云南教育出版社，2008。
④ 朱军献：《边缘与中心的互换——近代开封与郑州城市结构关系变动研究》，《史学月刊》2012 年第 6 期。

济南替代等。

中心与边缘一直处于动态的运动当中，二者往往发生各种互动，并产生功能上的互补。王东杰对四川大学的研究有力揭示了这一点。他选择了"不论是地域所在还是学术名声，以及在中央政府的教育政策中，它都处于一个比较边缘的位置"的四川大学进行研究，展现了一幅边缘与中心互动的精彩图景。作者将四川大学的国立化放入国家、中央、地方的大环境下进行考察，其所展示的不仅仅是四川大学的发展史，更是对涉及其间的国家、中央、地方与大学的复杂关系的深入思考。中心与边缘的互动，是中心对边缘的包容，也是边缘走向中心的"去边缘化"过程。在王东杰对川大史学的研究中，抗战时期四川大学国立化之后，川大史学系得以渐入主流，在国内学界的影响力大为增强。这一过程体现了"中心"向"边缘"的扩散，是中心对边缘的兼容；同时，在走向中心的大趋势下，处于边缘的川大史学既强调新材料的价值，又注重基本书献的训练，既强调窄而深的"问题"导向，又不废"通识"眼光，从而奠定了川大史学不同于中心史学的基本风格。①

中心与边缘的动态运动是一个"双体运动"，中心的移动和转向会使原来的边缘成为中心或者接近中心，也会产生新的边缘地带或使原来接近中心的地带进一步远离中心。因此，中心的运动严重影响了边缘社会，进而导致了中心与边缘之间的矛盾和冲突。彭慕兰对"华北内地"的研究就凸现了这一图景。在彭氏的研究中，"中心与边缘"的关系体现为"沿海城市"与"广大内地"的关系。彭慕兰认为，晚清和民国时期政府为实现国家现代化所推行的自强战略，不仅有其表层含义——富国强兵，还有第二层含义——国家"中心"地区的转移。在这种转移中，黄运区从曾经的"中国咽喉"，变成了"边缘地区"。彭氏指出在国家现代化过程中，可能出现国家与边缘的冲突，即：在国家的自强方案中，国家把它的注意力转向了关键地区，关心的是如何维持对中国富有竞争力的地区的控制，如何建设中国现代部门，如何从总体上减少威胁中国国家主权的债务……而落伍的地区则随着

---

① 王东杰：《国家与学术的地方互动：四川大学国立化进程（1925～1939）》，三联书店，2005。

海洋运输的兴起，"没有一处变得重要起来"。国家不仅忽视了边缘地区，而且在行政整合中将更多的资源分配给了较为富裕的沿海地区。这样，边缘社会"既承受更大的榨取（大部分是来自传统的掌权者）之苦，又承受着剧烈的服务衰退之苦"。① 中心转移造成了边缘社会的"恶政"，同时也引发内地地方官员、乡村头面人物和普通百姓的不满及抵制。

　　总体来看，当前学者在反思传统与现代、中心与边缘二元对立的脉络中呈现边缘研究这一范畴的理论意义。从"中心"看"边缘"，就是要研究和分析"中心"强加给"边缘"的强制性界定。在"中心–边缘"的二元辩证中，边缘往往无法定义自身，只能从中心的界定中获得身份。中心在边缘地区获得权威的一个重要方法，也在于对其进行边缘性界定。从"边缘"看"中心"，显然不是要在边缘层面上"复述"历史学家们立足全国历史获得的"整体经验"，它的目标一方面是展现特殊的"边缘知识"，包括对"中心和整体"的边缘性体验和认识；另一方面是试图在这种"边缘知识"的基础上，对"中心话语"进行必要的解构，通过解构中心以消解自身的边缘性，反抗边缘化。

（三）城市的大传统与小传统

　　城市是人类文明发展的产物，一部城市史就是一部文明的发展史。城市自产生以来，就一直是文明的要素和载体，随着城市的产生和形成，人类文明的要素大都聚集到城市之中。刘易斯·芒福德提出："城市实质上就是人类的化身——城市从无到有，从简单到复杂，从低级到高级的发展历史，反映着人类社会、人类自身的同样发展过程……城市是人类社会发展的必然产物，又是这一过程的桥梁。"② 如果说在过去许多世纪中，一些名都大邑成功地支配着各自国家历史，那只是因为这些城市始终能够代表它们民族的文化。宋俊岭也认为："城市的本质，乃是人类本质的一个延伸和物化。城市是人类自身内在品格外化而成的物质环境构造体系。城市是文明人类的存在形式，是人类文明的主要载体。"③ 因此，城市是人

---

① 彭慕兰：《腹地的构建——华北内地的国家、社会和经济（1853～1937）》，第69页。
② 刘易斯·芒福德：《城市发展史——起源、演变和前景》，宋俊岭、倪文彦译，中国建筑工业出版社，2005，"中文第一版译者序言"，第9页。
③ 宋俊岭：《城市的定义和本质》，《北京社会科学》1994年第2期。

类文明的一个象征，是人类一切历史的缩影。

从空间的角度来看，城市具有双重身份。城市既是国家功能的延伸，是国家的一个器官，又是地域社会的空间集聚，是地域的容器。杨东平从"小传统"与"大传统"的角度对城市的这种双重身份进行了阐释。他认为，地域空间等因素所造就的城市结构，终不过是一种属于文化上的"小传统"的"次生文明"。状态和发展水平各异的城市，都处在一种更为广大的"原生文明"的包围和作用之中。这种文化上的"大传统"，就是民族的传统文化和统一国家的制度文化，它从根本上决定和制约着城市文化的面貌。① 刘易斯·芒福德则从另一个更为隐晦的角度对城市的双重身份进行了解读。在其著名的《城市发展史——起源、演变和前景》一书中，他提出了一个关于城市的双重隐喻，即"磁体－容器"的隐喻。芒福德用磁体来比喻聚居的精神性本质。在他看来，最初的城市胚胎是一些礼仪性的聚会地点，古人类定期返回这些地点进行一些神圣活动，因此，"这些地点是先具备磁体功能，然后才具备容器功能的"。② 容器隐喻主要被当作一种物质形态意义上的城市隐喻，而磁体隐喻则是精神意义的，是关乎城市宏大功能和精神本质的。芒福德进而提出，城市的"精神因素较之于各种物质形式重要，磁体的作用较之于容器的作用重要"。城市的"磁体－容器"双重隐喻，体现了城市作为本体和载体的两个方面。作为本体的城市就像磁体一样具有磁力，它确定了城市的地位、功能和意义，接近于一种国家的视角；作为载体的城市，则主要表现为城市的内部空间，它确定了城市内部的物质形态，接近于一种地域社会的视角。

城市是社会秩序的体现，是国家功能的延伸。在西方史学界曾有人认为城邦是帝国的来源，"城邦体系为帝国的建立提供了一个平台。一个共有的方式是：通过控制其他城邦，一个强大的城邦把自身扩张成为一个帝国"。③ 帝国只是国家的雏形，城邦与帝国的兴起为真正的国际体系的建立奠定了基础，其规模不断扩大，而内部构造开始复杂化，进而造成了一

---

① 杨东平：《城市季风：北京和上海的文化精神》，新星出版社，2006，第48页。
② 刘易斯·芒福德：《城市发展史——起源、演变和前景》，第9页。
③ 巴里·布赞（Barry Buzan）、理查德·利特尔（Richard Little）：《世界历史中的国际体系——国际关系研究的再构建》，刘德斌主译，高等教育出版社，2004，第150、155页。

种内外的区隔。帝国建立于城邦基础之上，帝国崩溃之后会回归到城邦水平。这种观点虽然局限于欧洲与近东的历史经验，却突出呈现了城市对于国家的重要作用。德里克·肯因则认为城市理念是国家理念中本质的东西："城市与帝国表现出了一定的区别，但也常常是互补的，都是人类秩序的形式，他们在许多复杂的方面是互动的。……发生在帝国城市内部的文化和意识形态的相互作用，常常反映了帝国为了建立结构而采纳和调适的路径。"① 从这个意义上讲，城市是国家的一个器官，通过这个器官，国家得以实现结构化和秩序化。

从地域的角度而言，城市则是地域群体生产和生活的物质空间以及地域文化的容器。"由于城市的地域—空间特征，地域文化为城市文化铺上了第一层底色……城市文化既是由一定的地域文化哺育的，又有可能在一种主动的、富有特色的文化建设中，作为地区的文化中心，而成为地域文化的标帜和典范。"② 城市是一个开放的系统，时刻依靠与它的腹地——地域空间进行大量的能量、信息的交换而生存。对地域环境的适应和改变，造就了曲折跌宕的城市命运。城市作为地域文化的容器，是地域文化的中心和源泉，是地域文化得以展示自我和获得发展的空间和平台。没有地域文化的活力和个性，城市文化也必将失去灵魂和色彩。

城市的双重身份，为我们考察中心与边缘的互动关系提供了便利。在中心与边缘的互动关系下，边缘城市既是国家设置在边缘社会的一个功能磁体，也是边缘社会展示自我和表达自我的舞台空间。城市文化作为一种地域文化，其生长发展的基本矛盾就是地域的独特文化与国家层面的普遍文化的冲突。边缘城市可以被视为国家与边缘之间的一个全能中介，边缘城市内部的物质空间既体现了国家中心文化的不可抗拒的制约，又充分表现了边缘文化与众不同的个性和活力；边缘城市人口按照阶级、职业、宗教信仰和籍贯在城市空间中的分化与整合，既是中心文化与边缘文化对立的表现，也暗含着两者之间的融合趋向；边缘城市相对于国家中心的变动趋向，也是边缘与国家关系变动的一个重要的风向标。

---

① 德里克·肯因：《城市与帝国》，孙逊、杨剑龙主编《都市、帝国与先知》，上海三联书店，2006，第72页。
② 杨东平：《城市季风：北京和上海的文化精神》，第45页。

　　因此，本书以近代兰州城市为具体研究对象，进而对现代国家与其边缘的关系进行考察和分析，就具有重要的学理依据和价值。处于内地与边疆之间的兰州城市，既是国家控制西北、表达权威以实现国家结构移植的堡垒，也是西北边缘文化的容器和自我表现的舞台。对近代兰州城市发展进程的考察，既有利于我们分析国家在近代西北建立统治的努力过程和方式，也可以帮助我们认识边缘社会对中心文化的接受过程和抵抗方式。近代兰州城市文化是国家中心文化和边缘文化的合体，它既体现了扩散模式下国家与边缘社会建立文化认同和命运共同体的过程，也蕴含了两种文化接触过程中可能产生的矛盾和冲突。对于国家，兰州城市是一个透视镜，透过它的投影我们可以看到以往无法观照到的国家影像；对于边缘，兰州城市是一个多棱镜，它将边缘人群和边缘文化多角度地投射在城市空间，构成了城市难以磨灭的底色和印记。对于兰州这样的边缘城市，国家性与边缘性的耦合和对立正是其安身立命、谋取发展的基础。现代国家与其边缘互动的历程，就构成了近代兰州城市发展的基本过程。

二　中国近代城市史研究综述

　　一般认为，城市史研究最早出现在 20 世纪 20 年代，脱壳于城市社会学。但是，如果是作为一个现代意义上的历史新兴学科，城市史的兴起应当是 60 年代以后的事。关于城市史的概念，学者并没有一个统一的结论。城市起源和种类的多样性给城市史研究造成一定困难，特别是在研究方法上，城市史研究涉及政治、经济和社会生活的各个方面，所以运用单一的方法来进行城市史研究存在很大的局限性。因此有学者认为，"城市史不是一门学科，而只是用一种特殊的方法、理论和视角来重新审视人类社会的全部历史的一种研究方法，或者说研究角度"。[①] 城市史概念的不明确，并没有影响学者对其产生日益广泛的学术兴趣。相反，中国近代城市史研究不仅逐渐成长为一个新领域，而且越来越受到关注。从目前中国近代城市史的研究现状来看，城市史研究可以分为单体城市史研究和区域城市史研究两个层次。单体城市史研究主要是将单个城市作为个案，研究的视野

---

　　① 姜芃：《城市史是否是一门学科？》，《世界历史》2002 年第 4 期。

和范围集中于单个城市；区域城市史研究则致力于对区域城市系统、城市群体进行研究，在区域空间的高度上探讨城市发展的普遍规律。本书对近代兰州城市史的研究视角，以单体城市史研究为主，附带与其他同类城市史研究进行对比分析。

（一）中国近代单体城市史研究

中国近代城市史研究是从单体城市起步的，成果中九成以上是关于单体城市的。① 其中，最具代表性的著作是张仲礼的《近代上海城市研究》、隗瀛涛的《近代重庆城市史》、罗澍伟的《近代天津城市史》和皮明庥的《近代武汉城市史》。这四本专著可以说是目前为止中国在单体城市史研究方面具有代表性的开创性著作。此后，单体城市史的研究如雨后春笋，可谓硕果累累。据笔者的不完全统计，中国史学界关于近代单体城市史研究已公开出版的著作，已经涉及 30 多个城市 60 余本，而将城市史作为研究课题的硕士、博士学位论文更是数不胜数。在这些研究中，东部新兴城市和口岸城市研究所占比例较大，其中上海城市研究又是重中之重，可谓一枝独秀。进入 21 世纪以后，随着史学界"眼光向下"的思维转变，城市史研究逐渐全面开花，许多中小城市也进入研究视野。总体来看，中国近代单体城市史研究有一个从大都市向中小城市，从东部沿岸城市到中西部内陆城市的发展过程。在全国 23 个省、5 个自治区、4 个直辖市、2 个特别行政区的 34 个行政中心城市中，已出版有专著的城市有 22 个。② 未出版专著的城市基本处于中西部地区，尤其是西北内陆城市的研究最为薄弱。作为西北重镇的兰州，也很少受到学界的关注，目前仅有田澍总主编的《兰州通史》于 2021 年出版。③ 因此，本书对于弥补西北城市史和兰州城市史研究的不足有着重要的意义。

城市的魅力在不同的研究者眼中各有不同。一些学者致力于城市发展的通史研究，以行政区划的市境为范围，在研究对象上已经超出了城市实

---

① 何一民：《中国近代城市史研究述评》，《中华文化论坛》2000 年第 1 期。
② 据笔者不完全统计，香港、澳门、北京、上海、重庆、石家庄、沈阳、杭州、福州、济南、武汉、太原、南京、长沙、广州、成都、昆明、台北、海口、贵阳、拉萨、兰州等 22 个城市已经出版了城市史研究方面的专著。
③ 田澍总主编《兰州通史》，人民出版社，2021。

体本身，在广泛的调查和翔实的资料基础上，其研究笔触涉及城市区域、区划、沿革、人口、结构等多方面内容。如曹子西主编的《北京通史》（全十卷）和熊月之主编的《上海通史》（全十五卷）。① 对某些人而言，中国近代城市的开放、经济成长、物质财富积累等诸多方面，都是近代化的一种标志，是探讨中国近代经济社会变革的组成部分，如吴良镛等《张謇与南通"中国近代第一城"》。② 另有一些学者则顺应当前社会与文化历史研究的潮流，将城市视为探究公共空间、文化交涉、日常生活的重要场所，最具代表性的是罗威廉研究汉口的两本著作以及王笛对成都茶馆的研究。③ 还有一些学者则坚持内部趋向，不断深入剖析城市的内部结构，对城市区域、区划、人口、功能、市政、城市变革等方面展开研究。如苏智良对上海城区史之研究，李瑊对上海宁波人、宋钻友对上海广东人、高红霞对上海福建人、韩起澜对上海苏北人的研究，史明正的北京城市建设与变革研究，涂文学的汉口市政研究等等。④

　　城市史研究内容、取向的多样化也正说明城市史是一个外延十分宽广的问题域，也因为城市"小传统"和"大传统"的双重功能，城市史研究越来越具有综合史研究的趋向。正如熊月之、张生所说："城市作为一个实体，政治、经济、社会、文化、建筑、生态，无所不包。这一特性，决定

---

① 曹子西主编《北京通史》，中国书店出版社，1994；熊月之主编《上海通史》，上海人民出版社，1999。

② 吴良镛等：《张謇与南通"中国近代第一城"》，中国建筑工业出版社，2006。

③ 罗威廉：《汉口：一个中国城市的商业和社会（1796～1889）》，江溶、鲁西奇译，中国人民大学出版社，2005；罗威廉：《汉口：一个中国城市的冲突和社区（1796～1895）》，鲁西奇、罗杜芳译，中国人民大学出版社，2008；王笛：《街头文化：成都公共空间、下层民众与地方政治，1870～1930》，李德英、谢继华、邓丽译，中国人民大学出版社，2006；王笛著译《茶馆：成都的公共生活和微观世界，1900～1950》，社会科学文献出版社，2010；王笛：《走进中国城市内部：从社会的最底层看历史》，清华大学出版社，2013。

④ 苏智良主编《上海城区史》，学林出版社，2011；李瑊：《上海的宁波人》，上海人民出版社，2000；宋钻友：《广东人在上海（1843～1949年）》，上海人民出版社，2007；高红霞：《上海福建人研究（1843～1953）》，上海人民出版社，2008；韩起澜（Emily Honig）：《苏北人在上海，1850～1980》，卢明华译，上海古籍出版社、上海远东出版社，2004；史明正：《走向近代化的北京城——城市建设与社会变革》，王亚龙、周卫红译，北京大学出版社，1995；涂文学：《城市早期现代化的黄金时代——1930年代汉口的市政改革》，中国社会科学出版社，2009。

了城市史研究作为一门学科，涉及地理学、历史学、社会学、经济学、建筑学、政治学、人口学、生态学、统计学、文化人类学等社会科学和自然科学多门学科，要求研究者具有相当丰富的学识和极其广阔的视野。这也是城市史这门学科既有艰巨性又有吸引力的根源所在。"① 尽管有学者批评某些城市史研究著作往往"明确或含蓄地在写其他东西"，② 但这并不构成对城市史的损害，而是推动了城市史研究的多样化发展。这也是本书研究近代兰州城市史的立场所在，本书并不打算为"城市史"而城市史，而是希望既研究城市，又不局限于城市，以城市为载体探讨更为宏观的课题。

（二）近代兰州城市史研究

田澍总主编的《兰州通史》利用历史学和政治学的方法，对上起远古，下至 20 世纪末的兰州历史的发展脉络和区域特征进行了全面、系统的梳理。尤其是尚季芳主编的民国卷，以"纵通"为指导，对北洋政府时期、国民政府统治前期、全面抗战时期、解放战争时期的兰州历史进行了集中论述，为本书进一步展开研究奠定了基础。但该书重在展现民国时期兰州的重大事件及线索，而对近代兰州历史所包含的丰富内容、蕴含的诸多"问题"观照不多。③ 许多西北史和兰州史研究成果都涉及对近代兰州城市史的考察。比如，杨重琦主编的《兰州经济史》详细考察了从原始社会到当代的兰州经济发展史，对于近代以来兰州的政局、经济、市政等情况都有论述。④ 虽然书名是"兰州经济史"，但从内容上看，更像是一本从古至今综合的兰州史。该书对兰州历史的梳理为本书的研究提供了极大的便利。李荣堂等编的《兰州人物选编》对从古至今的兰州重要人物及其事迹进行了着重介绍，涉及一部分近代兰州人物，为本书研究的开展提供了一定的资料基础。⑤

直接以近代兰州城市为考察对象的论文，多为高校研究生的学位论

---

① 熊月之、张生：《中国城市史研究综述（1986～2006）》，《史林》2008 年第 1 期。
② 吴弘明译《中国城市史研究之展望——圆桌讨论会纪要》，刘海岩主编《城市史研究》第 22 辑，天津社会科学院出版社，2004，第 314 页。
③ 尚季芳主编《兰州通史·民国卷》。
④ 杨重琦主编《兰州经济史》，兰州大学出版社，1991。
⑤ 李荣堂等编《兰州人物选编》，兰州大学出版社，1993。

文。牛晓燕的硕士学位论文《清至民国时期兰州城市发展与地域影响》，①
在研究对象和主题上与本书的旨趣颇为接近。该文从城市规模、城市形
态、城市内部空间结构、城市地域影响、城市近代化等角度，探讨和分析
了清至民国时期兰州城市发展的基本情况。作者提出，兰州城市近代化不
是当地社会经济自然发展和积累的结果，而是一定的国家政治需要和环境
的产物。该文形成的这些结论基本正确，对本书的研究也有很大的帮助。
但该文对兰州城市发展的考察基本是粗线条式的，相关分析也不够深入，
对影响兰州城市发展的"国家因素"没有进行深入的挖掘。

西北史研究多涉及对兰州城市的考察，其中不乏一些具有较高学术价
值的研究成果。

赵荣、杨新军等著《西北地区城市发展研究》② 一书，将西北地区城
市作为一个整体系统，在前人研究的基础上运用中心地理论进行深入分
析和研究，从历史发展角度着重分析在该地区特殊社会经济文化背景下
的大小城市等级结构与城市地域结构特点及城市发展机制，并对其未来
的发展趋势做了预测。作者虽然做了长时段的宏观研究，但其重点偏向
于新中国成立后，对新中国成立前的发展变迁相对着墨较少。王永飞③在
其硕士学位论文《抗日时期西北城市发展研究》中指出，在抗战时期全
国上下掀起开发西北热潮的过程中，西北城市获得了一次长足发展的良
机。在九一八事变以前，西北城市普遍呈现出政治、军事功能突出，经
济功能不足，社会观念滞后，资本主义色彩不明显等特征。而在开发浪
潮中，兰州等西北传统城市得到新的发展，规模不断扩大，人口日益增
多，经济功能增强，文化教育繁荣，城市结构也发生了明显的变化，逐
步发展成为综合性的中心城市。刘景纯④的《清代黄土高原地区城镇地
理研究》一书是目前仅见的研究清代西北区域性城市史的专著。该书通
过对不同等级城镇数量变化的考察及其变化原因的分析，认为清代黄土高
原不同等级城镇数量比明代均有了明显的增长，各级城镇在数量上的增长

①　牛晓燕：《清至民国时期兰州城市发展与地域影响》，硕士学位论文，西北师范大学，2008。
②　赵荣、杨新军等：《西北地区城市发展研究》，陕西人民出版社，2001。
③　王永飞：《抗日时期西北城市发展研究》，硕士学位论文，西北大学，2003。
④　刘景纯：《清代黄土高原地区城镇地理研究》，中华书局，2005。

和在地域上的拓展使城镇体系发展趋于平衡。该书还探讨了自上而下与自下而上相结合的城镇化模式，认为清代末期的近代化有外力与内力两大推力。该书从历史地理学的角度出发，从宏观上研究了城镇体系的变化，对我们认识近代兰州城市发展变迁有不少助益。四川大学黎仕明①的博士学位论文《清代甘肃城市发展与社会变迁》，将甘肃（包括今青海、宁夏）城市作为一个整体，从微观和宏观层面上对城市的演变进行了细致的分析。作者认为，政治机制是清代甘肃城市发展的主要动力机制，民族因素是影响清代甘肃城市发展的重要因素，地理因素对清代甘肃城市发展有着至深的影响。作者还指出，至清后期甘肃城市增添了诸多的现代性因素，从而呈现出承前启后的特征。

再如美国学者派珀·雷·高巴茨（Piper Rae Gaubatz）的《长城之外：中国边疆的城市模式与转型》一书，从城市形态学的角度对中国的五个边疆城市（兰州、西宁、呼和浩特、乌鲁木齐、昆明）进行了考察。虽然作者研究的视角主要集中于边疆城市的外部形态，但作者提出的一些见解和观点对于我们研究近代兰州城市形态和空间有很好的启发。如作者认为，"每一个（传统形态的）边疆城市都是（中华）帝国结构的缩影，从上层人物的居住区和汉族统治者的内宫——城市空间按照地位和民族分等级占有并受到严格的控制——到以经济的、契约的或高压等方式被位于中心地区的城市所控制的腹地"。作者提出，"与中国核心地区结构复杂的城市相比，结构简单的边疆城市往往更接近中国人理想的空间构成。也就是说，与中国东部城市相比，边疆城市的结构更是中国式的"。② 这些有趣的观点无疑可以深化我们对近代兰州城市的认知。

许多学者发表了诸多论文，探讨了近代兰州城市发展变迁的一系列问题。城市近代化方面，岱宗在《明清西北城市的市民社会经济生活》一文中指出，明清时期西北城市规模狭小，城市居民人口无多，城市间距离过远及交通不便等因素，对"这一时期西北城市市民社会经济生活不能不打下深刻的烙印"。他总结了西北城市社会经济生活的四个特征：城市

---

① 黎仕明：《清代甘肃城市发展与社会变迁》，博士学位论文，四川大学，2007。
② Piper Rae Gaubatz, *Beyond the Great Wall*: *Urban Form and Transformation on the Chinese Frontiers*, Stanford: Stanford University Press, 1996, p. 309.

居民中富商大贾少；城市居民的社会经济结构简单，行业分工不发达；城市居民普遍文化程度低；除西域各城外，其他城市的居民经商观念淡薄。① 魏丽英在《清季西北城市近代化的初步尝试》一文中认为清季西北城市近代化仅仅是艰难的初步尝试，并非当地社会经济自然发展和积累的产物，而是一定国家政治需要和环境的产物，并因缺乏系统性而招致失败。② 李艳在《清末民初甘肃的城市近代化》一文中，以兰州为中心，从城市教育、文化、福利，城市工商业、金融业的发展，城市通信业、传媒业，城市基础设施建设，城市精英力量的出现等几个方面考察了清末民初甘肃城市的近代化发展。同时指出这种发展较为落后，城市职能也比较单一。③ 王录仓的《兰州市城市职能演变初探》一文考察了兰州城市职能由渡口向交通枢纽、由茶马互市向商贸中心、由边防前哨向政治军事中心、由二局开设到工业中心演变的历史轨迹，并分析了影响其职能变迁的因素，如战争、自然地理环境等。④ 刘进在《兰州城市近代化迟滞原因探析》一文中探讨了兰州城市近代化迟滞的五个原因：一是封闭的地理环境；二是缺乏广阔的发展腹地；三是本土化人才的匮乏；四是观念落后、风气未开；五是国内政治局势的制约。同时他在另一篇文章中又探讨了兰州商业近代化的原因：一是资本主义世界市场间接的催动作用；二是统治阶级决策力量的作用；三是兰州城市近代化的作用与客观要求。⑤

在城市经济研究方面，王致中在《明清西北城市若干社会经济功能特征试探》一文中指出，作为军需供应及仓储中心，是明清西北城市具有的十分突出的社会经济功能特征。此外，明清西北城市除有一般性地方中心市场以及与全国市场联系的中转枢纽作用外，特别突出的是其民族市场的社会经济功能。⑥ 肖遥在《明清西北城市手工制造丛考》一文中，对

① 岱宗：《明清西北城市的市民社会经济生活》，《兰州学刊》1988 年第 1 期。
② 魏丽英：《清季西北城市近代化的初步尝试》，《西北史地》1988 年第 2 期。
③ 李艳：《清末民初甘肃的城市近代化》，《兰州学刊》2004 年第 6 期。
④ 王录仓：《兰州市城市职能演变初探》，《兰州学刊》1995 年第 1 期。
⑤ 刘进：《兰州城市近代化迟滞原因探析》，《天水师范学院学报》2001 年第 1 期；刘进：《清末民国时期兰州城市商业近代化趋向述评》，《天水师范学院学报》2002 年第 4 期。
⑥ 王致中：《明清西北城市若干社会经济功能特征试探》，《兰州学刊》1987 年第 1 期。

明清西北城市的兵器制造、棉纺织业、皮毛加工及制革业、丝织业、烟茶加工业、酿酒业、玉作业、砚作业、造纸业等手工业的产地、规模、工艺、产量做了分析，指出明清两代的西北城市，除为解决基本生活需要以外，尚有若干需要较高技术水平并且目的性更为广泛的手工制造业。[①] 王致中《清代甘宁青市场地理考》一文分别考察了地方贸易市场、各个国内贸易市场和外贸市场。市场往往依托城市而存在，因而此研究对认识城市的商业贸易无疑起着重要作用。[②] 魏丽英在《明清时期西北城市的"商帮"》一文中，对晋帮、陕帮、陇帮、津帮、蜀帮、鄂帮等民商团体在城市中从事的商业活动进行了考察，并总结了各大商帮活动的特征，认为他们的活动不仅促进了西北地区本身的农牧业经济的发展，更促进了西北各城市的经济繁荣。由于他们是西北广大地域同内地经济联系的具体承担者，因而也对明清两代西北地区疆域的开拓和巩固起了不容忽视的积极作用。[③] 程牧在《清代西北城市的外贸与洋行》一文中认为，晚清西北地区出现了两个外贸市场，一个是东部甘肃市场，出口在天津、上海，部分在恰克图；一个是西部新疆市场，出口在伊犁、塔尔巴哈台、喀什噶尔。在洋行的掠夺下，西北地区的城市手工业遭受重大打击，影响了西北地区城镇的发展。[④] 向达之在《清末至民国前期的兰州商业》一文中指出，清末至民国前期，是兰州商业发展的一个重要的历史时期。一方面，由于清代中期以来整个西北（包括兰州地区）社会经济发展的历史积累，为兰州商业发展创造了一个远较过去开阔的基础；另一方面，西北同内地的商业经济联系也超过了明清以来的任何历史阶段。在此背景之下的兰州商业，虽然不可避免地仍带有西北市场经济固有的落后与狭隘的历史印记，但这一时期毕竟是一个具有承上启下关键作用的商业发展阶段。[⑤] 丁孝智在《近代兰州的私营商业》一文中指出，整个近代是兰州私营商业发展变化的重要历史时期。一方面，随着社会经济的发展，兰州私营商业得到了一

① 肖遥：《明清西北城市手工制造丛考》，《兰州学刊》1987 年第 4 期。

② 王致中：《清代甘宁青市场地理考》，《西北史地》1986 年第 2 期。

③ 魏丽英：《明清时期西北城市的"商帮"》，《兰州学刊》1987 年第 2 期。

④ 程牧：《清代西北城市的外贸与洋行》，《兰州学刊》1987 年第 3 期。

⑤ 向达之：《清末至民国前期的兰州商业》，《兰州学刊》1987 年第 4 期。

个前所未有的发展机遇；另一方面，伴随着整个近代化过程，兰州私营商业开始突破封建经济的束缚，向着资本主义商品经济的轨道迈进。① 丁孝智的另两篇文章《近代兰州地区的茶叶贸易》和《丝路经济的明珠——兰州水烟业》分别从茶叶和水烟两种商品的运销上考察了近代兰州商业的发展。② 杨重琦的《清末以来的兰州私营商业》一文概述了近代兰州商业的发展变迁过程。③ 刘进的《清末民国时期兰州城市商业近代化趋向述评》，从新式商业组织的建立、经营方式的进化和商风的进化等三个方面论证了兰州城市商业近代化的趋向。④ 李兴平的《略述清末民初的兰州典当业》，在概述中国典当业渊源的基础上，就清末民初兰州地区典当业的规模、概况、组织管理、业务经营及衰亡情况做了介绍。⑤ 贾强解读了近代外国人眼中的兰州城市空间意象。⑥ 柳德军考察了民国时期兰州城市保甲及其经费问题。⑦ 邵彦涛的《近代兰州区域市场中的客商概述》对客商群体在近代兰州区域市场中的规模、在各个行业中的分布及人员来源进行了系统分析和总体概述。他的另外两篇文章《客商与同籍专业化模式：近代兰州客商的产业链条探析》和《土客互动与区域市场的内外共建——以近代兰州区域市场为中心的分析》分别从客商组织模式和土客互动的角度对近代兰州区域市场进行了研究。⑧

　　另有一些学位论文以近代兰州城市发展的某一方面为主题展开研究。白维军探讨了兰州织呢局的成败因素及启示；⑨ 崔欣研究了民国时期兰州

---

① 丁孝智：《近代兰州的私营商业》，《甘肃理论月刊》1990 年第 4 期。
② 丁孝智：《近代兰州地区的茶叶贸易》，《社会科学》1990 年第 5 期；丁孝智：《丝路经济的明珠——兰州水烟业》，《西北师大学报》1990 年第 8 期。
③ 杨重琦：《清末以来的兰州私营商业》，《发展》1995 年第 3 期。
④ 刘进：《清末民国时期兰州城市商业近代化趋向述评》，《天水师范学院学报》2002 年第 4 期。
⑤ 李兴平：《略述清末民初的兰州典当业》，《甘肃行政学院学报》2002 年第 1 期。
⑥ 贾强：《城市、景观与感知：近代外国人眼中的兰州城市空间意象解读》，《城市史研究》2019 年第 1 期。
⑦ 柳德军：《民国时期兰州城市保甲及其经费问题略考》，《城市史研究》2019 年第 2 期。
⑧ 邵彦涛：《近代兰州区域市场中的客商概述》，《高等函授学报》2010 年第 8 期；《客商与同籍专业化模式：近代兰州客商的产业链条探析》，《湖北师范学院学报》2012 年第 5 期；《土客互动与区域市场的内外共建——以近代兰州区域市场为中心的分析》，《兰州学刊》2012 年 12 月。
⑨ 白维军：《兰州织呢局的成败探析及启示》，硕士学位论文，内蒙古大学，2005。

婚俗状况，并分析了"新式婚礼"的形成和仪式形态；① 杨晓的硕士学位论文《兰州重工业城市的形成和发展研究（1949～1978）》探讨了新中国成立后改革开放之前，兰州重工业城市形成和发展的历史，并认为兰州城市发展典型地遵循了"政治决定经济"的发展模式。② 陈江则结合碑刻分析了明清时期兰州的社会状况；③ 葛野对兰州白云观道教的历史和现状进行了考察；④ 韦宝畏对清代至民国时期兰州及其周边地区的农业开发进行了研究，着力于揭示和复原这一时期兰州及其附近地区农业开发的历史面貌，进而总结了经验教训；⑤ 高源回顾和分析了兰州清真寺的历史，并分析了族群认同的现状；⑥ 卢继旻考察了明朝兰州城的变迁过程；⑦ 徐晶晶研究了抗战时期的八路军驻兰州办事处；⑧ 邵彦涛的硕士学位论文《近代兰州区域市场中的客商研究》从群体分层的角度，对近代兰州经济空间中的客商群体进行了研究，分析了他们在兰州区域市场中的人数比例、经营活动和所处行业特征，并论述了他们对于兰州城市近代化的突出意义；⑨ 刘娟探讨了20世纪50年代初兰州市工商业在政治环境下的重塑；⑩ 司贵云考察了20世纪50年代铁路开通对兰州城市发展的影响；⑪ 陈宇考察了明清时期兰州地区水环境与城市发展的关系；⑫ 刘婷对民国时期兰州水烟业进行了集中研究；⑬ 孙晓东对民国时期兰州城市空间变迁和社会发展状况进行

---

① 崔欣：《民国时期兰州婚俗研究及其旅游开发》，硕士学位论文，西北师范大学，2007。
② 杨晓：《兰州重工业城市的形成和发展研究（1949～1978）》，硕士学位论文，兰州大学，2009。
③ 陈江：《结合碑刻看明清时期兰州的社会状况》，硕士学位论文，兰州大学，2009。
④ 葛野：《兰州白云观道教研究》，硕士学位论文，西北师范大学，2009。
⑤ 韦宝畏：《清代至民国时期兰州及其周边地区农业开发研究》，博士学位论文，西北师范大学，2009。
⑥ 高源：《清真寺的社会功能——兰州清真寺中的族群认同》，博士学位论文，中央民族大学，2009。
⑦ 卢继旻：《明朝兰州城研究》，硕士学位论文，西北师范大学，2010。
⑧ 徐晶晶：《抗战时期八路军驻兰州办事处研究》，硕士学位论文，西北民族大学，2010。
⑨ 邵彦涛《近代兰州区域市场中的客商研究》，硕士学位论文，华中师范大学，2011。
⑩ 刘娟：《二十世纪五十年代初兰州市工商业的政治重塑》，硕士学位论文，兰州大学，2012。
⑪ 司贵云：《铁路与兰州城市发展研究》，硕士学位论文，西北师范大学，2012。
⑫ 陈宇：《明清时期兰州地区水环境与城市发展研究》，硕士学位论文，西北师范大学，2012。
⑬ 刘婷：《民国时期兰州水烟业研究》，硕士学位论文，西北师范大学，2012。

了考察;① 刘海霞以兰州设市为例，探讨了兰州城市的发展演变;② 张改妍分析了 1941~1949 年兰州的房荒问题;③ 王巍考察了民国时期兰州的金融近代化问题;④ 杨佳玉探讨了清末民初兰州城市近代化的诸多问题;⑤ 芦雪考察了兰州抗战文化宣传活动;⑥ 陈元长系统分析了 20 世纪40 年代兰州市民的日常生活;⑦ 李昂研究了民国时期兰州的新生活运动;⑧ 宋杨对抗战时期兰州毛纺织工业的发展做了集中研究;⑨ 贾强探讨了近代兰州从"边塞"到"陆都"的城市意象变迁历程;⑩ 赵鑫宇探讨了清代兰州城儒释道宗教场所的文化问题，并概括了其时代特征;⑪ 李颖集中论述了 20 世纪 40 年代兰州对市区生活用水问题的解决;⑫ 徐晓丹对兰州晚清至民国黄河津渡遗址进行了调查研究;⑬ 孟岩在中苏关系视野的观照下，考察了 1949~1978 年兰州城市的发展变迁;⑭ 李鲁平对解放初期中共接管兰州市的工作过程进行了系统论述。⑮

　　对既有的兰州城市史研究相关文献的回顾使我们了解到前人研究成果

① 孙晓东：《民国时期兰州城市空间变迁与社会发展研究》，硕士学位论文，青海师范大学，2013。
② 刘海霞：《兰州城市发展演变研究——以设市初期为例（1941~1949）》，硕士学位论文，西北师范大学，2013。
③ 张改妍：《1941~1949 年兰州房荒研究》，硕士学位论文，西北师范大学，2013。
④ 王巍：《民国时期兰州金融近代化研究》，硕士学位论文，西北师范大学，2013。
⑤ 杨佳玉：《清末民初兰州城市近代化研究》，硕士学位论文，西北师范大学，2013。
⑥ 芦雪：《兰州抗战文化宣传活动研究（1937~1945）》，硕士学位论文，西北师范大学，2016。
⑦ 陈元长：《1940 年代兰州市民日常生活研究》，硕士学位论文，西北师范大学，2016。
⑧ 李昂：《民国时期兰州新生活运动研究》，硕士学位论文，西北民族大学，2016。
⑨ 宋杨：《抗战时期兰州毛纺织工业的发展研究》，硕士学位论文，西北师范大学，2017。
⑩ 贾强：《从"边塞"到"陆都"：近代兰州城市意象变迁研究》，硕士学位论文，西北师范大学，2017。
⑪ 赵鑫宇：《清代兰州城儒释道宗教场所的文化研究》，硕士学位论文，西北民族大学，2018。
⑫ 李颖：《1940 年代兰州解决市区生活用水问题研究》，硕士学位论文，西北民族大学，2018。
⑬ 徐晓丹：《兰州晚清至民国黄河津渡遗址调查与研究》，硕士学位论文，西北师范大学，2018。
⑭ 孟岩：《中苏关系视野下的中国城市变迁——以 1949 年至 1978 年的兰州城市变迁为例》，硕士学位论文，西北民族大学，2018。
⑮ 李鲁平：《解放初期中共对兰州市接管工作研究》，硕士学位论文，西北民族大学，2019。

之现状，这既为本研究提供了可供借鉴和参考的资料，也使本研究的开展拥有非常广阔的学术基础。但是，通过对既有研究成果的分析可以发现，目前的研究还存在一些不足，主要表现为以下四个方面。第一，当前研究多将兰州放在西北城市群中做区域性、整体性研究，而对兰州城市的专项研究尚不充分，有很大拓展空间；第二，绝大多数研究侧重于对兰州城市某个历史方面的论述，缺乏深入的理论分析和宏观视野；第三，当前研究大多就兰州论兰州，未分析兰州城市发展的区域乃至全国的宏观背景；第四，对于兰州近代化问题的探讨较少，也没有以更为广阔的学术背景和问题意识分析兰州城市近代化的特殊性。这些不足为笔者提供了努力方向和研究空间。

三　时间范围及结构安排

（一）时间范围的界定

笔者将本书的时间段设定在 1872 年至 1949 年之间，主要基于以下两个方面的考虑。

第一，对于兰州来说，1872 年既是变乱时代的终结，也是具有近代化元素的新时代的开始。鸦片战争以后，中国开始步入近代化，但欧风美雨要渗透到西北内陆，尚需不少时日。在清朝中后期的很长一段时间里，兰州一直受到西北回民起义的影响，成为战争的主要地区。同治元年（1862），陕西渭河沿岸回族人民发起了反抗清朝封建统治的武装起义。次年，回民起义的中心由陕西转入甘肃。起义使城市人口减少，城市设施遭到严重毁坏，进而破坏和打断了兰州城市的正常发展轨迹。1866 年，兰州城内标兵事变，河州回民起义军围困兰州城。为了固守兰州，陕甘总督杨岳斌下令重掘兰州城壕，关闭兰州城门，实行戒严。直到 1872 年，河州回民起义军领袖马占鳌降清，兰州周边的回民起义军才被肃清。该年7 月，左宗棠到达兰州，下令取消戒严，开放城门，同时重修兰州城池，大大增强了兰州城市的军事防御能力，城市秩序得以恢复。同年，左宗棠将早先在西安创办的机器制造局搬到兰州南关，名为兰州机器制造局，是为兰州近代工业之发端。

第二，1949 年后，西北政治中心从兰州迁往西安。1872～1949 年的

70 余年间，兰州从摆脱传统边缘城市的军事危机开始，步入了城市近代化的进程。民国以来，历届中央政府都力图打造一个以现有政权为认同对象的民族国家，并不断寻求各种契机进入兰州、掌控西北，进而实现这种认同。近代兰州城市的发展既受益于这种国家构建的动机，同时又受限于国家构建的广度和深度。国民政府经营兰州和西北边疆的努力，客观上为后来中国共产党接管该地区奠定了一定基础。兰州战役一锤定音，共产党彻底摧毁了国民党的西北战略防御体系。1949 年以后，随着西北军政委员会将驻地定在西安，西安遂接替兰州成为西北的政治中心。因此，本书以 1872～1949 年作为研究的时间段，这一时期国家力量楔入兰州和西北社会，同时影响和推动兰州城市近代化发展的进程，也契合于我们对现代国家与其边缘关系的考察。

（二）本书结构安排

本书以近代兰州城市的发展演变为中心，从地理政治、空间格局、经济发展、市政建设、社会心态等五个方面对 1872～1949 年兰州城市发展进行梳理和考察。

绪论部分，立足于研究对象的界定与理论方法的梳理，侧重介绍边缘研究的视角及意义，并对中国近代城市史研究的现状进行总结回顾，进而提炼出本书值得借鉴的方法论和理论视角。

第一章从长程史观出发，展现近代兰州城市发展变迁的动态背景。分别从自然地理、文化地理、政治变迁等维度考察兰州城市的形成和发展历程，从而给出一个相对清晰的、作为考察对象必不可少的动态背景。纵观两千余年的历史，兰州从一个黄河渡口演变为交通中心，进而成为中央王朝经略西北的一方重镇。明清以后，兰州的边界意义消散，经历了从"秦西极边郡"到"西州首邑"的转变，也就是从"外边缘"转换为"内边缘"。但是，在今天很多人的心目中，兰州仍然是"骑着骆驼的边疆"。这一刻板印象，既是继承了两千多年来兰州"历代岩疆"的历史传统之结果，又反映了近代以来兰州仍是"内边缘"的事实。

第二章讨论近代兰州城市空间格局的形成和发展。兰州是一座古典形态的中国城市，自明清以来，内城就形成了以督署、藩署为中心的"三进式"内宫式格局，并非常稳定地延续到民国时期。行政建筑与寺庙瓜分了内城的面积，街道名称是意识形态空间化的体现，人口增长的反序特征、职业结构的公务特征、依靠权力等级划分的人口空间分层，都说明兰州是一座政治性很强的城市。尽管回民勿居城内的禁令并不存在，但兰州城墙于事实上在一定程度上成为汉回的界限，又突出呈现了民族性特征。与中国核心地区复杂难辨的城市结构相比，位处边缘地带的兰州城市结构较为简单，更像是中华帝国结构的缩影，显得更为"中国"。边缘最"中国"，说明边缘社会并不认为自己是边缘，反而希望通过模仿中心来摆脱边缘设定，所以具有将自身构建为最"中国"地域的紧迫感。

第三章力图从近代兰州经济成长的脉络中探讨边缘发展的动因及困境。现代国家构建与经济现代化之间存在着十分密切的联系。不管是在同治年间由左宗棠开启的近代化进程还是抗战时期的"重提左宗棠"运动，都代表了现代国家构建对近代兰州城市经济发展的推动。同治年间左宗棠创办兰州两局，开启了兰州的近代化进程。但"早起步"并未带来"早发展"，直到抗战时期在"重提左宗棠"运动的推动下，兰州工业才有了突飞猛进的发展。兰州毛纺织业的百年发展史说明，抗战时期后方工业的发展既得益于抗战环境的刺激，也与以"重提左宗棠"为代表的要求广大内陆地区实现工业化的诉求和压力有关。尽管现代国家构建的政治动机为近代兰州城市发展提供了重要的能量来源，但国家现代化的进展却导致了更为严重的边缘化，构成边缘发展的困境。

第四章探讨近代兰州市政现代化的进展。通过对设市过程、市政与寺庙、市政与林政等问题的考察，可以发现，近代兰州的市政发展存在明显的反序特征。民国初年，当中东部城市的市政建设如火如荼时，兰州市政建设却进展缓慢，还保留了官员享乐的特征。考虑到设市会加重地方财政负担，1930年国民政府公布新《市组织法》提高设市标准以限制一些不满足条件的城市设市，却阻止同样不满足条件的兰州撤市。清末民初时期，当中东部城市开始庙产兴学运动的时候，兰州还在保护并修建寺庙；当中东部城市在市政现代化上不断发力的时候，兰州却在市政落后的情况下大力发展林政。边缘的反序性是边缘发展落后的表现，也是现代国家无力为边缘地带提供公共产品的结果。

第五章讨论近代兰州社会反抗边缘化的努力。以兰州为陆都并称兰州为"全国地理的中心",是现代国家构建的产物。在前近代中国,兰州一直处于内地的边缘。新疆建省后,中国的疆域版图进一步明晰,兰州也一变成为国家的地理中心,"兰州中心说"应运而生。"兰州中心说"成为现代国家构建过程中一个最为准确的符号象征,它一方面强调中国内陆疆域的统一和完整,另一方面强调五族共和的民族观念。这一观念的提出,代表着对西部价值的重新发现,是对中国"中心"进行重新定义的一次尝试,同时也反映了兰州及西北地区消解边缘化的努力和抗争。但是,理想与现实之间存在巨大的差距,兰州社会不得不以籍贯冲突的形式展开反抗边缘化的努力。

结语部分在史实的基础上进行归纳总结。现代国家构建是边缘社会发展的基本动力,边缘社会参与、推动了现代国家构建。现代国家构建的理想是在去中心化、一体化过程中实现国家的均质化,现实却是国家现代化进程中区域失衡日益严重。解决边缘化问题的关键,不是反抗边缘化,而是重置中国"中心"。"中心"定义了"边缘",只有把中国"中心"从"东部主义"中解放出来,在陆海统筹文明观的指导下重置中国"中心",才能重新发现西部边缘的空间价值,才能在去边缘化中深化对"中国"的认知,进而扩展中国发展的战略回旋空间。中国"中心"的重置对新时代推进西部大开发形成新格局和共建"一带一路"有着重要的启示意义。

第一章

地理、文化与政治：近代兰州
城市发展之背景

兰州古称金城、皋兰，位于甘肃省中部，南依皋兰山，北枕白塔山，黄河穿城而过，山衔水抱，大河中流。兰州作为历史名城，被历代诗家文士所记述。金代词人邓千江曾有一篇非常有名的《望海潮》，词中有"云雷天堑，金汤地险，名藩自古皋兰。营屯绣错，山形米聚，襟喉百二秦关"等句，① 写尽了兰州作为军事要塞的雄奇险峻。清乾隆年间陕甘总督杨应琚与之附和，又有"百二秦关，三河五郡，金城历代岩疆。一时都会，往来冠盖，游览此地为常"等句。② 从邓千江笔下雄奇险峻之军事要地，到杨应琚笔下"一时都会，往来冠盖"的繁华都市，兰州的地位和形象可谓发生了翻天覆地的变化。尽管在今天看来，兰州已然是内地，但直到清末，在大多数国人眼中，兰州依然是边塞所在。青年谭嗣同寓居兰州时还曾写下"金城置郡几星霜，汉代穷兵拓战场。岂料一时雄武略，遂令千载重边防"的著名诗句，③ 描述的仍是千载边防、历代岩疆的兰州。因此，自秦汉到清初，兰州始终是西北边疆的第一关塞，所谓"官是地者，其预防之策，可容已乎"，④ 可见其地位之重要。

---

① 参见黄崇浩《词苑菁华——千载佳词三百首》，中国文联出版社，2006，第227页。

② 杨应琚：《望海潮——自湟中寄皋兰五泉寺僧》，田多华、肖兴吉编选《名人笔下的兰州》，兰州大学出版社，1989，第29页。

③ 谭嗣同：《和景秋坪侍郎甘肃总督署拂云楼诗》，田多华、肖兴吉编选《名人笔下的兰州》，第56页。

④ 《洮河图说》，王圻、王思义编集《三才图会》（上），上海古籍出版社，1988年影印本，第174页。

随着中华民国完整继承清朝的疆土，变王朝国家为民族国家，兰州在中国版图中的位置更加清晰并固定下来。打开中国地图，兰州已经成为最靠近陆地中心的一个大都会。但是，在今天很多人的心目中，兰州仍然是"骑着骆驼的边疆"。这一刻板印象，从长程史观来说，是继承了两千多年来兰州"历代岩疆"的历史传统之结果；从中短期来看，又反映了近代以来兰州仍是"内边缘"的事实。明清以后，兰州虽不再是"外边缘"并成长为西北中心，却仍然被视为"隔阂羌戎"的族类边界，仍然处于中国"内边缘"的境地。民国时期兰州混乱的政局，阻碍了现代国家在这里实现从非直接统治到直接统治的转变，进而固化了兰州的边缘形象。

第一节　自然地理空间下的兰州城

兰州处于我国三大自然地理区域的交错地带，是丝绸之路的咽喉要地，又是商旅越渡黄河的最佳渡口，因此自古以来就是一个非常重要的交通中心。秦始皇三十二年（公元前 215 年）置榆中县，是兰州地区行政建制之始。宋朝之前，兰州时弃时守，政局变化频仍。宋哲宗元祐年间，宋廷内部爆发了弃守兰州之争，代表着"中国"的边界意识与中心意识的一次交锋。宋之后，兰州纳入中央王朝的统治范围，从"外边缘"转向"内边缘"，并开始获得异常广阔的地域腹地。秦汉以来，兰州经历了从"秦西极边郡"到"西州首邑"的变化，并在清末以来"中国"实体化的过程中，开始成为中国疆域中最接近地理中心的大城市。

一　从渡口到交通中心：兰州城市的形成和发展

兰州位于黄河上游，处在内蒙古高原、青藏高原和黄土高原的交会处，居于我国东部地区、蒙新高原和青藏高原三大自然地理区的交错地带，以及我国东南部分和西北部分的过渡地带。兰州往东南，气候湿润，以农耕为主；兰州往西北，气候干燥，以畜牧业和灌溉农业为主。兰州也处在湿润地区向干旱地区、农业区向畜牧区的过渡地带，是农产品和畜产品交换流通的集散地。再者，兰州往东南，是我国人口较稠密地区，以汉族为主；兰州往西北，人口稀少，为少数民族聚居的地方。因此，兰州自古以来也是我国汉族与西北各少数民族接触和交流的一方重镇。

　　兰州市中心位于北纬 36°03′，东经 103°40′，东距大海约 1400 公里，南去中越边境约 1500 公里，西至中巴边境约 1900 公里，北到中蒙边境约 640 公里，是我国最靠近陆地几何中心的大都市。由于兰州位置适中，又处于我国三大自然地理区域的交错地带，因而自古以来就是一个非常重要的地域交通中心。自兰州向东沿渭河谷地东行，可达关中平原、华北平原，以及长江中下游平原；向东北沿黄河而下，可抵宁夏平原、河套平原及内蒙古高原；向南溯洮河而上，再沿白龙江而下，直通四川盆地和云贵高原；向西溯湟水而上，可抵青海和西藏；向西溯庄浪河而上，越乌鞘岭，借河西走廊可直通新疆。同时兰州也是古丝绸之路上的一方重镇，丝绸之路由长安出发经秦安、天水、陇西、狄道、阿干而到达兰州，复经兰州西上永登、天祝、古浪到武威与北路汇合，进而西出玉门关或阳关进入新疆。

　　兰州是丝绸之路的咽喉要地，又是商旅越渡黄河的最佳渡口，从而成为欧亚非文化贸易交流的一处重要孔道。正如克拉克所提及的那样："兰州城虽然充满生机与活力，但其重要性并非基于上述任何一个产业，而应缘于其地理区位和行政等级。兰州城是大量往来车辆和无数满载货物的商队的固定停驻地和交易之地，它位于从新疆、蒙古西部、西藏北部和西伯利亚进入中国内地的交通要道上。"[①] 本书对兰州城市的研究，就以兰州从渡口到交通中心的演变谈起。

　　兰州是"黄河之城"，处于由构造运动及黄河冲积而形成的河谷盆地。兰州盆地正处于黄河、洮河、湟水、庄浪、大夏、宛川等河流汇集之处，自然成为交通要道。黄河流经刘家峡、盐锅峡在达家川接纳湟水，又过八盘峡至河口再纳庄浪河。黄河自河口东流至桑园峡，即进入榆中多山地带。盆地东西狭长，黄河横贯其间，冲刷沉积，不断改变着河道的走向，也生成了许多新的河心滩，并使兰州盆地的面积和形状变动不居。一

---

① 罗伯特·斯特林·克拉克、阿瑟·德·卡尔·索尔比著，C.H. 切普梅尔编《穿越陕甘：1908～1909 年克拉克考察队华北行纪》，史红帅译，上海科学技术文献出版社，2010，第 72 页。

般将河口至桑园峡之间的平原地带称为兰州盆地。兰州盆地中间被柴家峡、金城关隔成河口（包括今新城）、西固（包括今七里河、安宁）、兰州三个河谷平原，东西绵延100多公里。从高空向下望去，犹如一串巨大的冰糖葫芦。其中河口平原较小，西固平原和兰州平原面积较大，各约30平方公里。通常将西固称为西平原，将兰州称为东平原。西平原形成较早，且在人类历史时期基本未有大的变动，东平原则处于不断变化的过程中。据鲜肖威考证，东平原从第三纪直到第四纪中期，还一直是内陆湖盆。早更新世之后，东平原发生了一次重要的新构造运动，湖盆被切开，黄河遂转以桑园峡为出口。之后地面不断隆升，黄河不断下切。全新世以来，黄河在南起皋兰山麓北至白塔山下的十几公里间形成若干河流汊道与河心滩，且主河道不断北移。自此之后，黄河南面开始以约500年3米的速度淤积，并形成河漫滩和河心滩地。① 东平原在很长一段时间里被三条古河道分割，且古河道不断摆动，致使东平原不适宜建城。因此，在东平原的三条古河道淤塞干涸之前，兰州史主要指西平原史。

隋建兰州城以前，兰州的历史主要发生在西平原上。陈坪乡深沟桥旧石器时代文化遗存表明，早在15000年前兰州西平原上就有人类繁衍生息。黄河西固段南岸发现的新石器时代马家窑、半山、马厂及齐家文化遗址有24处，足以证明兰州自古就是羌戎游牧民族活动区域。战国时期秦孝公将秦国西境推进到黄河以南的洮河沿岸，秦昭王时又在陇山以西设置陇西郡。秦始皇统一六国后，于三十二年派蒙恬击胡，收河南地，并置榆中县。因此，学界倾向于认为，兰州建城的最早时间在秦始皇设榆中县的公元前214年。② 楚汉相争之时，匈奴趁乱渡过黄河，占领"河南地"，兰州黄河以南地区重新成为匈奴的牧地。秦置汉因，兰州仍为陇西郡辖地。元朔二年（公元前127年），汉武帝派卫青等出击匈奴，重置榆中县。元狩二年（公元前121年），又派霍去病两次出击河西走廊，"张中国之掖，断匈奴之臂"。并派大将李息在兰州西平原临黄河筑城，置金城县。据《汉书》记载，赵充国为了开拓兰州至河湟一带的道路，曾在湟

---

① 鲜肖威：《历史上兰州东平原的黄河河道变迁》，《兰州学刊》1982年第1期。
② 邓明：《兰州历史地理研究取得丰硕成果——兰州市情·历史地理论证会研究成果综述》，《兰州宣传》1997年第1期。

水、大通河上修筑"沿湟峡以西道桥七十余座"。① 始元元年（公元前86年），汉昭帝在今兰州置金城县，后又置金城郡并以金城县为郡治。东汉永元五年（公元93年），羌人进攻金城，"大河筑城坞，作大航，造河桥"，② 说明当时已经在黄河上建造浮桥，也使兰州成为东去西来渡黄的关键孔道。

自西汉直到西晋，兰州行政建制不断发生变化，但都属汉县。晋元康以降改为子城县，时河陇多事，兰州求一日之安而不得。西晋末年，天下纷乱，兰州先后被前赵、后赵、前凉、前秦、后秦、西秦、后凉、南凉、北凉等占领或攻陷。其中乞伏氏的西秦曾以当时金城郡治（即西古城）作为都城。北魏统一北方后，兰州建制不断变化，最后归入子城县。但因西秦统治者好战，连年与羌人、吐谷浑人混战，古金城郡治毁于战火。而此时兰州东平原逐渐形成，兰州史开始转向东平原。

兰州东平原的三条古河道自西汉以后开始淤塞，逐渐连为一体成为开阔的平原。但黄河主河道仍在北移，兰州东平原城址也随之不断北移。隋筑五泉县城，开启了兰州东平原的历史。隋开皇元年（581）置兰州，领金城郡，是为"兰州"名称的肇始。隋代兰州大致即包括今兰州市辖境范围。大致在隋朝末年，在现今城关区南侧构筑五泉县县城，城址大约在今五泉山和鼓楼巷之间。之后，薛举在兰举事，称西秦霸王，以兰州为都城，其王府即今天的庄严寺。至其子薛仁杲而被唐朝收复。民间有谚语称"先有薛王府，后有兰州城"，③ 就是指涉这段历史。唐代五泉县几易其名，但城址一直未变，城区规模较小，东西只有六百余步，南北仅三百余步。④ 唐高祖平定陇右后，复置兰州。唐代宗初年，吐蕃攻占兰州，兰州成为"西羌"或"西番"属地。大中年间，兰州曾归附唐朝，但只是羁縻之属地。唐朝末年，"河湟之地悉为戎，中国不能复取"。⑤ 顾炎武称："安禄山乱，肃宗起灵武，悉召西边精兵赴难，吐蕃乘

① 《汉书》卷69《赵充国辛庆忌传》，中华书局，1964年标点本，第2988页。
② 《后汉书》卷87《西羌传》，中华书局，1965年标点本，第2883页。
③ 鲜肖威、陈莉君：《兰州地理》，兰州学刊编辑部，1982，第17页。
④ 程兆生：《金城漫话》，甘肃人民出版社，1987，第25页。
⑤ 《资治通鉴》，中州古籍出版社，1991，第1739页。

隙攻陷河西、陇右，迄五代不能复，故州之土地人民，终五代之世，史不一书。"① 唐天宝十三年（754）边塞诗人岑参路经兰州，写下了《题金城临河驿楼》一诗，内云："古戍倚重险，高楼见五凉。山根盘驿道，河水浸城墙。庭树巢鹦鹉，园花隐麝香。忽如江浦上，忆作捕鱼郎。"诗中的古戍即古金城关，位于黄河北岸，南阻大河，北邻崇岭，故谓之重险；兰州城则壁立于黄河之南，控扼山河之间蜿蜒曲折的驿道。兰州古城，金城雄关，一南一北，夹河而立，由此可见当时兰州在政治、交通上的重要地位。

隋唐盛世，驰逐河湟，未尝不以兰州为关要。尤其是随着丝绸之路的兴盛，兰州成为中原与西域往来的交通枢纽。在丝绸之路甘肃东段原有的三条渡黄路线中，从兰州金城关渡越黄河西去武威一线成为最重要的线路。② 这提升了兰州在丝绸之路上的节点地位，使其从过往之渡口渐渐变为交通中心。一些重要的历史人物如高僧玄奘、高昌王麴文泰、大理卿刘元鼎等，东去西来都从兰州渡黄，也可作为此时兰州成为中原与西域交通枢纽的佐证。

五代以降，政治上的分裂割据对陆上丝绸之路的路线产生很大影响。兰州先后被吐蕃、西夏占据，渡口作用被严重削弱，同时作为丝绸之路上贸易据点的地位也开始衰落。北宋建立后，兰州地区先是归吐蕃族帐属唃厮啰所有，之后党项族崛起，赵元昊于宋景祐三年（1036）攻打兰州地区的吐蕃族帐，从此占据兰州，并在今榆中县小康营附近修建康古城，以防御宋军。元丰四年（1081）宋神宗派熙河经制使宦官李宪率军收复兰州，"诏兰州广筑北城，其南城，候筑北城将毕即废"，此即唐五泉县县

① 顾炎武：《肇域志》第3册，上海古籍出版社，2004，第1550页。
② 据鲜肖威考证，甘肃东段丝绸之路有北、南、中三线，北线从西安沿泾河西北向，经陇山过固原、海原，在靖远县北渡黄河直抵武威；南线自长安出发沿渭河而上至宝鸡东沿千河西北向过陇县，越陇山，渡陇关到甘肃秦安境内，经通渭、陇西至临洮，渡洮河复向西；中线在南线基础上演变而来，即从长安出发到临洮后北经阿干河谷到兰州，再沿庄浪河谷过乌鞘岭到武威。盛唐以后，中线成为关中到河西最重要的交通线。但苏海洋等人认为，陇右南道甘肃东段南线（即鲜肖威所称之南线）在北宋后才趋于衰落，进而被兰州渡河路线所代表的中线所取代。参见鲜肖威《甘肃境内的丝绸之路》，《兰州大学学报》1980年第2期；苏海洋、雍际春等《丝绸之路陇右南道甘肃东段的形成与变迁》，《西北农林科技大学学报》2011年第3期。

城北面的新城。新城的修筑，说明黄河河道再次北移，隋唐兰州城所滨之南河开始消失，之后河道北移，宋筑北城又随之滨北河（今黄河）。① 同时，为防御西夏进攻，李宪在黄河北岸白塔山下又修筑了金城关，并在附近筑城建堡。

二 边界的意义：宋朝弃守兰州之争

北宋元丰四年（公元 1081 年，夏大安七年），夏国内乱，宋神宗欲乘开拓熙河的胜利一举吞灭西夏，遂于该年六月命经制使李宪等人五路伐夏。其中正面进攻的四路宋军全部兵败失利，唯有背面进攻的李宪率领的熙、秦军取得战绩，收复了西夏所占据的兰州。李宪时任熙河都大经制司经制使，驻熙州，他以大将李浩为前锋，越过马啣山，跨过康古城，于九月二日攻克兰州，之后率军北向，攻入夏境。后因其他四路失利，宋廷恐孤军深入令其退居兰州。

李宪退守兰州后，力图长期经营，以连接宋朝与西域、吐蕃，设帅府于兰州，令大将李浩为知州事。元丰五年（1082）又诏改熙河路为熙河兰会路，扩建兰州城，并先后修建东关堡、西关堡、胜如堡、质孤堡、阿干堡。这样，兰州北枕黄河，东、西、南三面皆有军事城堡拱卫。李宪进言称："自夏贼败衄之后，所至部族皆降附。今招纳已多，若不筑城，无以固降羌之心，见筑兰州城及通远堡。"② 西夏不甘心失掉兰州，不断派兵围攻，隔黄河布营与宋军守卫的兰州城对峙。元丰五年冬，西夏军队趁黄河结冰之机偷袭兰州，夺取兰州东关、西关二堡。李宪部将王文郁募死士趁夜缒城而下，奋勇激战，成功击退西夏军。元丰六年三月，西夏故技重施再次来袭，宋兵奋战再保兰州。为了加强北面的防御，宋军将军事力量推展至黄河北岸，在北岸修筑金城关。元丰七年（1084）正月，西夏倾国而来，步骑号称八十万众进围兰州，志在必得，攻城之矢如雨雹，云梯革洞，百道并进，连攻十昼夜不克，终至粮尽引去。八年（1085）三月，夏人再犯兰州，李宪选精兵万骑，渡过黄河，行 500 里与夏兵相遇，

---

① 鲜肖威：《历史上兰州东平原的黄河河道变迁》，《兰州学刊》1982 年第 1 期。
② 《续资治通鉴长编》卷 316，元丰四年九月乙酉，中华书局，1990 年标点本，第 7641 页。

斩首 4700 余级，获牛、羊、驼、马、器、甲凡 8 万余。① 宋廷原打算时机成熟时，从兰州出兵再次攻讨西夏，但因宋神宗于此年三月逝世，这一计划便被搁置。但宋兵株守兰州，屡受夏人围攻之苦，军饷粮草所需不菲，朝中人士屡有异议。宋哲宗元祐元年（1086），西夏遣讹啰聿求兰州五寨等地，引发了宋朝内部关于弃守兰州问题的争论。西夏以兰州五寨为自己领土，认为宋朝侵占了西夏领土，因此如果双方谈和，宋朝必须归还这一领土。这种外交辞令，已颇凸显出双方的国境意识。

元祐六年（1091）六月，西夏再遣使谟个、咩迷乞遇来贡，在上表中称，宋朝与夏国连年交战，生灵涂炭，之前夏国曾请归还所侵疆土（即兰州五寨），宋朝不从，"朝廷特起大兵，侵夺疆土城寨，因兹构怨，岁致交兵。今乞朝廷示以大义，特还所侵，倘垂开纳，别效忠勤"。宋廷知晓西夏希望收回兰州五寨之意，于是召集群臣商议弃守问题。

在宋廷内部，以苏辙和司马光为代表的旧派人士主张放弃兰州五寨，而以孙路、穆衍为代表的一批官员则力主保留兰州。西夏使者未入贡之时，苏辙即两次上疏奏请"因其请地而与之"。苏辙言道："臣访闻兰州等处，道里险远，决为难守，朝廷见议弃捐以安中国。"② 他进而提出："顷者西人虽至，疆场之事，初不自言。度其狡心，盖知朝廷厌兵，确然不请，欲使此议发自朝廷，得以为重。朝廷深觉其意，忍而不予，情得势穷，始来请命，一失此机，必为后悔。彼若点集兵马，屯聚境上，许之则畏兵而予，不复为恩；不予则边衅一开，祸难无已。间不容发，正在此时，不可失也。况今日之事，主上妙年，母后听断，将帅吏士，恩情未接，兵交之日，谁使效命？若其羽书沓至，胜负纷然，临机决断，谁任其责？惟乞圣心以此反复思虑，早赐裁断，无使西人别致猖狂。"③ 苏辙之言，是希望在西夏百端挑衅致使宋廷最终不得不放弃兰州之前，拱手相

---

① 《续资治通鉴长编》卷 353，元丰八年三月壬寅，第 8461 页。
② 《乞令户部役法所会议状》，苏辙：《栾城集》卷 38，上海古籍出版社，1987 年标点本，第 835 页。
③ 《宋史》卷 339《苏辙传》，中华书局，1977 年标点本，第 10824～10825 页。

让，以显示宋廷的"恩情"，进而避免战衅。而司马光则直接承认兰州五寨为西夏领土，他说："此边鄙安危之机，不可不察。灵夏之役，本由我起，新开数寨，皆是彼田，今既许其内附，岂宜靳而不与？"司马光认为，宋朝侵犯西夏国土已是挑衅，必然招致对方"小则上书悖慢，大则攻陷新城"。因而他提议，"群臣犹有见小忘大，守近遗远，惜此无用之地，使兵连不解，为国家之忧。愿决圣心，为兆民计"。① 安焘也认为："地有非要害者固宜予，然羌情无厌，当使知吾宥过而息兵，不应示以厌兵之意。"在苏辙和司马光看来，国家的核心在于"本土"，在于内境之民，至于边境地区如兰州者，则是"无用之地"，应该输之于敌而使国家免受边疆军兴之扰。将兰州五寨视为"无用之地""彼田""侵地"，② 正说明在苏辙、司马光等人心目中"中国"并不包含远在西北的兰州，将兰州输之于敌而使宋朝免受边疆军兴之扰，也算应该的。这种观点既包含了明显的"怀柔远人"的论调，又体现了以"中国""本土"为中心而罔顾边境的"天下为中"观念。

对于苏辙、司马光等人的观点，宋廷内部附和者无多。《宋史》称"时异议者众，唯文彦博与光合"。③ 反对者认为，兰州等边境地区具有拱卫中心的巨大意义，丧失兰州也意味着"中国"的利益受损。在他们看来，兰州并非西夏固有领土，宋朝可以据为己有以拱卫"中国"。李周就否认兰州等陇右地区为西夏国土，认为"陇右故为唃氏所有，常为吾藩篱。今唃氏破灭，若弃之，必归夏人。彼以区区河南，百年为勍敌，苟益以河湟，是尽得吐蕃之地，非秦、蜀之利也"。④ 李周的这一说法否认了西夏占据兰州地区的合法性，而从历史的角度为宋朝占据兰州地区提供了理论依据。其他人则强调兰州为先王（宋神宗）收复之地，委之于西夏是对先王的不忠。上官均提出："先王之御外国，知威之不可独立，故假

① 《宋史》卷486《夏国传下》，第14015页。
② 苏辙在奏文中多用"侵地"，如"今若固守侵地，惜而不与，负不直之谤，而使关右子弟肝脑涂地，臣恐边人自此有怨叛之志"，"夏国遣使入贡，归其侵地"等。详见《论兰州等地状（六月二十八日）》，苏辙《栾城集》卷39，第859页；《论西边警备状（七月十九日）》，苏辙《栾城集》卷39，第865页。
③ 《宋史》卷486《夏国传下》，第14015页。
④ 《宋史》卷344《李周传》，第10935页。

惠以济威，知惠之不可独行，故须威以行惠，然后外国且怀且畏，无怨望轻侮之心。今西夏所争兰州寨地，皆控扼要路，若轻以予之，恐夏人捣虚，熙河数郡，孤立难守。若继请熙河故地，将何辞以拒之？是傅虎以翼，借寇以兵，不惟无益，祇足为患。不如治兵积谷，画地而守，使夏人晓然知朝廷意也。"① 游师雄也认为，兰州地区为"先帝所立，以控制夏人者也，若何弃之，不惟示中国之怯，将起敌人无厌之求。傥沪、戎、荆、粤视以为请，亦将与之乎？万一燕人遣一乘之使，来求关南十县，为之奈何？"② 安焘同样认为："自灵武而东，皆中国故地。先帝有此武功，今无故弃之，岂不取轻于外夷？"③ 除了借先王之威论证宋朝占据兰州的合法性外，论者也多强调兰州等边境地带在军事战略上之重要地位。王岩叟就反问道："形势之地，岂可轻弃，不知既与，还不更求否？"④ 范育也认为："熙河以兰州为要塞，此两堡者兰州之蔽也。弃之则兰州危，兰州危则熙河有腰膂之忧矣。"⑤ 游师雄提出，兰州战略地位险要，如要坚守，"宜于定西、通渭之间建汝遮、纳迷、结珠三栅，及护耕七堡，以固藩篱，此无穷之利也。"⑥

在反对者的言论中，穆衍和孙路的言论对弃守兰州问题的最后决策发挥了重要作用。穆衍是河内人，孙路曾任兰州通判，因此二人对兰州有更直接的认识。穆衍在"不弃兰州议"中指出："兰弃则熙危，熙弃则关中震。唐自失河、湟，西边一有不顺，则警及京都。今二百余年，非先帝英武，孰能克复。若一旦委之，恐后患益前，悔将无及矣。"⑦ 司马光准备放弃河、湟等地时，邢恕建议司马光向孙路咨询，谓"此非细事，当访之边人，孙路在彼四年，其行止足信，可问也"。孙路遂挟舆地图展示给

① 《宋史》卷355《上官均传》，第11179页。
② 《宋史》卷332《游师雄传》，第10689页。
③ 《宋史》卷328《安焘传》，第10566页。在西夏讨要葭芦、米脂、浮图、安疆四寨时，安焘主张与之，而在讨要兰州时，安焘却极力反对。由于安焘曾出使高丽，对宋朝的外交关系有很深的了解，且反对宋廷对疆吏戒备过深，主张对西夏用兵。因而他的这一观点转变显得非常重要，可惜传记所载不详，难以考证。
④ 《宋史》卷342《王岩叟传》，第10895页。
⑤ 《宋史》卷303《范祥传》，第10051页。
⑥ 《宋史》卷332《游师雄传》，第10689页。
⑦ 《宋史》卷332《穆衍传》，第10691页。

司马光，并言道："自通远至熙州才通一径，熙之北已接夏境，今自北关辟土百八十里，濒大河，城兰州，然后可以扞蔽。若捐以予敌，一道危矣。"《宋史》记载："光幡然曰：'赖以访君，不然几误国事。'议遂止。"① 可见孙路的建议起到了很大的作用。

综合来看，苏辙、司马光之主张放弃兰州，乃是基于一种从"中心"看"边缘"的视角，以"中心"为重，而忽视了宋朝边境地带的重要性。其反对者则多依从"边缘"看"中心"的视角，强调边境稳固才能换来中心的安全，放弃兰州则"一道危矣"。前者认为宋朝与西夏具有同等的意义，并承认兰州应为西夏所有；后者则强调边界的存在意义，兰州作为宋朝的边界可以扞蔽中原，拒西夏于熙河以外。尽管宋夏双方并没有划定明确的边界，但是宋夏兰州之争，以及宋廷内部弃守兰州之争却体现出了非常明确的边界意识。最后穆衍、孙路的建议能够成功，并不因为其假借先王的权威，而是其在言语之中表达出了十分明显的忧患意识及"边界"观念。葛兆光提出，宋朝具有一些很接近"近代民族国家"的意味。作为一个中心地域很清晰的国家，宋朝开始意识到自己空间的边界，开始形成"中国意识"，开始浮现出国家的"边界"。② 弃守兰州之争的背后，也正代表着宋朝上下"边界"意识的觉醒，以及这种"边界"意识与"本土"中心观念的交锋。

宋朝弃守兰州之争，凸显了兰州在前近代中国的"边界"意义。兰州既是"中国"的地理边界，同时也是族群边界。因此，宋朝以后，兰州虽然已经被纳入中央王朝的统治范围之内，但仍然以其"隔阂羌戎"的内生边界而成为军事要地。西夏宝义二年（1227），成吉思汗灭西夏，1234 年占领兰州和金州。此后，兰州归入中央王朝的行政统治之下，除了零星的一些起义或叛乱，再未中断过。自此，由兰州北渡黄河的丝绸之路——甘肃东段中线成为中原通往西域的重要驿道，兰州的交通中心地位进一步巩固，从而为其成为西北政治中心做好了铺垫。元明以前，兰州时弃时归，即便元朝收复兰州以后，也是"列屯置堠而边

---

① 《宋史》卷 332《孙路传》，第 10688 页。

② 葛兆光：《宅兹中国：重建有关"中国"的历史论述》，中华书局，2011，第 27、41、49 页。

防屡扰，鸣镝不休"。① 入清以后，兰州虽然屡遭回民起义军、叛军的袭扰，但官府建制延续不绝，人民生活逐渐安定。如果说清朝以前的中央王朝对于自己的边缘地区，一直满足于模糊不清的分界线，始终处于想象之中的话，那么始修于 1811 年的"嘉庆志"及"嘉庆图"，则承载着中国历史发展所能达到的空间极致，说明康熙帝祖四代对领土、边界、主权和边民有了清晰的界定和认知。② 在"圣清卢牟六合，函育乎方外，越龙堆葱岭以西二万余里，尽隶版图"③ 的情况下，在传统疆域观念中处于"内地边界"的兰州，开始获得异常广阔的地域腹地，其城市身份也从"秦西极边郡"摇身一变而为"西州首邑"。

三　消失的边界：从"秦西极边郡"到"西州首邑"

明朝二百年间，兰州常为寇冲，朝廷往往设重兵驻此，以保障西陲。《大明一统志》称，兰州"境接巴寓，地控边陲，南得钟存，北阻大河。中原迤西，山川扼塞，地势平夷，有长城之险，皋兰峙其南，黄河经其北。界接羌戎，其山峻耸"。④ 可谓极言其形势之险要。清朝初年，兰州仍属临洮府，为一军事边卫。顾祖禹在《读史方舆纪要》中这样描述兰州："州控河为险，隔阂羌戎。自汉以来，河西雄郡，金城为最。岂非以介戎夏之间，居嗌喉之地，河西陇右，安危之机，常以金城为消息哉?"⑤ "隔阂羌戎"一词，准确指出了兰州在传统族类观中的"边界"意义，并因此而成为"自古捍围之地"。

康熙五年（1666），陕甘分治，设甘肃行省，省会由巩昌（今陇西）迁至兰州。康熙《兰州志》原序中说道："今天下方域，兰为秦西极边郡，兰之外，五戎卫所之外，番与虏区耳……五卫之风化物力，二夷之向背出入，

① 道光《皋兰县续志》，中国西北文献丛书编辑委员会编《中国西北文献丛书·西北稀见方志文献》第 34 卷，兰州古籍书店，1990，"程德润序"，第 8 页。
② 于逢春：《论中国疆域最终奠定的时空坐标》，《中国边疆史地研究》2006 年第 1 期。
③ 道光《皋兰县续志》，《中国西北文献丛书·西北稀见方志文献》第 34 卷，兰州古籍书店，1990，"程德润序"，第 9 页。
④ 《大明一统志》第 5 册卷 36《临洮府》，台北，台联国风出版社，1977，第 2535 页。
⑤ 顾祖禹：《读史方舆纪要》卷 60《陕西九·巩昌府》，中华书局，2005，第 2871 页。

皆关于兰。古谓西夷所必争，兰安则秦安，讵不重哉。"① 乾隆三年
（1738）移临洮府于兰州，称兰州府，改兰州原有地域为皋兰县。乾隆《皋
兰县志》载："皋兰为西维重地，自制军移驻，官属之盛，兵卫之众，数倍
于前，蕞尔一邑，有统领全省之势。"② 康熙《兰州志》中的"秦西极边
郡"与乾隆《皋兰县志》中的"西维重地""制军移驻"等字眼，点明
了兰州在传统族类观中的"内地边界"身份及其军事意义。

　　《嘉庆重修一统志》仍沿用旧说，称兰州"境接巴寓之襟裔，中原迤
西，山川扼塞，据陇首，撩西倾，襟带关河，长城之险，抗衡三边"。③
但在道光《皋兰县续志》中，甘藩使者湖北天门人程德润开始将兰州视
为"行省首邑，郁然一大都会"。他说，兰州"东连陇坻，西扼河湟，文
物昌明，闾阎殷盛"。他指出，在"圣清卢牟六合，函育乎方外，越龙堆
葱岭以西二万余里，尽隶版图"的情况下，兰州已经不是以往的边疆地
带，而是"与河洛齐鲁同为腹里，沿边种族，皆纳租税"的内地。且
"七十年来，从无犬吠之警，久安长治，千古未闻"，④ 与之前的"鸣镝
不休"形成鲜明对比。皋兰县知事徐敬称兰州为"西州首邑，人文蔚
起"。⑤ 皋兰县知事岭南人萧国本也称"金城系西州首邑，襟山带河，形
势称雄"。⑥

　　之后，兰州作为文明都市的理念被进一步强化。在光绪《重修皋兰
县志》中，陕甘总督杨昌濬提到："皋兰人文蔚起，卓然为诸属冠，踵事
增美，又非昔比。"⑦ 甘肃学政蔡金台则说，虽然皋兰自古为西羌捍围之

---

① 乾隆《皋兰县志》，《中国地方志集成·甘肃府县志辑》第 3 册，凤凰出版社，2008，
　 "兰州志原序"，第 7 页 a。
② 乾隆《皋兰县志》，《中国地方志集成·甘肃府县志辑》第 3 册，"梁济渥序"，第 1
　 页 a。
③ 《嘉庆重修一统志》卷 252《兰州府一·形势》，上海书店出版社，1984，第 4 页 b。
④ 道光《皋兰县续志》，《中国西北文献丛书·西北稀见方志文献》第 34 卷，"程德润
　 序"，第 9 页。
⑤ 道光《皋兰县续志》，《中国西北文献丛书·西北稀见方志文献》第 34 卷，"徐敬序"，
　 第 23 页。
⑥ 道光《皋兰县续志》，《中国西北文献丛书·西北稀见方志文献》第 34 卷，"萧国本
　 序"，第 27 页。
⑦ 光绪《重修皋兰县志》卷首，《中国地方志集成·甘肃府县志辑》第 3 册，第 221 页。

地，而今"益同畿会而风化挈兴，其所以为百城宗者"。① 时任户部主事的江苏人董醇于道光二十九年（1849）来兰，称兰州"地据南北之中，为东西咽喉，扼塞之处，宜乎万里，新疆遥归，控制不难，与西安天府并为省会名区焉已"。②

从"秦西极边郡"到"西州首邑"，简单的词语变化背后是疆域观念和"中国"观念的深刻变迁。"秦西极边郡"代表的是作为"外边缘"的兰州，这时兰州是"隔阂羌戎"之地，是一个具有象征意义的族类边界。为了维护中原的秩序和稳定，也为了保持大一统的秩序，中央王朝往往以大批军力屯集于此，并将之作为汉人力量在西北的重要支撑点。但是随着清朝疆域的扩展，中国疆域观念发生了变化。尤其是乾隆年间平定天山南北后，中国疆域大一统得以恢复。也是在用兵西北的过程中，越来越多的国人认识到了西北的广袤和无垠。所谓"洮云陇草都行尽，路到兰州是极边。谁信西行从此始，一重天外一重天"。兰州不再是极边，而成为西行的起点，成为"西州首邑"。从"秦西极边郡"到"西州首邑"的变化，也反映了兰州从"外边缘"向"内边缘"的转变。

第二节　以兰州为中心的西北内陆秩序的形成

肃藩移驻开启了兰州向西北政治中心的跃进。乾隆之后，陕甘总督移驻并兼理西北茶务，奠定了西北以兰州为中心的内陆秩序。兰州成为清朝管辖范围最大的省城，左宗棠的西北事功进一步巩固了这一秩序，并开启了兰州的近代化。这一切似乎预示着，兰州将成为近代西北变革的有力领导者。

一　肃藩驻地：西北政治中心地位的奠定

"明建肃藩兰州，崇西陲也。"③ 明朝肃王朱楧移藩兰州，对兰州城市的发展起到了巨大的推动作用，也使兰州的地位发生了革命性的变化。上

---

① 光绪《重修皋兰县志》，《中国地方志集成·甘肃府县志辑》第3册，第231页。
② 董醇：《度陇记》，《西北行记丛萃·宁海纪行》，甘肃人民出版社，2002，第187页。
③ 《烈妃庙记》，薛仰敬主编《兰州古今碑刻》，兰州大学出版社，2002，第177页。

文已经指出，明朝以前兰州已经由渡口演变成为交通中心和控扼西域的军事要地。但在明初，兰州还只是一个小县城——兰县。明洪武十一年（1378），朱元璋封十四子朱楧为汉王，后改为肃王，移驻甘州（今张掖）。建文帝元年（1399），肃王请求内迁，①从甘州移往兰县，甘州中护卫亦随之迁往兰县。明宪宗成化十三年（1477），兰县升县为州，管辖范围大为扩展，辖区包括今城关区、七里河区、安宁区、西固区以及皋兰县、景泰县的部分地区，基本形成了之后兰州市的地界范围。

在肃王朱楧迁兰之前，兰州只是属于陕西承宣布政司管辖、隶属临洮府的一个黄河渡口小县城。但肃王迁兰之后，兰州很快升县为州，并领一县。尽管行政级别只提升了一级，但由于是肃王的驻节所在，兰州俨然成为西北一个特殊的地缘政治中心。为了拱卫肃藩，兰州城经过不断修建，形成了以城池为中心结合关隘、军堡、边墙、墩台的严密防御体系，使兰州城池防守之严密、军队规模之大在九边之内也属少见。据光绪《重修皋兰县志》记载，驻守在兰州的军队有守备营、兰州卫、甘州中护卫三种。守备营隶镇守陕西总兵官，有参将一员，游击一员，正兵2525名。兰州卫隶陕西都司，有指挥使一员，同知一员，佥事一员，备卫官军1350名。甘州中护卫属于肃王卫队性质，移藩时自甘州移驻兰州。人员略少于正常卫所官兵数，但建制与装备比一般卫所精良。"设指挥一员，指挥同知二员，指挥佥事四员，官军533名……器杖94件，火器1298,

---

① 《明史》记载："建文元年乞内徙，遂移兰州。"（《明史》卷117《诸王传二》，中华书局，1974年标点本，第3585页）肃王移藩兰州，有学者提出是"迫于某种政治压力做出的无奈选择"。（武沐：《甘肃通史·明清卷》，甘肃人民出版社，2009，第31页）这一观点认为，建文帝朱允炆继位后大行削藩。肃王拥有重兵，甘州地位重要，朝廷不宜控制。所以，李景隆向建文帝进言应防备燕王与肃王暗中串联，从而将肃王府内迁兰州，以便于朝廷控驭。但也有史料揭示，早在朱元璋时期，肃王就请求内迁兰州，而遭到了朱元璋的否决。兰州城市史专家程兆生曾提到："在洪武三十年（1397年），朱元璋诏令朱楧在甘州督军屯粮，备战备荒。朱楧借机请求内迁，但未被批准。"（《明肃王朱楧移藩兰县》，程兆生：《兰州杂碎》，甘肃文化出版社，2007，第103页）甘州西有回纥，南有西番，地缘形势异常复杂，而套虏在东北方向相威胁，就使甘州控扼西域的意图完全丧失，且处于四面夹击之中。再加上朝廷对宗室的节制，肃王部众仅1.6万余人，兵力孱弱。与甘州相比，兰州南北夹山，且北有黄河之险，在防御形势上明显优于甘州，在生存环境上也明显好于甘州。因而在当时的背景下，肃王内迁兰州当为一个趋利避害的选择。

辖墩台 4 座。"① 明朝初年驻兰州的二支部队总数达到 4408 人，而兰州人口只有"户 885，口 6164"，由此可见当时兰州军事人口比例之大。肃王迁兰后还在兰州附近地区大规模屯田，并留下了许多由军屯转化为乡村的营，如今天兰州的袁家营、金家营、徐家营、丁家营、陈官营等，都是由军屯转化而来。军事人口的迁入及军屯的发展，极大地扩充了兰州城市人口，同时也促进了兰州城市的发展。

肃王迁兰对兰州城市发展有着深远的影响。史载，"明之初，兰人自江南迁徙而来者十居八九"，一度形成了兰州"满城皆操吴音，服饰如江南"的局面。《宋史》及《元一统志》风俗篇均强调兰州尚武的特性，《宋史》称兰州"被边之地以鞍马射猎为事，其人劲悍而质木"，《元史》也称兰州"民俗质朴，尚武务农"，而明万历《临洮府志》则载，"兰土柔泽，人多秀逸，好修饰美服。居嗜草卉诸玩，家营纺织，有南土风。士勤读嗜学，重气谊仪度彬雅斐郁"。② 从"质朴尚武"到"兰土柔泽，有南土风"，正反映了肃王移兰对兰州城市习俗和发展的影响。③

清人入关以后，沿用明朝建制，兰州仍为一个县城。康熙五年（1666），甘肃巡抚移驻兰州，兰州开始成为甘肃省会。但此时兰州虽为省会，却有厅、州而无府、县，在行政级别上仍隶属临洮府。厅系佐贰，专司税务、茶法，并无地方之责。雍正时甘肃巡抚许容请奏将临洮府移驻兰州，未获批准。乾隆三年（1738），甘肃巡抚元展成再次奏请并获批准，将临洮府知府及附府的狄道移驻兰州，兰州知州移驻狄道，即将兰州知州与临洮府职能互换。乾隆二十九年（1764），为加强对西北地区的控

---

① 光绪《重修皋兰县志》卷 17《武备上》，《中国地方志集成·甘肃府县志辑》第 4 册，第 429 页。

② 光绪《重修皋兰县志》卷 11《舆地下》，《中国地方志集成·甘肃府县志辑》第 4 册，第 13 页 b。

③ 关于肃王移驻对兰州城市发展的影响，可参见柏敬堂的《江南遗风在金城》一文。柏敬堂在该文中指出，肃王移兰时随行的江南人士有数万人之多，极大改变了兰州城市的习俗。如兰州城市街道采用南方式的"街、巷"命名，而非北方常用的"里、道、弄、路、胡同"等；兰州方言与江浙方言有许多共通之处。在另一篇文章《江南移民与晏公庙》中，柏敬堂指出肃王在兰建立之晏公庙移植于南京"神灵晏公敕驾明太祖"的晏公庙。参见柏敬堂《江南遗风在金城》，《兰州晚报》2002 年 11 月 21 日；柏敬堂《江南移民与晏公庙》，《兰州晚报》2001 年 11 月 11 日。

制，乾隆在御批中提到："前因西陲办理军需，令陕甘总督驻扎肃州，以便调遣。迄今大功久竣，新疆屯政亦已酌定章程，而该督仍驻肃州，距西安会城较远，于腹地属员案牍控驭转多隔碍。朕意若将总督移驻兰州巡抚原署，则东西道里适均，不难居中节制，而甘肃巡抚亦可裁汰。"① 陕甘总督遂由西安移驻兰州，兼管巡抚事，并以明肃王府为督署。之后，陕甘总督的杏黄大旗一直悬挂在兰州督署衙门前的旗杆上，直至民国。

乾隆以后，兰州作为陕甘总督的驻节所在和甘肃省会，自然也成为西北的政治中心。兰州不仅是甘肃省会，还对新疆、西藏包括后来的青海、宁夏等西北地区具有理论上的管辖权。加之兰州拥有交通上面向西北内陆的扩展性，因此以兰州为中心的西北内陆秩序很快形成。兰州是西北地区官员包括少数民族领袖进京最主要的中转站，也是中央流放官员的必经之地。所谓"自回部、准部而外，若哈萨克、布鲁特、霍罕安集延、青海之生番蒙古人等，凡年班入觐者罔弗取道于兰，往来络绎，岁以为常。至则督臣宣布恩德，谕遣北上，归亦饬属，资送出关，其所系于观瞻者尤不同"。②

在前近代很长一段时期内，兰州所代表的内陆秩序构成了中央王朝朝贡体系的一个组成部分，而鸦片战争以后，这一朝贡体系下的内陆秩序一方面向中央与地方的现代性关系转化，另一方面还向与中亚、俄国的外交关系演变。正如滨下武志所指出的那样，"朝贡体制的根本点本来就是靠贸易关系在支撑"。③ 兰州的陆地秩序除了中央政府的政治规训以外，更主要的是通过贸易来实现。这种贸易在东南沿海体现为海洋贸易，而在兰州则是历史更为悠久的茶马互市。

二　茶马贸易：西北经济中心地位的形成

南宋以后，陆上"丝绸之路"逐渐被海上"丝绸之路"取代，经过

---

① 乾隆《东华续录》卷59，续修四库全书编纂委员会编《续修四库全书》三七三《史部·编年类》，上海古籍出版社，1996年影印版，第92页。

② 《重修兰州城碑记》，薛仰敬主编《兰州古今碑刻》，第127页。

③ 滨下武志：《近代中国的国际契机：朝贡贸易体系与近代亚洲经济圈》，朱荫贵、欧阳菲译，中国社会科学出版社，1999，第37页。

兰州的中西通道趋于冷落，而此时"驿道"运输方兴未艾。最晚至元朝，西北驿站、驿道已臻于完善，这也为兰州和西北与中东部地区的经济文化往来打下了基础。明清以来，随着茶马互市和长途贩运的开展，兰州更是一跃而成为西北地区的贸易中心。各路商人以兰州为活动中心，建立起与中国中东部市场的商贸关系。在全球化的大背景下，兰州经济网络自然受到全球市场网络的影响，但这种影响相对较弱，西方势力几乎从未直接介入这一地区，兰州与中国中东部地区的经济联系也鲜少受到西力的渗透。因此，当中国中东部地区在西方冲击下开始进入近代化的时候，近代兰州经济网络仍保留和继续着自己的历史传统。

茶马互市是继唐宋之后明朝政府与西部少数民族间进行的一种特殊贸易，也是西北地区与中国中东部地区经济交流的重要环节。正是由于茶马互市的推动，西北经济体系与中东部经济体系才整合为一体。早在朱元璋时，战争还没完全结束，由于对战马的迫切需求，政府垄断了对甘肃等西北地区的"茶马互市"，并建立巡茶制度，定期派遣京官于行茶之地监督征课，严缉私贩。而巡查的重点地区，就是潼关以西直至张掖。自正统十四年（1449）始，"每岁遣行人一人，巡查潼关以西至甘州等处私茶"。① 成化三年（1467），明政府遣御史"巡茶陕西，番人不乐御史，马至日少，乃取回御史，仍遣行人，且令按察司巡察。已而巡察不专，兵部言其害，乃复遣御史，岁一更，着为令"。② 由官方控制的茶马互市，由于客商的走私活动而受到越来越多的影响。之后，从永乐时期开始，茶禁松弛。到弘治三年（1490），明政府开始招商运茶到西北，并给商人以盐引。因为当时盐业是暴利行业，所以商人趋之若鹜。

清朝初年在西北地区设置了五处茶马司，西宁司驻西宁，洮州司驻岷州，河州司驻临夏，庄浪司驻平番，甘州司驻兰州。五司原由陕西差茶马御史管辖，后归甘肃巡抚兼辖。此时甘肃茶叶的转口中心是巩昌府，而兰州只是其中的一个贸易节点，在茶叶贸易中的地位并不突出。乾隆二十九

---

① 民国《甘肃通志稿》财赋二《茶课茶捐》，《中国西北文献丛书·西北稀见方志文献》第28卷，第147页。

② 《明史》卷80《食货志四》，第1950页。

年，裁甘肃巡抚，茶务归陕甘总督兼理，之后又由陕甘总督管理，后西北茶务统归兰州管辖。时全国共有茶引 28766 道，甘肃五司共引 27296道，① 约占全国茶引的 95%。之后由于商人走私严重，清政府垄断和直接控制茶马贸易的能力逐渐减弱，也加之国内战事减少，政府对马匹的需求减少，清廷不得不改弦更张，"罢中马之制，令商纳税银"，并以"兰州道理其事，分西（宁）、庄（浪）、甘（州）三司，兰州属甘司，额引九千九百八十二，每引一税茶，十封以一封交茶，九封折银"。② 罢中马之制后，清政府因"地处偏僻"，先后裁去了洮州、河州、西宁等司，进一步确立了兰州在茶马贸易中的中心地位，规定"省城应为盘验兑汇之区，甘、庆、西三司官茶，俱运到兰州，由皋兰县办理装运"。③ "按当时规定，每封茶缴银 3 钱，每引折银 2 两 7 钱。这样，兰州所辖三司计征得茶9982 封、银 26951 两，兰州一跃成为全国茶马集散地，成为西北茶马互市的中心。"④ 茶叶来源地从之前的以陕西、四川为主变为以南方尤其是两湖地区为主。茶商多将产自两湖、江浙的茶叶通过水路运至湖北襄阳、河南后，取道陕西潼关运至泾阳屯集，再经东路转运至兰州。⑤ 商路转移之下，再加上清政府命令"兰州道理其事"，凡从事茶叶贸易的商人，都得向兰州官府缴纳一定数额的商税，因而兰州成为西北茶叶贸易的绝对中心。

自"罢中马之制"后，西北地区茶马互市开始衰落，但在整体衰落的同时，兰州地区的茶叶贸易却出现了空前的繁荣。尤其是左宗棠督甘时期整顿茶务"以票代引"后，兰州地区"迄于宣统二年，茶务日盛"。⑥由表 1-1 可知，甘肃省茶票数目在同治回民起义之后曾有大幅下降，但光绪以后逐年递增，至光绪三十二年（1906）达到最高数 2219 张。民国

---

① 乾隆《甘肃通志》卷 19《茶马》，四库全书本，第 1 页 b。
② 道光《兰州府志》卷 5《田赋志》，第 527 页。
③ 徐方干：《历代茶叶边贸史略》，《边政公论》第 3 卷第 11 期，1942 年。
④ 魏明孔：《西北民族贸易述论——以茶马互市为中心》，《中国经济史研究》2001 年第 4 期。
⑤ 宣统《甘肃新通志》卷 21《茶法》，《中国西北文献丛书·西北稀见方志文献》第 24 卷，第 62 页。
⑥ 《清史稿》卷 124《食货志五·茶法》，中华书局，1976 年标点本，第 3654 页。

初年受政局影响又有短暂下降，但很快又恢复到 1000 张以上。计 1873 年第一案起至 1928 年第十八案止，茶票数目总计 18507 张，缴过课厘银 450 余万两，自 1915 年至 1928 年，甘肃省茶课收入总计 603208.325 两，正所谓"亦边省财政上重要收入也"。①

表 1 - 1 1873 ~ 1928 年甘肃省历案换发茶票数目

单位：张

案数	发票年份	发票张数
第一案	1873	835
第二案	1882	402
第三案	1886	409
第四案	1890	433
第五案	1892	423
第六案	1896	457
第七案	1898	449
第八案	1899	628
第九案	1901	768
第十案	1904	1347
第十一案	1906	2219
第十二案	1910	1805
第十三案	1913	506
第十四案	1916	1400
第十五案	1919	1564
第十六案	1922	1285
第十七案	1925	1787
第十八案	1928	1790

资料来源：民国《甘肃通志稿》财赋二《茶课茶捐》，《中国西北文献丛书·西北稀见方志文献》第 28 卷，第 149 页。

茶马互市是中国朝贡贸易体系的一个组成部分，也是中央政府持"怀柔之道"，"抚番族以安地方"的政治策略。正如明嘉靖时期巡茶御史

① 民国《甘肃通志稿》财赋二《茶课茶捐》，《中国西北文献丛书·西北稀见方志文献》第 28 卷，第 150 页。

刘良卿所说，茶马贸易"虽以供边军征战之用，实以系番夷归向之心"。①
因而，茶马互市构成了西北经济体系与中东部经济体系交往中最为基本也
最为核心的组成部分，也奠定了以兰州为中心的西北内陆秩序的基础。从
茶马五司管理到"兰州道理其事"，兰州逐渐从茶马互市的一个贸易节点
成长为总管西北茶马贸易的转运中心。从时间点上看，乾隆二十九年陕甘
总督从临洮移驻兰州，然后裁甘肃巡抚并将茶务统归陕甘总督兼理。因
此，兰州成长为西北经济中心，是政治作用之结果。从某种程度上来说，
此时的兰州与远在东南海疆的广州有些许类似，国家统制经济的手段为其
成为门户贸易市场提供了最初的契机。以兰州为中心的茶马贸易不仅极大
拓展和巩固了西北地区的陆地秩序，也畅通了中原王朝与西北少数民族之
间政治、经济和文化的联系。

　　同时，兰州茶叶还向中亚和俄国出口，体现了以贸易为线索的西北传
统朝贡体系向近代国家间外交关系的转变。如果站在中华帝国朝贡贸易圈
的角度来看，中亚诸国和俄国构成了中华帝国的朝贡国或互市国。以兰州
为中心的茶马互市贸易圈也就大大超过了西北的范围。清政府长期以距离
兰州700余公里的肃州（酒泉）为对外贸易的关口，之后屡次加大对肃
州边境贸易的限制，从两年一次改为三年一次，并对贸易数量进行控制，
对外贸易的大宗商品无疑是茶叶和丝绸。早在道光年间，每年由兰州、凉
州及省内其他贸易点运至新疆的茶叶中仅附茶就达四五十万封，而其中
30万封又被外运至中亚。② 在左宗棠时期，俄国人索斯诺福齐等曾来兰请
求左宗棠开放西北通商，1881年清政府正式允许茶叶经过兰州、嘉峪关
等地运往俄国。据统计，当时俄国所需求的华茶占全俄所需茶叶的1/3
左右。③

　　茶叶对外贸易的开展，极大扩展了兰州内陆秩序的交往圈，也为抗战
时期国民政府以兰州为中心展开与苏联的政治经济交流打下了基础。1936
年，国民政府将西北公路运输机构从西安迁至兰州，从此兰州成为名正言

---

① 中研院历史语言研究所编《明世宗实录》卷188，1965，第3966页。
② 魏明孔：《西北民族贸易研究——以茶马互市为中心》，中国藏学出版社，2003，第
　246页。
③ 徐方干：《历代茶叶边贸史略》，《边政公论》第3卷第11期，1942年。

顺的西北交通中心。① 全面抗战爆发后，在海运受困的情况下，为了获得苏联的军事援助，中苏联合开辟了从中亚到新疆再到甘肃的运输线，并在兰州建立基地和办事处。1942 年 2 月，财政部贸易委员会在兰州设立贸易委员会西北运输处，1944 年改隶复兴商业公司西北分公司，改称兰州运输总站，负责承运贸易委员会下属单位的进出口物资。据统计，仅从1937 年全面抗战爆发到 1938 年夏，就有 6000 多吨货物通过兰州运往抗战前方。1938 年，首批苏联的 1000 辆卡车运抵兰州。由于国民政府财政拮据，这一时期的对苏贸易基本采取的是以物易物方式，易货数量大，时间长，运输困难。为保证易货贸易的顺利进行，国民政府开始实施国家统制经营政策，外销类物资由财政部贸易委员会所属中国茶叶公司、复兴商业公司、富华贸易公司统购统销。兰州于 1940 年前后成立了西北盐务所，专门负责食盐购销；1941 年 6 月设立甘肃省贸易公司，专门负责采购和供销；1942 年设立中国茶叶公司兰州分公司，专门负责全省茶叶销售；1943 年设立复兴商业公司西北分公司，专门负责皮毛收购。此外，还有各种火柴、糖类、烟、酒专卖局等。据统计，1940 年安化砖茶的产量为57483 片，1942 年猛增为 322208 片。从 1942 年起，通过兰州的砖茶大部分经由星星峡交付苏联进行偿债贸易。② 对苏贸易的增长无疑扩展了以兰州为中心的西北内陆秩序的外延，提升了兰州经济体系的交往层次。

三　同治回民起义、左氏入甘与兰州近代化的开启

在清朝中后期的很长一段时间里，兰州一直受到西北回民起义的影响，成为战争的主要地区之一。回民起义使城市人口减少，城市设施遭到严重毁坏，破坏和打断了兰州城市的正常发展轨迹。同治五年（1866），河州回民起义军围困兰州城，随后又发生了标兵事变（详见本书第五章第三节）。

---

① 西北公路管理机构以 1934 年 4 月成立的西北公路管理局筹备处始，1935 年变更为西北国营公路管理局，隶属于全国经济委员会公路处，局址设在西安。1937 年搬迁至兰州，改称为西北公路运输处，之后又改称或另建为陕甘运输管理局、交通部陕甘运输管理局、交通部西北公路运输管理局（后两者隶属于交通部）。管理路线从最初单一的兰西公路扩大为兰西、兰猩、甘青、华双、凤汉宁、汉白等六路。详见《西北公路机构沿革表》，《西北公路交通要览》，西北公路运输管理局印行，1930，第 4、5 页。
② 王世昌：《甘肃茶销概况》，《甘肃贸易季刊》第 10、11 期合刊，1944 年。

为了固守兰州，总督杨岳斌下令重掘兰州城壕，关闭城门，实行戒严。直到 1872 年，河州回民起义军领袖马占鳌降清，兰州周边的回民起义军才得以肃清。该年七月，左宗棠到达兰州，下令取消戒严，开放城门。同时重修兰州城池，大大增强了兰州城市的军事防御能力，城市秩序得以恢复。同年，左宗棠将早先在西安创办的机器制造局迁至兰州南关，名为兰州机器制造局，是为兰州近代工业之发端。因此，1872 年对于兰州来说，既是变乱时代的终结，也是具有近代化元素的新时代的开始。

　　第一，在同治回民起义过程中，左右近代兰州历史发展轨迹的重要政治力量开始陆续登台。同治五年八月，左宗棠出任陕甘总督，并加钦差大臣衔，统一节制各路征剿部队。同治六年（1867）春，左宗棠"提兵万二千以西"，提出："兰州虽是省会，形势孑然孤立，非驻重兵不能守。驻重兵，则由东分剿各路之兵又以分见单，不克挟全力与俱，一气扫荡。……是故进兵陕西，必先清关外之贼；进兵甘肃，必先清陕西之贼；驻兵兰州，必先清各路之贼。然后饷道常通，师行无梗。"① 是以自东向西，各路向兰州全面平推，最终肃清起义军。"这次回民起义失败的过程，也是近代甘军和马家军阀产生的过程。"② 同治七年（1868），董福祥率 10万余部下投诚，在左宗棠的编遣下，形成了"董字三营"，并归入刘松山的湘军序列。由于董字三营是从董福祥的 10 万余部下中挑选出来的，都是精锐，受到了左宗棠的赏识。之后，董福祥出关西征新疆，战功卓著之下，脱离刘锦棠部，开始成为一支独立的军队——甘军。与此同时，转战西北近 20 年的湘军兵员老化、将士思归，日益成长的甘军遂逐渐取代湘楚营伍，成为甘肃乃至西北地区军队的主力。因而在回民起义后期，董福祥的甘军地位已经与曾国藩的湘军、李鸿章的淮军地位相当。光绪二十三年（1897），董福祥率甘军入卫京师，庚子事变后甘军奉命与义和团一起攻打外国使馆，之后又护卫慈禧太后"西狩"，达到了其权力地位的巅峰。在北京议和中，董福祥出现在北京外交使团的罪犯名单中，董旋即被革职，甘军被遣散。

① 《左宗棠全集·奏稿三》，岳麓书社，2014，第 327 页。
② 师纶：《西北马家军阀史》，甘肃人民出版社，2006，第 12 页。

民国初年，甘肃出现了以"甘肃八镇"为代表的地方实力派军阀割据局面，其中回军四镇皆为甘军之余部。这四镇回军同样产生于同治回民起义当中。回民起义后期，以马占鳌为代表的西北诸马归附清廷。之后回族军阀异军突起，借助河湟事变和庚子事变中竭力"勤王"的历史契机，登上了西北政治历史的舞台。1902 年，马安良升任甘州提督，坐镇兰州，主持大局，俨然以"西北王"自居；马麒先是坐镇化隆扎巴镇，后逐渐取得了青海一带的基本地盘；马福祥则与马安良地位不相上下，诰封"建威将军"。回姓四镇逐渐形成了甘宁青诸马军阀集团。

第二，左宗棠出任陕甘总督十余年，对兰州进行了一次颇具规模的开发和建设。左宗棠平定回民起义后，又出兵收复新疆，为后来新疆建省及大批汉人移民新疆铺平了道路。自同治六年起，左宗棠受命以钦差大臣的身份督办西北军务，兼任陕甘总督，前后历时十余年。兰州作为当时西北的军事重镇和政治中心，成为左宗棠运筹帷幄、规复新疆、开发西北的枢要之地，也是他在西北期间驻节时间最长的地方。在这里，左宗棠除盱衡中外局势、总揽西北全局，开展军事、政治、经济和文化教育等各项活动以外，还耗费大量精力对兰州城市发展筹谋方略，做了许多造福兰州的实际工作。跟随左宗棠西征大军的步伐，大批湖湘人士、汉族商人来到兰州并定居。左宗棠整修陕甘新驿道，使以兰州为中心的西北驿道交通越发便捷通畅。李建国评价道："左宗棠大规模整修陕甘新驿道，不仅为巩固西北边防做出了巨大贡献，而且也为发展西北经济做出了贡献。"[①] 左宗棠的一系列建设举措，使一向闭塞落后的兰州开始迈开沉重的步履，缓慢地走向近代化。

第三，左宗棠的西北事功进一步巩固和拓展了以兰州为中心的西北内陆秩序，避免了兰州所代表的西北内陆在东南海疆崛起之时被遗忘，进而为之后重新"发现兰州"奠定了基础。左宗棠拟出兵新疆，引发了清廷对于"海防"和"塞防"的争论。自鸦片战争以后，中国传统的国防体系已经基本丧失了保卫疆土的作用。东南方向，中国一直饱尝海防失败之

---

① 李建国：《简论近代甘肃的驿运业》，《甘肃社会科学》1995 年第 2 期。

苦；西北方向，沙俄不断侵占中国领土。如何处理西北、东南的"海防"与"塞防"问题，是摆在清政府面前的一个极其艰难的战略抉择。以李鸿章为代表的"海防"论者认为："历代备边多在西北，其强弱之势、客主之形皆适相埒，且犹有中外界限。今则东南海疆万余里，各国通商传教，来往自如，聚集京师及各省腹地，阳托和好之名，阴怀吞噬之计，一国生事，诸国构煽，实为数千年来未有之变局。"① 因而，李鸿章认为："论中国目前力量，实不及专顾西域。""新疆不复，于肢体之元气无伤；海疆不防，则腹心之大患愈棘。孰重孰轻，必有能辨之者。"② 他建议不要出兵新疆，而把出兵西北的军饷拿来作为建设东南海防之用。湖南巡抚王文韶则持"塞防"主张，认为沙俄入侵伊犁已有"久假不归之势……我师迟一步，则俄人进一步；我师迟一日，则俄人进一日，事机之急，莫此为甚"，因而要"以全力注重西征"。③ 左宗棠则持"海防"与"塞防"并重论。他认为："重新疆者所以保蒙古，保蒙古者所以卫京师"；"若新疆不固，则蒙部不安，匪特陕、甘、山西各边时虞侵轶，防不胜防，即直北关山，亦将无晏眠之日"，所以"时事之宜筹，谟谋之宜定者，东则海防，西则塞防，二者并重"。④ 清政府最终采纳了左宗棠的建议，并命其为钦差大臣，最终收复新疆。

　　清末这场海防与塞防之争，与宋朝弃守兰州之争极为相像。李鸿章的"新疆不复，于肢体之元气无伤"的论调与苏辙、司马光等人的兰州为"无用之地"的观点也颇为相似，只不过将"中国"的边界从宋时的兰州推到了新疆。尽管这场论争是以新疆为主要对象而非兰州，但兰州却是其中重要的受益者之一。左宗棠收复新疆，不仅使西北的政制得到统一，也进一步巩固了兰州作为西北"门户"和政治中心的作用。

---

① 《李文忠公全书·奏稿》卷24，沈云龙主编《近代中国史料丛刊续编》第70辑，文海出版社，1980，第828页。

② 《筹办夷务始末·同治朝》卷99，沈云龙主编《近代中国史料丛刊》第611辑，文海出版社，1971，第9137～9138页。

③ 《筹办夷务始末·同治朝》卷99，沈云龙主编《近代中国史料丛刊》第611辑，第9210～9211页。

④ 《左宗棠全集·奏稿六》，第176页。

综上所述，自肃王移藩以来，兰州就开始成为西北重要的地缘政治中心。乾隆二十九年陕甘总督移驻兰州并兼理西北茶务，兰州开始成为西北地区政治、经济乃至文化中心。历任陕甘总督坐镇兰州实现了对整个西北地区的管辖，其管辖范围事实上包括了今天的陕西、甘肃、青海、宁夏、新疆等省区，也使兰州成为清朝管辖范围最大的省城。左宗棠西征的胜利，又进一步提升了兰州在政治、军事上的战略地位，并帮助兰州实现了对整个西北地区更为有效的管辖。同时，由于左宗棠富有成效的开拓，兰州在结束动乱后步入了难得的稳定发展时期，政治、经济、社会、文化都有了长足的进步。在左宗棠的推动下，兰州很早就设立了近代机器工业，可以说它近代化的开启时间要比国内许多城市都早。这一切似乎都预示着，在接下来的时间里，兰州将获得更快更好的发展，在西北地区率先实现近代化，进而成为西北地区发展和变革的有力领导者。但是，世事难料，后续发展与之相差何止千里。

第三节　辛亥一役与西北内陆秩序的崩坏

辛亥革命爆发后，陕甘总督长庚率兵攻陕，宣布"勤王"。这一举动，大大延缓了西北督臣体制向民国省制的过渡步伐，为之后边疆地方主义和西北的分裂埋下了隐患。随着清朝的倒台，传统治边模式丧失了在西北的维持力，新的民族国家观念在西北建立则为时尚早。中央政府管辖的失效使作为西北最高长官的陕甘总督惊慌失措，长庚面对辛亥革命的第一反应就是誓言贯彻陕甘总督的使命发动"勤王"，命令甘军攻陕。与此同时，陕西、新疆先后独立，陕甘总督失去了对该两省的控制权。民国初年，从陕甘总督到甘肃省长的变化，使兰州的管辖权从广袤的西北缩小至甘肃一省（此时包括青海和宁夏）。甘军攻陕的举动以及由其带动的"蝴蝶效应"使甘肃成为军阀混战的战场，甘肃八镇各拥军队割据，兰州早早丧失了对青海和宁夏的实际管辖权，至冯玉祥时代终于三省分治，兰州的管辖范围仅及甘肃本省。更因为甘肃内部各派势力的割据，兰州的管辖权限似乎仅剩下皋兰县一域，从掌控整个大西北的政治中心沦落为仅能控制兰州周边几县的省会城市。

长庚隐退之后，北洋政府及之后的国民政府就一直试图接管兰州，不断派出各种外来势力力图在兰州建立直接的统治。这与以军事实力为支撑的甘肃地方实力派之间产生了难以调和的矛盾。于是，外来势力与本地势力，新派与旧派，汉族势力与回族势力，各种派别和力量不断杂糅、融合并爆发冲突，兰州城也成为这些势力进行政治角逐的主要舞台。

一　辛亥前后的兰州：陕甘总督的末路

1912 年 1 月 1 日的《申报》头版，满是各界人士恭祝"孙大总统万岁"的题字和启事。当天，孙中山在南京宣誓就任临时大总统，宣告中华民国临时政府成立。而同一天的兰州，却仍然龙旗飞扬。1 月 2 日清晨，兰州市文武百官一起前往万寿宫朝贺，庆祝甘军克复陕西礼泉县。而这一切，正与兰州作为陕甘总督驻地及西北政治中心的地位有着直接关联。

按照清朝官制，驻兰州的陕甘总督是西北地区最高行政军事长官，管辖陕西、甘肃、新疆三省。陕西是革命军起事较早的省份之一，武昌起义爆发后十余天，即 1911 年 10 月 22 日，陕西革命党人即举事成功并占领西安，建立了秦陇复汉军政府。陕甘总督长庚（1909 年 5 月至 1912 年 3 月在任）以陕西为本职辖区，立即着手部署镇压。他上奏清廷将之前被罢免、赋闲在西安满城的前陕甘总督升允任命为陕西巡抚，又任命署理提法使彭英甲、藩司刘谷孙、巡警道赵惟熙①、劝业道张炳华等担任甘军营务处总理，下令固原提督张行志率马步十营镇，限期开赴陕西。之后，长庚又组织"援陕各军"，新募回勇三十营以提督马安良统之；扩兰州陆军第一标为振武军，以陆洪涛统之。两部沿陕甘大道向陕西长武进发。扩固原提督张行志部为壮凯军，共编 16 个营，向陕西千阳、陇州、凤翔一带进发。另调崔正午的回军五营与黄钺新军一营称骁锐军，由黄钺统之，开赴秦州（天水）；再调周务学忠武军一营赴徽县、两当。长庚的军事进攻计划和大规模扩军的举动，为之后兰州地区复杂的政治形势埋下了隐患。

长庚出兵攻陕，获得了甘肃各军事统领及兰州城内许多士绅的支持。南北两军宣告停战之际，清廷下诏征求国民意见。兰州士绅开会，大多数反对

---

① 赵惟熙，江西南丰人，又名赵维熙。

共和。之后，旅居上海的甘肃人士代表甘省上书清廷，赞成共和。此举遭到甘肃咨议局的否认，"旅京同乡官秦望澜、宋振声、王舍棠、吴钧致甘咨议局……上海之少数代表，本省绝不承认……甘咨议局议长张林焱、刘尔炘代表甘新两省人民致北京袁大臣慰亭、咨政院院长并转上海伍代表、旅京甘肃同乡会……决不承认共和主义"。① 其中一些倾向革命、思想先进的士绅，如王之佐、慕寿祺、邓宗、孙炳元等人表示反对之后，很快被其他议员视为叛逆，并上告长庚议处四人死刑。

在攻陕部队中，汉、蒙、回之间的民族矛盾异常激烈。长庚檄师东下后，民间有传言称，长庚闻陕西满城为革命军所屠，有借河州回民以杀陕人之意。之后又调凉州、庄浪的满营驻扎兰州，"省垣人民恐骇殊甚"。② "汉军中周务学、黄钺与陆洪涛、陈正魁、董恭（董恭为董福祥之孙）、张兆钾等意见不一，和战分歧。回军中马安良、马麒、马麟与马福祥亦各有怀抱，不相与谋。长庚既已引用回军攻陕，又深虑因势坐大，无以制伏，为求自己安全，召募新军两营……且前方军饷紧急，长庚焦头烂额，不可终日，兰州谣言四起，一夕数惊。"③ 由于此时甘肃库空如洗，枪械所存无多，"若必招募汉人恐一时难成，事实为迅速计，为节省计，为顾全大局计，不得不允为安良专募回兵之请求"，此举遭到了汉军和汉人的不满。长庚之所以招募回勇，是因为汉军由政府发给军饷，而回勇多就地筹款，因而可以减轻省库的负担。此举也引来了许多反对意见。旅省各县绅民上书长庚，认为回勇"非真有敢死之气，爱国之心，不过乘兹变乱，滥竽充数"。④

咨议局王之佐等人对出兵持明确的反对意见。王之佐等人致书议长张林焱，一针见血地指出："东南各省以铁血创共和之局，甘肃不能相随反正，已足贻同胞羞，此时如犹不表赞同，恐一省之力不能抵抗二十余省。"⑤ 王之佐

---

① 《十一月咨议局请杀王之佐等提学使俞明震解救之》，慕寿祺：《甘宁青史略》第 8 册正编卷 26，广文书局，1972，第 46 页 b。

② 《附录：王之佐革命事实》，慕寿祺：《甘宁青史略》第 8 册正编卷 26，第 32 页 a、b。

③ 张昌荣：《我在辛亥前后的经历和见闻》，全国政协文史和学习委员会编《亲历辛亥革命：见证者的讲述》（上），中国文史出版社，2010，第 489 页。

④ 《新募回勇三十营以提督马安良统之》，慕寿祺：《甘宁青史略》第 8 册正编卷 26，第 42 页 a。

⑤ 《十一月咨议局请杀王之佐等提学使俞明震解救之》，慕寿祺：《甘宁青史略》第 8 册正编卷 26，第 46 页 a、b。

等还上书反对，认为"夫筹兵筹饷非为援陕乎，援陕所以救民也。然与
其援陕以救民，尚不如不援陕而反不至祸民之为愈也"。他们反对出兵陕
西，认为"鄂事若解，陕乱自平，亦何劳陇土孤军长征远驾乎？故绅等
又谓：与其借背城之战，不如作壁上之观，犹可以省我兵力，省我财力，
万不至有溃败决裂之虞也。"①

进言失败后，王之佐等人遂萌生了发动起义的想法。王之佐"与慕寿祺
及粤人方友松、楚人刘佐寅设宴广东会馆，密邀炮队管带梁国璋，于酒后说
以大义，国璋意动，约克期大举。……国璋允于除夕日假行辞岁礼，带队入
城，诛长庚，宣告独立，派队官赵廷桢、刘纪堂设伏白塔山作犄角势，计划
甫定，二十八日闻清帝已退位，共和告成，事遂寝"。② 但是，清廷退位的
谕旨并未对长庚的攻陕步伐产生影响。1911 年农历十二月二十五日（1912
年 2 月 12 日）清廷颁布第一道谕旨，宣布逊位。但该谕旨正月初才到达兰
州，长庚秘而不宣，仍继续派遣马忠孝、刘文繡率兵赴秦州。督标中协刘
玉劝说长庚坐镇兰州，据陕甘上游之地为远大之谋，"事成则为曾文正，旋
转乾坤，不成亦不失为王保保，由宁夏入河套联络蒙古卷土重来"。③

但大厦将倾，岂一木所能支，袁世凯的来电给了长庚致命的一击。正
月下旬，袁世凯以中华民国大总统名义电令长庚取消陕甘总督名号，以都
督名义暂维甘肃现状。这一电令使长庚左右为难，无奈之下，长庚以
"不能效王保保之为人而靦颜事仇人"④ 为由拒绝出任新的都督，挂印而
去。1912 年农历二月初一（1912 年 3 月 19 日），兰州宣布承认共和。

---

① 《新募回勇三十营以提督马安良统之》，慕寿祺：《甘宁青史略》第 8 册正编卷 26，第 41
　页 a。
② 《十二月除夕炮队管带梁国璋起兵响应陕西不果》，慕寿祺：《甘宁青史略》第 8 册正编
　卷 26，第 51 页 b、第 52 页 a。
③ 《副将刘玉说总督长庚据陕甘以图恢复长庚不听》，慕寿祺：《甘宁青史略》第 8 册正编
　卷 27，第 4 页 a。王保保是河南沈丘人，元末大将，察罕帖木儿之甥，自幼被察罕养为
　义子，元顺帝赐名扩廓帖木儿。在元末农民起义中，王保保跟随察罕帖木儿组织地主武
　装，镇压起义军，山东、河南、陕西等地起义军几乎尽为他们父子所灭。元顺帝至正年
　间，王保保拜为太尉，封河南王，总领天下兵马。至正二十七年（1367），朱元璋命徐
　达、常遇春北伐，于明洪武元年（1368）十二月大破王保保于山西。之后，王保保败逃
　甘肃，修筑王保保城负隅顽抗。王保保据城与明军隔黄河对峙近两年后，弃城逃往蒙
　古。王保保城位于兰州市黄河北岸的白塔山东侧。
④ 《前陕甘总督长庚去职》，慕寿祺：《甘宁青史略》第 8 册正编卷 27，第 4 页 a。

"是日也，冠裳楚楚，军政各机关，齐集省议会礼堂，庆祝共和，脱离专制，欢声雷动，淑气春回。"[1] 甘肃巡警道派皋兰县知事赖恩培前往督署报告长庚，并将陕甘总督印信交至省议会。

武昌起义发生后，清政府下令各地督府严厉剿伐，但大多数督抚置若罔闻，一部分在立宪派策动下宣布独立，其他督抚或逃走，或自尽，或被打死。[2] 唯有陕甘总督长庚抱定了为清政府效忠到底的决心，出兵攻陕。长庚这一颇为"忠心"的举动，大大延缓了西北督臣体制向民国省制过渡的步伐，也为之后整个西北的分裂和边疆地方主义的兴起埋下了隐患。从长庚去任到 1932 年南京国民政府派邵力子来甘之前，兰州政局一直为各派军阀把持。20 年间换了 9 任都督（督军、将军、督办、宣慰使）、13 任省长（布政使、民政长、巡按使、主席）。9 任都督中有 6 任曾经兼任或一直兼任省长，从而统掌了甘肃的军政大权。这也说明甘肃实权一直掌握在都督手中，省长要么由都督兼代，要么被都督压制。在 9 个都督中，赵惟熙、张炳华、陆洪涛等 3 人为原兰州官员升任，其余 6 人均为中央委派的外来者。就军政长官籍贯来说，除有两任省长由甘省人担任外，其他军政首长均为外省人。而甘省人担任省长的具体情况也较为尴尬，杨思曾在陆洪涛之后短暂代理省长仅十天，而马鸿宾虽从名义上来看担任甘肃省政府主席近 10 个月之久，但实际上他刚到兰州就发生了"雷马事变"，他的省政府主席一直有名无实。因此，1912 ~ 1932 年，中央政府不断空降官员试图掌控兰州，但一直未能取得良效。兰州城内的政治角逐游戏一直在三派之间展开：一派是甘肃军事实力派，一派是由中央政府委任的外来者，再一派则是以本省前途为己任的地方士绅。

二　兰州城里的督军：赵惟熙、张广建与陆洪涛

1912 年，长庚见大势已去，无心恋栈，决意离甘。时马福祥面见长庚，劝其停止攻陕，长庚表示："地方事，地方人自己做主，我不再闻

---

① 《二月朔兰州始承认共和》，慕寿祺：《甘宁青史略》第 8 册正编卷 27，第 4 页 a。
② 刘伟：《晚清督抚政治——中央与地方关系研究》，湖北教育出版社，2003，第 396 页。

问，愿早离甘。"①赵惟熙、张林焱等人遂于3月15日电呈袁世凯，代表甘肃承认共和。袁世凯随后任命赵惟熙署理甘肃都督。

3月19日，兰州市终于撤掉了代表清朝的龙旗，挂出了民国的五色国旗。赵惟熙于次日正式就任都督一职，并兼任民政厅长。在甘肃省临时议会的催请下，赵惟熙颁布了一系列法令，实行阳历，剪去辫子，禁止妇女缠足，废除都督府的庞大仪仗队，废止专制时代对官员称老爷、大人的称谓，在各县设立阅报室，选送甘籍学生赴美留学，令属吏谒长官不许称卑职，在督署门前设立讲演亭。这些新事物、新变化，作为共和的象征逐渐将兰州城市拉到了近代化的门口。

赵惟熙以一介书生意外"拾得"甘肃督军职位，令许多人感到意外，也颇为嫉妒。②甫一上任，赵惟熙就面临着诸多棘手问题。一是承认共和在先的由黄钺领导的秦州军政府，二是地方实力派马安良的部队就驻扎在兰州城外，三是以李镜清为首的甘肃省临时议会。由于赵惟熙实力单薄，为了巩固自身地位，他大量安插亲信，把持甘肃省各主要部门。这引起了以地方士绅为主的兰州在野官吏的怨恨。很快，这些官员组成"公益会"弹劾赵惟熙。"公益会"召开大会时请李镜清旁听，后在李镜清的支持下提出对赵惟熙的弹劾案。该案初起于在野官吏对赵惟熙的不满，但赵惟熙则将之视为李镜清对自己的宣战，遂造谣称以李镜清为首的省临时议会"欲灭回种"，联合马安良逼走李镜清。马安良在民国初年担任甘肃提督，甘肃提督的驻地本在甘州，而马安良攻陕返回后却将军队驻扎在兰州附近，一直留驻兰州，并将内城县门街原陕甘总督直属的中协衙门改为提督衙门。马安良的这一越制行为也凸显了其实力之强盛，俨然成为兰州城内的第二权力中心。李镜清回乡后不久即被刺杀，此后马安良势力坐大，又引发赵惟熙与马安良的冲突。

赵惟熙面临的另一大问题是财政危机的加剧，尤其是攻陕各军退回后均来兰索饷，军事哗变时刻可能发生。因经费困难，高等与地方审检两厅停办，

① 水梓：《民初甘肃省临时议会琐忆》，政协甘肃省委员会文史资料研究委员会编《甘肃文史资料选辑》第2辑，甘肃人民出版社，1987，第14页。
② 韩定山就认为赵惟熙"不费吹灰之力，拾得都督地位。当其高坐堂皇宣布共和，可以说是踌躇满志"。详见韩定山《民国初年的甘肃政局》，政协甘肃省委员会文史资料研究委员会编《甘肃文史资料选辑》第1辑，甘肃人民出版社，1986，第30页。

赵惟熙委任其同乡、原高等审判厅长何奏篪代理布政使。布政使为甘肃最高民政长官，各府厅州县应升应降或委或撤，布政使均操其权。何奏篪为回报赵惟熙的知遇之恩，建言道："昐中央之接济恐同画饼以充饥，望实业之振兴犹是临渴而掘井。大局初定，险象环生，财政困难，已达极点……万不得已之中，筹一变通办理之法，凡官吏之到任与署缺，酌令报效银两以助军饷，用之于官，用之于公，一举而数善备矣。"① 何奏篪虽名之为"报效"，实则是地地道道的卖官鬻爵，自然招致兰州士绅群体的强烈反对。马安良也趁机出手，指使省临时议会弹劾何奏篪。李镜清遇害后，马安良组织成立了甘肃省第一届议会，并暗中操纵，这令赵惟熙深恐不已，指使甘肃巡警道赖恩培挑拨汉回军队关系，意图逼走马安良。不料被马安良识破，赵惟熙阴谋败露，遂于1913年6月请假赴京，由内务司长张炳华护理甘肃都督兼民政长。

张炳华乃赵惟熙亲信，曾任兰州府知府，赵惟熙在任时提拔其为兰州道。张炳华继续与马安良暗中较劲，并借机抓捕与马安良关系密切的田骏丰（时任甘肃财政司长）押解进京。袁世凯看到西北局势不稳，在张炳华担任甘肃护督八个月后，派心腹张广建以西北筹边使名义带兵赴甘，此后又任命张广建为甘肃都督兼民政长，集军政大权于一身。从此，兰州开始了都督任职时间最长的张广建时代。

张广建率一个混成旅进入兰州。张任职后，首先扩充自己的军队，将混成旅扩编为左右二军。由于对甘籍人士不信任，张广建专门从其家乡安徽招募精壮1000余人，编成卫队3个营，以同乡孔繁锦为统领，作为自己的贴身卫队。张广建不仅以亲信控制军事要职，还对省政府及地方政府要职进行洗牌，任用私人。省政府秘书长、政务厅长、警察厅长、榷运局长、土药局长、督捕局长、兰山道尹等都是他的亲信。② 在军事实力的加持下，张广建决定驱逐马安良势力。他先是指示皖籍卫队和新军故意挑衅回族禁忌，与驻扎兰州的回军发生摩擦，企图挑起事端，以作借口。"将军府卫队在南门口饭馆与西军遇，始而口角，继而斗殴。"马安良见形势不对，严束其部下，令曰："以后遇卫队诸事退让，敢有发枪者，杀无

---

① 《布政使何奏篪卖官鬻缺省议会弹劾之无效》，慕寿祺：《甘宁青史略》第8册正编卷27，第24页a。
② 宋仲福、邓慧君：《甘肃通史·中华民国卷》，甘肃人民出版社，2009，第19页。

赦。"次日又发生了张广建卫队挑衅回军，并以刺刀乱砍西军徒手的事件。加之张广建在督署门前张贴布告，内有"害马不除，安收良果"等语，① 直指马安良本人。马安良无力与张广建长期抗衡，之后不得不接受陆洪涛的建议，率军退回河州。

张广建督甘之始颇有野心，希望扶持地方武装势力以巩固自己的地位，并将固原提督张行志作为培养对象。但张行志并不理睬张广建的提议，张广建又转而培养回族势力，先是马邻翼，后是马福祥，再后来是马麒，但都未成功，反而养虎为患。连续的挫败使张广建丧失了完全掌控甘肃政局的勇气，进而转变策略，以汉治回，以回治汉，使四汉四回，平分秋色。但最后的结果是，"张广建掌握甘肃军政七年之久，最后因诸镇的专权，张广建的实际政权已经等于一个皋兰县长"。②

马安良离兰后，张广建大权在握，权力巩固，更加骄恣无恐，广泛任用私人，贪污腐化，其程度远甚于赵惟熙、张炳华。尤其是张广建的一干

---

① 《都督署卫队与西军冲突，马安良忍之》，慕寿祺：《甘宁青史略》第 8 册正编卷 28，第 18 页 a。

② 魏晋：《兰州春秋》，甘肃人民出版社，2002，第 226 页。在本书所使用的研究资料中，需要做出特别说明的是魏晋的《兰州春秋》一书。严格意义上来讲，这是一部章回体小说，但本书仍将之作为基本史料来应用。魏晋乃兰州著名人士张慎微的笔名。张慎微（1908～1995），字子显，兰州第一师范肄业。民国时期历任县长、专员、处长等行政职务，曾任甘肃民国日报编辑、中心报社长、省政府视察，授八级上校军衔。中华人民共和国成立后，任民盟兰州市分部主任、民革甘肃省代表、省委秘书。《兰州春秋》是张慎微于 1953 年至 1963 年间写成，全书八十回，四十三万余字。原稿用毛笔以行草体书写，每十回线装一册，共八卷。2000 年 2 月 25 日至 5 月 26 日，《兰州晨报》开辟了 90个专辑版面，连载了这本小说。该书也被称为兰州版的"官场现形记"和"民国奇书"。兰州文史专家岳维宗评价该书曰"洋洋数十万言，皆反映现实之文，颇使《官场现形记》"，并有诗曰"看罢春秋往事悠，官场现形是兰州"。（魏晋：《兰州春秋》，"跋"，第 634 页）张思温曾评价张慎微"通晓陇上轶闻故事"。（石宗源主编《张思温文集》，甘肃民族出版社，1999，第 492 页）该小说以张慎微的见闻为线索，真实、生动地描绘了从清朝末年至 1949 年这一风云变幻的历史时期内，以兰州为中心的西北地区政治、经济、军事、文化、民情、风俗的方方面面，多角度、多层面地展现了社会各阶层百姓的思想情感和生活面貌。尽管这是一部章回体小说，但是作者更像是以一位历史学家的笔触在考证兰州历史上的人、事、物，所以书中既记载了大量准确的基本史实，还考证了许多典故和事件的来龙去脉。当前许多学者已经开始在论著中引用这本书，如田澍、何玉红主编《西北边疆社会研究》（中国社会科学出版社，2009），尚季芳《民国时期甘肃毒品危害与禁毒研究》（人民出版社，2010）等，也说明大家已经认可了该书的史料价值。也因为该书对清末民国时期兰州历史详细的描述，很好地弥补了近代兰州城市史研究资料的不足，故本书将之作为研究资料的一部分。

亲信，如政务厅长龚庆霖、秘书长许承尧、兰山道尹孔宪廷、警察厅长王宗佑、盐务局长聂光韬、土药局长蒯寿枢等皆为其安徽同乡，均为一时有名的贪官污吏。这也遭到甘肃汉回各族民众的普遍反对。至1919年，甘肃"易督"的风声广传。1920年12月，甘肃旅沪同乡会通电甘肃各机关、团体，主张"甘人治甘"、甘肃自治。在这一背景下，加上张广建"任用私人，客军特殊"，卖官敛财，招致甘籍人士的不满，"当时有甘人亡省之谣"。① "张广建历经八年，声名狼藉，文武官职，大都是皖产。一时甘人苦于苛捐杂税，目不交睫。"② 甘籍士绅和在野官吏"纠集许多小政客和军事人员，暗地组织团体，勾结军阀，一心想推翻张广建，另建新政府"。其中比较著名的为川籍回民蔡大愚和甘肃汉籍人士赵学普、秦维岳、焦桐琴、胡登云等人发动的临洮之役。③

临洮之役虽未成功，但甘人对张广建的反对有目共睹。眼看形势有变，张广建指使兰山道尹孔宪廷辞职，将自己的大批赃物一并运走。行至宁夏时被宁夏护军使马福祥全部扣留。马福祥是马安良死后威望最高的回族将领，也颇受汉族军将的拥戴。马福祥观察到甘肃局势的变动，遂联合西宁镇守使马麒、凉州镇守使马廷勷、甘州镇守使马璘、河州镇守使裴建准向北京发电，揭发张广建的贪污罪行，要求撤换甘督。之后，在京甘籍参众议员也进谒黎元洪总统、段祺瑞内阁要求更换甘督。甘肃八镇除陇西

---

① 魏振皆：《自民国三年～民国十五年甘肃部分史料》，《张广建督甘史料》，甘肃省图书馆藏，索书号：629.16/798。
② 《赵焕堂材料》，《张广建督甘史料》，甘肃省图书馆藏，索书号：629.16/798。
③ 早先，蔡大愚与马廷勷、赵学普等谋划举事，适逢焦桐琴来兰。焦桐琴（1886～1920），青海乐都人，保定陆军学堂毕业后回甘，受到张广建的重用，很快从参谋升为副团长。但焦桐琴"见甘人受不平之待遇"（魏振皆：《自民国三年～民国十五年甘肃部分史料》，《张广建督甘史料》，甘肃省图书馆藏，索书号：629.16/798），反对张广建督甘，并与胡登云（甘肃陇西人，与焦同期毕业）、赵学普（临洮人，北京法政学校毕业）等甘籍青年军官一起联络军中甘籍士兵，以甘人利益为号召，约谋起事。焦桐琴与蔡大愚相遇后，引为同志，在甘肃法政学堂里日夜开会筹划。决定在冬至，由狄道发动兵变。马廷勷承诺赞助其枪械并调循化撒拉军队前往助战。1916年12月冬至日，焦桐琴在临洮县城用手枪击毙张广建手下统领刘某，立候马军援助。谁知马廷勷的军事行动被其父马安良得知，马安良立加斥责并极力阻止其调兵前往。又因机事不密，刘部其他军官集合军队，搜寻肇事首要分子。焦胡等人知道事情败露，越营而逃。事变之后，张广建查获谋变名单，共八百多人，并视甘肃法政学堂为此次事变的总机关，派员大肆搜查。无奈之下，蔡大愚逃往河州，临洮之役失败。

镇守使孔繁锦为张广建亲信外，其余七镇中，回镇通电中央要求立马福祥为甘督，汉镇通电要求立陆洪涛为甘督。"易督风潮"的发生说明张广建督甘之大势已去，张心不遑恋，只有离甘之一途。

从赵惟熙到张广建，兰州虽表面上承认共和，但实际变化很小。魏晋描述1918年的兰州说："这时候兰州的局面，省长出来，绿呢大轿八夫扛抬，连厅、道、知县出来都是四抬轿子前后丁马，所与前清不同者，只是他们的脑后少了一条辫子，蟒袍补褂、厚底朝靴变为长袍马褂、薄底大云鞋罢了。至于一般老百姓，都与前清看不出有什么大的区别来。吊着辫子的人依然在百分之九十九以上；剃成光头的人，仍然仅限于时新的先进分子。……至于穿短衣的人，则绝无仅有。……边远的兰州，谁还见过制服呢，纵然有从外面来的大员偶然穿一件，也仅限于军官将校，所以老百姓把这种衣服叫做洋操衣。"① 这从侧面说明，赵惟熙、张广建时期，兰州社会进步无多。政治混乱严重阻碍了兰州社会的发展。

张广建离甘后，马福祥集团与陆洪涛集团展开了对甘肃督军的争夺。陆洪涛及其部将张兆钾以"回汉世仇"等口号，反对回族主甘并言辞强硬地通电北京政府。北京政府恐酿成事变，遂于1921年1月任命陆洪涛护理甘肃督军，以马福祥担任绥远都统。

1921年6月25日，北洋政府总统徐世昌委任潘龄皋②为查勘甘新烟禁大员，后经吴佩孚推荐出任甘肃省长。潘龄皋早年在甘肃任职，判案好刑罚一事广为人知，在兰州官场口碑不佳。潘龄皋担任甘肃省长的命令下

---

① 魏晋：《兰州春秋》，第7～8页。
② 潘龄皋，河北安新县人，号小泉，又号锡九。清光绪乙未科进士，供职于翰林院，后外放为甘肃隆德知县。由翰林到偏僻小县的知县，潘龄皋心有不甘。在甘肃隆德知县任上，潘曾于某案中抓得一名盗贼，严刑拷打，盗贼连喊冤枉，潘龄皋大怒道："你冤枉，难道我不冤枉？我以翰林身份分发到偏僻小县，怎不冤枉！给我着实打！"（详见师纶《潘龄皋在甘肃》，甘肃省文史研究馆编《陇史掇遗》，上海书店出版社，1993，第19页）此后，潘龄皋判案好刑罚一事广为人知，在兰州官场中口碑不佳。慕寿祺也提到，潘"惟用刑稍滥，是其偏处"。（《以禁烟大员潘龄皋为甘肃省长》，慕寿祺：《甘宁青史略》第9册正编卷30，第44页a）这也成为后来甘肃省议会反对和驱逐潘龄皋的罪状之一。辛亥革命后，潘龄皋曾暂代甘肃提学使、布政使，在担任布政使期间，恰逢长庚离甘，甘肃省库萧然，各路军马悉向潘龄皋索饷，"威挟旁迫，索饷者纷至。潘龄皋亦辞职，赵惟熙挽留不许。龄皋亲带印信上院，强交而去"。（佚名：《甘乱杂志》，东京同文社印行，1916，第15页）后来又曾任安肃道尹兼嘉峪关监督，之后离甘。

达后，立即有人反对，并通电中央，后经陆洪涛调停始就职。① 但兰州各公团并不罢休，随后召开驱潘大会，会后包围潘宅示威。省议会也通电北京，要求罢免潘龄皋，另选省长，并决定停会一年，以示抗议。此事使潘龄皋萌生退意，电辞省长，唯北京政府不准。之后，潘龄皋不再出席甘肃省议会会议，也使二者矛盾更为激化。1922 年 7 月，甘肃省议会又开会弹劾潘龄皋，由于潘不出席会议，也不理睬甘肃省议会的控告，会后一些议员前往省长公署质问，要求面见潘龄皋。但省署卫兵不明真相，严加阻拦，议长杨思遂率领议员集体硬闯省署。之后卫兵开枪射击，并殴伤议长和议员多人，冲突激化。

事件发生后，甘肃省议会电呈中央，将事件添油加醋，并称潘龄皋命令士兵开枪击伤议员。张兆钾在电文中也言过其词，称："省议会因公质问省长，被潘喂令卫兵开枪，痛击议员，受伤者千余人，生死当不可保，全甘愤怒。"② 陆洪涛的胞弟、时任甘肃督军署少将总参议兼督军署驻京办事处长的董士恩在事件发生后，屡次与陆洪涛通信，要求其小心应对。在董士恩的授意下，陆洪涛急忙向北京政府通电，将"挤碰受伤并未开枪确情电呈中央，俾明真相"。而潘龄皋去意已决，通电中央要求辞职，既承认错误，又为自己辩解称"手无一兵，又无警队，危险万状之余，措辞颇为失宜"。③

位居北京见多识广的董士恩不断提醒陆洪涛要认真应对此事，因为一边是甘绅有声望者聚集之省议会，一边是中央任命的省长，"第思此事，兄处两者之间，极感困难"。董士恩分析指出，此次甘肃省议会弹劾潘龄皋，一方面是潘在甘名声不好，另一方面是甘绅希望能够推举"贾刘诸人继任省长，冀达甘人治甘目的"。④ 在稍早的通信中，董士恩要求陆洪

① 《以禁烟大员潘龄皋为甘肃省长》，慕寿祺：《甘宁青史略》第 9 册正编卷 30，第 44 页 a。
② 张兆钾：《就潘龄皋辞职以仙帅兼任致董士恩陈养天电》，1924 年 7 月 4 日，甘肃督察驻京办事处档案，甘肃省档案馆藏，档案号：88 - 1 - 3。
③ 陆洪涛：《就潘龄皋省长与议会发生冲突及应急办法致董士恩电》，1924 年 3 月 4 日至 1925 年 2 月 20 日，甘肃督察驻京办事处档案，甘肃省档案馆藏，档案号：88 - 1 - 3。
④ 董士恩：《就甘议会弹劾潘省长及对甘局形势之分析致陆洪涛电》，1924 年 3 月 4 日至 1925 年 2 月 20 日，甘肃督察驻京办事处档案，甘肃省档案馆藏，档案号：88 - 1 - 3。

涛多多维护潘龄皋，而董本人则面见元首，"力主保留锡公（即潘龄皋）以维边局"。但之后发生了旅京甘绅及国会议员向府院请愿事件，"要求重惩潘氏并拟电致我兄请扣留潘氏不令离甘"。董士恩立即通报陆洪涛，说"全甘极为愤怒……况处此众怒之下，万勿稍示祖潘之意。现在民治潮流一日千丈，我兄尤宜十分注意"。①

魏晋对此有精辟的论述："好不容易空出来一个省长的缺位，宦海之大，自然不乏逐鹿者趋之若鹜。这些逐鹿之辈，不外两路兵马，一路是外省的官僚政客，一路是本省的官僚政客。外籍的现任甘肃督军陆洪涛，当然也想援张广建的前例，一身而两兼。其他在京的也有人在奔走活动，不遗余力。属于本省方面者，因为各省自治的口号很响亮，'甘人治甘'之说也是流行的一种说法。所以像有点政治本钱的官僚政客们，也都跃跃欲试，想问鼎于兰州。数着的就有马福祥、马邻翼、杨慎之、贾缵绪、泰少观等，这些人各有千秋，也各有希望。"② 各派势力的争夺，让北京政府也穷于应付，最后只好想出一个权宜之计，令甘肃省政府各厅的厅长护理甘肃省长。但此时，其他厅长均在外地，各厅只有教育厅长林锡光在兰州，于是林锡光得以护理甘肃省长。但是 1924 年 3 月 29 日，北京政府免去林锡光职务，由督军陆洪涛兼任甘肃省长，又形成了一元权力格局。

陆洪涛督甘后期，甘肃各镇矛盾重重，陆旧部下也对其用人不公争论纷纷。陆洪涛隐退之前，曾表示愿意将职位委任甘人，以汉人为督军，回官任省主席，一汉一回，以达"甘人治甘"之效。作为陆洪涛的两个得力手下，张兆钤和董士恩都建议其重用甘人，尽管陆洪涛并没有采纳，但潜移默化之中，陆对"甘人治甘"的口号似乎有所认同。据知情人回忆，陆洪涛"尝对知己者谈，先后在甘三十余年，甘肃是第二家乡，异日临行，保荐汉人为督军，回官任省长，甘人治甘，一回一汉，周全用意妥善，旁闻者莫不赞许。至乙丑年提出保荐人名单，惟部下军阀，不度德不量力，写匿名信件，说陆督保荐私人，用人不公，纷纷争论，意见不合，

---

① 董士恩：《就潘龄皋省长与议会冲突及请勿袒护潘事致陆洪涛电》，1924 年 3 月 4 日至 1925 年 2 月 20 日，甘肃督察驻京办事处档案，甘肃省档案馆藏，档案号：88 – 1 – 3。

② 魏晋：《兰州春秋》，第 221 页。

惹起陆督气愤，因病辞职，中央委刘郁芬督甘，陆督旧部下，师旅力为反对"。① 据报纸报道，"惟甘人中大多数意见，颇希望本省人继任省长，最近省议会及各法团曾推人谒陆，表示甘人公意。云公一旦离甘，欲留甘人去后之思，则不能不望公于退位之际，提挈甘人，使继其后，俾甘人治甘得以实现"。② 前一说法认为陆洪涛认同"甘人治甘"，后一说法则强调甘人建言陆洪涛实行"甘人治甘"。不管自愿还是被建言，就实际情形来看，陆洪涛并没有选择自己的旧部下作为接班人。

但是，陆的部下张兆钾却一直做着"督军梦"。在1925年陆洪涛中风后，张兆钾就与李长清联络，希望自己来兰当督军，孔繁锦则希望能担任省长，第一师第一旅旅长李长清则觊觎师长职位，希望能在陆洪涛离任之时接管其军事力量。8月，北京政府任命冯玉祥为甘肃督办，以陆洪涛为甘肃省长。陆洪涛的旧部下李长清眼看国民军将入甘，情急之下攻击陆部第二旅旅长黄得贵位于兰州华林山的军营，并向陆洪涛索要了第一师师长印信，自任师长，"在兰州城内，关门称王"。③ 眼看众叛亲离，陆洪涛不得不离开兰州，由兰山道尹杨思代理省长一职，兼护督军印。北京政府获知甘肃变故后，任命薛笃弼为甘肃省长。冯玉祥本人不愿来甘就职，遂任命国民军第二师师长刘郁芬为国民军驻甘总指挥，代行督办职务。刘郁芬遂率部进驻兰州，开始了西北军统一甘肃的征程。

三 走出兰州城：刘郁芬与甘肃统一

刘郁芬进驻兰州，正是冯玉祥部快速发展之时。段祺瑞政府任命冯玉祥为甘肃督办，意在将其发配西陲以减轻北京压力。冯玉祥当然不愿轻易放弃角逐北京的机会，同时又不愿失了甘肃的地盘，于是任命刘郁芬为国民军驻甘总指挥，奉命西征。1925年9月中旬，刘郁芬部从包头出发，向甘肃进军。由于冯玉祥与马福祥交好，刘郁芬部在进入宁夏

---

① 《陆洪涛督甘史料》，甘肃省图书馆藏，索书号：629.16/112。
② 《冯玉祥定一二月后赴甘》（1925年9月21日），季啸风、沈友益主编《中华民国史史料外编》第5册，广西师范大学出版社，1997，第567页。
③ 宣侠父：《西北远征记》，甘肃人民出版社，2002，第41页。

后受到各地的欢迎。行军途中，刘郁芬屡次给李长清打电话，请他暂时
维持兰州秩序，并借此试探他的口气，但始终未得复电，"大约因为电
中称他为李旅长的缘故"。①后来刘郁芬以李师长称呼，李长清才回电表
示欢迎。

　　1925年10月下旬，刘郁芬部一路兵不血刃地抵达兰州。随行的宣侠
父这样记述了他眼中的甘肃督署："督署的大门前，并峙着两株高入云霄
的大旗杆。这是明朝肃王府的旧基，清朝是陕甘总督衙门，所以规模非常
宏大，几乎占了兰州全城五分之一的面积。我走进大堂，大堂上排列着枪
刀矛戟这一类的武器，前后密悬歌功颂德的匾额。……我真不会相信自己
生存在二十世纪的时代，一切历历在目的现象，只是一卷描写十八世纪前
后社会状况的历史影片。"②

　　为防不测，刘郁芬带领一支手枪队，易装秘密进入兰州，从而避开了
李长清率领全城文武官员的两次郊迎。刘郁芬抵兰后，迅速着手军事部
署，将国民军各部分别驻扎在兰州省城四周的庙滩子、白塔山、华林山、
五泉山和西关内外，极力保卫兰州省城周全。又对甘肃省城官员进行洗
牌，以杨慕时长财政，李朝杰长民政，赵元贞长建设，沙明远长教育，郑
道儒为盐运使，张鸿烈管机器局，赵席聘为全省警务处长，姬潏为西北银
行行长，段宗林为电报局长，叶镜元为秘书长，吴瀛漳为秘书，高振邦为
副官长，董召南为禁烟善后处长，韩栖凤管甘州大马厂，王桢署兰山道尹
等。③李长清在刘郁芬到来之后表示了一些妥协，主动让出部分防区供国
民军驻扎，自己则从兰州内城退至东关之外的东校场和拱星墩一带。但李
长清对刘郁芬极力防范，提前撤出了原存于兰州内城的军械库中的枪支和
弹药，并积极与包玉祥等密谋，准备选择合适时机，一举歼灭刘郁芬部主
力。刘郁芬提出将包玉祥部调归督署直辖，以分化李长清势力。李长清则
以"甘军不愿分开"为借口拒绝。④此后李长清"出入警卫，戈戟森然，

---

①　宣侠父：《西北远征记》，第58页。

②　宣侠父：《西北远征记》，第60页。

③　《十月国民军驻甘司令刘郁芬至兰州》，慕寿祺：《甘宁青史略》第9册正编卷31，第13
　　页a、b。

④　丁焕章主编《甘肃近现代史》，兰州大学出版社，1989，第286页。

又于城外小校场终宵放哨，逻骑绕城而驰，如侦大敌，居民一夕数惊"。①
后又将甘军岗哨设在广武门外，而广武门里面即是督署，仅隔一门耳。鉴
于李长清已成为难以规训和收服的大患，刘郁芬自然也不敢懈怠，不断加
强监视活动。"兰州城的秩序表面上虽然非常安定，但是一到晚上，国民
军就都爬在城墙上的壕沟内，彻夜对李部严密监视，同时驻在南门外五泉
山的炮兵营，所有野炮炮口也对着东校场李部的营房，只要有一个警报，
就可以不待瞄准，立刻施行轰击。可是一到白天，兵士就都回到营房内休
息，炮位也用干草掩住了。所以兰州城人，虽然熙熙攘攘，过度着平静的
光阴，而国民军在这种严重的对抗形势之下，所享受的完全是一种沟垒的
生活。"②

　　为彻底解除李长清的威胁，刘郁芬设"鸿门宴"一举抓捕了李长清
及其主将。李长清被抓后，刘郁芬迅速收编了原李长清所统部队，取消
甘肃陆军第一师番号，并召开全省军事会议，决定由督署统一指挥全省
军队，各镇不得擅自调动和扩充部队。1926 年 4 月，刘郁芬在兰州东
大校场阅兵，并令兰州各机关全体人员均往参观，国民军士兵服装整
齐、精神焕发，所演练的电网、地雷也是甘省人前所未见之物，一时颇
为引人注目。但这种威慑仍然仅限于兰州一地而已。兰州而外，甘肃各
路军阀在吴佩孚势力的支持下一直暗中谋划反对国民军。时以十四省联
军司令自称的吴佩孚任命张兆钾为援甘总司令，孔繁锦为副总司令，并
许诺成功之后贯彻"甘人治甘"政策，以张兆钾为甘肃督军，孔繁锦
为省长。甘军黄得贵部首先对国民军开火，此后宋有才、孔繁锦皆向兰
州进军，兰州一时处于三面围困之中。但刘郁芬获得了回族军阀马麒的
粮款援助，逐渐改守为攻，首先击败黄得贵部。6 月，国民军吉鸿昌
旅、丁振国旅先后到达兰州，开始了反攻作战，基本消灭或驱逐了黄得
贵、张兆钾等甘肃汉族军队。1926 年冬，马麒、马廷勷等部执行冯玉祥
命令，调兵参与直奉联军作战，说明他们开始与国民军站在同一战线，也
标志着甘肃的重新统一。

---

①　《李长清包玉祥华连升解往张家口》，慕寿祺：《甘宁青史略》第 9 册正编卷 31，第 14
　　页 b。

②　宣侠父：《西北远征记》，第 69 页。

总之，在 1912～1932 年的 20 年间，尽管军阀势力走马灯式的不断变换，但各派军阀始终以兰州为根据地建立军阀割据政权，并力图将之作为统治甘肃的基地。各派军阀势力少有完全统合甘肃各镇军阀的能力，因而他们以兰州城市为割据根据地，不仅各项政令难以走出兰州城，更迫害了兰州城市商业，打断了其与广大乡村腹地的经济联系，造成了城市孤岛的局面。

第四节　国民政府与兰州中心地位的重建

一　"甘人治甘"及其思路的转变

辛亥革命后，各省起义者多为本省人士，军政、民政大权也多由本省人掌握，清代不许本省人在本省为官的条令顿失约束。加之第二次护法战争中，湖南率先提出了"湘人治湘"的口号，宣布独立，更推高了当时颇为浓郁的地方主义思潮。在这种情况下，在外省为官的甘籍人士大多回省，同时在清末士绅进城运动的推动下，地方士绅也汇聚兰州城。但在辛亥革命中，承认共和的秦州革命党人被镇压，而先期不承认共和的外省掌权者后来却摇身一变成为甘肃的督军和省长。长庚隐退之后，北洋政府及之后的国民政府就一直试图接管兰州，不断派出各种外来势力力图在兰州建立直接的统治。它们与以军事实力为支撑的甘肃地方实力派之间产生了难以调和的矛盾。因而，在近代兰州，中央政府建立直接统治的意愿、地方军阀希图实现割据自安的欲求与甘籍士绅意图"甘人治甘"的地方主义诉求之间，互为关联、互为因果、互相冲突，再加上回汉冲突、新旧冲突，使得近代兰州城里的权力结构异常复杂，几乎每个事件当中都夹杂了以上五种因素，互相纠缠和利用。其中，以本省前途为己任的甘籍人士颇感悬殊，也因得不到应有的政治地位而心怀不平。他们既反对北洋政府直接外派的高官，又反对地方实力派主政，进而不断发动各种运动谋求"甘人治甘"。

上文初步描述了"甘人治甘"运动的几次过程。《中国军阀史词典》对"甘人治甘"事件有一个简要的描述，引用如下：

　　辛亥革命后，在甘肃任职的外省人纷纷离去，当地军阀、政客乘机崛起，引起"甘人治甘"事件。1912 年，马麒极力策划由马安良管理甘肃，以取代赵维熙，公开打出"甘人治甘"的旗号。在马麒等倡导下，马麒积极联络西军各回族将领，联名致电袁世凯，请由马安良主持，但因马福祥未作响应而作罢。1914 年，北洋政府任张广建为甘肃督军。1920 年，张广建亲信、兰州道尹孔宪迁大肆搜刮财务，在银川为马福祥查获扣留。当时，甘肃地方乡绅正酝酿拥护马福祥督甘，又提出"甘人治甘"之口号。后来由甘肃省议会中的马希元、彭乐天发动策划反对张广建，各镇守使纷起响应，相继向兰州出兵，迫使张广建于 1920 年 12 月下台。张下台后，继任督军人选一事成为甘肃回汉八镇争夺的焦点。回军以马福祥为首，汉军以陆洪涛为首，相互倾轧。陆在张兆钾以武力拥戴下，挟徐世昌之命进入兰州，护理甘肃省督军。陆洪涛就任后，成立了甘肃陆军第一师，自任师长，并想进军西宁，以除肘腋之患。马麒兄弟感到压力很大，乃截留西宁地区赋税，自行处理行政财务人员的任免，无形中脱离了陆的节制。1921 年 9 月，甘州镇守使马麟来到兰州，为消除纷争进行调解。最终，马麒接受了调解，派其弟马麟赴兰州谒见陆洪涛。这场轩然大波才暂告平息。①

　　但是，上文的论述远未完全展现"甘人治甘"运动的全貌。该运动并未在陆洪涛上任后有所缓解，而是继续发酵，至刘郁芬时期还爆发了"平番会议"。② 因而，"甘人治甘"思潮远未在 20 世纪 20 年代就平息，从而在发展时段上远较中东部地区的地方自治思潮为长。我国中东部省

① 王新生、孙启泰主编《中国军阀史词典》，国防大学出版社，1992，第 136 页。
② 在刘郁芬主政期间，"平番会议"作为一个重要的政治事件，具有重要的意义。1926 年 5 月初，吴佩孚部下张兆钾部越过六盘山，进袭围困兰州。刘郁芬部下纷纷出动围剿，兰州兵力空虚。此时甘肃地方军阀马麟、马廷勷、马鸿宾、吴桐仁等按兵不动，静观其变。一些甘肃士绅为了维护甘肃的和平，联络各镇和督署派代表在平番（永登）开会，试图集中甘肃各镇守使的兵力，驱逐国民军。刘郁芬闻讯后，下令逮捕主持平番会议的士绅牛载坤和其余几位甘肃自治委员会的重要人物。牛载坤被逮捕后解送兰州，兰州教育界曾联名要求刘郁芬释放牛载坤。宣侠父：《西北远征记》，第 85 页。

份广东、浙江、湖南等的地方主义都是在本省人掌握了本省的军政大权之后提出的联省自治主张，并于北伐战争胜利后，逐渐在中央与地方的关系体系下建立了稳定的秩序。但是在近代兰州，地方政治精英与地方军事集团之间非但不为一体，反而存在巨大的鸿沟。北伐战争的胜利，也并未对西北地区产生实质性的影响，反而因为冯玉祥系西北军的介入而加剧了兰州与中央的疏离。以兰州士绅为主体的地方政治精英不断提出的"甘人治甘"主张，在强有力的外来军阀面前实如隔靴搔痒，是一个失败了的地方主义。于是在西北军统治的后期，"甘人治甘"运动的发展就出现了一个出人意料的转变——将地方自治的诉求转向了中央政府。

西北军撤出甘肃后，甘肃省政由以本省人为主的八委员联合主持，这可谓是本省人第一次在一定程度上掌控了甘肃政局。但面对内忧外患的局面，没有军权的本省人士束手无策。稍后，雷马事变引来吴佩孚自川入甘，吴氏入甘又引来陕军入甘，各派势力互相攻伐，争夺地盘，眼看兰州乃至甘肃又将陷入新一轮的地方军阀统治，主张"甘人治甘"的兰州士绅再无力阻止也无法控制局面，不得不呼吁国民政府尽快派人来兰稳定政局。正如刘进分析的那样，在雷马事变发生以后，"杨思等人组成的文官政府无法控制局面，他们希望南京政府在政治上尽快稳定政局，亦请求中央'迅简贤员莅甘主政，则一切纠纷迎刃而解'。如果说杨思等地方上层人士以前还倡导'甘人治甘'的话，那么，在这种混乱局面中，由甘肃本地人士统一军政、财政已不可能"。①

因而，同样是主张"甘人治甘"的一批人，在雷马事变后完全转变了思路，呼吁蒋介石和中央政府早日进入兰州。1931年1月14日，旅京甘人马福祥、水梓、牛载坤等百余人，向国民政府发动大请愿运动，在请愿书中历陈："自统一告成，军事结束后……其他各省以次恢复秩序，人心渐定，独甘肃人民尚在水深火热中，省府主政无人，省委亦多临时性质，政令不行，险象环生，现在陇东南及河西各处讨逆部队林立，形成分

---

① 刘进：《中心与边缘：国民党政权与甘宁青社会》，天津古籍出版社，2004，第57～58页。

据，以致军政财权不能统一。"① 甘人请愿的诉求包括以下九个方面：
"1. 请蒋主席早日赴甘视察，以定西北大计而慰民望；2. 请速任甘肃省
府人员，以专责成；3. 请速派西北行营部队克日入甘，以固边防而靖匪
乱；4. 请分别编遣甘肃讨逆各部队，以收束军事而轻人民负担；5. 请拨
巨额专款，办理急赈，并补助籽种农具等费，以安流亡；6. 请推设中央
银行甘肃分行，维持金融；7. 请设法救济甘肃财政；8. 请推行航空事业，
以利交通；9. 请修筑陇海路西段土工，以工代赈。"②

由此可以看出，在地方军阀"你方唱罢我登台"之际，兰州本地士
绅很难实现其"甘人治甘"的主张，因而将希望投递到南京国民政府身
上，希望选择本省人以外与南京国民政府关系密切者来兰主持甘政。最
终，甘省人意图"甘人治甘"的地方主义诉求与中央政府建立直接统治
的意愿联合，邵力子携中央权威入驻兰州。

二　控制甘肃：从雷马事变到邵力子入甘

1929 年初，蒋介石召集全国编遣会议，决定削减非蒋各派系武装，
引发了国民党各派系的混战。6 月刘郁芬就任西北后方总司令，进驻西
安。两个月后冯玉祥任命孙连仲代理甘肃省主席。次年，孙连仲率部参加
中原大战，10 月中原大战结束，冯玉祥军事势力瓦解。由于之前冯玉祥
认为，"打倒蒋介石是破釜沉舟之举，必须全力以赴，胜则放弃西北，败
则仍回师甘肃，此刻无留重兵必要"，③ 这样，国民军几乎全部撤出甘肃，
甘肃又陷入了危险的无政府状态。

在兰州，由于出现权力真空，各派势力交相涤荡，未有结果。1930 年
3 月，冯玉祥指派马鸿宾代理甘肃省政府主席，但马氏不愿上任。甘肃省政
府暂由王桢、李朝杰、杨思、张维、赵元贞、裴建准、王廷翰、喇世俊等
八名委员联合主持，并由王桢代理主席职务。国民军雷中田旅由酒泉调来

---

① 《甘肃省政府委员杨思等为平凉防务问题请示应付马仲英机宜》，二档 1 - 1586，中国第
　二历史档案馆藏，转引自刘进《中心与边缘：国民党政权与甘宁青社会》，第 57 页。
② 《旅京甘人大请愿》，《申报》1931 年 1 月 15 日，第 11 版。
③ 李世军：《冯玉祥与雷马事变》，政协甘肃省委员会文史资料研究委员会编《甘肃文史
　资料选辑》第 21 辑，甘肃人民出版社，1985，第 132 页。

兰州，并扩编为甘肃暂编第一师，下辖三个旅。冯玉祥失势后，王桢辞职，兰州城内群龙无首。甘肃省政府其他七位委员电请南京国民政府派员主持省政。1931年，蒋介石任命马鸿宾代理甘肃省主席。之后，蒋介石又派马文车、严尔艾、谭克敏、刘秉粹4名观察员来兰，这是南京国民政府势力第一次光明正大地进入兰州。虽然早在中原大战时，甘肃各路地方军阀就接受了蒋介石的招抚，但是貌合神离。之后就发生了雷马事变。

1931年7月，冯玉祥下达指示要求雷中田部在兰州夺取省政权。雷中田与因未获得省主席或民政厅长职位而失望的马文车联合起来，于8月16日扣押马鸿宾，雷中田自任甘肃省保安总司令，马文车代理甘肃省政府主席。8月30日，蒋介石为此致电雷中田："连日接报告谓马主席被禁，如果属实，实属反叛中央，目无法纪。限文到即将马主席恢复自由，行施职权。中央命令，绝不更改。兹责成兄查办此案，并将查办情形，火急电复。"① 马鸿宾自就职到被扣，历时虽只8个月，但引来了吴佩孚自川入甘。在吴佩孚的调停下，马鸿宾被释放，事变得到和平解决。而吴佩孚的入甘引起了蒋介石的警惕，蒋介石无奈之下命令杨虎城部入甘平叛。陆海空军总司令、潼关行营主任杨虎城接到蒋介石命令后，迅速委派孙蔚如部率陕军第十七师进军甘肃。杨虎城试图利用解决事变之机摆脱蒋介石的控制，在西北自创局面。为了解决甘肃雷马事变，以杨虎城为代表的"中央"又在分裂着"中央"，② 可谓是这一时期西北局势的一个常态。

12月9日，孙蔚如部攻入兰州，杨虎城自认为其控制西北的第一步已经完成。但蒋介石突然于15日任命孙蔚如为"甘肃宣慰使"，同时决定改组甘肃省政府，以邵力子为主席。孙蔚如心有不甘，称"我们把饭做熟了，却来了个婆婆"，③ 遂于1932年元宵节枪杀甘肃地方实力派、新编第十三师师长陈珪璋，进一步激化了陕甘省级矛盾。3月7日，行政院决议，准许西安绥靖公署在甘肃设置行署，并委任邓宝珊

---

① 赵忠：《"雷马事变"中蒋介石的两封电报》，《河湟随笔》，甘肃民族出版社，1997，第135页。

② 陈钊：《甘肃雷马事变中的蒋介石与杨虎城》，《民国档案》2009年第3期。

③ 杨子实、石佩玖：《记西安绥靖公署驻甘行署和新一军概况》，全国政协文史资料研究委员会等编《邓宝珊将军》，文史资料出版社，1985，第96页。

为主任。由此以杨虎城为代表的陕西军事力量保持了在兰州的存在，各方妥协之下，邵力子通电就职甘肃省政府主席一职，孙蔚如兼任省政府委员。邵力子的上任，拉开了南京国民政府直接统治兰州和甘肃的序幕。

之前，邵氏之所以不愿赴任，主要原因是此时甘肃的局面已经混乱到了极点，陕军、川军、宁军、甘军、青军各派都想接管兰州，各派互相争夺地盘、抢粮征兵。邵氏深恐中央的法统斗不过地方实力派的割据，进而坐困兰州，束手待毙。下车伊始，邵氏就坦言，自己"赤手空拳，没有点石成金的幻术"，"必须以相当的时间，循序渐进，求治绝不能急"。①邵氏上任第一把火就是准备缩减军队，调离陕西和青海的"客军"，进而实现军政的统一。他请邓宝珊出面召开军事会议，拟成立军整会，并邀请回汉番军领袖为委员，整理全甘军事，缩减四分之一军费额。"邓宝珊的绥署名义上掌管甘、宁、青三省部队，与甘境之陕军同受杨虎城节制，然而，孙蔚如的宣慰使署与邓宝珊的驻甘绥署在职权上重叠，地位上平起平坐。"② 因而，邵力子的这把火并未取得效果，单纯的中央权威并不能有效管辖各派军事力量。

在国民政府不愿意在西北地区进行更多资源投入的前提下，邵力子能够获得各地方势力表面上的认同，已属不易。蒋介石派邵力子这样的文人主甘，尽管很难实现军政的统一，却可以缓冲中央权威楔入兰州政治格局后可能引发的不良反应，尽可能地减少地方割据势力对中央的抵触，进而为朱绍良的军人主政做好铺垫。可以说，邵力子的作用就在于"燃起中央实力的火炬而冲向西北去"，并使兰州"又接近中央一步矣"。③

三　抗战时期国民政府对西北的经营

邵力子离兰后，1933 年 4 月，朱绍良被委派继任甘肃省主席。以军人出身的朱绍良主甘，说明国民政府准备以军事力量为后盾稳定西北政

---

① 邵力子：《在痛苦中奋斗才能表现革命真精神》，《甘肃省政府公报》第 1 卷第 1 期，1932 年。
② 刘进：《中心与边缘：国民党政权与甘宁青社会》，第 79 页。
③ 《两年来的甘肃政治》，《西北杂志》（南京）第 1 卷第 1 期，1935 年。

局。这一方面缘于建设抵抗日本侵略的后方根据地，另一方面也是防范共产党和红军控制甘肃进而打通国际交通线的需要。朱绍良就任时，随即调来胡宗南的第一师第五团杨德亮部，另调一宪兵营驻守兰州。随后朱氏提出了"甘肃人自卫"的口号排斥陕军，进而逼迫其退出甘肃。1933 年 9 月，朱绍良被蒋介石委任为甘肃绥靖公署主任，撤销了西安绥靖公署驻甘行署，同时令其兼任甘肃省政府民政厅长。这样，甘肃的军政大权就在名义上统一在了朱绍良之手。

抗战爆发后，兰州除了曾遭受日机的几次空袭外，一直处于相对和平的环境中，这也为国民政府以兰州为基地控制西北提供了极好的条件。1937 年 11 月，国民政府在兰州设立第八战区司令长官部，蒋介石一度亲自兼任第八战区司令长官，朱绍良为副司令长官，负实际领导责任，辖甘肃、宁夏、青海及绥远之一部。国民党中央还在兰州建立了西北干部训练团，由蒋介石担任团长，朱绍良为副团长，"军统局"还建立了兰州站。[1] 1941 年 1 月，国民政府设立了西北运输处统一管理甘新公路及整个西北地区的对外运输事宜，尤其是对苏联的货物贸易。这些跨省机构的设立，代表着兰州的政治管辖范围越出甘肃省界，开始向整个西北地区扩展。

同时，国民政府不断扩充自己在西北的嫡系军事力量，并在 1939 年底前后完成对兰州以东地区的军事部署，如将驻扎在兰州的杨德亮第四十二军扩编为 3 个师，将甘肃保安部队改编为新十二旅，将陕西抗日义勇军第一旅何文鼎部改编为新二十六师，并给驻防平凉的平秦师管区增加 3 个团的装备，由韩锡侯指挥。[2] 这些军事部署巩固了兰州周边的军事力量，也对其他地方势力形成了威慑。在此基础上，国民政府趁热打铁开始积极介入兰州以西地区，先是控制河西，进而收复新疆。

自民国以后，兰州就失去了对河西地区的有效统治，河西地区军阀林立，形势复杂。马麟控制甘州，吴桐仁控制肃州，马廷勷控制凉州。国民军统治时期曾短暂统一甘肃，1930 年国民军调出后，马步芳、马步青兄

---

① 甘肃省地方史志编纂委员会编纂《甘肃省志》第 2 卷《大事记》，甘肃人民出版社，1989，第 277、278 页。

② 刘进：《中心与边缘：国民党政权与甘宁青社会》，第 149 页。

弟逐渐取得了对兰州以西甘肃地区的控制权。其中马步芳第八十二军第一百师分驻张掖、酒泉，马步青骑五军及所属特务团、炮兵团驻防武威，骑五师分驻永登、临夏、宁定、民勤、景泰、永靖等地。朱绍良和国民政府为了统一甘肃政局，决意将马氏兄弟的军队调离河西，并由中央军接防。朱绍良采取软硬兼施的策略，一方面制造舆论压力，阐明中央控制河西的坚定信心；另一方面在青马之间制造矛盾，争取马步芳对中央的信任，迫使其让步，压迫青马势力退出河西走廊。随后，国民政府将兰州以东的驻防部队，如驻天水暂五十八师叶成部、驻兰州新十八旅等陆续调往河西，并在酒泉设立第二十九集团军总司令部。至此，国民政府完成了对甘肃的军事部署，对甘肃的军事控制达到了民国以来的最佳状态，也为其收复新疆打好了基础。

在收复新疆问题上，作为盛世才旧日好友的朱绍良发挥了重要的作用。他不断奔走于迪化和重庆之间，充当盛世才和蒋介石之间的联络人。1942年秋，蒋介石到甘肃视察，意图与盛世才见面未果。8月底，蒋介石驻跸嘉峪关，派宋庆龄、朱绍良到迪化同盛世才会谈。盛世才随即表达了服从中央政府领导之意。1942年9月28日，国民政府任命盛世才兼任第八战区副司令长官。与此同时，国民政府又派员接收新疆之外交，第二十九集团军部队和总司令部都相继进驻新疆哈密等地，标志着国民政府正式恢复对新疆的统治。1942年12月31日，蒋介石在当年的总反省中表达了其收复新疆的欣喜之情，他认为，兰州以西直达伊犁直径3000公里之领土，面积是东北三省的数倍，全部收复的功劳，要比"东北易帜"更大，"此为国民政府成立以来最大之成功，其面积实倍于东三省也。此不仅领土收回而已，盖新疆归顺中央以后，我抗战之后方完全巩固，日本更不能再有消灭我政府之妄图；而俄国与中共之态度亦大为转变，不敢复为我抗战之害。此非上帝赐予中华民族之恩泽决不至此也"。[①]

抗战胜利后，国民政府对甘肃境内的党政军机构进行了改组。先是将兰州第八战区司令长官部改组为军事委员会委员长西北行营，1946年3

① 古屋奎二：《蒋介石秘录》第4卷，蒋介石秘录翻译组译，湖南人民出版社，1988，第321页。

月张治中出任西北行营主任。之后，又陆续任命郭寄峤、马鸿逵、马步芳为行营副主任。西北行营（行辕）是国民党中央、国民政府在甘宁青新四省的代表机构。1949 年 5 月，国民党嫡系部队主力在西北战场全面失利；5 月 18 日，行政院任命马步芳为代理西北军政长官，7 月 27 日改为正式任命。同月，免去郭寄峤的甘肃省主席职务，任命马鸿逵为甘肃省主席（马鸿逵未到任，由秘书长丁宜中代理）。马步芳、马鸿逵的这一任命，是国民政府在严重的政治危机和军事危机之下采取的应急措施，也标志着西北诸马第一次成为兰州城名正言顺的统治者。

　　总之，辛亥一役，兰州的西北政治中心地位轰然崩塌。随着传统治边模式效力的丧失，陕甘总督失去了对陕西、新疆等地的管辖权。民国初年，从陕甘总督到甘肃省督军的变化，使兰州的管辖权从广袤的西北缩小至甘肃一省（此时包括青海和宁夏）。但兰州似乎并未很快适应这种变化，1912 年底甘肃青年军官周务学等人还提议由兰州商界筹划资金以出兵库伦。① 由于甘肃八镇的分裂割据，兰州早早地就丧失了对青海和宁夏的管辖权，其管辖权限一度仅剩下皋兰县一域，甘肃督军的"实际政权已经等于一个皋兰县长"。② 刘郁芬主甘时，曾一度实现甘肃政治上的统一。但好景不长，刘郁芬率军离兰参与中原大战，造成兰州政治势力的真空，吴佩孚、杨虎城等势力乘虚而入。蒋介石与国民政府则借机底定兰州，随后委派邵力子为甘肃省政府主席，代表着国民政府对西北的力量介入。邵力子之后，继任者朱绍良等人逐渐获取甘肃省的军政大权，并开始将中央权威向整个西北地区覆盖。其中，朱绍良在解决盛世才问题时功绩突出，并一度兼任新疆省长。同时国民政府在兰州设立了许多跨省机构，也代表着兰州的政治管辖范围越出甘肃省界，开始向整个西北地区扩展。南京国民政府经营兰州和西北边疆的努力，客观上为后来中国共产党接管该地区奠定了一定基础。兰州战役一锤定音，共产党彻底摧毁了国民党的西北战略防御体系。1949 年 11 月 17 日至 23 日，中共西北局召开兰州会议，研究决定西北军政委员会及所属各省市政府

---

① 《甘肃请出兵库伦》，慕寿祺：《甘宁青史略》第 8 册正编卷 27，第 31 页 a。
② 魏晋：《兰州春秋》，第 226 页。

组成人员名单，讨论决定拟将西北局机关由西安移驻兰州。但 1950 年 1 月 19 日，西北军政委员会第一次会议决定机关驻地定在西安，西安遂接替兰州成为西北的政治中心。

小　结　从"外边缘"到"内边缘"

纵观两千余年的历史，兰州从一个黄河渡口演变为交通中心，进而成为中央王朝经略西北的一方重镇。宋朝弃守兰州之争，凸显了兰州在当时的"边界"意义。明清以后，兰州的边界意义消散，经历了从"秦西极边郡"到"西州首邑"的转变，也就是从"外边缘"转换为"内边缘"。民国时期兰州政局动荡，使得国家迟迟没有完成对兰州从非直接统治到直接统治的转变。近代兰州虽然不再是"外边缘"，却仍被视为"内边缘"。新中国成立后，兰州早已变成中国非常靠近陆地中心的一个大都会，但是人们对兰州边缘性的认识固化下来，并形成了刻板印象。

明朝肃藩移驻之后，兰州逐渐成长为西北内陆的中心。清朝乾隆十九年（1754）后，陕甘总督移节兰州，兰州开始成为陕甘总督的驻地。陕甘总督辖区①是清朝最为广大的督臣辖区之一，辖域面积几乎为清朝疆域的一半，所辖地区包括陕西和甘肃，甘肃则包括青海和宁夏，并兼管新疆和西藏。光绪十年（1884）新疆建省，增设甘肃新疆巡抚，仍由陕甘总督兼辖之。因而，陕甘总督是西北地区唯一的总督，也是西北地区最高的军政长官。克拉克就提出："兰州府所辖的行政区域仅次于都城北京，比任何其他中国城市都大得多。驻守于兰州的陕甘总督掌管着750000 平方英里的土地，包括整个新疆，以及甘肃和陕西，辖域人口约有2000 万。"② 杨海燕指出，陕甘总督在清代各督臣中最为典型，"除

---

①　按照因事而设、随地分并的原则，西北督臣辖区分分合合，名号不断变化，历有陕西总督、山陕总督、川陕总督、甘肃总督和陕甘总督等。其辖域面积最大时为雍正十三年至乾隆十三年间的川陕总督时代。按照现在的政区划分，川陕甘总督的管辖范围包括四川、陕西、甘肃、青海、重庆、新疆、宁夏、内蒙古部分地区、西藏部分地区。陕甘总督制度及其名号的变迁，可参见杨海燕《常与变：陕甘总督群体构成与人事嬗递探颐》，硕士学位论文，温州大学，2012，第 4～6 页。

②　罗伯特·斯特林·克拉克、阿瑟·德·卡尔·索尔比著，C. H. 切普梅尔编《穿越陕甘：1908～1909 年克拉克考察队华北行纪》，第 72、73 页。

了管理陕甘总督的军政要务外，在战时还可节制青海、新疆的八旗兵。
这是其他总督无法比拟的。后新疆建省后，陕甘总督成为下辖三省的总
督，其所辖区域之广，所统事务之重比沿江沿海各省其所职掌的军事功
用更为重要，更为典型"。① 周开庆提到："清乾隆时代，甘肃划成了一
个庞大的省区，甘肃的外围，扩大到甘新青宁所至之地，而兰州便成了这
个庞大无比的省区之省会。"② 魏晋曾借用马裱匠之口说："这督军公署，
是清朝的陕甘总督衙门，是天下总督衙门中最宏伟的一个。陕甘总督的牛
皮可真不小，行走出来用着天子的一半仪仗。"③ 陕甘总督的权势映衬了
兰州的地位。尽管这时很多人还没意识到，但一个显见的事实是，管辖
中国近一半领土的兰州，在中国版图中不应该处于边缘位置。边缘与中
心的位置是动态可置换的。高月在研究中指出，清代东北具有双重属
性，即地理上的边疆属性与疆域构造中的核心地位，二者并行不悖、和
谐共存。但是清末以后，东北的疆域核心地位下降，而地理边疆属性上
升，经历了边缘化的过程。④ 兰州与东北恰恰相反，清末以后，兰州的
地理边疆属性开始下降，而疆域核心地位逐渐上升，开启了从边缘向中
心转变的尝试。

辛亥革命后，随着传统治边模式效力的丧失，陕甘总督失去了对陕
西、新疆等地的管辖权。直到抗战时期，才收回对河西地区的管辖权。因
而，近代兰州统辖范围的变迁，不仅是兰州城市发展的一条重要线索，也
是清朝督臣体制向民国省制转变的体现，是现代国家构建的一个重要标识
和风向标。

---

① 杨海燕：《常与变：陕甘总督群体构成与人事嬗递探颐》，硕士学位论文，温州大学，
2012，第 11 页。
② 周开庆：《西北剪影》，中西书局，1943，第 135 页。
③ 魏晋：《兰州春秋》，第 9 页。
④ 高月：《清末东北新政研究——近代中国民族国家构建视野下的疆域统合》，博士学位
论文，中国社会科学院研究生院，2011，第 2～3 页。

第二章

边缘最 "中国": 近代兰州城市
空间格局的形成和发展

    城市空间格局包括城市地域空间的外部整体形态与规模、内部空间构成与布局的形式和特征,它是城市发展程度、阶段与过程的空间反映,也是城市建设和发展的物质文化基础。分析近代兰州城市的空间格局可以发现,其具有非常明显的政治性、军事性和民族性特征。兰州内城形成了稳定的以督署、藩署为中心的"三进式"内宫式格局。民国以后现代性政府的建立非但没有打破,反而在各派势力的争权夺利中固化了这一格局所体现的等级秩序。与中国核心地区复杂难辨的城市结构相比,兰州城市结构较为简单,于空间格局上更接近中国人理想的空间构成。因此,位处边缘地带的兰州城市显得更为"中国",更多地体现了中国传统治城理念和礼制结构,更像是中华帝国结构的缩影。

第一节 典型的城市形态: 城墙与城池

一 虚与实的边界:兰州的长城与城墙

    自兰州西新城至靖远界沿黄河南皆有长城遗址,断续数百里。关于兰州长城的修筑年代,一度议论纷纷。一说为秦所筑,一说是明万历元年新筑。后经实地考察和论证,学者达成共识,兰州境内之长城乃秦长城,但该秦长城并非秦朝成立后新建的长城,而是战国时代秦国修建的秦城障。① 因此，兰州境内的秦长城与明长城并不完全一致。

明长城又称明边墙，经过兰州的一段又被称为"次边"，是从主边墙上分叉出来的支线。明初，东蒙古的鞑靼俺答部不断侵扰兰州一带。为此，从成化到弘治年间驻兰明军不断加固兰州城垣，修建了哨马营、新城、什川、安定、盐场等军事城堡，并于弘治十八年（1505）由陕西巡抚杨一清主持，在黄河北岸修筑了东起盐场堡，经安宁堡、沙井堡，西至庄浪红城堡、岔口驿的新边墙。万历年间，蒙古部落在兰州附近的攻势犹猛，明朝不得不将防守基线从黄河北岸移往黄河南岸，于嘉靖年间修筑了"次边"。该"次边"通过兰州一线，以兰州外郭北城墙为起点，向东经东岗镇、桑园子、青城，与靖远县境内的边墙对接；西经小西湖、土门墩，一直延伸到河口附近的新城。"次边"修筑完成后，构成了一道东起靖远黄河，中经兰州，西至永登岔口的喇叭形防御工事，有力地巩固了兰州城市的安全。②

兰州城北城墙本是利用战国时期秦国长城遗址修建而成，明代修建"次边"又借用了北城墙一段。直至民国时期，兰州督署北墙女墙（即北城墙）上还有"万里长城遗迹"六字。著名史学家顾颉刚在他的《甘肃秦长城遗迹》一文中提到了这一点。他记述说，长城"自岷折西北，东

---

① 《史记·秦始皇本纪》《通典》等史料中均有兰州秦长城的记载，且民国之前的方志都认为兰州长城为秦长城。据唐朝杜佑《通典》记载："五泉县（即今兰州）有古苑川及古长城。"乾隆《皋兰县志》记载，长城由"秦蒙恬所筑，（明）万历元年补修"。光绪《重修皋兰县志》载："长城在黄河南岸，秦蒙恬筑，明万历元年补修。厚二丈，高倍之，土色坚韧。西自新城起，沿河而东至靖远县大浪沟界止，约计二百余里。"张维在其《兰州古今注》一书中首先提出异议，认为秦长城起临洮迄辽东，并不经过兰州，西起临洮之秦长城是沿战国之旧，可能与"自榆中并河以东，属之阴山"的秦长城并未连成一线。之后陆续有人对秦长城经过兰州持怀疑态度。刘光华首先提出兰州的秦长城可能并非秦朝成立后修建，而是战国时期秦国修建，这一说法得到了考古证实。20世纪80年代甘肃文物工作队对甘肃境内的秦长城进行了系统的考察，得出结论为，甘肃省最古老的长城是秦昭王于公元前4世纪前期修建。因此可以认定，兰州境内之长城乃秦长城，但该秦长城并非秦朝成立后新建的长城，而是战国时代秦国修建的秦城障。相关讨论请参阅刘光华《兰州最早的行政建置年代与秦长城》，金钰铭主编《兰州历史地理研究》，兰州大学出版社，1999，第329~338页；《兰州境内的长城遗迹》，程兆生《兰州杂碎》，第47~55页；张维《兰州古今注》，中国西北文献丛书编辑委员会编《中国西北文献丛书·西北史地文献》第24卷，兰州古籍书店，1990，第10页。
② 《兰州境内的长城遗迹》，程兆生：《兰州杂碎》，第47~55页。

行至渭源，又西北至今临洮，又北至皋兰，沿黄河至宁夏西北而东，与赵长城相衔接"。"八月初还皋兰，宿小西湖，地滨黄河，有旧墙一堵，可十余丈，说者传即秦长城遗迹。又甘肃省府之北墙即借兰州城墙……女墙上大书'万里长城遗迹'六字，是则兰州之北城亦即因于秦城也。"① 长城与兰州北城墙的合二为一，使兰州城成为长城防御体系的一个组成部分，也使长城成为兰州城市防御的重要屏障，突出体现了兰州城市在西北边防中的重要地位。

自古以来，中国历朝历代修筑的长城，都具有区分文化地理的意义，即将农业为主的文化与游牧为主的文化人为地割裂开来。② 因而，长城可以被视为一个硬性边界，边界内外是人口、民族、语言、宗教和政治组织的不同安排。美国著名汉学家拉铁摩尔就认为："长城本身是历代相传的一个伟大政治努力的表现，它要保持一个界线，以求明确地分别可以包括在中国'天下'以内的土地与蛮夷之邦。"③ 袁剑则在此基础上进一步提出，长城在中国边疆发展的历史过程中曾经扮演过不同的角色，其本身在"边疆"与"边界"的定位之间来回波动。"元、清这两个王朝所实现的全国大一统不仅使元与清政权自身摆脱了区域化的'内部朝圣'状态，而且还通过对西域及青藏地区的行政管理弱化了当地的'内部朝圣'，使他们的朝圣行为更多地转向中原的某一地域（元—大都、清—承德），从而构建起真正意义上的中华民族认同。"④ 在清代，长城不再是真正意义上的政权分界线，而是被作为清朝内部的一种贸易界线及移民界线来看待。

因此，清朝以后，长城附近各民族杂居的过渡性地带越扩越大，长城的"边界"意义也愈加淡化，开始从外在性、实质性的边界变为一个内在性、非硬性的边界。但是在长城由实到虚的转变过程中，长城所代表的实质性边界却寄生或附着于边缘城市的城墙之上。美国学者派珀·雷·高

① 顾颉刚：《史林杂识初编》，中华书局，1963，第78页。
② 陶玉坤：《长城与中国文化地理》，《阴山学刊》2005年第5期。
③ 拉铁摩尔（Owen Lattimore）：《中国的亚洲内陆边疆》，唐晓峰译，江苏人民出版社，2005，第238页。
④ 袁剑：《长城的意义指向及其所体现的边疆意识》，《中国民族报》2010年9月26日，第7版。

巴茨在其《长城之外：中国边疆的城市模式与转型》一书中开篇就写道："沿着中国的传统中心地带向北部边界延伸的长城，远不止是一系列古老的防御城墙和防御工事，它也是中国文化几个世纪以来持续存在的象征，更是将中国人及其早期家园与长城之外分割开来的历史性象征。"① 但有趣的是，作者认为："正如长城的建立标志着中华帝国与其他国家的界限一样，中国边缘城市的城墙也起着同样的边界的作用，标志着民族边界的划分。"但长城这一界限是非实质性的边缘，"长城在经历了许多年代，并没有标志着中华帝国与非中华帝国之间实质的边缘。与长城不同的是，边缘城市的城墙反而常常扮演了民族边界的角色"。②

　　在前近代晚期的兰州，兰州外郭北城墙与明长城连为一体，长城也成为兰州城市的一个组成部分，这就使兰州城墙与长城的关系更显得暧昧。兰州城并未因为长城而高枕无忧，入清以后，兰州城所受的威胁基本上来自长城以内，而非长城以外，这也说明兰州长城早已丧失了其防御功能。如果说长城在入清以后已经退居为仅具次要的象征性意义的话，兰州城墙则承担起了实质性的边界意义，它将兰州城内的汉人（也包括作为统治阶级的满族人）与城外的其他民族（主要是回族）有效地隔离开来，并形成了"回民不得入城居住"的禁令（相关讨论详见本章第三节）。

二　矩形内城与完美比例

　　兰州城池有唐城、宋城和明城三座。隋朝置兰州总管府，府治子城，后改为五泉县，筑城于皋兰山北麓，是谓"唐城""唐堡"。宋神宗元丰四年（1081），李宪收复兰州，时黄河古河道北移，唐城已不再濒河，李宪遂"展筑北城"，在黄河南岸再次筑城，谓之"宋城"，又称"石龟城"。明朝洪武十年（1377），指挥同知王得在宋代所建北城的基础上对兰州城进行了扩建，使内城扩展到东西一里二百八十步，南北一里八十二步，周回六里二百步，城墙高三丈五尺，厚二丈五尺（一说二丈六尺）。

① Piper Rae Gaubatz, *Beyond the Great Wall: Urban Form and Transformation on the Chinese Frontiers*, p. 1.
② Piper Rae Gaubatz, *Beyond the Great Wall: Urban Form and Transformation on the Chinese Frontiers*, p. 309.

建城门四座，东为承恩门，南为崇文门，西为永宁门，北为广源门，城门上各建层楼。王得的这次修建，使兰州城池面积由宋元时期的40万平方米增加到77万平方米，增长了近一倍。

卢继旻根据明世子朱载堉《律吕精义》所载"尺"的度量单位，换算出洪武十年兰州城墙东西长1050米，南北长737米，面积773850平方米，城墙高度11.4米，宽8.5米。[1]南北长与东西长的比是1∶1.42，非常接近于章生道所说的1∶√2。章生道认为，中国北方城市各边"典型的比例近似于1∶√2，这个比例按美学和视觉稳定性来说，近代心理学家普遍认为是最佳比例"。[2]由于王得扩建兰州城是在明朝初年，当时肃王尚未移驻，兰州城仅是一个县城规模，因而内城面积狭小，远小于江苏、河南等县城的面积。[3]据《大明会典》记载，明朝规定各王城规制为"周围三里三百九步五寸，东西一百五十丈二寸五分（约450米——引者注），南北一百九十七丈二寸五分（约620米——引者注）"。[4]而兰州本地史料则记载肃王府周三里，[5]与该礼制规定的"三里三百九步五寸"相近，因此可以认定当时肃王府的规制等于明王府的礼制，即肃王府东西长450米，南北长620米，面积为279000平方米。傅熹年先生在分析元大都城和明北京城的规制后指出：理想的宫城（王城），是使大城东西宽为宫城之宽的9倍，南北深为宫城与御苑总深的5倍，这样大城面积就为宫城和御苑面积的45倍，是为"九五"规制。[6]另据王金岩、梁江的测算，明代各王府中，只有西安秦王的府城与王城面

[1] 卢继旻：《明朝兰州城研究》，硕士学位论文，西北师范大学，2010，第13页。
[2] 章生道：《城治的形态与结构研究》，施坚雅（G. William Skinner）主编《中华帝国晚期的城市》，叶光庭等译，中华书局，2000，第98页。√2约等于1.414。
[3] 在章生道1910年对11个省的府城、县城的抽样测量中，江苏、河南、山西等9个省份的县城内城平均面积都在90公顷以上，只有湖南和广东平均面积小于70公顷。详见章生道《城治的形态与结构研究》，施坚雅（G. William Skinner）主编《中华帝国晚期的城市》，第99、100页。
[4] 《大明会典》卷181，收入《续修四库全书》七九二《史部·政书类》，上海古籍出版社，1996年影印本，第195页。
[5] 西北师范大学古籍整理研究所编《甘肃古迹名胜辞典》，甘肃教育出版社，1992，第8页；程兆生：《兰州杂碎》，第103页。
[6] 傅熹年：《中国古代城市规划、建筑群布局及建筑设计方法研究》，中国建筑工业出版社，2001，第12、13页。

积比符合"九五"规制即 45 倍，在其他王府中，宣化谷王府为 38 倍，大同代王府为 28 倍，太原晋王府、成都蜀王府为 22 倍。① 相较之下，兰州府城仅为王城的 2.77 倍，由此也进一步凸显了兰州府城面积之狭小。

也正因为兰州内城面积狭小，城市面积很快不敷使用。明宣宗宣德年间（1426~1435），佥事卜谦指挥戴旺筑外郭（即外城，兰州本地人俗称为"关"），自城西北起至东北止凡十四里二百三十一步，分东关、西关、南关三部分，一举奠定了后来兰州城市的基础。明英宗正统十二年（1447），都指挥李进增筑承恩门外郭及镇远桥门，外郭自东南至西北"九十九丈有奇"。由于比戴旺所筑外郭要晚，扩建的外郭被称为"新关"。同时设置了 9 个城门，分别是东迎恩、东北广武、又东北天堑、南拱兰、东南通远、西南永康、又西南靖安、西袖川、北天水。明孝宗弘治十年（1497），都指挥梁暄筑东关外墙"三百六十丈有奇，为游兵营戍守"。至此，兰州城墙建制已告固定，之后屡有修葺，但再未扩展。明世宗嘉靖二十一年（1542），兵备副使朱旒重修葺城墙，并将护城河加宽加深。明神宗万历八年（1580），兵备副使李尧德修葺北城墙，"对砖石城堞，俱易为砖"，极大地提高了城池的坚固性。兰州城除内城外，经过三次增筑，形成了自城东至西北的外城郭。另外又在城东修筑了一公里多长的外墙，由士兵驻守。此外，自明代中期起，蒙古族鞑靼部侵占河套，不时南下侵扰兰州北境。为了保境安民，明廷在兰州黄河两岸修筑了一系列城堡，加强了防御力量，使兰州成为明西北边防的重镇。入清后，乾隆三年（1738）甘肃巡抚奏准将甘肃巡抚由狄道迁至兰州，随后展开了兰州城市有史以来规模最大的一次修葺。之后乾隆二十八年（1763）、嘉庆十六年（1811）、道光十三年（1833）又分别修补。同治元年护总督恩麟增修四瓮城重门。光绪三年（1877）总督左宗棠、十四年（1888）总督谭钟麟屡次修补，至光绪十六年（1890）总督杨昌濬对兰州城做了最后一次重修，至此内城周长计六里二百步，外郭增至十八里一百二十三步。②

---

① 王金岩、梁江：《明初兖州府城形态扩展及鲁王城规划分析——兼论藩王城规划》，《规划师》2007 年第 1 期。

② 光绪《重修皋兰县志》卷 12《经政上·建置》，《中国地方志集成·甘肃府县志辑》第 4 册，第 118~119 页。

三 关大城小与商业力量的凸显

总体来看，兰州城规模早在明初即已定型，入清后屡次修葺，但仅将外城扩展了一里多长，内城面积没有变化。内城为长方形，东西长，南北窄，北滨黄河，东、西、南三面为外城，俗称东关、西关、南关，呈不规则之凹字形，环抱内城。三关当中，东关最大，细化后又可以分为东关、新关、附城三部分。外城面积远比内城大，故有"关大城小"之谚。但由于外城形状极其不规则，又没有直接的资料留存下来，我们只能根据兰州城区面积来确定外城的面积。《城关区概况》一文中载，兰州城区面积仅2.39平方公里。[①] 丁文江在《中华民国新地图》中则指出兰州内外城面积有270公顷，即2.7平方公里，[②] 比2.39平方公里略大。《兰州市政一周年》杂志中载，兰州"外城的面积较内城大几倍"；[③] 林鹏侠在兰州考察时记录道，兰州外城"广于内城两倍"。[④] 笔名为季子的作者则指出，兰州"内城南北不足二里，东西不足三里，而外关东西则达七里左右"。[⑤] 再结合光绪年间的兰州地图来看，可以大致推断，兰州外城面积应是内城的两倍左右。而《城关区概况》记述的2.39平方公里换算后为2390000平方米，与兰州内城773850平方米相比，恰好是其三倍，则外城面积为内城面积的两倍，这与其他人的记述一致，当属可信。

据章生道对19世纪90年代中国都城和省会的城内面积的调查，在20个省会城市中，兰州城内面积（包括内外城）270公顷，在安庆、桂林、贵阳之前，排倒数第四位。排名第一的北京城内面积6320公顷，是兰州的约23倍。[⑥] 兰州内城面积狭小，基本上除了官署、寺庙外已没有更多的空间供市民居住。马达汉曾记述，兰州城里"有好几座广阔的官

① 《城关区概况》，政协兰州市城关区委员会文史资料委员会编印《城关文史资料选辑》第1辑，1988，第3页。

② 丁文江：《中华民国新地图》，申报馆，1933，转引自章生道《城治的形态与结构研究》，施坚雅（G. William Skinner）主编《中华帝国晚期的城市》，第98、99页。

③ 兰州市政府编《兰州市政一周年》，1942，甘肃省图书馆藏，索书号：575.216/101。

④ 林鹏侠：《西北行》，宁夏人民出版社，2000，第57页。

⑤ 季子：《金城随笔》，《雍言》第4卷第7期，1944年。

⑥ 章生道：《城治的形态与结构研究》，施坚雅（G. William Skinner）主编《中华帝国晚期的城市》，第98、99页。

府，四十来座庙宇，学校，军火库，粮仓，火药厂和许多不住人的商店和库房。其余留给居民的单层平房住宅面积就不多了"。① 可以想见，当时已有很多市民居住在城墙以外。明正统十二年李进修筑外郭，一方面是因应内城狭小有扩大城区的需要，另一方面自然也是将居住在内城以外的市民包裹在城墙之中以实现更为妥善的军事防御。外郭及外城构成了兰州的第二道城墙，但拥有两道城墙并非中国城市的常态，而是特例。"中国大部分城市只筑一道城墙，但也有几座城市（著名的如北京、济南、兰州与广州）筑有完整的或不完整的第二道城墙。在多数情况下，建造第二道城墙是为了把城市防御系统扩大到在原有城墙外发展起来的聚落。具有两道城墙的城市，大部分是省会或高级行政首府以及战略上有重要地位的边塞城镇。"② 兰州城不仅有两道城墙，而且外城比内城面积更大，其面积约为内城的两倍，则是特例中的特例。

从兰州城图来看，在光绪末年的《省会城关全图》之前，乾隆《甘肃通志》、乾隆《皋兰县志》、道光《兰州府志》中的兰州城池图中，对外城的记录均不符合比例，地图均以内城设置为中心，外城仅象征性地出现在内城周围（见附录一）。这说明这一时期的外城没有太多的官方局所等机构，外城商业圈也并未产生太大的影响以勾起绘图者的兴趣。而到了光绪末年绘制的《省会城关全图》中，外城开始与内城以同样的比例出现在地图中。这也可以看作外城市民生活圈和商业圈繁荣壮大的例证。

中国古代城市与西方城市内部空间格局分划上的理念并不相通，中国古代城市并没有像西方城市那种基于自然分化而生成的商业功能区。当然这并不意味着中国城市没有商业区，而是说中国城市的商业区是在政治力量对城市内部空间"切割""分划"的基础上形成的，是在既有的权力空间格局中生成的，而非自然形成。就兰州城市而言，陕甘总督移驻兰州后，兰州在国家政治地理结构中的地位趋于稳定，政治军事因素的主导作

---

① 《马达汉西域考察日记（1906～1908）》，王家骥译，中国民族摄影艺术出版社，2004，第448页。
② 章生道：《城治的形态与结构研究》，施坚雅（G. William Skinner）主编《中华帝国晚期的城市》，第88页。

用稳定下来之后，多元性的综合因素开始越来越深刻地影响到兰州城市空间的发展。其中最主要的表现即为商业力量的持续凸显，它将政治力量安排下原本用于军事防卫的外城逐步改造成了一个繁荣的商业活动集中区域，进而逐步推动了兰州东西两关的扩展。兰州作为一个重要的贸易中转市场，在长途贸易的拉动下，东西两关显得异常狭长，也将兰州本来规整的城市形态拉伸成一个不规则的狭长形。但是，就经济因素的作用程度而言，兰州显然与我国东南沿海城市不可相提并论。在那些城市，经济因素往往超越了政治地理因素而将城市"切割"得异常复杂；而在兰州，经济因素虽然推动了外城商业区的出现，但从总体上来看，兰州内城的权力网络仍然保持着对城市布局和城市经济的旺盛影响力。这一细节，在本章第三节还将继续分析。

第二节　内部空间格局的形成和演变

古代中国城市的规划是以适应王权政治需要为第一原则的，城市不仅是王权统治的中心，而且也是王权统治的象征。所谓"择天下之中而立国，择国之中而立宫，择宫之中而立庙"，"王者必居天下之中，礼也"。① 这就造成中国古代城市具有明显的风格统一、整齐划一的特征。在实际情况中，地方性城市往往结合地域的形势和特点，自发形成各不相同的城市布局。相对来讲，东部沿海城市更多地出现了施坚雅所谓的"商业从城市中涌出"的现象，也较早形成了城市发展的"双核心"形态，商业力量更为有效地改变了城市的布局和样态。② 而中西部城市则分化较晚、较少，尤其是内城基本保持了基于传统礼制的治城模式。因此相对于东部城市而言，中西部城市更能体现中国传统城市的理念，也更代表了中国传统城市的基本模式。派珀·雷·高巴茨就指出："中国边疆城市似乎比中国东部的城市更符合中国城市秩序的宇宙观的基本规定。建立在这些基础观念上的边疆城市比起东部城市更为精简，也很少如中国东部城

---

① 许维遹：《吕氏春秋集释》卷17《慎势篇》，《民国丛书》第5编第11册，上海书店出版社，1996年影印本，第25页a。

② 施坚雅（G. William Skinner）主编《中华帝国晚期的城市》，第46、104页。

市那样为了适应某些特定环境而进行灵活的修正。……边疆城市比起东部城市更多地建筑成规则的正方形或矩形"。①

反观近代兰州，自清末至民国时期，兰州城的基本格局保持稳定，并形成了以明肃王府为中心，以督署、藩署、协署、学署、臬署、道（府）署、县署及督标五营布局为基本结构的内城结构网络。由于城市内部结构功能分化并不剧烈，相对于中国中心地带复杂难辨的城市内部网络来说，兰州城布局无疑更简洁明了。同时，中央政府往往把兰州作为"怀柔西域"的基地，有意维持并不断巩固着兰州城内部传统礼制的功能意义。与中国中东部城市相比，近代兰州城市的内部结构无疑更中国式，更能代表中国传统城市的结构特征。

一　内宫式格局：行政建筑格局的演变

（一）封闭与秩序：从堡子到四合院

在讨论近代兰州城市的行政建筑格局之前，有必要首先介绍一下兰州城内外的民居形态。兰州的四合院尽管不如北京那样典型，却塑造出了颇具地方特色的四合院文化，并在民国以后演变为"公馆"文化。尤为重要的是，四合院与堡子等兰州民居形态代表着一种极为稳定的、严格依照等级秩序进行结构分划的封闭空间。这种封闭空间构成了兰州城市格局的基本形态，也与内城行政建筑格局的"三进式"遥相呼应。

兰州民居以四合院为主，形成了颇具地方特色的四合院文化，俗称"三分宅子四合院"，"家宽不嫌舍窄"。② 兰州四合院择地讲究，多坐北向南，以取"向阳门第春常在"之意。进入庭院，天井呈长方形，按南北纵轴线对称分布居室。房屋沿四周布置，上房三楹或五楹，为长辈居住；两厢五楹，为子女下辈居住。与上房相对的叫下房，也叫客房，供亲戚朋友临时居住。上、下房一般3间或5间，多为楼房。两侧为厢房，兰州人称厦房子，一般为3间、5间或7间，均为晚辈居住。上、下房与厢房之间附以耳房，用作厨房、杂物房、厕所。也有纵向二进

---

① Piper Rae Gaubatz, *Beyond the Great Wall*: *Urban Form and Transformation on the Chinese Frontiers*, p. 163.

② 陇丁:《兰州老式住宅》，甘肃省文史研究馆编《陇上琐忆》，1993，第159页。

院、子进院的，一般用屏风门隔断。总之，布局严整，主次清晰，功能分明。

兰州四合院有两个独特之处。其一是有区分回汉住宅的"中央宫"。四合院每家进门之处，可见到重点装饰的供奉有"本宅土地"的"中央宫"。①"中央宫"是将汉人住宅与回民住宅区分开来的重要标志。刘荫生曾指出，兰州四合院"不论大家小户，除非是回教徒，总要在二门内朝着大门的墙壁上安设土地神位，往日回汉屡起冲突，当局想出这个办法，识别容易，应付也就便利了"。②

兰州的四合院第二个独特之处就是"炕大屋小、窗大门小"。三大三小——炕大屋小、窗大门小、关大城小，③ 是兰州市民形容兰州城市的谚语，极大地体现了近代兰州城市的地方特色。兰州四合院占了三大三小中的两大两小，也更说明了四合院在兰州城市文化中的重要地位。时人记载说："入室则家家一大炕，坐卧起居，全在炕上。古时席地而坐之遗风，于兹可见。一炕面积，几占全室五分之四，故有'炕大屋小'之谚。"④炕上依次铺席、毡、毯。正中放小炕桌，可作餐桌，全家人盘腿坐炕上用餐。兰州四合院的这种"颠倒"文化，令许多外来者感到不方便。萧礼华就提出，"兰州旧式房屋的缺点，最令人不便的就是那个大炕。有个比例：两间房子，炕要占去整个一间，做什么都不便。……炕之大，自然对于客居者发生'严重问题'，第一因为那有这样多的毡、毯子、被单等来铺满这个炕；其次自然更没有本地居民那么些柜子、箱子，红漆的、油彩的，整齐的布置在炕的后边缘上。所以，对于客居者，这个炕已失去了睡觉的用途，上面搁上床，搁上梳妆台，成桌子，甚至锅、碗、蔬菜，用具都无不可"。⑤

---

① 陈耀东、陈振声、杨开元：《兰州民居简介》，《土木建筑与环境工程》1957年1月30日。
② 刘荫生：《兰州杂记》，《天地间》第8~9期，1941年。
③ 还有一种说法认为，兰州城市的三大三小是"炕大屋小、窗大门小、轮大车小"。但不管哪种说法，兰州四合院都占了两大两小。
④ 无斋：《兰州巡礼》，赵君豪、潘泰封编辑《西北行》第2集，中国旅行社，1945，第63页。
⑤ 萧礼华：《闲话兰州》，赵君豪、潘泰封编辑《西北行》第2集，第51~52页。

　　而兰州城外的农村建筑，则一般聚集在一起，建成大小不等的具有防御性质的城堡（俗称"堡子"）。堡子是由古代西北的庄窠建筑①发展而来。据调查，组成堡子的元素有宗祠、土地庙、住宅、打晒谷场、牲畜圈房、磨坊、地窖等，按其主次、功用及互相间的关系等组成，外面围以厚重的高8～9米、厚1.5～2米的土墙。墙上设有箭垛，四角设有炮台，各城堡屹立于田野中，大小不等，参差错落。在建设过程中，土地庙一般建在中轴线上"风水好"或显眼的地方，宗祠的位置仅次于土地庙。较大的堡子，巷道纵横分布，住宅沿巷道而建，层次甚为分明。在由数家联合修建的堡子中，风水较好的位置，由权势较大的家族占有，其他家族各在所分配的地面上建造住房。

　　"三进式"是借用中国古代建筑的术语。在我国古代建筑中，有很多民居是将居室围绕一个庭院布置，借用"天人合一"的宇宙观形成合院住宅。之后这种合院住宅逐步扩大，并形成数个院落相连的大合院住宅，其典型即为四合院。在这里，一个院落就称为一"进"。一般而言，大宅院中，第一进为门屋，第二进是厅堂，第三进或后进为私室或闺房，是妇女或眷属的活动场所，一般人不得随意进入。② 兰州的达官贵人、军政要员、富贾帮头等较富裕的人家，喜欢将三院住房连在一起，形成"一进三院"或"三进式"房屋。赵世英就提到，兰州旧时居民住宅建筑"有所谓一进三院的平房住宅，那只是官僚、富商的所谓'公馆'、'公寓'"。③ 进入民国以后，兰州本地人更多地将阔气一点的四合院称为"公馆"。由此可见，兰州的高官富商喜欢将自家四合院建成"三进式"以标榜权势和地位，而如果我们把视野再扩大到整个内城，则可以发现，整个内城建筑俨然构成一个紧凑精致的"三进式"四合院。

---

① 庄窠，是汉末、三国、魏晋至北朝时期，河西一带出现的一种建筑形式，也称坞壁。一般用生土筑成厚厚的庄墙，然后以庄墙为后墙，在墙内建造房屋形成院落。庄墙上一般不开窗，具有防风、挡沙、保温、隔热等功能，适合于西北干旱多风沙的气候条件。详见甘肃省地方史志编纂委员会、甘肃省志建设志编纂委员会编纂《甘肃省志》第32卷《建设志》，甘肃人民出版社，2000，第570页。

② 《难窥堂奥的四合院》，高灿荣：《台湾古厝鉴赏》，台北，南天书局，1993，第12页。

③ 赵世英：《兰州旧城兴废记略》，政协兰州市城关区委员会文史资料委员会编印《城关文史资料选辑》第4辑，1993，第69页。

不管是城市里的四合院还是城外的堡子，兰州民居的特点都表现为呈一个封闭的空间，封闭空间的内部则严格依照等级秩序进行结构分划。四合院是我国北方城市民宅的普遍建筑形式，其格局充分体现了家庭内部、社会乃至国家层面上的伦理秩序。刘心武指出："四合院的所谓'合'，实际上是院内东西南三面的晚辈，都服从侍奉于北面的家长这样的一种含义。它的格局处处体现出一种特定的秩序，安适的情调，排外的意识与封闭性的静态美。"① 赵园也提出："四合院是伦理秩序的建筑形式化，其建制的形成，有功能性的，亦有伦理原则出发的考虑。"② 近代兰州四合院的民居特色及由其转化而来的公馆，无疑正体现了城市整体建筑格局的秩序性和封闭性。

（二）扩大的"三进式"：行政建筑的整体格局

兰州内城行政建筑，除督署系借用明肃王府旧址外，余皆在清朝前期修建。各行政建筑大多前有坊，后有园，中间以大堂、二堂、三堂的"三进式"结构为特征。

肃王府在明末清初一段时期，一度被废弃。清康熙四年（1665），甘肃巡抚刘斗自凉州移驻兰州，将肃王府改建为巡抚署。乾隆十九年（1754），陕甘总督移驻兰州，巡抚署遂改为陕甘总督署。1912 年甘肃都督赵惟熙将其改为甘肃都督署。1914 年 7 月 1 日，巡按使张广建将其改为甘肃巡按使公署，嗣后又改为甘肃省长兼督军公署。1925 年 11 月，总指挥刘郁芬改为甘肃督办公署，1927 年 7 月 18 日改为甘肃省政府署（省署）。总督署方广 2里，署东为箭道、经费局，署西为笔帖式二署，署南有东西二辕门。由辕门向北依次为大门，立中居正坊、大堂、二堂、三堂、内院及花园。肃王府的后花园名凝熙园，至清代时，凝熙园的规模大为缩小，仅限于明时的北苑，但几经修葺、增建，更为秀丽，并更名为节园，先后为巡抚与总督日常办公和宴请宾客的场所。园内建有凉亭、水池、长廊、澄清阁、关岳庙、颜妃墓、饮和池等。园北城墙上有明时修建的拂云楼，城墙下面有道光年间修建的碑帖洞，内嵌《怀素自叙帖》《米芾虹县诗帖》《董其昌临颜

---

① 刘心武：《钟鼓楼》，东方出版社，2006，第 118 页。
② 赵园：《北京：城与人》，上海人民出版社，1991，第 93 页。

鲁公赠裴将军诗帖》等名家碑帖。左宗棠称它"基宇闳阔，园亭之胜为诸
行省最"。而该园"地接西域，冠盖络绎于道，宴集多在节园，所以尽宾主
之欢也"。① 大门内东侧建有土地祠，西侧建有集房。大堂东西两侧建有
文武官厅及文武巡捕厅，二堂东侧建有大书房、集益轩。督署大堂南为仪
门；门外为立中居正坊，坊东为土地祠，坊西为集房；南为大门，又南为
辕门；南棚辕木坊额曰"宪纲文武"，东棚辕木坊额曰"节制三秦"，西
棚辕木坊额曰"怀柔西域"；旗杆四，二在棚辕内，二在棚辕外。兰州辕
门直到1928年才被刘郁芬拆除，并在原地修建了讲演台。

　　甘肃布政使司署（藩司）位于巡抚署的西侧，康熙八年（1669）修
建，规模与巡抚署大致相当。藩署在整体设计上与督署相似，二者大致以
庆祝宫为线左右对称。居中有戒石坊、仪门，中间建筑是紫薇堂，紫薇堂
左右为广积库，东西为科房，后有宅门。宅门内依次为风云堂、迪知堂、
照房。风云堂左右为内积库，东有仰山堂。乐寿堂东南有升让堂，北有若
己有园（原名艺香园）。大门内为关帝庙，庙东为新镶所，庙西为照磨库
大使二署。藩署后面的憩园，又称望园、鸣园，与督署的凝熙园左右相
对。据说为康熙五年（1666）前后甘肃巡抚刘斗"招请"著名戏曲家、
园林家李渔（笠翁）设计营建。园内有亭台楼榭及假山、池苑等，是一
座具有苏杭园林风格的官家园林。藩司的创建，使其与以肃王府为原址改
建的巡抚署并立于黄河南岸，分称左右两府。从此之后，左右两府一直成
为兰州城里行政级别最高的两个机构的行政驻地所在。

　　康熙八年，建甘肃按察使司署（臬司）于巡抚署南侧。乾隆年间，
兰州先后修建了庆祝宫、府署、按察使司署和满城。光绪初年又修建了举
院、甘肃提督学院署和左营参将署。各官署在内部结构上与督署、藩署相
同，皆以大堂、二堂、三堂的"三进式"为主体，左右为官厅，东西置
科房，南置仪门、大门、牌坊，后有花园。至此，兰州城内主要行政机构
的建筑基本定型。之后，虽屡有小修小补，但大致来看，再没有进行大规
模的行政建筑建设。这些行政建筑，大致包括：督署（陕甘总督署，省
级机构，由中央委任，又称左府）、藩署（布政使司署，省级机构，由中

---

① 《兰州节署园池记》，薛仰敬主编《兰州古今碑刻》，第178页。

央委任，又称右府）、臬署（按察使司署，省级机构，由中央委任）、学
署（提学使署，省级机构，由中央委任）、道署（兰州府署，地级机构，
由省府委任）、县署（皋兰县署，县级机构，由省府委任）以及属于军事
机构的左、中、右营参将署等行政驻地。这些机构在兰州城内的分布，以
乾隆四十三年（1778）为例，如图 2 - 1 所示。

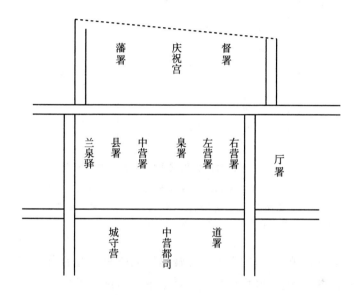

图 2 - 1　乾隆时期兰州城内行政建筑方位模拟

资料来源：《兰州会城图》，乾隆《甘肃通志》卷 1《图考》，
第 6 页 a ~ b；《城池图》，乾隆《皋兰县志》卷 1《图》，《中国
地方志集成·甘肃府县志辑》第 3 册，第 11 页。

从图 2 - 1 可以看出，督署、藩署位居兰州内城中心"井"字形格局
的北侧中心位置，符合我国传统政治理念中"坐北朝南"的习惯。同时
督署与藩署左右并列，并在中间修建了用于文武百官朝贺聚会的庆祝宫。
"井"字形的中间位置主要分布着臬署、县署和左、中、右三个营署。道
署、中营都司和城守营分布在"井"字形的下侧。这个布局直到光绪年
间基本没有发生变化（见图 2 - 2）。

进入民国以后，兰州城内行政建筑的名称、方位发生了很大的变化
（见图 2 - 3）。甘肃布政使司署（藩署）在民国元年仍为布政使司署，
1917 年 6 月郑元良将其改为甘肃全省警务处，1922 年省长潘龄皋又将

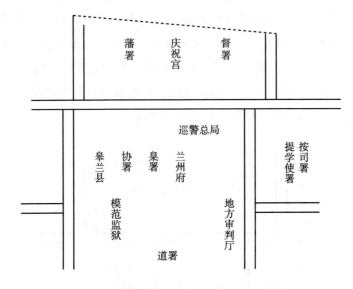

图 2 - 2　光绪时期兰州城内行政建筑方位模拟

资料来源：《清光绪甘肃省会城关全图》，兰州市地方志编纂委员
会、兰州市建置区划志编纂委员会编纂《兰州市志》第 1 卷《建置区
划志》，兰州大学出版社，1999，第 127 页。

其改为甘肃省长公署。1912 年，都督赵惟熙改陕甘总督部堂署（督署）
为甘肃都督署；1914 年 7 月 1 日，巡按使张广建又将甘肃都督署改为甘
肃巡按使公署，之后再次改为甘肃省长兼督军公署。1917 年，将右府
改为甘肃全省警务处，左府则改为省长兼督军公署，因此，这一时期督
军府与省长公署实际上合而为一，甘肃军政大权全部集中在"左府"。
"右府"权力的旁落，正反映了兰州及甘肃军政权力的集中和政治上的
黑暗。

其他行政建筑方面，臬署改为高等审判厅，原巡警总局位置改为邮政
所，西侧设置了商务会，原中营署附近设置了警察所，左营署附近设置了
实业所，原提学使署（学署）改为教育所，地方审判厅东侧设置财政厅。
原兰州城内的左、中、右营署和协署等军事机构撤出兰州内城，而邮政
所、商务会、教育所、实业所、财政厅等机构相继创建，正代表着兰州开
始走上近代化的道路。

1947 年兰州城内行政建筑方位图与 1924 年相比发生了较大改变。
左府方面，1925 年，刘郁芬改甘肃督军公署为甘肃督办公署，1927 年

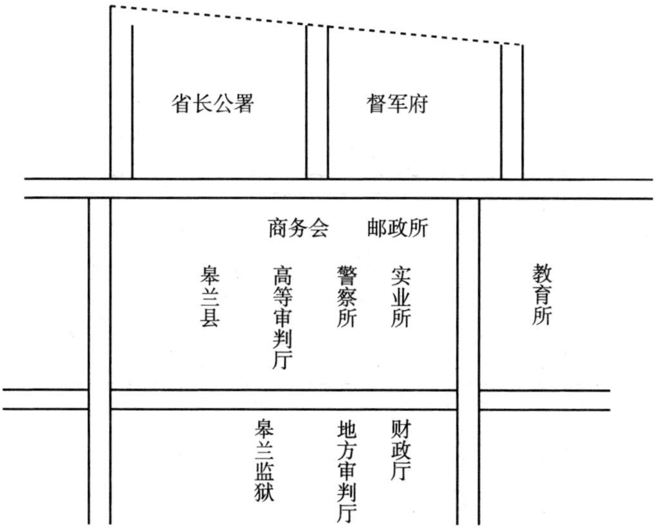

图 2-3 1924 年兰州城内行政建筑方位模拟

资料来源：《省会城关全图》，宣统《甘肃新通志》，《中国西北文献丛书·西北稀见方志文献》第 23 卷，第 182、183 页。

7 月 18 日又改为甘肃省政府。右府方面，1932 年潘龄皋省长改甘肃省长公署为甘肃省民政厅，1945 年甘肃省参议会成立后，作为省参议会办公所在地。省政府与省参议会隔励志路对望，颇有两权分立、权力制衡的意味，实际上与甘肃省参议会和甘肃省政府之间一定程度上的对立和冲突相吻合。再一个突出的改变，是将省政府大门前的辕门广场改为中央广场。中央广场左下角分布着警察局、兰州市政府、高等法院、省党部、皋兰县政府等行政机构，右下角则有考铨处、监察使署和市参议会（见图 2-4）。

综上所述，兰州虽然偏于西北一隅，但城内的行政建筑格局却非常有序，呈现出典型的内宫式格局。总体来看，兰州内城的行政建筑基本呈现出以督署、藩署为核心的"三进式"内宫格局。其中第一进是臬署、协署的附属机关，如监狱、地方审判厅、中营署、城守营等；第二进在行政级别上普遍比第一进高出一个等级，主要有学署、臬署、府署（道署）、协署（参将署）、县署等；第三进则又比前两进高一个等级，相当于整个内城行政格局的"内宫"。

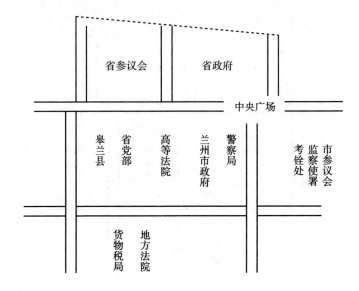

图 2 - 4　1947 年兰州城内行政建筑方位模拟

资料来源：《民国 36 年 10 月兰州市市区图》，《兰州市志》第 1
卷《建置区划志》，第 162～163 页。

　　进入民国以后，尽管署治名称不断变化，但如果以行政权力等级为
原则来看，其实质意义并未改变。兰州城内的最高权力者①始终居于由
明肃王府转变而来的左府，兰州城内的第二权力中心（民政厅长、省
长）则往往居于由清代布政使司署演变而来的右府。其他各行政建筑也
都发生了名称上的变化，如臬署先后变为地方审判厅、高等审判厅和甘
肃省高等法院，府署、道署变为后来的兰州市政府，协署一部分演变为
后来的巡警局、警察局，学署变为教育所、甘宁青考铨处等。由此可
见，民国时期各派势力在兰州城内的激荡，并未改变兰州城内权力秩序
的地理格局，反而在争权夺利中固化了权力等级秩序在兰州城内的既有
安排。因此，从清中后期以来，兰州内城行政建筑格局表现出了极大的
稳定性，整体呈现出典型的"内宫式"格局。这一格局以象征中央政

―――――――――――

　①　此处最高权力者指的是实质上的权力拥有者，而非名义上的。如 1931 年，国民政府任
　　　命马鸿宾出任甘肃省政府主席一职后，马鸿宾进驻兰州，却只能偏居于藩署。督署被当
　　　时握有优势军事力量的雷中田所占据，马鸿宾见雷中田没有让出督署的意思，遂迁往兰
　　　州城西马福祥宅邸居住。

府和地方最高权力机构的督署、藩署为中心, 使整个内城既以内宫为核心, 又在整体上呈现出内宫的"三进式"院落风格。这使近代兰州城行政建筑完全符合"王者营国"的古代礼法观念, 并在行政建筑安排上极力体现和巩固了传统等级秩序, 更使它呈现为一个理想化的国家空间模式。稳固的内宫式格局成为近代兰州城市的一大特色, 也使兰州城比中东部大部分城市显得更"中国"。

二 寺庙数量与神圣话语的强度

寺庙曾经是人类早期城市无可争议的中心。"对一座城市而言, 寺庙不止是一座座僵硬的建筑, 而是城市空间构型的有效部分。同时, 在形而上的层次里, 寺庙还是城市意义构型的有效部分, 在城市的文明构建中发挥着自己独有的价值。"[1] 考古研究证明, 最早出现的一批城市的中心, 几乎无一例外的都是神庙或祭祀中心。由于祭祀中心成为独立居民区群体的聚合点, 为人们提供了自信或宇宙的确定性。在这个神圣性的地带, "普通百姓周期性的季节更新得到保证, 统治者的显赫、权威和财富象征着全社会的福祉"。[2] 尽管中国宗教与欧洲基督教不同, 但仍然是前近代城市建设的引领者, 充满了"景观意识形态"意味。在中国城市中, 寺庙不仅仅是一种建筑形式, 还是某种观念、某种意识形态的象征。它代表着一定的统治集团的神圣话语, 并且从它的密集程度可以反映出神圣话语的强度。段玉明认为, 中国古代地方志中所绘制的城图, 往往只有官衙和寺庙, 似乎只要官衙和寺庙就足以代表城市。[3] 官衙是世俗话语权力运作的代表, 而寺庙则是神圣话语权力运作的代表, 二者恰恰代表了中国前近代城市行政中或常规或暴力的政治实践与官民共襄的或典祀或俗祀的神圣实践相结合的城市模式, 构成了中国前近代城市治化的全部内容。

---

① 段玉明:《寺庙与城市关系论纲》,《西南民族大学学报》2010 年第 2 期。
② B. M. 费根:《地球上的人们——世界史前史导论》, 云南民族学院历史系民族学教研室译, 文物出版社, 1991, 第 404 页。
③ 段玉明:《寺庙与城市关系论纲》,《西南民族大学学报》2010 年第 2 期。

　　一般来说，中国传统城市的内部格局以官署及有关建筑物为中心，鼓楼和钟楼多设置在主要的十字路口，非官属的庙宇虽然可以设置在城内外任何地方，但主要安排在位置优越的地点。① 学界早已指出，几乎每个城市都有城隍庙、先农坛、厉坛、文庙等官办庙宇。但对每个城市有多少寺庙、应该有多少寺庙这种问题却很少涉及。事实上，由于各地方志往往仅罗列较大的寺庙或列入官祀的寺庙，我们一般很难确切地统计一个城市究竟有多少座寺庙。施舟人认为 19 世纪末的台南至少有 115 座庙宇，那时台南约有 1 万户，平均每 90 户 360 人一座。② 韩书瑞则指出，同一时期北京有至少 2500 座寺庙，③ 而清末时期北京城市人口维持在 78 万左右，④ 平均约每 312 人一座寺庙。近代兰州的寺庙数量在 156 座以上，其中内城平均约每 255 人一座寺庙。这一密度使施舟人笔下的"百庙之城"台南也相形见绌。近代兰州寺庙最大的特点在于寺庙规模与官署规模相当，寺庙房产数目与官署房产数目基本持平，这也是其他城市所鲜见的。兰州寺庙的这一特点，也是兰州政治型城市特征的一个体现。

（一）兰州城市寺庙的形成与数量

　　兰州现存最早的寺院是唐武德二年（619）唐军灭薛仁杲后，在其故宅的基础上改建的庄严寺。唐贞观九年（635）高昌国王麴伯雅途经兰州时修建了宝塔寺（元朝改称嘉福寺，民间俗称木塔寺）。其他建筑多为明代以后所建，尤其是肃王移节兰州后，曾大规模修建寺庙。明朝洪武五年（1372），修茸兰州五泉山皇庆寺，改名五泉寺。明永乐年间，肃王朱楧重修五泉寺，改名为崇庆寺。洪武中，在兰州新关（广武门附近）修建昙云寺。永乐十四年（1416）兴建城南广福寺（俗称高壁寺）。明成祖以

---

① 章生道：《城治的形态与结构研究》，施坚雅（G. William Skinner）主编《中华帝国晚期的城市》，第 107 页。

② 施舟人：《旧台南的街坊祀神社》，施坚雅（G. William Skinner）主编《中华帝国晚期的城市》，第 783 页。

③ Susan Naquin, *Peking: Temples and City Life, 1400 - 1900*, Berkeley: University of California Press, 2000, p. 20.

④ 北京市地方志编纂委员会编《北京志·综合卷·人口志》，北京出版社，2004，第 21 页。据该志，光绪三十四年（1908）北京人口为 705604 人，宣统元年（1909）为 674011 人，宣统二年（1910）为 785442 人，宣统三年（1911）为 783053 人。

后，又陆续修建了接引寺、白衣寺、重新寺和荣光寺。明景泰年间，太监刘永成建白塔寺。成化十六年（1480），兰州都指挥刘瑛再修庄严寺。清朝前期，兰州又兴建和重修了许多佛寺。康熙九年（1670）重修庄严寺；十六年（1677）修建五泉山燃灯寺；二十五年（1686）复修嘉福寺；四十四年（1705）修建金山寺；五十四年（1715）增建白塔寺，改名为慈恩寺。乾隆五十六年（1791）重修了五泉山崇庆寺和燃灯寺。道光年后，清朝国力衰弱，无力再大肆修建寺庙。尤其是同治回民起义期间，兰州五泉山寺庙群被烧，嘉福寺也毁于战火，直到光绪初年才有所恢复。

　　道教方面，宋代在兰州修建有玄妙观（一名东华观）、城隍庙。宋元时期正一道在兰州盛行，建有关帝庙。有明一代，历代肃王崇信道教，兰州道教获得巨大发展。建文二年（1400）肃王朱楧在城西华林山修建金天观。之后又陆续修建凝熙观（雷祖庙）、斗母宫、火祖庙、药王庙。宣德、嘉靖年间又重修了玄妙观和城隍庙。入清之后，兰州道教虽渐见衰而犹盛。道光十七年（1837），官绅联合创建白云观（吕祖庙）。民国前期，虽没有再新建道观，但一些道观陆续进行了修葺。如民初道士王静复、赵丰谷、李旭阳等募化重修了金天观；1919 年，刘尔炘募款修缮了五泉山道观伏羲殿、文昌宫、八卦台、太昊宫等。

　　明清两代是市内寺庙建设的鼎盛时期，兰州寺庙绝大多数也是明清时期建造，民国时期建造或修补者仅有极少部分。但若要准确计算出兰州寺庙的数量非常困难，因为寺庙有大小之分、上院下院之别，甚至同名的寺庙也并不少见。因此资料记载的寺庙数目各有不同。据光绪《重修皋兰县志》记载，当时皋兰县境内共有寺庙 108 座，其中城墙内外有寺庙 83 座，礼拜寺 6 座。[①] 1909 年皋兰知县赖恩培主持编写的《皋兰县城内地理调查表》《皋兰县关乡地理调查表》载，当时兰州内城有庙宇 34 座外加礼拜寺 1 座，东关庙宇 15 座外加礼拜寺 1 座，新关庙宇 6 座外加礼拜寺 1 座，附城庙宇 8 座，南关庙宇 1 座，西关庙宇 7 座外加礼拜寺 2 座，合计内外城共有庙宇 76 座（见表 2 - 1）。兰州城外所谓"关乡"地区，即城

---

① 光绪《重修皋兰县志》卷 19《古迹下·寺观》，《中国地方志集成·甘肃府县志辑》第 4 册，第 533 ~ 553 页。

外与城墙接壤的地区则有寺庙 80 座。1909 年皋兰县全县共有寺庙 608 座，其中内外城共有寺庙 76 座，城乡接合部共有寺庙 80 座，乡村共有寺庙 452 座。皋兰县东乡有寺庙 141 座，东北乡有寺庙 31 座，西乡有寺庙 16 座，西北乡寺庙 50 座，南乡 158 座，北乡 56 座。① 赖恩培的这次调查是应清政府要求所做的地理调查，所以调查较为详细，数据也较为可靠。但其中遗漏者尚有很多，如在该调查表中，五泉山一栏只有崇庆寺一座寺庙，金城关一栏只有一座白塔寺。事实上五泉山寺庙群包括浚源寺（崇庆寺）、文昌宫、皋兰乡贤祠、清虚府、大悲殿、武侯祠、文崇阁、混元阁等十余处庙宇。金城关的白塔山寺庙群也包括白塔寺、云月寺、罗汉殿、三星殿、迎旭阁、文昌宫、四神庙、关帝庙、三教道统祠、十王庙在内的十余处庙宇。因此该调查表中的数目可能与事实尚有出入。

表 2 - 1　1909 年皋兰县内外城人口与寺庙调查情况

区别	户口数（户）	人口数（人）	庙宇数（座）	人口与庙宇比	备注
城内	2988	9163	35(47)	2551∶1	会馆 11 处,庙宇 34 座,礼拜寺 1 座
东关	2279	9276	16	5801∶1	庙宇 15 座,礼拜寺 1 座
新关	1192	5597	7	8001∶1	庙宇 6 座,礼拜寺 1 座
南关	558	2133	1	21331∶1	庙宇 1 座
西关	1589	6197	9	6891∶1	庙宇 7 座,礼拜寺 2 座
附城	786	1150	8	1441∶1	庙宇 8 座
总计	9392	33516	76	4261∶1	

资料来源：《兰州市志》第 1 卷《建置区划志》，第 351、352 页。

《民国时期兰州道教宫观表》显示，时兰州共有道观 86 处，除去永泰堡、一条城的 4 处外，兰州市有道教宫观 82 座（处），其中关帝庙 17 处，三圣庙 9 处，火神庙 6 处，真武楼、金花娘娘庙分别有 4 处。② 这就说明上文所提到的民国时期兰州寺庙总数 80 座的数字是非常不准确的。1941 年兰州市政筹备处对寺庙房产进行了调查统计，共罗列了 113 处寺

① 《甘肃省兰州府皋兰县地理调查表》，《兰州市志》第 1 卷《建置区划志》，第 351～392 页。
② 《民国时期兰州道教宫观表》，兰州市地方志编纂委员会、兰州市民族宗教志编纂委员会编纂《兰州市志》第 42 卷《民族宗教志》，兰州大学出版社，2007，第 143～145 页。

庙。但由于调查对象主要为寺庙房产，而寺庙房产有可能分散在各处，故这113处寺庙很多是重复的。如东大街的火神庙有47间房屋、5个牌号，因此这5个牌号应为同一处寺庙。因此，我们将位于同一街道的同一名称的寺庙进行合并，可以得出该调查共记录了85处寺庙（见表2-2）。

由于各资料对寺庙数量统计相差过大，我们似乎很难对近代兰州寺庙的数量做出准确的回答。相对来说，清末皋兰知县赖恩培的调查还较为可靠，我们可以大致得出结论，兰州内城外关共有寺庙76座，兰州市共有寺庙156座。当然，实际肯定要比156座高出许多。

表2-2　1941年兰州市政筹备处寺庙房产调查

单位：间

地址	门牌号	寺庙名称	房屋间数	使用人或机关
东大街	30	东华观	58	第一分局
东大街	24	火神庙	42	总工会
东大街	21	火神庙	1	顾国栋
东大街	18	火神庙	2	魏元齐
东大街	14	火神庙	1	安歆昌
东大街	16	火神庙	2	周记
东大街	22	马祖庙	22	国术馆
东大街	16-1	马祖庙	10	杨兴祥
东大街	18	斗母宫	16	
东大街	17	凝熙园	18	地政训练班
东大街	11	洞天春	17	主持茶院
贡院巷	54-1	小会馆	23	兵训团
东大街	105	小会馆	2	郑醋房
东大街	106	小会馆	2	李赁器铺
东大街	107	小会馆	2	赵铁铺
东大街	188	小会馆	1	贾水烟铺
东大街	148-1	大佛寺	38	佛教会
东大街	33	天齐庙	36	国医馆
东大街	36	天齐庙	16	国医馆
山字石	199	右营庙	25	税务所
山字石	71	中营庙	57	山字石小学
曹家厅		孔庙	85	志果中学

地址	门牌号	寺庙名称	房屋间数	使用人或机关
西大街		隍庙	125	民众市场
官沟沿	42	三圣庙	15	金石巷
贤侯街	19 - 1	四川会馆	31	青年服务社
贤侯街	7	湖北会馆	18	宪兵一队
下水巷	3	火药局	13	盐务局
贤侯街	8	两湖会馆	24	杨桂春
木塔寺巷	35	木塔寺	28	刘金巷
西大街	19	庄严寺	10	民众教育馆
县门街	11	三官庙	14	新生活促进会
延寿巷		县文庙	48	兴文小学
西大街	110	关帝庙	44	第三实验小学
曹家厅	14	三官庙	20	张尼姑
曹家厅	3	新会馆	52	甘宁青监察使署
曹家厅	4	左公祠		
曹家厅	15	府文庙	10	新西北社
曹家厅	15 - 1	府文庙	3	
道门街	26	土地祠	47	道门小学
南府街	13	铁柱宫	27	军政部三十六电台
南府街	27	火神庙	33	南府街小学
南府街	55	礼拜寺	27	马阿訇
百子楼	25	百子楼	25	第一分局派出所
下官园	5	三圣庙	3	
下官园	3	三圣庙	3	范吉堂
东稍门外	15	将军庙	17	小学校
新关街		县云寺		青年合作社
新关街	65 - 4	会仙宫		测量气候所
下东关	22	祖师庙	33	东关小学
下东关	208	清真寺	22	哈登节
下东关	47	刘公祠	10	扫荡报社
下东关	287	刘公祠	5	
下东关	11	昭忠祠	71	济良所
下东关	97	关帝庙		
下东关	96	药王庙	56	东关小学
下东关	101	接引寺	55	盐务局
下东关	134	白衣寺	84	盐务局
新关街	65 - 5	风神庙		东稍门小学

续表

地址	门牌号	寺庙名称	房屋间数	使用人或机关
横街子	73	观音堂	29	小学校及合作社
官园街	59 - 1	祖师庙	13	盐务局
横街子	42	新城楼	7	联合办公处
庆安街	45	祖师庙	20	佛学研究会
庆安街	64	龙王庙	3	
新关街	81	马祖庙	4	冯逸民
小北街	18	荣光寺	30	八战区
小北街	82	马祖庙	32	新关小学
桥门街	29	清真寺	840	阿文学校
新关街	82	马祖庙	32	新关小学
西关	52	火神庙	20	盐务局库房
西关	115	穆公祠	15	粮食局
南关		广福寺	38	兰州电台和市府筹备养路队
井儿街	29	金花苗	15	二分局派出所
福禄街	38	重新寺	21	万字会小学
孝友街	18	清真寺	38	阿文学校
东城壕		龙王庙	14	畜税局
畅家巷	69	青杨寺	32	警察四分局
畅家巷	52	真武楼	32	举园及平民
畅家巷	54	真武楼	6	马尼姑住
碹滩	39	真武宫	15	公路局电台
碹滩	28	真武宫	7	平民住
碹滩	20	真武宫	2	张姓住
颜家沟	5	八腊庙	20	盐务局库房
张家庄	1 - 2	金龙庙	5	盐务局库房
东稍门外	29	靛园寺	15	盐务局库房
东稍门外	44	龙王庙	8	军委会电台
禄家巷		三圣庙	5	警察局派出所
五泉山红泥沟口		龙王庙	3	战区军队住
西稍门外	15	白云观	23	军政部三十九电台
西稍门外	13	白云观	2	平民住
西稍门外	14	白云观	2	
西稍门外	16	白云观	2	
官驿后	11	土地祠	5	民众自捐室
官驿后	51	慈云寺	11	理教会——真堂住
官驿后	54 - 1	慈云寺	17	平民住

- 现代国家与其边缘：近代兰州城市发展研究（1872~1949）

续表

地址	门牌号	寺庙名称	房屋间数	使用人或机关
官驿后	52	报国寺	15	难民收容所
官驿后	51	报国寺	14	王正国
官驿后	40	白道楼		
雷坛河	32	兴远寺	36	
西津桥	3	真武楼	3	警察派出所
西津桥	3 - 1	真武楼	11	
西津桥	24	真武楼	6	
西津桥	23	真武楼	1	
西津桥	4	真武楼	7	
真武楼	3	真武楼	2	
真武楼	26	西津寺	23	陇右公校
梁家庄		关帝庙	12	保安处
上西园	14	娘娘庙	25	测量局
上西园	50	槐荫寺	11	测量局
上西园	15	财神楼	3	
上西园	75	八腊庙	26	西园学校
上西园	77 - 899	铺面	10 *	
握桥寺	70	握桥寺	34	警察六分局
雷坛河	20	金天观雷坛河	285	师管区司令部
总计			3356	

注：＊上西园铺面记载为10处而非10间。但在总计一栏中将"10处"按照10间计算。

资料来源：兰州市地方志编纂委员会、兰州市房地产志编纂委员会编纂《兰州市志》第9卷《房地产志》，兰州大学出版社，1998，第41~46页。

（二）寺庙与官署的数量规模相当

作为反映政治权力和意识形态要求的中国古代城市地图，尤其是各地方志中所绘制的城图（省会图、县治图、府治图）往往只标注官衙和寺庙两种建筑名称，似乎只要官衙和寺庙就足以代表城市。杨宇振就指出，中国古代城市地图是一种"有意味的形式"，[1] 它往往抽象放大了城市建造观，折射出比西方城市地图更抽象、更游离于物质形态之外的精

---

[1]　杨宇振：《图像内外：中国古代城市地图初探》，《城市规划学刊》2008年第2期。

神样态。这也使这些地图的形式更具象征意味："地图上被放大的皇宫和被省略的里坊街区便是皇权、官权意志在图纸上的表现，它凌驾于图形本来所应当依据的标准——即真实的城市形态之上。"① 考察近代兰州城图，可以发现一个有趣的现象，那就是官署建筑与寺庙建筑在规模和数量上大致相当。

据笔者目见，最早的兰州城图是乾隆初年《甘肃通志》中的《兰州会城图》。在该图中，共标记了 28 个建筑名称，其中有 14 个官署建筑、13 个寺庙建筑，二者数量非常接近。乾隆《皋兰县志》的《城池图》则标记了 40 个建筑名称，其中 19 个官署建筑、17 个寺庙建筑，二者数量同样非常接近。继而是道光《兰州府志》中的《府城图》，共罗列了 33 个建筑名称，其中官署建筑 17 个、寺庙建筑 13 个。这都说明在传统方志的城市图中，官署与寺庙的数量和规模接近。这是传统修志者在刻意保持官署与寺庙数目的平衡，以显示城市治化的成就。但值得注意的是，民国以后，兰州城图中官署与寺庙的数量仍然十分接近。

清末新政时期，兰州城市已经出现了大量的现代性机构，如织呢局、机器局、农业试验厂等。因此，宣统《甘肃新通志》中的《省会城关全图》出现的建筑名称数目比之前翻了好几番，建筑数达到 127个，其中官署 68 个、寺庙建筑 49 个。这一时期两个数字之间的差距稍有扩大。1924 年的《甘肃省城全图》共记录了 101 处建筑名称，其中官署 49 处、寺庙 46 处。1935 年萧梅性编著的《兰州商业调查》中的《兰州城市图》有 10 处官署、9 处寺庙；同年潘益民的《兰州工商业与金融》一书中也附有一幅兰州城市图，图中有 36 处官署、29 处寺庙。难道民国以后的绘图者仍需要刻意保持官署与寺庙数目的平衡吗？

还有一个有趣的对比，日本东亚同文会支那省别全志刊行会编的《支那省别全志》第 6 卷《甘肃省（附新疆省）》中也有一幅《兰州府城略图》。而此图与宣统《甘肃新通志》中的《省会城关全图》十分接近，

---

① 蔡峰：《城市地图下的城市》，硕士学位论文，同济大学，2008，第 46 页。

"略图"二字也似乎正说明了该图是在《省会城关全图》的基础上缩略而成。该书于日本大正 7 年（1918）由东亚同文会编纂发行，据其"凡例"所载，《甘肃省卷》的资料主要根据明治 43 年（1910）"甘肃鄂尔多斯班"第八期学生和大正 2 年（1913）"甘肃四川班"第十一期学生的实地调查报告撰写。而《甘肃新通志》由升允、长庚监修，丁禧翰、安维峻纂，1908 年起修，1909 年成书并刊刻。从时间上来看，《兰州府城略图》很可能参考了《省会城关全图》。但该图相对于《省会城关全图》更为精简，内城许多官署名称都没有标注，相应的寺庙数目也减少了许多。《兰州府城略图》共记录了 67 座建筑名称，其中官署建筑 34 座，几乎刚好是《省会城关全图》的一半，寺庙建筑则有 33 座，约为后者 50 座寺庙的 2/3。34 座官署建筑与 33 座寺庙建筑，在数量上又趋近。从《兰州府城略图》来看，所记官署及官办建筑多为新式机构，也说明日本人在用现代化的眼光打量兰州城市。但是，日本人修中国方志，很难找出他们需要保持寺庙与官署建筑之间数量平衡的理由。

表 2 - 3　兰州城图中的寺庙与官署对比

单位：座

城图	总建筑数	官署数	官署名称	寺庙数	寺庙建筑名称
乾隆《兰州会城图》	28	14	布政司、小教场、巡抚院署、厅仓、茶司、按察司、城守营、兰州署、左营、右营、贡院、屯仓、兰厅署、临洮道	13	关帝庙、木塔寺、庄严寺、城隍庙、雷祖庙、马神庙、东华观、东岳观、先农坛、普照寺、文庙、火神庙、金天观
乾隆《城池图》	40	19	督署、庆祝宫、藩署、贡院、兰厅署、右营署、左营署、臬署、尉署（疑似尉署）、中营署、县署、兰泉驿、道署、中营都司署、城守营、前营署、后营署、营房、书院	17	武庙、凝熙观、东华观、东岳观、城隍庙、庄严寺、木塔寺、嘉福寺、普照寺、县文庙、府文庙、火神庙、先农坛、龙王庙、社稷坛、厉坛、奎星阁
道光《府城图》	33	17	督署、五泉书院、贡院、行台、左营署、尉营、臬署、中营署、县署、兰泉尉、道署、中营都司、城守营、前营署、后营署、兰山书院、庆祝宫	13	关帝庙、凝熙观、城隍庙、木塔寺、县文庙、府文庙、火神庙、先农坛、关帝庙、龙王庙、社稷坛、雷坛、奎星阁

续表

城图	总建筑数	官署数	官署名称	寺庙数	寺庙建筑名称
宣统《省会城关全图》	127	67	巡警分局、守备署、中营署、督练公所、电报局、土药局、两等小学堂、督署、源源仓、万寿宫、中学堂、藩署、高等审判厅、游击署、火药局、巡警分局、师范学堂、按司署、提学使署、巡警分局、邮政局、巡警总局、兰州府、臬署、协署、皋兰县、军械局、前营署、小学堂、钱官局、地方审判厅、模范监狱、道署、三将署、巡警分局、优级师范学堂、小教场、头仓、二仓、三仓、火药局、子药局、巡警分局、医务学堂、栖流所、巡警分局、绸缎厂、官报局、农业学堂、化验厂、矿务学堂、巡警学堂、北农业试验厂、织布厂、机器厂、农局、商矿局、南农业试验厂、铅印书局、炮队、步兵三营、步兵二营、织呢后局、高等学堂、织呢前局、陆军学堂、胰子厂	50	山陕会馆、左营庙、雷祖庙、火祖庙、东华观、天齐庙、中营庙、楚忠祠、两湖会馆、城隍庙、木塔寺、三晋会馆、八旗会馆、陕西会馆、大佛寺、左公祠、文庙、三圣庙、江西会馆、江苏会馆、浙江会馆、刘襄勤公祠、刘忠公祠、昭忠祠、忠义祠、高壁寺、武庙、清真寺、火神庙、清真寺、天主堂、穆公祠、白云观、上帝庙、老君庙、太清宫、水洞楼、关帝庙、白塔山庙、金山寺、白云观、报恩寺、金花庙、菩萨殿、阿公祠、雷祖庙、兴远寺、龙王庙、五泉山庙、行宫
《甘肃省城全图》	101	49	禁烟善后公所、电报局、电话局、电灯局、源源仓、军警督察处、军需钱号、省教育会、兰山道、政报局、警察教练所、警察第二区、省长公署、义仓、印花处、教育所、邮政局、官银行、商务会、警察第一区、实业所、警察所、高等审判厅、省议会、皋兰县署、军械局、茶司门、高小学校、教育会、财政厅、征收局、地方审判厅、皋兰监狱、警察第五区、女子师范、小教场、咸宁仓、火药局、底仓、保商总工所、警察第四区、警察第三区、农业试验场、农业学校、贫民工厂、盐务总局、法政学校、机器局、旧农业试验场	46	山陕会馆、痘母宫、雷祖庙、马祖庙、火祖庙、东华观、天齐庙、皖江会馆、福音堂、三圣庙、两湖会馆、马王庙、关帝庙、城隍庙、火神庙、庄严寺、三晋会馆、八旗会馆、木塔寺、陕西会馆、大佛寺、圣庙、马王庙、百子楼、左公祠、陕西新会馆、圣庙、尊孔社、江西会馆、广东会馆、火神庙、浙江会馆、江南会馆、马祖庙、荣光寺、祖师庙、清真寺、刘公祠、祖师庙、白衣塔、礼拜寺、广福寺、五瘟祠、礼拜寺、关帝庙、刘公祠

续表

城图	总建筑数	官署数	官署名称	寺庙数	寺庙建筑名称
《皋兰城市图》	74	36	省教育会、源源仓、民政厅、万寿宫、电政管理局、省政府、电灯局、商会、皋兰县政府、省党部、高等法院、第二军司令部、建设厅、公安局、教育厅、官钱局、□□局、监狱、地方法院、财政厅、军械局、造币厂、制造局、榷运局、甘肃学校、农业学校、国民小学校、师范学校、气象测候所、第五中学附属小学、子药库、第五中学、小教场、大教场、演武厅、公安局分所	29	木塔寺、火神庙、两湖会馆、云贵会馆、关帝庙、马神庙、皖江会馆、山陕会馆、福音堂、东华观、庄严寺、五省会馆、百子楼、浙江会馆、广东会馆、江西会馆、圣庙、左公祠、白云观、慈云寺、五瘟祠、礼拜寺、靛园寺、天主堂、清真寺、白衣塔、水洞楼、金山寺、行宫
《兰州城市图》	22	10	公共体育场、公安第二分局、西北日报社、教育厅、电报局、实业馆、民政厅、省政府、电灯电话局、教育推广处	9	木塔寺、山东会馆、五省会馆、云贵会馆、三圣庙、基督教会、皖江会馆、山陕会馆、雷祖庙
《兰州府城略图》	66	34	高等审判、财政司、都督府、督练公所、电报局、中营、县署、司法所、巡警所、教育司、军装局、监狱、县署、绸缎纺布厂、官报局、农业学校、矿物学堂、巡警学堂、农业试验所、农工局、调查局、师范学堂、小教场、炮兵、步兵二营、步兵三营、头仓、二仓、三仓、文报局、子药房、中学堂、织呢局、陆军学堂	33	木暮寺、三晋会馆、八旗会馆、两湖会馆、城隍庙、山陕会馆、陕西会馆、大佛寺、左公祠、文庙、江南会馆、广东会馆、浙江会馆、报恩寺、清真寺、火神庙、白云观、白塔寺、金山寺、清真寺、高福寺、刘公祠、天主堂、橄公祠、土地庙、老君庙、太清宫、龙王庙、兴道寺、阿公祠、菩萨殿、水洞楼、行宫

资料来源：《兰州会城图》，乾隆《甘肃通志》卷1《图考》，第6页a～b；《城池图》，乾隆《皋兰县志》卷1《图》，《中国地方志集成·甘肃府县志辑》第3册，第11页；《府图》，道光《兰州府志》卷1《图考》，第455～456页；《省会城关全图》，宣统《甘肃新通志》，《中国西北文献丛书·西北稀见方志文献》第24卷，第182～183页；《甘肃省城全图》，《兰州市志》第1卷《建置区划志》，第159页；《皋兰城市图》，潘益民编《兰州之工商业与金融》，商务印书馆，1936，第1页；《兰州城市图》，萧梅性编著《兰州商业调查》，陇海铁路管理局，1935，第1页；《兰州府城略图》，东亚同文会支那省别全志刊行会编《支那省别全志》第6卷《甘肃省（附新疆省）》，国际出版印刷社，1918，第139～143页。各图片详见附录。

历观兰州各个时期的城图，我们不禁会发问，为何寺庙名称与数量都发生了很大的变化，却最终与官署数量非常接近呢？答案可能也非常简单，近代兰州事实上存在着寺庙与官署两分天下的局面，寺庙与官署官办建筑几乎是等量的，二者规模、面积、数目大致相同。据民国初年对兰州80余处寺庙的调查，共有房产2814间，外有香火等铺面房96.5间，僧道住房及香火等房242间，总计3152.5间。① 平均来看，每座寺庙约有40间房屋。而据1948年调查，兰州官署建筑共4119间。② 考虑到自清末开始的"庙产兴学"运动，寺庙建筑不断被官方占据，且官署不断扩张，因此可以认为，最起码在民国初年，兰州城市的寺庙与官署建筑的规模还是大致相当的。金乐婷曾感叹，兰州北边的高地上"真的是朝拜者的圣地，因为寺庙真的很多很多。这些寺庙在明媚的阳光下显得异常迷人，一座紧挨着一座，从水的这边一直到天的尽头"。③ 再如，兰州东关广武门外的水车园朝阳观，坐拥50余亩土地，号称"兰州首富"。④ 兰州寺庙不仅数量庞大，就华丽程度而言也并不逊色于官署建筑。据兰州市长蔡孟坚所述："抗战时期日本轰炸兰州，曾将兰州城内两个唯一的青瓦宫殿，金碧辉煌的大佛寺古庙建筑，误认为是甘肃省府，全部炸毁。"⑤ 因而，从某种程度上来说，在兰主政官员往往把创建或重修寺庙看成社会修治的一种体现，也作为在中国边缘地带展示政绩的一种方式。高强度的神圣话语的存在，说明兰州是一个宗教色彩非常浓厚、思想趋于保守封闭的内陆城市。

（三）神圣话语体系的持续性影响

兰州寺庙与官署的数量、规模相当，与兰州寺庙多为官建或获得官方支持有关。兰州寺庙中有一大部分为官修或获得官方资助，从各种资料来

---

① 《民国时期兰州道教宫观表》，《兰州市志》第42卷《民族宗教志》，第143~145页。

② 《兰州市志》第9卷《房地产志》，第16~19页。

③ 金乐婷：《大西北的呼唤——女传教士西北见闻录》，尚季芳、咸娟娟译，甘肃文化出版社，2015，第48页。

④ 《省地政局第一科科长张登嶽调查兴隆山朝元观庙产报告附件八》，1943年2月1日，甘肃省地政局档案，甘肃省档案馆藏，档案号：26-1-258。

⑤ 蔡孟坚：《首任兰州市长的回忆》，政协兰州市委员会文史资料研究委员会编《兰州文史资料选辑》第13辑，兰州大学出版社，1992，第6页。

看，应占兰州寺庙的一半以上。明朝历代肃王虽崇尚道教，并修建了不少道观，但同时也创建和重修了不少佛教寺院。据不完全统计，明朝历代肃王创建和重修的寺院有普照寺、嘉福寺、崇庆寺、华林寺、萃英寺、萃灵寺、兴远寺、斗母宫、北斗宫、东华观、凝熙观、金天观等12座之多；清朝官方修建或重修的寺庙有庄严寺、普照寺、嘉福寺、白塔寺、兴远寺、燃灯寺、嘉福寺、金山寺、慈恩寺、白云观、烈妃庙等11座之多。①康熙六十一年（1722）都察院右副都御史绰奇增建白塔寺，并改名为慈恩寺，"念僧无养膳则香火为之不举，而寺亦易倾。乃为之买地、置磨，俾其岁有所入以供伊蒲之馔"，因此慈恩寺建成后，慈恩寺和白塔寺有地30亩，香火水磨7轮。②甘肃布政使蔡廷衡在解释重修金天观的缘由时说："因敬念我圣天子德被函夏，缵绪逖庥，将所以勒崇垂鸿储祉。"③都察院右副都御史绰奇在碑记中强调，余"奉圣天子命来抚是邦……日孳孳以劝垦种、练兵甲、兴礼让、美风俗为首务"。修建寺庙既是"首务"的一部分，同时也是展现政绩的重要方式。

从一定意义上来说，寺庙代表着一定的统治集团的神圣话语，并且从它的密集程度可以反映出神圣话语的强度。近代兰州寺庙在规模和数量上能够与官署相当，更足证其在兰州城市话语体系中的重要性。中东部许多城市自清末就开始经历"庙产兴学"的发展阵痛，大批寺庙被官府侵占。但近代兰州官府对庙产的侵占相对较晚，清末至民国初年甚至还新修或重修了大批寺庙。其中以20年代刘尔炘重修五泉山寺庙建筑群最为典型。

兰州南郊五泉山相传为汉代骠骑将军霍去病西征匈奴时于皋兰山下饮马掘泉而得名。自元代仁宗皇庆年间（1312～1313）修建皇庆寺始，历代官府和民众在南郊五泉山上修建了大批寺庙，并形成了兰州地区规模最大的寺庙建筑群。五泉山上"许多亭台楼阁，建筑得美轮美奂，工程的精致曲折"，庄泽宣和顾执中等在游记中都将之比为北京

---

① 光绪《重修皋兰县志》卷19《古迹下·寺观》，《中国地方志集成·甘肃府县志辑》第4册，第533～553页。

② 《修建北山慈恩寺碑记》，薛仰敬主编《兰州古今碑刻》，第102、103页。

③ 《重修金天观雷坛碑记》，薛仰敬主编《兰州古今碑刻》，第154页。

之颐和园。① 乾隆四十六年（1781）回民起义，五泉山遭大火，仅存千佛阁，后由当地官绅重建。同治六年（1867）河回复变，五泉山再次被焚。同治十一年（1872）开始，兰州本地官绅积极倡导重修五泉山，先后重建了千佛阁、武侯庙、秦公庙、地藏寺、金花庙、三教洞等。进入民国以后，兰州士绅刘尔炘以个人名义向地方官绅和各界人士发起募捐倡议，共用银48644两，铜元2073，沙版铜元22407，于1919年夏到1924年冬，以工代赈重修五泉山。这次重修不仅使五泉山的面貌焕然一新，同时还增修了太昊宫、三子祠、万源阁等寺庙建筑。尽管刘尔炘领衔重修五泉山含有以儒学（理学）思想重构五泉山寺庙建筑群的意图，但这次大规模的修建活动得到了甘肃督军陆洪涛及大批官绅、民众的支持，正如马序、马玉霞所说："全国一片打倒孔家店的声浪中，在兰州，理学却在五泉山兴盛了。"②

重修五泉山代表着以寺庙为代表的神圣话语在20世纪20年代的兰州仍占据非常重要的话语权。甘肃督军陆洪涛祈雨的故事可以为佐证。1925年，甘肃大旱，兰州南北两山寸草不生，"百姓浮动，叫喊着要祈雨"。陆洪涛遂以督军兼省长的身份，张罗祈雨，大小机关各界绅士，都将祈雨当作一场大典。陆洪涛先在金天观立坛，祈雨无应；又在白塔山上立坛，又无应；随后接来吧咪山的金花娘娘神，在崇庆寺立坛祈雨，依然无应。陆洪涛头戴杨柳枝编成的圆环，光着脚，到祈雨坛上香。为显示祈雨的真诚，陆下令兰州城内断屠，关闭肉店，并要求每家铺台子上摆一个水缸，缸中插柳枝，在缸口上供香炉，每天上香祷告。之后又请两位道士主持祈雨，冯道士在督署小关帝庙立坛祈雨，将督署门口装扮成庙门，到处张贴杨柳纸幡、黄表大字；郑道士在木塔寺祈雨，并请陆洪涛临坛接雨。陆洪涛去后果然下雨，于是"肉架子杀猪宰羊，官绅们丢开郑道士不管，都到大帅衙门里去给大帅叩喜，说大帅的至诚格天，把雨求下了。于是歌颂

---

① 庄泽宣认为，五泉山"亭台楼阁，精致曲折，有似北平之颐和园"；顾执中也提到，"工程的精致曲折，好像北平颐和园一样"。详见庄泽宣《西北视察记》，《西北行记丛萃·西北远征记》，甘肃人民出版社，2002，第198页；顾执中、陆诒《到青海去》，商务印书馆，1934，第53页。
② 马序、马玉霞：《兰州五泉文化沿革述评》，《兰州学刊》1987年第2期。

一番，给大帅送万民伞，送万民衣，给大帅供长生禄位"。①

总之，近代兰州寺庙在规模和数量上与官署相当，并共同瓜分了内城的空间。这反映了神圣话语在兰州城市中的重要性，体现了近代兰州的政治性特征，也说明近代兰州在思想文化上具有保守性，这对兰州的近代化产生不利影响。

三　城市肌理：街道名称与意识形态的空间化

街道是城市物质形态最直观的表现，是城市有机体的血脉网络，与人们的日常生活息息相关，并直接影响了城市肌理。街道名称则是人类生活中最早出现的空间符号之一，承载着城市居民生产、生活的文化印迹，并通过空间化而代代相传。城市中一些主要的街道，与城市广场一样，具有展示权威和提供公共空间的作用。尤其是在现代国家构建的过程中，国家力量逐步渗透至各个城市的肌理，街道命名也成为国家权力向日常空间和社会渗透的一个重要途径，从而使街道成为意识形态空间化的一个组成部分。

中国古代城市的街道设计既需考虑市民出入和物资运送的便利，又要着眼于军事防卫，避免在两座城门之间形成毫无阻碍的直通大道的现象。"这种选择无疑是既同防御的考虑有关，又同民间关于鬼只沿直线行走的迷信有关。"② 因而兰州城市的南北门并不直对，南门位于城市东南方向，而北门则位于西北方向。作为兰州主干道的十字大街中的南北街也并不直通，二者之间相差三个街坊。而东西大街由于直接连通东门和西门，进而连通兰州的东路交通和西路交通，因而具有刘易斯·芒福德所谓的"军事大街"的意味。刘易斯·芒福德指出，城市的主干道具有"军事大街"的意义，它既体现了"穿过市中心，从这个城市通往另一个城市"的空间意象，③ 又是一个适合军队行军、拱卫官署进而向市民展现武力和表达权威的空间。而城市主干道的命名方式，则往往体现了一定的政治文化内

---

① 魏晋：《兰州春秋》，第 270～272 页。
② 章生道：《城治的形态与结构研究》，施坚雅（G. William Skinner）主编《中华帝国晚期的城市》，第 107 页。
③ 刘易斯·芒福德：《城市发展史——起源、演变和前景》，第 386、387 页。

涵及对特定政治文化的认同。兰州的东西大街，将位于大街北侧的督署和
藩署与大街南侧的其他建筑物隔离开来，从而体现出等级的差序性。督署
与藩署之间有过一个小校场，驻扎有军队，民国时期则变成保护督军安全
的手枪队（营）。兰州内城东门外驻扎有前营署的部队，同时督署门前则
一直驻扎有护卫队。军队的存在，使东西大街成为一个展示武力和表达权
威的重要空间。

　　大致来说，兰州内城街道可以简化为三横四纵布局，该布局将内城划
分为规模接近的九宫格。光绪年间，兰州内城街道名称大多以方位、附近
主要建筑名称、市场类型命名。以方位命名者如新关大街、东大街、西大
街、南关街、桥门街等；以主要建筑命名者如万寿宫街、侯府街、府门
街、县门街、学院街、水北门街等（见图2-5）；以市场类型命名者则有
炭市街等。如果我们将该模拟图进一步简单化，只考察兰州内城内宫式格
局中的"三进"，则第一进为南关街，第二进为学院街、府门街、县门
街，第三进为侯府街。街道名称在打着官腔的同时，也表明了街道在整个
内城政治结构中的地位。到1924年时，兰州市内城街道的布局及其名称
仅发生了细微的变化。如新关大街改为新关正街，西大街改为西关正街，
南关街改为南关正街，县门街和府门街改为都门街等。

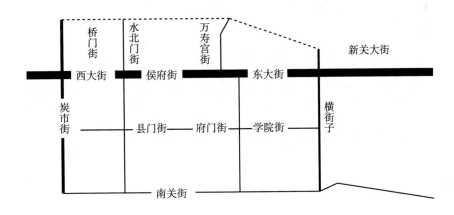

图2-5　光绪年间兰州街道模拟

　　但在此之后，尤其是兰州设市以后，不仅内城街道的布局发生了很
大变化，街道名称更是翻天覆地，几乎所有街道都改换了名称。内城街

道历经多次整修和重建，原来狭窄弯曲的街道渐渐变得宽敞笔直，并且许多原来的小巷改建为新的街道。尽管如此，兰州内城的基本格局并未发生改变。在三横四纵格局的三横里，其三进式的内宫式格局反而更加明显。新修的共和路是格局里的第一进，民国路是第二进，中华路是第三进。在四纵格局里，由东往西分别是庆安路、中正路、云亭路、中山路。在三横四纵格局中出现了五个人名，分别是左宗棠、孙中山、蒋介石、马福祥（字云亭）、朱绍良①。在横向街道上，兰州内城的三道横向街道被依次命名为中华路、民国路和共和路，再往南延伸则为中山路、益民路、左公西路和左公东路。在纵向街道上，从西向东分别是中山路、云亭路和中正路（见图2-6）。

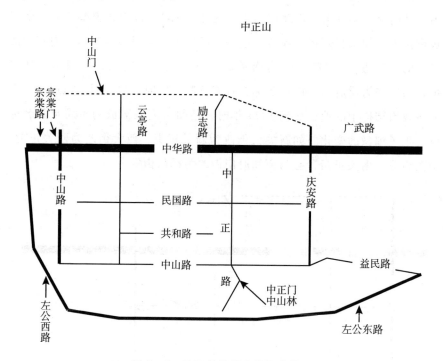

图 2 - 6　1947 年兰州内城街道模拟

① 朱绍良，字一民。当时筑路机关将南关街东一段辟为马路，命名为"一民路"，朱提笔改为"益民路"，时人认为这是他"处处用心，避免张扬出去，受人指责"。详见张适南《我所知道的朱绍良》，政协甘肃省委员会文史资料研究委员会编《甘肃文史资料选辑》第 25 辑，甘肃人民出版社，1987，第 110 页。

其中，"中山"与"中正"符号具有明显的南北对称性。城北的中正山与城南的中山林相对，兰州北门——中山门与兰州南门——中正门相对，南北向的中山路与中正路相对。兰州西关城门为宗棠门，出城门往西的路名为宗棠路，城门往南的路名为左公西路，左公西路又连接左公东路，成为兰州市的南环路，同时又向外连接西兰公路和兰新公路。加上督署内部各种左宗棠的题字匾额、施政遗迹以及城外的左公柳，可以说，左宗棠的符号几乎铺满了兰州半个城市。

综合来看，不管是政治词汇还是政治人物，无一不极为强烈地传达出了兰州市政府极力认同中央政府以获取合法性的政治策略，以及传播新的政治理念和意识形态以规训甘肃人民的政治手段。相较于全国其他城市，民国兰州城的街道命名方式虽非独创，却是政治词汇使用相对集中的。以中山路为例，20 世纪 20 年代中期，全国各地兴起了一场以中山路命名城市主要街道的孙中山纪念活动。安徽芜湖在 1925 年孙中山逝世的当年，就将市内主干道改名为中山路，而中山路最为典型的则是作为奉安大典的南京迎梓大道。1930 年 10 月，国民政府在南京中山门外设立中央政治区，区内及明故宫附近各条干路均以"三民主义"名词命名，有民生、民权、民族、博爱、大同、和平、自由等路。重庆成为陪都后，重庆市警察局对城市道路重新命名，出现中山、民族、民权、民生与和平等路名。[①] 与其他城市相比，兰州街道并非以中山路而是以中华路为核心。中华路也即之前的东大街，是兰州城的主干道。同时由于兰州街道网络相对简单，这些以政治词汇命名的街道几乎铺满了整个城市，也使意识形态空间化更为强烈。

正如陈蕴茜所指出的，街道名称作为一种意义载体，其本身就是一种意识形态，它的内在政治及文化内涵影响着人们对空间的感受及对政治文化的认同。尤其是在新兴民族国家建立以后，"空间权力操演不仅体现于国家创造一个新的空间进行意识形态的传输，同时还体现于对既有空间进行重组，这种重组是对空间进行重新定义与改造，进而将国家力图传输的

---

① 罗福惠、朱英主编，陈蕴茜等著《辛亥革命的百年记忆与诠释》第 4 卷《纪念空间与辛亥革命百年记忆》，华中师范大学出版社，2011，第 429 页。

意识形态内化为空间的内容，从而影响人们对空间的感观，民众在无意识状态下潜移默化地受到意识形态的隐性操控"。① 在边缘地区，"中华""中山""民国"等符号具有民族共和、国家统一的象征意义，代表着边缘社会对中心的认同。尤其是在兰州城外还遍布着地方军阀势力的时候，兰州的首要任务是摆脱地方主义的操控，进而凸显了塑造认同的重要性。而左宗棠、马福祥、朱绍良等符号则代表着兰州主政者对前人事功的瞻望以及对发展兰州的期望。尤其是"左宗棠符号"在兰州有着更为独特的意义，左公东路连接西兰公路，左公西路连接兰新公路。这样，从内地经左公东路进入兰州的"军事大街"中华路，再出西门经左公西路进入新疆，左公路就成为连接内地与新疆的物理桥梁。将这条贯通西北的公路的兰州段命名为左公路，显然代表着对左宗棠当年坐镇兰州巩固西北边疆之事功的纪念，从而也有了国家统一的意味。

总之，在近代兰州城市空间格局中，内宫式格局的稳定性、街道名称的意识形态意味，都体现了城市的政治性特征。寺庙在空间构型中的重要地位，则反映了城市的宗教性和民族性。由于内城遍布行政建筑和寺庙，住宅偏少，兰州城可意象化程度很高，标识性很强，既简洁明了，又颇具"中国性"。

第三节　人口结构与空间分层

城市的起源和发展变迁，必须依赖一定数量的人口，人口发展是城市发展的先决条件。纵观历史时期兰州人口的发展我们可以发现，人口自然增殖对兰州人口发展固然具有基础性作用，但外来人口移驻等人口的机械式增长往往起到更为突出的影响。从西汉开始，军屯、民屯、商屯就为兰州带来了大批人口；明朝肃王朱楧率万余人迁兰，史载，"明之初，兰人自江南迁徙而来者十居八九"，一时形成了"满城尽操吴音，服饰如江南"的盛况。②

---

①　陈蕴茜：《民国中山路与意识形态日常化》，《史学月刊》2007 年第 12 期。
②　柏敬堂：《江南遗风在金城》，李建斌：《陇人寻根》，兰州大学出版社，2009，第 28 页。

　　作为经略西北的基地，兰州城市人口的职业结构与南京极为接近，尤其是公务人口在人口结构中占据了突出的位置。虽然长城的边界意义自清军入关以后就逐渐淡化，但由于西北地区回汉矛盾的逐步激化，兰州城墙阻隔汉回的界限意义却不断强化。从满人（或汉人）统治者居住的内宫到外籍士绅为中心的内城再到本地人簇居的内城边缘，最后到沿外城城墙根分布的回民聚居地，兰州呈现出按照权力地位和民族身份排列的城市居住空间形态。

一　人口增长的反序特征

　　兰州历来是西北的军事要地，也是中央王朝经略西北的重要基地和门户。从西汉置金城郡开始，兰州人口变迁就多受中央王朝经略西北的政治、军事政策的影响，人口增长也更多地表现为机械增长，而非自然增长。

　　西汉在兰州实行移民和军垦政策，农业生产获得发展，当时金城郡辖 13 县，有户 38470 口 149648，① 这也是兰州最早的人口记录。东汉时，兰州附近地区陷入长期的战乱状态，人口锐减。至三国时期，金城郡所辖的 10 县，总共才有户 3858 口 18947，平均每县不足 2000 人。西晋时，金城郡有户 2000，口无考。南北朝时期，战乱再次爆发，兰州附近地区先后被前凉、前秦、西秦、后秦、后凉、南凉、北凉等政权占据，人口大幅减少，金城郡仅有户 357 口 1000。如果考虑到军事人口，则此时兰州附近地区鲜有人口定居。隋代复置金城郡，有户 6818，口无考。唐代，兰州下辖三县，有户 4489 口 21386。五代时，兰州下辖两县，有户 2889 口 14226。宋初，兰州先后为吐蕃、西夏所占有，直到宋元丰四年（1081）李宪收复兰州。但此时兰州城池狭小，宋与西夏的攻防战持续不断，除军事人口外，兰州人口无多。至宋崇宁时，仅有户 395 口 981。宋金大战后，兰州进入了近半个世纪的和平时期，下辖二县，有户 11360，口无考。明初，朱元璋封其第十四子朱

---

　　① 　光绪《重修皋兰县志》卷 13《经政下·户口》，《中国地方志集成·甘肃府县志辑》第 4 册，第 217 ~ 222 页。本段文字中的人口数据，未特别标明的皆引用自该方志。

模为肃王，先驻甘州，后于建文元年（1399）迁兰，就藩肃王府。大批江南地区的公侯大臣、军政护卫、商贾眷属以及百工之人也随之来兰，人口达万人之多。这些外来人口大都落籍兰州及其周边地区，繁衍生息。明嘉靖年间，兰州有户 885 口 6164，军卫户 1330 口 4962。① 清代，甘肃布政使司、临洮府、陕甘总督相继移驻兰州，随之而来的军政人员、商人及其眷属，在作为治所的兰州定居，使人口骤增，皋兰县户口有较大幅度增加。乾隆三十七年（1772），全县有户 60276 口 400546。光绪十三年（1887）人口增至户 82162 口 503157。至宣统元年，兰州省城有 59147 人。② 在 1909 年之前的人口数据中，统计的是金城郡或皋兰县人口资料，并包含下辖县份人口。1909 年以后的兰州人口均为兰州省城人口，大约以省会警察局（警察厅、警务所）管辖范围内的人口为限。

民国初年，兰州城内政局动荡，各派政治势力纷至沓来。同时，自发的、隐蔽的民间移民不断迁入，政治势力的进驻和离去也往往左右着兰州城市人口的变动。抗战时期，沿海地区相继沦陷，经济重心转向西南和西北，兰州的战略地位得到提升，中东部的工商业者及从业人员和沦陷区不堪忍受日本奴役的人们，不断涌向西北，移住兰州。

表 2 - 4　1909 年至 1949 年 6 月部分年份兰州人口数据统计

年份	省城(兰州)				皋兰县				资料来源
	户数	口数	男	女	户数	口数	男	女	
1909		59147			33579	151996			①
1919	18999	84635	54719	29916					②
1928	17516	74675	45263	28412	29496	140250	74676	65574	⑥上 P77

---

① 张维：《兰州古今注》，《中国西北文献丛书·西北史地文献》第 24 卷，第 45～47 页。此处人口数据，难以判断军卫人口是否包含在前面兰州人口的数据之内。如果兰州 6164 人口中包含军卫的 4962 人，则军卫人口占兰州人口八成以上；如果兰州 6164 人口中不包含军卫的 4962 人，则此时兰州总人口有 11126 人，军卫人口占 45%，比例依旧很高。

② 张维：《兰州古今注》，《中国西北文献丛书·西北史地文献》第 24 卷，第 45～47 页。

续表

年份	省城（兰州）				皋兰县				资料来源
	户数	口数	男	女	户数	口数	男	女	
1929	21669	86622			25579	149646			①
1932		95358				223945			⑤P450
1935	21296	97571	56674	40897	31284	222191	117566	104625	⑥上 P125；⑥上 P110
1936	22372	106738	64117	42621		222191			⑥上 P477；⑥下 P293
1937	23230	108991	65587	43404		182963			⑥下 P309
1938	23632	107113	64603	42510					⑥下 P309
1939		107377							③
1941	33534	139202	99944	89258	23910	141851	71937	69914	⑥下 P313
1942	33754	141496	81589	59907	18176	121696	62699	58997	⑥下 P317
1943	36638	150720	84800	65920	19948	116137	59109	57028	⑥下 P321
1944	41058	170018	97201	72817ª	21581	129592	67167	62425	⑥下 P325
1945	44712	156468	83619	72849	21518	129592	67167	62425	⑤P492
1946	44694	156643	83741	72902	23266	136321	71168	65153	⑥下 P470
1947	44286	182697ᵇ	100609	82088	23569	137350	69070	68280	⑥下 P491
1948	49385	220001	125913	94088					④
1949 年 6 月	53409	244507	148192	96315	23812	143479	73532	69947	⑤P515

注：a.《甘肃历史人口资料汇编》第 2 辑下册第 352 页原文记录为 972817，应为 170018 减去 97201 等于 72817。

b. 1947 年兰州市人口统计数据有好几种。《甘肃历史人口资料汇编》第 2 辑下册第 535 页《现住人口职业分配统计表》记录 1947 年兰州市有 129241 人，但表中列入应为"现住"人口，"外出"人口没有统计在内。1947 年 2 月 4 日《和平日报》统计当时兰州人口为 174572 人。（乔玉秀：《救济兰州市房荒刍议》，《和平日报》1947 年 2 月 4 日，第 2 版）

资料来源：

①张维：《兰州古今注》，《中国西北文献丛书·西北史地文献》第 24 卷，第 45～47 页。

②《甘肃省会警察厅所辖户口调查总表》，《甘肃警务周刊》第 22 期，1923 年。

③《兰州市民职业分类统计表（甘肃省会警察局二十八年一月调查)》，《国际劳工通讯》第 8 卷第 10、11 期，1941 年。

④《本市人口达二十万》，《兰州日报》1948 年 6 月 5 日，第 4 版。

⑤方荣、张蕊兰：《甘肃人口史》，甘肃人民出版社，2007。凡是来自这本著作的数据，用"⑤P + 页数"来标明。

⑥甘肃省档案馆编《甘肃历史人口资料汇编》第 2 辑上、下册，甘肃人民出版社，1998。凡来自这部资料汇编的数据，用"⑥上 P + 页数""⑥下 P + 页数"来标明。

由图 2-7 可以看出，近代兰州人口有三个较快的增长时期，分别是
1909~1919 年、1939~1941 年和 1946~1949 年三个时段。同时有两个人
口骤降时期，分别是 1919~1928 年及 1944~1945 年两个时段。清末新政
促进了城市化的潮流，新政措施在一定程度上提高了地方的自由度，城市
因其政治、经济、文化、教育功能的集中性而获得了越来越大的磁力。无
论经商、求学、谋利、求生乃至享乐的人们都能在城市中找到属于自己的
天地，于是各种职业人员、各种资金资源以及各种文化通过不同渠道涌入
城市，使城市人口获得了可观的增长。这一潮流所向，自然也使清末民初
的兰州人口出现了较大幅度的增长。这种增长一直持续到了 1920 年中断。
1920 年底，张广建离甘，大批皖籍人士随之离兰。同时，1920 年 12 月
16 日，甘肃 58 县发生里氏 8.5 级强烈地震，兰州死亡近 3000 人，房屋坍
塌 3/10。① 整个 20 年代，兰州及其附近地区连年遭受大旱、饥荒，加以
刘郁芬统治时期的重重压榨，兰州人口有所下降。

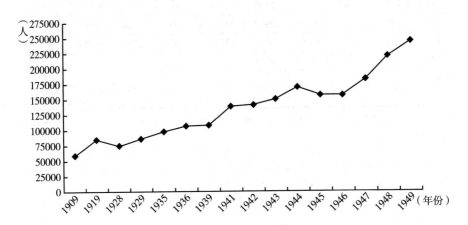

图 2-7   1909 年至 1949 年 6 月部分年份兰州城市人口增长示意

抗战时期大批人口西迁兰州。早从 1935 年起，京、津、晋一带的商
人团体及流亡人口就陆续迁往兰州，并从 1939 年起形成了显著的移民流，
也使 1939~1941 年的 3 年间兰州城市人口大幅增加 31825 人，与 1939 年
人口相比增长了近 3 成。这一移民流成员多为富商大贾、中高级官员、知

① 杨洪远：《民国时期甘肃灾荒研究》，硕士学位论文，西北师范大学，2007，第 19 页。

识分子和管理人员，但定居下来的不多。有的在抗战中东进参加抗日，一些在日本投降后撤离兰州返回东部原籍，因而兰州市人口在 1945 年有较大幅度的下降，与 1944 年相比减少了 1 万多人。内战爆发后，从 1946 年内战开始到 1949 年初三大战役结束，自发的向西逃亡人口不断迁入兰州。其中有躲避东部战乱的士民，也有包括国民党军、警、宪、特等在内的不愿投降的逃亡人员，还有一部分在山西、河北及其他解放区因抗拒土改而向西逃亡的地主、富农等。据华明社报道："（兰州）此一僻处西北之城市今已有小上海之称，此间以东受共产党威胁区域之难民络续蜂拥来兰州，所有交通工具全部出动尚有不敷应用之苦，现兰州市内五方杂处，街中可闻各种方言，甚至有华东华南之方言。"① 三大战役结束后，兰州更成为重要的逃亡地之一。因而从 1946 年到 1949 年 6 月，兰州人口增加近 9 万人。1949 年 8 月，兰州战役结束后，甘肃省委、甘肃行政公署等机构纷纷成立，为顺利接管兰州城市并尽快恢复社会秩序，中央从东部（主要是陕西）抽调了大批干部工作人员进入兰州，从而进一步增加了兰州人口总量。

通观历史时期兰州人口的增长状况，可以发现，正是历史上大多数王朝将兰州作为中央战略重点而着力经营，实行移民、军屯等种种政策，使兰州人口在自然条件较差的情况下得以不断增长。反之，当中央王朝不把兰州作为战略重点加以经营时，兰州人口就边缘化，不是增长（或恢复）缓慢，就是下降。方荣、张蕊兰在《甘肃人口史》中总结甘肃人口增长规律时就提到："可以说，中央王朝对甘肃重要战略地位的重视及其政策和措施，是甘肃人口历史发展重要的政治推动力，同时也是经济、文化推动力。"② 而这一结论用在兰州身上，也同样合适。尤其是进入民国以后，随着兰州战略地位的节节提升，兰州城市人口获得了快速的增长，再次印证了这一结论。

同时，兰州人口还有一个重要的特性，近代兰州城市人口的发展与全国人口总的发展趋势相比，具有明显的反序性。也就是说，当中东部发生

① 《兰州得小上海之称》，《铎声月刊》第 5 卷第 9 期，1948 年。
② 方荣、张蕊兰：《甘肃人口史》，第 713 页。

战乱或严重自然灾害时，人口就会西迁，促使兰州人口增长；中东部社会秩序恢复后，迁移人口回迁原籍，兰州人口又急剧下降。因而近代兰州人口发展具有不稳定性和流动性的特点。从近代兰州人口的变迁中可以看出，与"自然增殖人口"相比，兰州市人口的增长更多地受到迁入人口的影响。同时，人口增减还受到政局变幻的影响，高层官员的变动往往能在短时期内影响人口数量。如前文提到的张广建离兰造成人口锐减。再如方荣、张蕊兰在研究中提到的，1936 年 10 月和 11 月受西安事变的波及，在兰州的于学忠部因支持西安事变而受到迫害，大量指战员携家逃亡，于学忠部也逐步撤离兰州，导致兰州人口在这两个月急剧减少近 3000 人。①

尽管抗战时期兰州城市人口有较大幅度的增长，但与同时期其他后方城市比较的话，则显得增幅偏小。据忻平的研究，从 1937 年至 1942 年底，桂林市人口增长 2.16 倍，柳州、贵阳增 67%，西安增 46%，兰州、昆明增 35%。1945 年重庆人口从全面抗战前的 47 万猛增至 124 万，增长了近 2 倍。贵阳、泸州、宜宾、广元等城市人口也成倍增加。② 据表 2 - 4 可知，从 1937 年至 1942 年，兰州市人口增长了近 30%，与忻平的研究大致相当。比较来看，在后方城市中，兰州人口的增长速度相对较慢，也说明兰州从"抗战环境"中所获取的能量要远小于其他后方城市。而在内战爆发后，1946～1949 年兰州人口净增长约 9 万人，增幅达 56%，则远超过抗战时期的人口增长率。

二　职业结构的公务特征

人口职业结构反映了社会生产力的发展水平和社会分工状况，城市人口的职业结构也是城市现代化的指标之一。在前近代时期，兰州城市的军事性非常突出，军户长期是规模最大的一种人户。近代以来，随着自然经济的逐步解体和社会的急剧变化，社会分工越来越复杂精细，人口职业范围明显扩大。兰州人口的职业结构也突破了传统的士农工商范围，农业人口不断萎缩，商业及工矿领域的就业人数不断增加。据调查，在陇海铁路

---

① 方荣、张蕊兰：《甘肃人口史》，第 466、467 页。
② 忻平：《试论抗战时期内迁及其对后方社会的影响》，《华东师范大学学报》1999 年第 2 期。

甘肃段沿线的城市中，农民占比"最低者为皋兰，仅占百分之五十八强。皋兰包括省城在内，省城之内全为政、军、警、商、工、学各界之人所居，已占全县人口三分之一，故其农民仅达百分之五十八强亦为可信"。①

就表2-5来看，兰州农业人口比例很低，1939年农业人口仅占总人口的5.20%。1942~1945年兰州农业人口有大幅增加，主要缘于1941年兰州设市后大幅扩展了市区面积，从而将市郊的农户纳入了兰州城市人口的统计范围。商业人口绝对值从1939年的13526人增加至1945年的20333人，但其占比几乎保持不变，维持在11%~13%，说明商业人口随着兰州总人口的增长而增长，呈正相关关系。若是把小贩也算在商业人口当中，则1939年、1942年两年的商业人口比例在18%左右。党政军人口可以统称为公务人口，1939年公务人口占比为7.33%，1942年占7.1%，1945年占8.06%，1947年占8.36%，人口绝对值从8248人增长至10824人，增加了2576人。

表2-5　1939~1947年部分年份兰州市人口职业调查

单位：人，%

职业	1939年		1942年		1945年		1947年	
	人口	比例	人口	比例	人口	比例	人口	比例
党	393	0.03	306	0.36	1450	0.85	10824	8.36
政	5613	5.20	3414	4.07	8387	4.92		
军	2242	2.10	2242	2.67	3906	2.29		
农	5666	5.20	5623	6.70	23928	14.04	9624	7.45
工	11633	10.90	7133	8.50	13850	8.13	13667	10.57
商	13526	12.60	9816	11.70	20333	11.93	21635	16.74
学	7897	7.50	5989	7.14	5193	3.05		
医	559	0.50	559	0.67	579	0.34		
苦力	7471	7.20	6711	8.00	11649	6.84		
佣人	7832	7.20	4612	5.50				
小贩	5992	5.50	5299	6.32				
花界	841	0.80	504	0.60				

① 铁道部业务司商务科编《陇海铁路甘肃段经济调查报告书》，沈云龙主编《近代中国史料丛刊三编》第51辑，台北，文海出版社，1989，第13页。

续表

职业	1939 年		1942 年		1945 年		1947 年	
	人口	比例	人口	比例	人口	比例	人口	比例
僧道	214	0.20	263	0.31				
伶界	359	0.30	362	0.43				
其他	10792	10.00	9562	11.40	39524	23.20		
无业	22419	21.60	18654	22.23	40149	23.56		
合计	107377	100.00	83910	100.00	170395	100.00	129241	

注：因 1939 年、1945 年、1947 年统计数据职业分类不一，本表仅列入三次调查中的职业相同部分。故各项职业人口总和小于总人口数。

资料来源：1939 年数据来自《兰州市民职业分类统计表（甘肃省会警察局二十八年一月调查)》,《国际劳工通讯》第 8 卷第 10、11 期，1941 年；1942 年数据来自《甘肃历史人口资料汇编》第 2 辑下册，第 308 页；1945 年数据来自《1945 年 4 月兰州市人口分布概况及职业调查表》,甘肃省会警察局档案，甘肃省档案馆藏，档案号：16-1-21；1947 年数据来自《甘肃历史人口资料汇编》第 2 辑下册，第 535 页。

  张庆军在《民国时期都市人口结构分析》一文中，依据中国第二历史档案馆藏的南京国民政府内政部人口局档案对 1947 年南京等 6 市的人口职业分配比例进行了统计。[①] 从表 2-6 可以看到，在 7 个城市中，兰州市的农业、矿业、工业、商业、交通运输业、自由职业、服务业和其他职业等都排名靠后，唯有公务和无业两项排名靠前。在排名靠后的各职业中，兰州农业人口比例之低让人有些意外，甚至比汉口、青岛等工商业发达的城市比例还低。但这并不说明兰州城市化程度高于前面几个城市，而恰恰说明兰州市区面积非常狭小，以城市建成区为主，郊区面积很小。在排名靠前的两个职业中，无业人员比例兰州排在第一位，这与兰州城市所能提供的就业机会有关。但兰州公务职业排名仅次于南京，远高于上海、北平、青岛等城市，这反映了公务人口在兰州城市的重要性，体现出兰州的政治性特征。

---

① 张庆军一文并未注明详细的资料来源。而兰州市 1947 年的人口职业统计资料来源于该年甘肃省政府依据国民政府的要求所进行的全省户籍整理。1947 年国民党中央下令将"戡乱建国""清查户口、整顿保甲"作为 1947 年度中心工作，在全国进行户籍整理，亦称"初次户籍登记"。兰州城市人口职业的分类方式与张庆军所引用的内政部人口局档案一致，因此有理由认定该数据可能与张庆军所看到的南京国民政府内政部人口局档案属于同一批次的全国户籍整理资料，因而具有很强的可比性。参见张庆军《民国时期都市人口结构分析》,《民国档案》1992 年第 1 期。

表 2 - 6　1947 年 7 市人口职业分布

	农业	矿业	工业	商业	交通运输业	公务	自由职业	服务业	其他	无业
南京	8.42	0.31	2.03	19.78	4.65	9.42	7.21	22.07	4.75	13.36
上海	3.59	0.03	20.23	18.58	5.11	2.46	1.83	5.11	2.3	40.76
北平	11.95	1.41	7.90	16.26	4.07	3.80	3.20	5.20	6.96	39.45
青岛	16.27	10.12	14.73	12.71	2.21	2.81	1.30	4.69	6.19	38.07
汉口	8.04	0.01	14.72	19.31	2.39	7.16	1.22	27.98	3.96	15.21
西安	6.35	0.07	10.12	19.63	7.98	6.77	3.68	32.44	4.43	10.26
兰州	7.45	0.19	10.57	16.74	3.50	8.38	1.63	3.22	0.24	48.09
总计	7.03	0.33	15.31	17.81	4.96	4.2	2.59	10.7	4.01	33.06
兰州排名	5	5	5	6	6	2	6	7	7	1

资料来源：兰州市数据来自《1947 年现住人口职业分配统计》，《甘肃历史人口资料汇编》第 2 辑下册，第 535 页；其他市数据来自张庆军《民国时期都市人口结构分析》，《民国档案》1992 年第 1 期。

公务人口在兰州城市人口中的重要地位也为史料所证实。贝叶提到，"汉人在这儿的职业，第一当然是官。……我初到兰州，觉得这么一个边荒的省城，竟有这样多的局长、科长，很有些骇叹"。他指出，"从前来这儿做官生意的，除最显要的以外，三四等的小官儿，因为交通不便，大概都看做是终生的职业"。[1] 范长江也提及同样的问题，"兰州社会，薪水阶级是第一阶级，军政界的职员，尤受一般社会的崇仰。这些'老爷'们（社会习惯称呼阔人者），又往往吸收本地女子，配成家室。政局变化一次，'老爷'跑掉一批，遗留积累下来的'太太'，与时间成正比例的增多。以本地男子谋生尚或不易，本地女子生活自然更加艰难"。[2] 范长江还认为，兰州城里谣言多。本来没有的事情，只要几天谣言，立刻可以满城风雨。而谣言多的原因，则在于"寄居在兰州城内的高等闲人太多，他们终日以制造传播各种军政消息为能事，稍有可乘之机，谣言即因缘而至"。[3]

---

[1]　贝叶：《皋兰杂讯》，《生活星期刊》第 1 卷第 17 期，1936 年。
[2]　范长江：《中国的西北角》，天津大公报馆出版部，1937，第 103 页。
[3]　范长江：《中国的西北角》，第 268 页。

近代，随着社会分工的细化和职业范围的扩大，兰州人口职业结构出现了近代化的特征，农业人口不断萎缩，商业及工矿领域的就业人数不断增加。但是，作为经略西北的战略重镇，公务人员在兰州城市职业结构中占比一直偏大，这体现了兰州城市的政治性特征，也反映了兰州就业吸纳能力的不足。

三　权力等级与人口分层

清宣统元年，知县赖恩培曾对皋兰县城内的人口地理进行了详细的调查。从表2－7可知，1909年兰州内外城共有8606户32366人。其中人口最多的是东关[1]，总人口达9276人。而户口最多的则为内城，有户2988。按每户人口来算，则内城每户人口最少，大约只有3人。最高的是新关，每户4.70人，平均每户比内城多1.63人。施坚雅在研究中曾经指出，内城存在着一个士绅和政府官员活动中心，士绅居住地的特点是多为豪宅大院，多元家庭（在一个家庭中不止有一个婚姻体）和完整婚姻体（这个家庭包括丈夫、妻子、孩子）也较多，加上男丁、女仆、小老婆等人口，会使内城中心地带平均每户人口较多。但是，与之截然相反的是，在这一中心地带里，也集中了许多"节俭的外籍人"（Sojourner）、商铺的男雇员、外地求学的男学生、求取高官者，[2] 从而大幅度缩小了每户所有人口的比例。从人口密度来看，内城人口密度为0.0118，外城则为0.0143，外城人口密度高于内城。总体来看，外城人口共23203人，面积是内城的2倍，人口则是内城的约2.5倍。莫特（Mote）在研究苏州城市时，就得出了这样的结论：在扬州和苏州这样的城市，恰恰是城外郊区的人口比城内更稠密。但作者认为这是因为城内的一些土地被用于农耕，从而"能为城市人生产食粮以防被围困"。[3] 但是近代兰州内城的情况并非如此，在77万平方米左右的土地上，密布着各类官府衙门、局所、学校、庙宇，加上内城外围的会馆等，兰州内城不可能再有土地用于农耕。谢觉哉就提

---

① 此处为狭义上的东关，广义上的东关包括狭义上的东关和新关两部分。

② 施坚雅：《中国封建社会晚期城市研究——施坚雅模式》，王旭等译，吉林教育出版社，1991，第105、106页。

③ 施坚雅：《中国封建社会晚期城市研究——施坚雅模式》，第103、104页。

到："兰州城小衙门多，每条街巷有衙门，每张衙门总有几块牌子。"① 而恰恰是这些官方机构、学校、庙宇、会馆等建筑面积往往较大，大量挤占了内城的居住空间，从而使其人口密度维持在较低水平。

表 2-7 1909 年皋兰县城内人口地理调查情况

区别	户口	人口	每户人口	人口密度	附记
内城	2988	9163	3.07	0.0118	文武衙署 28 所,各局所 15 处,学校 16 处,会馆 11 处,庙宇 34 座,井 39 口
东关	2279	9276	4.07	外城人口密度 0.0143	局所 5 处,小学堂 5 处,庙宇 15 座,礼拜寺 1 座
新关	1192	5597	4.70		局所 3 处,学校 9 处,庙宇 6 座,井 15 口,礼拜寺 1 座
南关	558	2133	3.82		庙宇 1 座,巡警局 1 处
西关	1589	6197	3.90		庙宇 7 座,巡警局 1 处,礼拜寺 2 座
总计	8606	32366	3.76		
附城	786	1150	1.46		局所 5 处,学堂 7 处,庙宇 8 座,井 9 口

资料来源：《兰州市志》第 1 卷《建置区划志》，第 351、352 页。

从空间分层来看，兰州城市可以由内而外分为政府官员和士绅活动区、奢侈品和文化商业区、会馆商业区、两关商业娱乐区、城外郊区等五个部分。

（一）政府官员和士绅活动区

详细分析兰州内城的空间布局，可以发现，内城遍布各类文武衙署、局所、学校、会馆、庙宇等，使内城形成了施坚雅所谓的政府官员和士绅活动中心。其中政府官员显然居于以督署、藩署为核心的行政建筑当中，这些行政建筑几乎全是"前堂后寝"之制，官衙与家居合二为一。在官衙的周围，则是那些求取高官的"外籍"官员、十分活跃的地方士绅和一些附会权力以谋取商业利益的富商以及某些需要与官方发生联系的商人的集中活动区域。

（二）奢侈品和文化商业区

在内城官署的附近，则形成了一个奢侈品和文化商业区。据张福亭

———————

① 《谢觉哉日记》（上），人民出版社，1984，第 225 页。

的记述，兰州西大街上多出卖奢侈品，有车马挽具皮箱店、铜器店、银饰店、金店、文具店、书店等店铺。内城南侧靠近城墙的南府街、玉石巷等则多为裱匠铺、小印刷铺、刻字铺、制印社等商铺，① 形成以裱字印刷为主要业务的文化产业地带。西大街的奢侈品业除了吸引达官贵族消费以外，也与逢年过节下级官员对上级官员的送礼和"孝敬"行为有关，这也是它分布在内城核心区域的一个重要原因。冒险家马达汉曾描述了一段皮货商与陕甘总督升允之间的恩怨。升允在任时，取消了过节送礼的陋习，招致许多候补官员和城内商人的不满。据马达汉的记述，兰州城内有 600～800 名候补官员，为了获得上级的欢心，他们往往购买上好皮货不时"孝敬"。而升允取消送礼后，"这些商人现在对失去这笔可观的收入愤懑不已，甚至那些希望节省开支的穷候补们，也会因为失去了引起上级注意的机会而感到不满"。② 裱匠铺位于奢侈品商业区，自然与上层官员的"雅好"有着密切的联系。尤其是在张广建督甘时期，裱匠铺异常兴旺。张广建爱好书画，僚属向他求得字后，便要到裱匠铺去装潢。裱匠铺的横匾额字也多由张广建题写。魏晋从洛阳到兰州后，就把裱匠铺作为挂筆悬瓢之处，他携带的货物全是上好的魏碑，也因为张广建对魏碑独有所好，所以一时纸贵卖了个好价钱，"魏晋居然门庭若市，于是由裱匠铺搬到了附近本街深巷的一座大公馆里去住了"。③

（三）会馆商业区

在内城外围，则形成了一个会馆商业区。据光绪年间的兰州地图可知，内城东北角、紧邻督署的东侧，分布着陕会馆、陕西会馆、山陕会馆、江南会馆新馆等，其中陕西会馆是兰州规模最大也最富丽堂皇的一处会馆。藩署北侧靠近北墙根地带，则分布有两湖会馆、章新馆、四川会馆等。内城西北角藩署的西侧，有三晋会馆、八旗会馆。内城南侧府门街与南府街之间，及靠近城墙根附近，又是一个会馆的集中区，分布着江南会

---

① 张福亭：《昔日兰州见闻》，政协兰州市城关区委员会文史资料委员会编印《城关文史资料选辑》第 5 辑，1995，第 122 页。
② 《马达汉西域考察日记（1906～1908）》，第 437、438 页。
③ 魏晋：《兰州春秋》，第 10 页。

馆、浙江会馆、广东会馆和江西会馆。[1] 这一格局到民国时期也未发生变化，潘益民在调查兰州工商业时记述道，民国时期山陕会馆、皖江会馆、云贵会馆靠近兰州东门，江西会馆、广东会馆、浙江会馆靠近兰州南门。[2]

会馆既是经济组织，也是政治组织，在区位布局上靠近内城官署自然是希望得到官府的庇护，因此分布于内城与外城交接地带，当属合理。同时，各省会馆的兴衰也是兰州政坛变迁的晴雨表。"兰州老百姓是有这样一个常识的，当本省的军政当局新旧交替的时候，只要看看各巷会馆的门首，就知道新贵的里贯是哪一省了。左宗棠来了，湖南会馆兴了时，连湖北会馆也沾了光；张炳华督甘，四川会馆不但热闹起来，而且由一座变出两座，一座比一座阔得多。"[3] 1918 年陕西渭南人雷多寿任甘肃财政厅长，与同乡共同创建了陕西新会馆，这也是兰州城内第三座陕西会馆（另两座是陕西会馆、山陕会馆），一时间陕西商人尤显兴盛。张广建（安徽合肥人）督甘时，于 1917 年改江南会馆为皖江会馆，其规模创制一举超过了陕西会馆，时称："省城各会馆中，其规模之大可为第一。"[4] 张广建督甘时间最长，皖江会馆"走红运"的时间自然也长，"连里头的长班出来，也是赫赫威威，招摇过市"。[5] 刘郁芬督甘后，皖江会馆日趋衰落，八旗会馆却日渐兴盛。八旗会馆早期就是直鲁豫三省同乡的堂会，刘郁芬来了之后，改八旗会馆为五省[6]会馆，之前的匾额也换成了刘郁芬题写的新匾额。[7]

（四）两关商业娱乐区

内城外侧城根地带是市民居住的密集区，从这一地带开始，就是兰州的商业区。尤其是东关和南关，商业繁盛，兰州"商业精华，即在此两

① 《清光绪甘肃省会城关全图》，《兰州市志》第 1 卷《建置区划志》，第 127 页；光绪《重修皋兰县志》卷 12《经政上》，《中国地方志集成·甘肃府县志辑》第 4 册，第 187～188 页。
② 《皋兰城市图》，潘益民编《兰州之工商业与金融》，第 1 页。
③ 魏晋：《兰州春秋》，第 12 页。
④ 颜永桢：《兰州楹联汇存·亨卷》，慕寿祺鉴定，颜永基校阅，1929，甘肃省图书馆藏，索书号：856.7/67。
⑤ 魏晋：《兰州春秋》，第 12 页。
⑥ 五省包括直、鲁、豫、奉、察。
⑦ 魏晋：《兰州春秋》，第 321 页。

关"。尤其是南关，更是兰州商业最集中、最繁华的地方。① 南关大街，行店极多，许多著名的行店就设在这里，如京货行的新民公司、明义号，杂货行中的蔚泰长、泰元涌、世裕号等。

同时，也是在内城与外城的交接处，尤其内城通往外城的城门地带，形成了一个以说书、相声、唱戏、杂技等高雅艺术和以算命、耍魔术、拉洋片等低俗艺术共处其间的公共娱乐文化区。② 这一文化区处于内外城的连接处，因为其雅俗共赏吸引了较多的顾客和人流量，既是内城士绅享受高雅休闲的场所，也是外城乃至乡下百姓享受公共娱乐的空间。这样的场所在兰州有东西两处：一是位于兰州内城东侧通往外城的广武门外东城壕附近，二是位于内城西侧通往外城的双城门外。其中双城门文化区的形成时间较晚，大约在 20 世纪 30 年代后期。双城门文化区的形成与 30 年代兰州城市人口的迅速增加有很大的关系。东城壕附近脏乱的环境使不少人望而却步，因此一个设施更为完善、文化内容更为高雅的新型文化区就在双城门附近形成了。这里有更多的戏园、电影院，每天都有不一样的演出节目，越来越成为上层人士愿意光顾的地方。

（五）城外郊区

兰州外城城墙是比较明确的城乡分界的标识。外城往外多是农田和农村，虽然越靠近兰州城墙根的地段人口一般较多，但再往外就是农田和荒地，因此外城城墙已然成为农业与商业的分野。魏晋描述了 20 世纪 20 年代初走出兰州南稍门的场景："出了南稍门，已经没有街道，左三左四的庄户人家，零零落落，连阡接陌的田地，都成了深老的苍黄色，除过远远近近的榆树和柳树以外，不见其他树木。"③ 抗战时期，由于防空的需要，甘肃防空委员会采取疏散方针，禁止部分居民在城内居住，兰州内城居民不得不在城外寻觅住处，进而城内人口大规模减少。1941 年兰州市政府成立后，兰州市区范围开始扩大，外城以外的农田和乡村也开始被纳入城市范围，并在城外兴建了一批居民住宅。随

---

① 萧梅性编著《兰州商业调查》，第 2 页。
② 张福亭：《昔日兰州见闻》，《城关文史资料选辑》第 5 辑，第 114 页。
③ 魏晋：《兰州春秋》，第 166 页。

后因为城市交通的需要，外城城墙被逐段移除，其城乡分界意义遂逐渐丧失。

综上，兰州城区以内外城墙为界限，形成了如图 2－8 所示的分层格局。

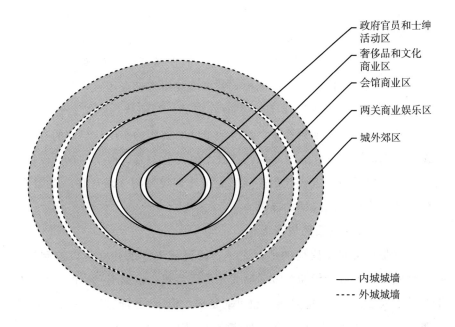

图 2－8　近代兰州城市人口分层结构

总体来看，兰州城区的人口分层仍是以传统的权力等级为标准进行划分，由内而外地分布在城区的不同地带。尽管近代兰州城市已经步入近代化，但其城市内部的空间格局仍然以内外城墙为中心，以权力地位和民族身份为标准"自然"地划分开来。在这里，城墙发挥了重要的标识性作用。正如李孝聪在研究唐代城市结构时所指出的："用不同的'墙'进行隔离，用追求等级观念的思想来规划城市，以实现不同功能的需求，是中国古代城市的一大特点。宫墙、坊墙、垣墙、城墙分别承担着各自的功能，成为中国古代城市中最明显的标志和印象。"[1] 又由于地处边缘地带，

① 李孝聪：《唐代城市的形态与地域结构——以坊市制的演变为线索》，李孝聪主编《唐代地域结构与运作空间》，上海辞书出版社，2003，第 298 页。

兰州城墙更体现为"国家、官府威权的象征"，[①] 成为宣示王朝合法性、凸显国家权力的象征符号。

四　"回民勿居城内"：兰州城墙与阻隔汉回

有清一代直到民国，兰州附近的主要民族矛盾不再是明代时汉人与蒙古草原部落的矛盾，而是日益尖锐的回汉冲突。清政府对回族的态度，基本上采取的是"在相对平静的年份和地方，宣扬帝国的仁政可能会占上风，但当激乱发生时，歧视性的模式就可能被用来论证国家采用暴力是正当的"。[②] 因此，清政府尤其是一些地方官员，对回族的提防和歧视心态一直存在，且越到后期越严重，这也使清廷对回族的态度从早期的宽容利用变为后期的严酷镇压，兰州城往往处于风暴的中心，屡受围攻、侵扰之苦。在这种情况下，近代兰州逐渐形成了"回民不得入城居住"的禁令，兰州城墙也成为阻隔汉回的界限。

（一）近代兰州回民与清真寺

兰州是甘肃回民聚居的地区之一，回民清真寺的建立可以追溯到明代。因此许多人认为伊斯兰教于明代才传入兰州。但据李兴华的研究，伊斯兰教传入兰州，"可能是唐，也可能是宋，但不大可能迟于元代"。[③] 由于明朝政府需要争取回族民众以对抗蒙古，因而比较提倡伊斯兰教。明肃王迁兰时，曾有一批回族士兵随之迁至兰州，当时回民往往能得到朝廷的重用。明太祖洪武年间在兰州城内修绣河沿大寺一座，是兰州地区最早的清真寺。入清以后，兰州的回民人口不断增长，清真寺也逐渐增多。康熙二十五年（1686）马国继筹建了西关寺，康熙六十一年（1722）回民刘氏修建了桥门寺，乾隆中期兴建了南滩寺。从回民在兰州市的分布来看，主要集中于外城以外，沿城墙根地带呈带状分布形成 14 个聚居点，又称十四坊，分别是南滩、南稍门、新关、溽沱、绣河沿、西关、桥门、骚泥泉、

---

① 鲁西奇、马剑：《空间与权力：中国古代城市形态与空间结构的政治文化内涵》，《江汉论坛》2009 年第 4 期。

② 乔纳森·李普曼：《论大清律例中的伊斯兰教和穆斯林》，王建平译，《回族研究》2002 年第 2 期。

③ 李兴华：《兰州伊斯兰教研究》，《回族研究》2006 年第 2 期。

徐家湾及黄河北金城关以东、庙滩子以西等。① 由于商业经济生活、教派分立、地域文化等因素，兰州回民的聚集地与其来源地有很大关系。大致来讲，黄河北岸金城关一带的回民多是清同治年间由平番、皋兰等地迁徙而来，东岗镇附近的回民则多由陕西、陇东等地迁徙而来，黄河北岸庙滩子周围则多为河南籍回民。清末民国时期，兰州回民原有的14坊已经发展至30多坊，分别是广武门、碱沟沿、西坪、毕家、举院后、河滩、庙滩子、沙沟、金鸡岭、东稍门、台子、耿家庄、上砖瓦窑、下砖瓦窑、河南、皋兰山、桃树坪、刘家拱北、徐家湾拱北等。有坊的地方一般又有寺，坊寺往往为一体，因此这30多个坊应该表示这一时期兰州市有30多处清真寺。这些清真寺有的是回民中有钱有势者集资兴建，如西关八大寺、东稍门外宝家寺、七里河毕家寺；有的是因教派不同，宗教仪式改变另建的，如小西湖刘家拱北、河北拱北沟拱北、马振武拱北等。兰州清真寺除了绣河沿寺外均为回民依靠自己力量修建，政府除了出文限制清真寺的发展外，几乎未在经费上资助清真寺的修建，这也使清真寺与佛道寺庙有很大的区别，相对佛道寺庙来说，清真寺产权归属更为清晰。也因为兰州回民多于清朝中后期陆续迁徙而来，他们的居住地多分布在兰州城市的外围，正如兰州谚语中所说，回民"不是住关就住山"，② 当是对回民在兰州发展生息历史的一个真实写照。

尽管近代兰州早已有为数众多的清真寺，但其中大多数并未获得官方的认可和记载。如光绪十六年张国常纂修的《重修皋兰县志·古迹下》中记载礼拜寺时，引用了道光十三年卢政编修的《皋兰续志稿》中对兰州城区礼拜寺的记载。文中记述，当时兰州城区有六座礼拜寺，"一在城内西南隅，一在新关小教场，一在东关，一在西关，一在拱兰门内，一在通济门内"。光绪《重修皋兰县志》在该文后作有按语，内言："卢稿称回民礼拜寺共二十六座，今据回绅所报采辑。"③ 意思是卢政在道光十三年前后调查得知兰州回民礼拜寺共26座，而到了光绪十六年张国常纂修

---

① 《兰州市志》第42卷《民族宗教志》，第64页。
② 参见马建春、郭清祥《金城关回民居住区的历史和现状》，政协兰州市委员会文史资料研究委员会编《兰州文史资料选辑》第9辑，1988，第163页。
③ 光绪《重修皋兰县志》卷19《古迹下》，《中国地方志集成·甘肃府县志辑》第4册，第553~554页。

县志时，请各处回族士绅上报礼拜寺数目，这些回族士绅仅上报了6座。学界对这一史料的解读存在很大分歧。王立中据此认为，这条史料是封建统治阶级仇视、压迫回族的证据，由于回族修建清真寺缺乏自由，唯恐官府刁难阻止，因此当时回绅为掩人耳目，往往不向官府上报正确的清真寺数目。① 但高源认为，20座礼拜寺不在回绅所报范围内，"很有可能因为它们是一些小寺，如黄河北的兰州台清真寺、平番寺、河滩寺与碱沟井徐家湾楼拱北寺等"。② 言外之意是，这些清真寺都是小寺，因此没有必要上报。据笔者对清乾隆以来兰州历代城图的分析，宣统《省会城关全图》之前的城图上都没有标注清真寺（而这些城图全都罗列了10座以上的佛道寺院），宣统《省会城关全图》之后的城图上开始标注清真寺，但最多不超过2座（这些城图罗列的佛道寺院往往有数十座之多）。③ 这与近代兰州清真寺为数众多的事实是不符合的。因此，无论如何，官方对待清真寺的态度应当是非常谨慎的。

（二）"毋居城市"禁令的书写流变

从明代在兰州内城西南角修建绣河沿大寺来看，当时有不少回民居住在内城，兰州城也并无禁止回民居住的禁令。但有学者记述，清代兰州就逐渐形成了"毋令聚居，毋近汉人，毋居城市"的禁令。④ 这一禁令在近

---

① 王立中：《解放前兰州清真寺述略》，《西北民族学院学报》1983年第3期。
② 高源：《清真寺的社会功能——兰州清真寺中的族群认同》，博士学位论文，中央民族大学，2009，第26页。
③ 据笔者目见，至今留存完整可资查阅的兰州城图包括：乾隆《甘肃通志》收录的《兰州会城图》，乾隆《皋兰县志》收录的《城池图》，道光《兰州府志》收录的《府城图》，宣统《甘肃新通志》收录的《省会城关全图》，1999年新修《兰州市志》第1卷《建制区划志》收录的《甘肃省城全图》，潘益民编《兰州之工商业与金融》一书收录的《皋兰城市图》，萧梅性编著《兰州商业调查》一书收录的《兰州城市图》以及《支那别省全志》第6卷《甘肃省（附新疆省）》一书收录的《兰州府城略图》等共八张城图。其中宣统《省会城关全图》之前的城图中都没有标注清真寺，宣统《省会城关全图》、《兰州府城略图》中标注有清真寺两座，宣统《省会城关全图》之后的城图均标注清真寺一座。
④ 王立中：《解放前兰州清真寺述略》，《西北民族学院学报》1983年第3期。王立中的原话是："清代甘肃回族遭受到最惨重的压迫，清朝统治阶级对回族有'毋令聚居，毋近汉人，毋居城市'的禁令，回族的迁徙和选择居住地都受到严格限制。兰州回族只好在城外居住地建寺。"其中"毋令聚居，毋近汉人，毋居城市"三个排比句，可能出自左宗棠"近城驿非所宜，近汉庄非所宜，并聚一处非所宜"的迁回方针（详见下文）。

代西北游记中得到了较多书写，成为时人认识西北的重要知识来源，形成了较为广泛的影响。

1909 年，当克拉克考察队行经兰州的时候，克拉克记述了这样一个发现："兰州城的大部分人口是回民，备受官府猜疑。理论上，他们被禁止居住在城墙范围以内，而只能住在黄河北岸。"[①] 文中所称的"理论上"应指原则上或惯例性的，并未点明该禁令有具体的官方文本。王立中在研究中指出，清代回族迁徙和选择居住地都受到严格限制。兰州回族只好在城外居住地建寺。由于清朝统治阶级始终对回族有仇视情绪，划定回民居住区以便控制，他们把居住区指定在一是潮湿的地区，如兰州的溥沱街、绣河沿、骚泥泉一带，那里自然环境较差，到处是污水坑、臭河沟；二是离城较远的地方，如河北、金城关、庙滩子。[②] 马耀超在回忆兰州回民情况时记述道："每当回民举义被清政府血腥镇压下去后，对他们的居住地强加限制，严令在兰州的回民一律不准住在城内，限住城外。同时清军在兰州的东、南、西、北各城门都设岗哨，关外回民进城，必须在岗哨处领取腰牌（通行证），并在其脸部盖上侮辱性的印戳，并不准在城内过夜。出城时须从其进来的城门出去，交验腰牌，查脸部印戳，若发现没有腰牌或脸部印戳不清的，即刻治罪。"[③] 马耀超的这一说法在内容上非常具体，所述细节颇为完整。林鹏侠考察西北时也记录道："据传左氏回乱时，驱回人于关外，不准杂居城内。此例西北各城皆然，非独此也。"[④] 林鹏侠的这一说法点明了该禁令应形成于同治回民起义之后，而非其他人所称的"清朝"。

结合上述各家对这一禁令的书写，可以推断这一禁令是在同治回民起义后形成的。在历次回民起义中，兰州屡被侵扰，回民居住城内给城市防御带来了一定的威胁。早在顺治四年（1647），"喇印拥凉州兵渡河而东，

---

① 罗伯特·斯特林·克拉克、阿瑟·德·卡尔·索尔比著，C.H. 切普梅尔编《穿越陕甘：1908～1909 年克拉克考察队华北行纪》，第 73 页。
② 王立中：《解放前兰州清真寺述略》，《西北民族学院学报》1983 年第 3 期。
③ 马耀超：《兰州城关区回民聚居区简介》，政协兰州市城关区委员会文史资料委员会编印《城关文史资料选辑》第 3 辑，1991，第 21 页。
④ 林鹏侠：《西北行》，第 39 页。

兰州回党举城迎接"。① 兰州"回党举城迎接"、里应外合给兰州城的守卫带来巨大挑战，自然引发了清朝统治者对回民日趋严厉的防范。事实上，有清一代，回民起义屡屡围攻兰州城，甚至几次攻破兰州城。如乾隆四十六年，由马明心干女儿韩色力买等率领的哲合林耶穆斯林起义军破兰州西关，一度占据了兰州西关清真寺。同治三年（1864）十月二十九日，张集馨在奏章中写道："兰州回民，俱在西关，督标城守六营，回弁回兵千余人，其家属亦住关厢……左右伺应戈什皆系回弁，城内一言一动，外间详知。"因此，他主张将"回弁回兵调入大营，随同征剿，兰省庶无内顾之忧"。② 张集馨之言表现出了兰州官员对回民居住关厢（指外城西关）的警惕，他要求将回民调离兰州关厢，即阻止他们居住于城内。清同治五年（1866），陕西回民起义军抵兰州秦王川、一条城、蔡家河、水阜河一带，形成对兰州城的围困之势，稍后河州回民起义军占领兰州城畔海家滩礼拜寺，致使兰州城长期城门紧闭，连年宵禁。同治六年（1867），回民起义军久攻兰州城不克，兰州城西北角海家滩聚居地的回民用筏子帮助其撤退，触怒官府。

左宗棠平定陕甘回民起义后，采取了"抚汉迁回"的善后措施，在安抚广大汉族民众的同时，将寄居在甘肃各地的陕西土、客回以及甘肃客回迁移到了较为偏远、没有汉人居住的西北地区。具体来说，左宗棠将西北一些居住在自然条件较好、战略重地和城镇附近的回民，强行迁徙、分别安置。迁徙的方针是，"汉民安插狄道、金县、安定、会宁一带，凡近城驿，汉民聚积之处宜也。回民则近城驿非所宜，近汉庄非所宜，并聚一处非所宜"，只可"觅水草不乏、川原相间、荒绝无主、各地自成片段者，以便安置"。③ 故后人多谴责左宗棠"最主要的善后政策，就是强制回族分散，按照指定地点迁移，并且禁止他们靠近城市居住，也不得靠近汉族居住；因此有许多回民被迁移到偏僻荒凉地方"。④ 在实际执行过程中，左宗棠将固原陕回数千人安顿在平凉的大岔沟一带，将金积

---

①　慕寿祺：《甘宁青史略》第5册正编卷17，第15页b。
②　《钦定平定七省方略》卷82，中国书店，1985年影印本，第14页a。
③　《左宗棠全集·奏稿五》，第260～261页。
④　民族问题研究会编《回回民族问题》，民族出版社，1958，第38～39页。

堡的陕回一万余人安置在平凉的化平川一带，将河州陕回一万余人安顿在平凉、会宁、静宁、安定等处，将西宁的陕回两万余人安顿在平凉、秦安、清水等处。之后，左宗棠为了便利出兵新疆，又将河西肃州、甘州、凉州一带的数千回民迁移到了兰州和金县（今榆中县）一带。尽管在安插原则上，左宗棠强调回民"近城驿非所宜"，但这只是对于那些需要安插的回民而言，并非要求西北各大城市的回民都不得居住在城内。在将肃州攻破之后，左宗棠确实有将肃州城内回民悉数迁走的举动，但这些回民大多迁往兰州和金县一带，且并未有更多史料证明左宗棠有将西北各城市内的回民悉数迁走的意图。在兰州，左宗棠非但没有强制回民迁徙，反而相继出示晓谕保护兰州伊斯兰教礼拜寺，还筹建了回民义学，鼓励回民子弟学习文化知识。因而，兰州城内回民并未因为同治回民起义而被强制迁移，也未有明确的官方文书禁止回民在兰州城内居住。

综上来看，尽管近代兰州屡受回民起义的侵扰，兰州各级官府也对回民居住关厢表现出了十足的警惕，但并无任何证据可以证明兰州官方出台勒令回民"毋居城市"的禁令。而左宗棠平定回民起义后所采取的"近城驿非所宜"也指向的是需要安插的特定回民，并无证据证明左宗棠有让西北各城市尤其是兰州城市里的回民迁出城外的要求。那么，为什么后来的书写者要着重记述并刻意强调近代兰州回民"毋居城市"的禁令呢，他们缘何会产生如此大的误判呢？

（三）缘何误判？历史书写者的态度

从近代兰州回民社会生活的具体史实来看，历史书写者之所以产生这种误判，在于他们混淆了特殊性与普遍性的关系，没有区分该禁令的时效性，并将近代兰州回民社会生态自然的结果视为禁令实施的效果。对这一禁令的错误书写，事实上反映了历史书写者对近代兰州乃至西北"回汉冲突"的严重程度的误判。

首先，勒令回民"毋居城市"的禁令并不存在，最起码在近代兰州是不存在的。书写者将西北其他地区的特殊案例（如左宗棠徙肃州城内回民至兰州、金县一带）视为整个西北地区都通行的善后政策，进而将其错位至兰州。正如上文所指出的，左宗棠在兰州非但没有强制回民迁徙，反而出示晓谕保护伊斯兰教礼拜寺，筹建回民义学。

其次，这条禁令即便存在，也只能是暂时性的，其存在的时间可能极其短暂。但在历史书写者那里，却显然被视为一条永久性的禁令。从马耀超的说法中我们也可以看到，在回民起义时期兰州官府对回民做了十分严格的限制，"严令在兰州的回民一律不准住在城内，限住城外"，"不准在城内过夜。出城时须从其进来的城门出去，交验腰牌"。但之后，回民仍能自由地来往兰州内外城，此禁令也并未发生作用。自明朝修建绣河沿清真寺开始，兰州内城西南隅就成为一个十分著名的回民聚居区。此地回民多来自甘州、肃州、凉州，也有广河、临夏来兰经商的回民，至清末民初有近40户200余人。他们多以商贩为主，经营屠宰业、饮食业。如兰州南关有孝友坊一座，坊内有回民义学一处，在同治回民起义中遭到破坏，恢复后"舍宇犹狭"。适逢附近居民张中魁有出售房屋一座，前后共计21间价银200两。"本坊人士遂立券呈案"，之后由秦作霖和陶邑侯分别捐资购下此房作为义学教室。①　一个义学能够获得200两的捐助，②　说明这是一个较为富裕的回民居住区。同治元年（1862）七月初十日，沈兆霖在奏章中提到："甘省边邑处处与陕省接壤，各郡县回民聚族而居，倍多于陕……兰州省城关厢所居大半回民，河州、固原、狄道等处，回族尤多。"③　回民聚居于兰州关厢，至清末民国亦然。林鹏侠来兰游历时记述道："城分内外二城：外城曰关，广于内城两倍，居民约十五万，回汉各半，回民居关者多，所有大商号，多设关内。"④　另据马永真记述，左宗棠在同治回民起义后，曾"迫使兰州回民迁居到偏僻地带，在城则为山、台、滩、坪等地，在乡则为穷山干沟的不毛之地"。⑤　"在城"的回民居住条件虽较差，但并未被强制迁移出兰州。这些都说明，回民"毋居城市"的禁令即便存在，在兰州城也只是临时性的，在具体实施过程中并不十分严格。

---

①　《马士寿南关重建义学记》，光绪《重修皋兰县志》卷15《学校》，《中国地方志集成·甘肃府县志辑》第4册，第333～334页。

②　这200两捐助仅为义学房产捐助，之外尚有"裴铁公祖"捐助的书籍、器皿、椽木数十俾及本坊人士的其他捐助。详见《马士寿南关重建义学记》，光绪《重修皋兰县志》卷15《学校》，《中国地方志集成·甘肃府县志辑》第4册，第333～334页。

③　《钦定平定七省方略》卷15，第14页a。

④　林鹏侠：《西北行》，第57页。

⑤　马永真：《兰州回民发展历史》，《兰州文史资料选辑》第9辑，第15页。

最后，也是最为重要的，历史书写者多将兰州特定的社会形态——回民"不是住关就住山"——视为禁令实施的效果。回民"不是住关就住山"这一谚语，反映了兰州回民多居住在兰州外关和附近山、坪等自然环境较差地区的历史现实。许多历史书写者都注意到了这一点，如《新甘肃》上刊载的一篇文章就指出："回民住在甘肃省，大都是穷山干沟，四野不毛，耕地不够分配，生活至苦。"[1] 马永真也强调，兰州回民"在城则为山、台、滩、坪等地，在乡则为穷山干沟的不毛之地"。[2] 但兰州回民的这种居住形态，究竟是禁令实施的效果使然，还是历史自然发展的结果，则需要严谨地分析。一方面，不可否认兰州的当政者对回民往往抱有敌视态度，但让他们直接颁布"禁止回民入城居住"这样带有歧视性的禁令，容易给别人落下口实，甚至激化回汉矛盾。另一方面，回民社区往往以清真寺为核心，以教坊为组织形式，宗教生活与日常生活紧密结合，加上他们在生活习惯和风俗上与汉人不同，因此他们在居住时会刻意与汉人社区保持一定的距离。而内城仅有绣河沿清真寺一座，故内城回民为数甚少也就可以理解了。同时，由于历次回民起义所产生的后果，兰州附近回民确实对内城的当政者有所忌惮，加之回民很少能以士绅的身份获得兰州内城士绅的认可，因此他们也绝少有进入内城居住的机会和条件，于是在各种历史条件的综合作用之下，回民在兰州城市的分布，就以内城城墙为界，形成了某种意义上的区分。但回民在内外城墙之间的居住分布，更应该是自然发展的产物，而并非"毋居城市"禁令实施的结果。历史书写者却将这一自然发展的产物视为回汉冲突的结果，从而夸大了回汉冲突的程度和规模。

历史书写者对回汉冲突程度和规模的夸大，也反映在他们对近代兰州回民人口的猜测上。克拉克在1909年考察兰州时指出，"兰州城的大部分人口是回民"；[3] 林鹏侠则认为兰州城"居民约十五万，回汉各半"；[4] 彭嘉伦在1937年9月23日的工作报告中记载，"兰州有十一万多人口，回

---

① 竹篱：《回教在甘肃》，《新甘肃》第2卷第1期，1947年。
② 马永真：《兰州回民发展历史》，《兰州文史资料选辑》第9辑，第15页。
③ 罗伯特·斯特林·克拉克、阿瑟·德·卡尔·索尔比著，C. H. 切普梅尔编《穿越陕甘：1908～1909年克拉克考察队华北行纪》，第73页。
④ 林鹏侠：《西北行》，第57页。

民占两万多"。①　总体来看，这些历史书写者大大高估了兰州城里回民的数量。就实际情况来看，清末民初，兰州城乡人口 163700 人，回民仅有四五千人，只占人口总数的 3% 左右；1935 年，兰州人口 103291 人，回民 8498 人；1940 年兰州回民 3132 人；1943 年，回民有 1.6 万人，占全市总人口（17.2 万人）的 9.3%。②　因此，近代兰州城市的回民人口从未超过总人数的一成，遑论"大部分是回民"或"回汉各半"等。正因为他们想当然地高估了兰州回民的数量，却未能在兰州城尤其是内城看到太多回民，故形成了对回民"毋居城市"禁令的刻板印象。

小　结　边缘最"中国"的成因

作为边缘城市，兰州与中国中心的距离相对较远，从而在许多国人心目中有某种神秘的异域色彩。但是，与直观相反的是，兰州城市在许多方面都显得更为"中国"。原因大致有二。

第一，边缘城市结构简单清晰，可意象程度高。边缘城市的结构更为简单，军事性、政治性、民族性较为突出，更接近中国理想的空间构成。与中东部复杂难辨的城市结构相比，位处边缘地带的兰州城市结构清晰、可意象程度高，更像是中国结构的缩影，也更多地体现了中国传统治城理念和礼制结构。正如派珀·雷·高巴茨所言，边缘城市"以一个缩小的形态再现了中华帝国的政治和社会经济关系。从中国统治者的上层人士和核心领导所居处的城市内部，通过一个基于地位、种族的等级划分为依据的紧密控制的空间占有形式，每一个边缘城市都再现了中华帝国的结构。的确，比起中国中心地带具有复杂结构的城市来说，边缘城市形态在空间结构上以一种更加简洁的方式体现了中国式的特征。每一个边缘城市都复制着中华帝国的结构，从中国统治者的上层人士和核心领导者——依照地位和民族分等级占有并严格

---

① 《彭嘉伦关于兰州工作报告——统治阶级对合作抗战的反映与我党活动情况（1937 年 9 月 23 日）》，中共兰州市委党史资料征集研究委员会编《抗战时期党在兰州的革命斗争》上册，1985，第 28 页。

② 清末民初、1935 年、1943 年数字引自《兰州市志》第 42 卷《民族宗教志》，第 63、64 页；1940 年数字引自《甘肃历史人口资料汇编》第 2 辑下册，第 304 页。

控制城市空间——到一个受到经济、合同和强制的中央壁垒所限制的边缘腹地"。① 而对中华帝国边缘的"中国性"做出阐释的，不只派珀·雷·高巴茨一人。王明珂在其著名的对"华夏边缘"的研究中也指出，"中国人"并不完全依赖内部的文化一致性来凝聚，凝聚他们最主要的力量来自"华夏边缘"的维持，正是"边缘"起着"诠释'中国人'的本质"的作用。②

第二，边缘具有将自身构建为最"中国"地域的紧迫感。这种紧迫感既来自中央政府宣威于边缘社会的政治意志，也源于边缘社会努力构建自我以成为"中国"的主动意识。正如陕甘总督那彦成在《重修兰州城碑记》中所写的那样："国家建中立极，法度修明。所在郡邑城廓例得以时葺治。省会之区，金汤尤重，所以慎封守、隆体统也。兰州为陕甘督臣驻节之所，面山为城，倚河为津，形势最要。且自我高宗纯皇帝耆定西域，拓地二万余里，版图日廓，琛赆来同。"他继而指出，回族、准部、哈萨克、布鲁特、霍罕、安集延、青海之生番蒙古人等，每年入觐者均取道兰州，"其所系于观瞻者尤不同"。因而，兰州作为都会名区，"层闉周郭，允宜完善，以崇体制"，"不独郡人士喜新斯城，谓言言仡仡，与古金城名实相副；即凡重译远来，绳属庋止者，获睹城之高、池之深，军旅之壮盛，闾阎之富庶，莫不怀诚归命，欣欣然向慕而肃敬。是郡城之雄峙维新，固西域往来者之一巨观矣"。③ 那彦成的这段话最能体现兰州社会力图将兰州建设为最"中国"城市的强烈愿望。兰州城市既是华夏的边缘和西北的中心，也是中国宣威于西域的政治场域，因此其城市建设更为严格地遵循了中国城市礼制的要求，使自身越来越像"中国"，甚至比中心地带的城市更显得"中国"。

总之，边缘最"中国"，说明边缘社会并不认为自己是边缘。边缘是中心设定的结果，边缘社会往往希望通过模仿中心来摆脱边缘设定。这一心态显然迎合了国家中心权力下沉到边缘社会的政治需要，进而固化了边缘的"中国性"。

---

① Piper Rae Gaubatz, *Beyond the Great Wall*: *Urban Form and Transformation on the Chinese Frontiers*, p. 309. 该段文字的翻译参考了袁红丽在《中国的边疆城市》一文中对这一段落的翻译。详见马润潮《中国的边疆城市》，袁红丽译，《城市史研究》第15~16辑，天津社会科学出版社，1998，第300页。

② 王明珂：《华夏边缘：历史记忆与族群认同》，第318页。

③ 《重修兰州城碑记》，薛仰敬主编《兰州古今碑刻》，第127、128页。

第三章

边缘发展的动因： 近代兰州经济成长的脉络

国家构建与经济现代化之间存在着十分密切的联系。历史经验表明，国家构建是一个培育和增进国家实力的过程，成功的社会经济转型必须以有效的国家构建为前提。① 近代以来，国家构建的政治冲动与兰州乃至西北地区要求获得发展的经济冲动之间存在许多不谋而合之处。无论是工业化的启动阶段还是快速发展阶段，近代兰州经济的发展与现代国家构建的时机都非常吻合。从历史逻辑上来看，国家权力要向西北边缘社会延伸，需要加大交通等公共物品的供给，从而促进了西北经济体系的整合和发育，促进了西北市场与全国大市场的联系和整合，也为兰州经济的发展提供了直接的动力来源。不管是在同治年间由左宗棠开启的近代化进程还是抗战时期"重提左宗棠"，都代表了现代国家构建的动力对近代兰州城市经济发展的推动。但是，尽管现代国家构建的政治动机为近代兰州城市地位的提升提供了重要的能量来源，国家现代化的进展却导致了近代兰州更为严重的边缘化。近代兰州城市经济的发展既得益于现代国家构建的推动，又受限于这种构建的广度和深度。

第一节　长途贩运贸易与交通发展

现代国家构建对经济发展的第一个作用，就是通过构建统一的国内市

---

① 黄秋菊、景维民：《国家构建视角下的中俄转型比较分析》，《当代世界与社会主义》2010 年第 5 期。

场来推动经济发展。近代兰州经济的发展就受益于国内统一市场构建形成的"大流通"格局。长途贩运贸易及其所代表的"小生产—大流通"经济格局一直是兰州城市商业发展的基础性力量。近代以来，这种力量在广度和深度上持续扩展，构成了兰州乃至整个西北经济体系发育发展的基本动力。在长途贩运贸易的推动下，近代兰州城市商业也获得了可喜的进步和发展。

但是，仅仅作为长途贩运贸易的节点，不足以推动近代兰州经济的现代化。而要实现这一目标，既需要在技术层面引进机器工业，又需要国家发挥"扶持之手"的作用。兰州机器工业的"早起步"说明仅仅引进机器设备和技术只是杯水车薪。边缘地区的近代化，更重要的是需要国家提供现代化交通，尤其是铁路这一公共交通，通过发展交通来提升近代兰州和西北市场与国家中心市场的"可接近性"①。因此，从民国初年开始，开发西北的呼声就此起彼伏，论者也多将能够连接和扩大东西部之间政治、经济、文化交流的交通视为解决问题的根本途径。于是，发展交通的论点和规划不断出现，但由于受到种种因素的困扰，发展交通的规划在落实过程中困难重重。

一　城市商业的不断发展

近代兰州商业的发展首先受益于明清以来长途贩运贸易的拉动。进出兰州的交通路线分东路、南路、北路、西路、西南路五条。葡萄、棉花、桂子皮、雅尔缎等，皆由西路输入；川绸、川缎、茶叶等，皆由南路输入；红花、藏香、氆氇、皮、毛等，皆由西路输入；至于湖南之散茶、汉口之砖茶、三原之大布、湖北之蓝布、陕西之棉花和纸张等，皆由东路运来。就商品之总量与价值论，东路和南路最为重要，是兰州与中东部地区商品交流的重要通道。东路由兰州经平凉至西安，继由陇海铁路直达连云

---

① "可接近性"概念是著名发展经济学家刘易斯在其《经济增长理论》一书中基于地理特点提出的一种观点。简言之，就是一国或一地区在基于交通条件的与其他国家或地区的可通融性。刘易斯将可接近性视为一种重要的经济资源，并认为它对促进经济增长具有关键性作用。参见 W. 阿瑟·刘易斯《经济增长理论》，梁小民译，上海三联书店，1990，第 59~60 页。

港，再转运至上海、青岛、天津各地。南路由兰州经临洮至天水，自此分道，南行经武都入四川，东行经凤翔至西安。

因此，由于转口贸易的需要，兰州主要的商业精华就集中在东关和南关。客商经营的行栈业集中在南关，与行栈业相配套的城市服务业尤其是骆驼、骡马和大车运输业也大多聚集于南关，以方便客商货物的装卸；烟行多聚集于东关，因为兰州市烟草种植集中于黄河两岸，尤以附近新城、郑家庄、东岗镇、南园、十一滩等地出产最优，烟行设在东关，既接近原料产地，便于吸纳当地劳工，也有利于从水路和陆路对外运输。于是，兰州市东门和南门就成为大宗商品进出的重要关口。民国时期山陕会馆、皖江会馆、云贵会馆靠近兰州东门，江西会馆、广东会馆、浙江会馆靠近兰州南门。①

近代兰州商业的发展也得益于明清以来甘肃及西北地区社会经济发展水平的整体提升。黄河沿岸高架水车的发展和砂田农业技术的推广，使兰州的市郊商品性农业得到前所未有的发展。砂田农业技术使兰州附近的大量旱地敷砂铺石、保墒去碱，粮食、蔬菜、瓜果等经济作物得以有较大规模的发展。德国人福克游历兰州时曾言，兰州"东南均陆地，田肥美，省内极为繁华，南方各货物悉可购办，本地独产水烟、羊皮、雪梨、苹果、大鲜葡萄、大西瓜，并种杂粮，故民颇丰富。并通西藏，其货卖买甚大，藏货均由兰州而下"。② 尤其是一些经济作物的种植，对近代兰州商业地位的提升起了重要的作用。如中药材的采集种植，如甘杞、大黄、甘草、当归、锁阳、肉苁蓉、麻黄、乌头、薄荷等多种产品，为兰州与内地的贸易提供了丰富的货源。又如兰州的烟草种植，在明清以后的商品性农业中占有重要地位。据记载，兰州附近市郊及乡村主要的农产物有"水烟、麦、牛、羊、木材、雪梨、苹果、西瓜等。县城附近平野，引黄河之水灌溉，土质肥腴，适宜于种植烟草"。故兰州市郊附近几乎全部栽培烟草，"为农产物中的第一品；而谷物的产额反少，常靠西宁方面输入以资

---

① 参见《皋兰城市图》，潘益民编《兰州之工商业与金融》，第1页。
② 福克：《西行琐录》，收入中国野史集成编委会、四川大学图书馆编《中国野史集成》第46册，巴蜀书社，1993年影印本，第680页。

弥补的"。① 兰州市的粮食消费严重依赖进口，据陇海铁路调查，兰州与天水两地每年共需输入 34 万余公石，按兰州占一半计算，也有 17 万余公石。② 兰州"大宗米粮皆仰于西路水运，黄河上游，峡多水深，势若建瓴，船不能行驶，居民以整牛挖去骨肉……以项为口袋，实粮于中……作筏顺流而下"，"西宁乐都（碾伯）一带米粮，皆灌输于省城"。③ 粮食供应保障的形成，说明商品化率很高，为近代兰州经济的发展提供了重要前提。

兰州有内外两城，内城周围约有 6 里，外城周围约有 14 里。市内街道虽然没有加宽，但是纵横交错，车水马龙。东大街是内城的主干道，其街道上的中山市场，布匹洋货等摊有百余处；城内西大街，以钱庄、绸缎店、布匹百货军衣社、印字馆等居多；省政府南边的中山林，皮货店、古玩店、照相馆、书店等多聚集于斯；中山市场在东大街，布匹洋货等摊有百余处；道升巷内，多西药店。其他如医院、客栈、成衣店、理发店、当铺、药肆，各街都有。南关大街，行店极多；东关多烟行，规模宏大。商业精华主要集中在此两关。尤其是南关，更是兰州商业最集中、最繁华的地方。许多著名的行店就设在这里，如京货行的新民公司、明义号，杂货行的蔚泰长、泰元涌、世裕号等。此外，还有许多资金雄厚、经营有方的大茶商、烟商和其他商人。随着商业经营者逐渐增多，经营规模迅速扩大。当时，一般的店铺，资本额都在千元以上，高者多达数万元，乃至数十万元。如京货店、杂货店的资本，最高者可达 5 万元以上，最低者也在1000 元左右；盐行资本最高达 1 万元，最低也有 1000 元；甚至连照相馆，资本金额也在 1000~6000 元不等。同时还有一些资本在数十万元的茶销和烟丝店铺。

清末至民国时期，兰州商业有了长足的发展。为了呈现这一发展的程度，我们可以拿兰州与西安做对比。冯焌光随左宗棠大军西征时曾提

---

① 陈博文：《甘肃省一瞥》，商务印书馆，1926，第 14~15 页。
② 《陇海铁路甘肃段经济调查报告书》，沈云龙主编《近代中国史料丛刊三编》第 51 辑，第 23 页。
③ 慕寿祺：《甘宁青史略》第 8 册正编卷 27，第 20 页 a。

到，兰州"市集远逊西安"。① 而到了 20 世纪 30 年代初，林鹏侠则记述道，兰州"城内商业之盛，殆过西安"。② 萧梅性在兰州进行商业调查后更明确地提出，兰州"贸易之大，远非西安开封所及，惟铺面多属旧式，街道尚未放宽。与他处之门面辉煌虚有其表者，又自不同"。③ 廖兆骏也认为，兰州"形势适中，控水陆交通之枢纽，扼西北之位冲，商业繁盛，贸易之大，远非西安开封所及，宜其为甘肃第一市场，商业金融之中心也"。④ 林鹏侠、萧梅性、廖兆骏等人都认为兰州商业之繁盛超过西安，由此可以判断，近代以来兰州商业确实有很大的提升。下面我们再从具体的商店家数和商业人口等方面来分析近代兰州商业的发展状况。

　　进出口数额的增长是兰州城市商业规模扩大的直观反映。但各进出口贸易统计所使用的单位和统计方法均不一致，且统计数据多为估算。如萧梅性所提到的，"各项数目，似凭理想填写。并非依据何种统计造成，实际或不至此"。⑤ 这也使我们很难直接考察兰州历年进出口数额的变化。但是我们可以从近代兰州商店家数的增长中寻找佐证。1934 年，甘肃省建设厅对兰州各商行进行了一次系统的调查，统计了 17 个行业，共有商店 514 家，其中规模较大的有粮行 150 家、杂货行 65 家、京货行 55 家、钱庄 45 家、茶商行 35 家。⑥ 几乎同一时期，潘益民在兰州调查工商业，统计了 39 个行业，共有商店 671 家，加上门市驻庄银号共 37 家，一共 708 家，各商行总资本额在 450 万元左右。其中规模较大的是京货行 80 家、杂货行 77 家、茶叶行 32 家。资本额较大的有烟行资本总额 81.8 万元、京货行资本总额 65.1 万元、杂货行资本总额 64.3 万元、茶叶行资本总额 48.5 万元。⑦ 两项调查统计数据上有些矛盾的地方，如甘肃省建设厅统计有 150 家粮行，而潘益民统计中东粮行和西粮行一共

---

① 冯焌光：《西行日记》，《西北行记丛萃·宁海纪行》，第 121 页。
② 林鹏侠：《西北行》，第 54 页。
③ 萧梅性编著《兰州商业调查》，第 1 页。
④ 廖兆骏：《兰州的金融业》，《钱业月报》第 16 卷第 5 期，1936 年。
⑤ 萧梅性编著《兰州商业调查》，第 2～3 页。
⑥ 《甘肃兰州市各商行调查表》，《甘肃省建设季刊》1934 年 7 月至 12 月汇刊。
⑦ 潘益民编《兰州之工商业与金融》，第 39～135 页。

才 37 家，二者相差较大。赵景亨也指出，20 世纪 30 年代，兰州市有商店 670 余家，小手工业作坊 100 余家，合计 770 余家。其中规模较大的有杂货行 100 余家、药行 100 余家、行栈业 60 余家、旅馆及骡马车店 50 余家。[1] 赵景亨的这一数据应该是其估算的，可视为对前两个数据的佐证。

至抗战时期，兰州商业获得了较为显著的发展，商店家数节节攀升。据调查，1941 年全市商店有 1110 家，至 1949 年增长到 3249 家，增长了约 2 倍（见图 3 - 1）。

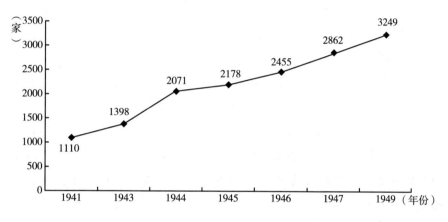

图 3 - 1 1941 ~ 1949 年部分年份兰州全市商店家数

资料来源：西北军政委员会贸易部编《西北商业概况》，西北人民出版社，1952，第 35、36 页。

当然，由于统计方法不同，各调查数据相差较大。如据陈鸿胪统计，1945 年，兰州商店总数达到 2095 家，营业总额达 10 亿多元，店员人数也达到 1.3 万人之多，其中杂货店 277 家，布店 144 家，百货店 98 家，服装店 63 家。[2] 这一统计数据略低于图 3 - 1 所示的 2178 家。但兰州市政府官方统计的数据则远远高于前者的统计。据 1942 年兰州市政府的工作报告，1942 年已参加同业公会的商店有 1517 家，未申请加入而被强制

---

① 赵景亨、吉茂林：《原兰州私营商业简况》，政协兰州市委员会文史资料研究委员会编《兰州文史资料选辑》第 3 辑，1985，第 157 ~ 158 页。
② 陈鸿胪：《论甘肃贸易》，《甘肃贸易季刊》第 4 期，1943 年。

登记入会的商店凡 1000 余家，① 这就说明当时兰州市有 2517 家以上的商店。另据记载，1944 年兰州有民营商业 2252 家，资金总额 1081.8935 万元，分为 51 个行业，其中杂货业 377 家，粮食业 183 家，面粉业 118 家，煤炭业 170 家，旅店业 107 家，其他行业均在 100 家以下。资金额最多的行业是布匹业，共有资金 126.8 万元，服装业资金 117.3 万元，排第二位，其他均在 100 万元以下。所有行业每年进货总额 1.1 亿元，全年销售总额 4939.1949 万元。② 同期兰州市政府撰述的兰州市政发展介绍中则提到，"兰市现有商店 6702 家，以百货店为最多，其次为经营土产之皮毛店；行栈二十余家，均为代客运销及批发业务，商业道德素极良好"。③ 这一数字比前者最高值还高出近两倍。无论如何，都说明该时期兰州商店数量和规模取得了可观的增长。

由表 3-1 可知，在来源不同、时间不同的 6 次统计中，杂货业出现了 5 次，是出现频率最高的一个行业。据潘益民考察，兰州杂货行"全系入口商人，每家每年来货皆在数百担之谱；其大宗货物，为布匹、糖、纸、烟等杂货"。④ 杂货业的高频率正说明了转口贸易对兰州城市商业的重要性，而粮行排名第二则体现了兰州城市商业的消费性。兰州粮行又分东西两行，东粮行由东路运兰，各店均设在兰州新关横街子一带；西粮行由北路、西路、南路等处运兰，各店均设在桥门街及西关一带。粮行纯粹供给兰州城市人口消费，并不外销，因此体现了兰州城市的消费需求。在 6 次统计中出现的 13 个行业中，以商品转销为主的行业及其服务业包括杂货、京货、行栈、茶叶、药行、旅馆及骡马车店、皮毛等 7 个，主要供兰州城市消费的行业有服装、粮行、面粉、煤炭等 4 个。由此也体现出转口贸易在兰州城市商业中所占的重要地位。

---

① 《兰州市政一周年》，1942，甘肃省图书馆藏，索书号：575.216/101。
② 甘肃省地方史志编纂委员会、甘肃省商业志编纂委员会编纂《甘肃省志》第 49 卷《商业志》，甘肃人民出版社，1993，第 31、32 页。
③ 兰州市政府撰述《兰州市政轮廓画》，《市政评论》第 10 卷第 8 期，1948 年。
④ 潘益民编《兰州之工商业与金融》，第 46 页。

表 3-1 各时期兰州商店数较多的行业一览

时间	资料发布者	数量最多的四个行业	各行业出现频率
1934 年	甘肃省建设厅	粮行、杂货、京货、钱庄	杂货(5)粮行(3) 京货(2)钱庄(2) 行栈(2)百货(2) 茶叶(1)药行(1) 布商(1)服装(1) 皮毛(1)煤炭(1) 旅馆及骡马车店(1)
1934 年	潘益民	京货、杂货、茶叶、银号	
20 世纪 30 年代	赵景亨	杂货、药行、行栈、旅馆及骡马车店	
1942 年	兰州市政府	百货、皮毛、行栈	
1944 年	《甘肃省志》第 49 卷《商业志》	杂货、粮食、面粉、煤炭	
1945 年	陈鸿胪	杂货、布商、百货、服装	

二 货物中转与长途贩运贸易

长途贩运贸易对于兰州城市经济体系的形成和运行有着重要的作用。一方面，兰州与我国经济中心地带的"可接近性"非常弱；另一方面，西北地区本身十分广袤。在以兰州为中心的西北内陆，兰州城市自身的生产能力低下，它之所以能够成为西北经济的中心，是得益于前近代中国"小生产—大流通"的整体格局和经济秩序。"小生产—大流通"的并存构成了前近代中国的社会再生产中最基本的"生产—流通"模式，在资本主义生产方式在中国全面展开之前，依靠"大流通"影响和吸纳小生产者再生产的生产模式一直是经济发展的主导力量。[1] 随着"大流通"深度和广度的扩大，中国跨区域的商品交流进一步深入，从而形成了前近代中国经济发展的主要动力。在这一动力的推动下，传统的茶马互市外延逐渐扩大并演变为沟通西北市场和全国大市场的长途贩运贸易。兰州坐拥西北地利，自然也成为这一长途贩运贸易的集散中心和转口市场。兰州作为长途贩运贸易的货物中转市场而不断发展繁荣，同时长途贩运贸易及其单线式整合方式，也对近代兰州市场的发展状况产生了深刻的影响。

---

① 张忠民：《"小生产，大流通"——前近代中国社会再生产的基本模式》，《中国经济史研究》1996 年第 2 期。

（一）"先有恒丰店，后有皋兰县"

长途贩运贸易在兰州城市经济网络中的主要反映，就是行栈业的充分发展。行栈资本是近代市场结构变迁的产物和新贸易趋势的受益者，同时又是其推动者。行栈业源于古代的牙行，近代行栈资本则结合了牙行和买办的双重性质，成为介于洋行买办与国内行商之间专营商品贸易的"行"，具有贸易中介、信托代理、商品批发等三项基本的商业功能。"20世纪后，行栈商在许多领域逐步取代了买办，成为中外贸易新的桥梁。与此同时，行栈商还在国内贸易领域中起着连接不同地区大宗商品远程贸易的纽带作用，扮演着工业化的重要角色。"① 在通商口岸城市，行栈业多集中于洋货销售贸易，而在广大内陆地区则多为土产品贸易。在近代兰州，客商主导的行栈业异军突起，在中外贸易、大宗商品远程贸易、国内东西部商品互补交换等领域，发挥了重要的作用。行栈业的兴起和发展，也是客商在近代兰州区域市场沟通能力和整合能力发展的过程，通过行栈业的扩张，在由客商资本所组建的商业网络中，近代兰州进一步融入全国市场乃至世界市场，行栈业成为近代兰州市场与全国市场之间开展贸易的桥梁。

有清一代，兰州的牙税一直保持在 13 两到 20 两之间，与东中部城市牙税动辄在百两以上相比，兰州的牙商业并不发达。但即便如此，行栈业还是对近代兰州市场产生了极大的影响。康熙年间，恒丰店过载行成立，经营代客买卖，承揽货物运输，为兰州水烟以及其他土特产品运销包头、上海、西安等地提供服务。恒丰店经营行栈历史悠久，远近驰名，并且当地流行一句谚语——"先有恒丰店，后有皋兰县"，② 足见行栈对兰州城市商业的重要性。

到了光绪年间，已经有福兴布店、四德店、继美栈等三家布业行栈为陕西三原、礼泉及湖北孝感土布商来兰推销做中介服务。到了民国以后，行栈业更是蓬勃发展。据记载，在 20 世纪 30 年代，兰州有行栈行 60 余家，这些行店不仅为车、驼队提供食宿，还代卸客货、兼搞批发、购销、

---

① 庄维民：《近代山东行栈资本的发展及其影响》，《近代史研究》2000 年第 5 期。
② 陈茂春：《兰州市的行栈业》，政协甘肃省委员会文史资料研究委员会编《甘肃文史资料选辑》第 13 辑，甘肃人民出版社，1982，第 119 页。

招揽货源、承揽货物运输等，从中获取佣金，有些还设有仓库、货栈。此外，兰州还有各种车马店、旅馆50余家。① 萧梅性也提到："兰州向有过载行，其职业为货商及车户或筏户间之经纪人，说合双方交易，以取佣金。"② 兰州南关是商业最繁华、最集中之地，行栈业多设在这里。"当时的富商大贾及庄客都附寓在各类行栈业后院，名曰'字号房'。"③ 当时的大商号有瑞凝霞、普晋号、天庆厚、协成裕等，大都是山西榆太帮，主营匹头、西洋板张，运销西北皮毛、贵重药材等。晋南、陕西帮的有自立永、自立忠、自立和、颜发明、同心协、敬义太等，以经营土布为主，运销河北土产的铁机布，兼营其他。官私茶业，有马合盛、天泰运、天太和、魁太和、魁太通、裕兴重等号。1943年以前，很多行栈行在自营的同时兼代客买卖，许多行栈行称不上完全意义上的行栈，故1943年行栈业同业公会成立之时，只有会员17家。1945年会员增至70多家，1949年增至104家。据行栈业同业公会第三届理事长、长发祥商号经理陈茂春回忆："兰州市本地人经营粮店、骡马店的较多，经营行栈的多是客籍，因而各地的生活习惯，经营方法各不相同。"④

表3-2　1935年兰州市过载行（即行栈业）情况一览

名称	资本（元）	地址	经理人
福兴店	2万	南关街	原寿庵
恒丰店	1万	东关街	温春轩
春发店	1万	南滩街	聂春亭
大有恒	1万	南关街	王强
荣盛德	3000	南关街	张显荣
集盛店	3000	南关街	李子荣
汇源通		南关街	

资料来源：甘肃省公路交通史编写委员会编《甘肃公路交通史》第1册，人民交通出版社，1987，第393页。

---

① 赵景亨、吉茂林：《原兰州私营商业简况》，《兰州文史资料选辑》第3辑，第157~159页。
② 萧梅性编著《兰州商业调查》，第123页。
③ 赵景亨、吉茂林：《原兰州私营商业简况》，《兰州文史资料选辑》第3辑，第158页。
④ 陈茂春：《兰州市的行栈业》，《甘肃文史资料选辑》第13辑，第120页。

兰州客商多为东来商人，这也体现了全国大市场的整合发展对西北经济体系的拉动作用。在行商的长途贩运网络中，兰州是其中一个非常重要的节点。据彭英甲的记载，输入兰州的商品主要为"大布、茶叶、洋货、海菜、杂货，皆由此脱卸，分销各处者半，发送新疆者半"。① 再以茶叶为例，每年运往兰州的大量茶叶，大多销往青海、新疆、宁夏、内蒙古等地，其中行销青海的占兰州全部茶叶的三分之一，② 而在兰州内销的则微乎其微。

在行栈资本的引领下，近代兰州的进出口贸易额逐年增加，与全国各地的交流越来越密切。尤其是经过行栈业的整合，兰州土特产出口额逐年递增，1932～1933 年平均输出货物总值 14996656 元，1935～1936 年平均输出货物总值 28896324 元。③ 出口贸易额的增长还使兰州的贸易入超逐年缩小。各类进出口贸易数量增长的同时，贸易范围也不断扩大，各种货物南来北往，络绎不绝。商品交流的频繁反过来也促进了行栈业的发展。抗战时期，兰州进货紧张，许多货物不能通过传统的东西商路进入西北，于是西南四川就成为兰州的一个主要进货市场，四川行栈在这一时期陆续由 1 家发展到 8 家。

表 3 - 3   近代兰州市进出口商品名目一览

输出	蓬灰、瓜果、条烟、黄烟、肥皂、皮货、干果、火柴、大米、煤、陶器、铜器
输入	豆类、烟叶、米类、纸糊、盐、布匹、竹器、调和、海味、铁器、药材、木材、油类、皮毛、食品、棉花、牲畜、酒、麻、茶、漆器、纸张、卷烟、文具、山货、银铜料、五金、煤油、杂货

资料来源：《陇海铁路甘肃段经济调查》，沈云龙主编《近代中国史料丛刊三编》第 51 辑，第 81 页。

行栈资本以兰州为中心，在西北地区组建了一张市场网络。许多行栈行为了便利客商，在兰州设立总店，在沿途的西安、平凉、酒泉、迪化等地设立分店或联号。行商携带货物来到兰州进住行栈，其货物则由行栈代

① 彭英甲编《陇右纪实录》卷 8，沈云龙主编《近代中国史料丛刊三编》第 40 辑，台北，文海出版社，1989，第 307 页。
② 魏永理：《中国西北近代开发史》，甘肃人民出版社，1993，第 328 页。
③ 陈鸿胪：《论甘肃贸易》，《甘肃贸易季刊》第 4 期，1943 年。

理销售。行商将货物交给行栈之后，就只需收取利润，其余概不负责，"那怕是售出之货全部烂掉，与行客无关。所以说开行栈的，收取有限的佣金，责任是无限的"。行栈客商肩负货物经销的任务，使行商和坐商的商业分工进一步明确，行商长途贩送货物至兰州行栈，即交由行栈处理商品经销业务，自己可以开始新的长途贩送旅程。行商大多也为客商，一个籍贯的行商大多习惯到自己同乡的行栈行卸货。故近代兰州行栈业还流行着这样的谚语："山陕帮的店，初一、十五不问饭，晌午包子晚上面。"[1]四川行栈行则设在初二、十六打牙祭，这两天吃得比平时要好，不分土客，都会痛饮一番。同时由于行栈客商与行商大多有着同乡的关系，近代兰州行栈业大多采取标期经营，赊销有三个月至半年的时间，其商业信誉尤为时人称赞。

（二）单线式整合与商路变迁

在兰州城市经济体系中，由客商引领的长途贩运贸易促进了兰州与全国大市场、兰州与西北市场的经济联系。客商的主导地位体现了全国大市场的整合发展对西北经济体系的拉动作用，这也构成近代兰州市场经济发展的一个主要动因。以商品结构的变迁为例，传统的茶马互市贸易演变为更大规模的东西部商品互补性贸易，其中兰州区域市场主要以羊毛、皮毛、药材、水烟等特产为大宗输出品，而以洋广杂货、茶叶、布匹等为大宗输入品。羊毛、水烟等一些特产商品输出从无到有再到不断壮大，开拓出了新的商业网络，兰州区域经济的发展强烈依靠由商品贸易所构成的单线式发展网络的支撑。

濮德培在对清代甘肃市场的研究中，通过仓储与军需问题探讨了清代甘肃市场的整合，认为清朝的军事行动使甘肃货币经济化并使18～19世纪市场整合得到发展。[2]吴承明先生对此表示疑惑，他提出："王业键根据各府州米价的相关分析，发现18世纪福建全省并存着三个相对独立的市场圈。威尔金森用20世纪最初十年的粮价细册，考察了米、麦、粟、

---

① 陈茂春：《兰州市的行栈业》，《甘肃文史资料选辑》第13辑，第120页。

② Peter. C. Perdue, "The Qing State and the Gansu Grain Market 1739 – 1864," Thomas. G. Rawski and Lillian M. Li, eds, *Chinese History in Economic Perspective*, Berkeley and Los Angeles, CA: University of California Press, 1992, pp. 100 – 125.

谷的价格变动，发现除西安附近外，陕西省各地的粮食市场几乎没有什么联系。反观后来濮德培对甘肃粮食市场的研究，却认为有高度整合性，并且从 18 到 19 世纪，有加强之势。在清代，陕甘属同一大行政区，两省间有粮食贸易，而甘肃被认为是比较落后的。上述情况，令人诧异。"① 濮德培的研究正体现了近代兰州和西北市场这种"单线式整合"的特征，战事对粮饷的强制需求构成了整合这些商镇的一条贸易链条，粮饷在战事推进路线中的流动自然带动了甘肃市场的整合，但这种整合具有单一性。他考察的军事拓展路线和长途贩运机理相似并在线路上也颇多重合之处。而王业键考察下的福建与威尔金森考察下的陕西，则非单一商路上的城镇，因而濮德培的结论与其相悖却也合理。这凸显了长途贩运贸易对近代兰州和西北经济秩序的拓展与整合意义。岸本美绪在研究中否认了清代中国存在"统一国民经济型"市场体系，而使用"地域连结型"市场的概念来描述此时中国市场状态。"地域连结型"市场是指近代中国既无法建立一个全国性规模而编成一个整体的分工系统，又由于未能达至地域本身完整的市场结构，故不能断绝与其他地域的交流，否则难以自存。② 反观近代兰州和西北市场与全国大市场之间的长途贩运贸易，正体现的是这种"地域连结型"的特征。

与单线式整合相对的则是"以货换货"贸易形式的长盛不衰。由于兰州与中东部市场之间距离遥远，加以兰州金融汇兑业务并不发达，双程的"以货换货"就比单程的"以货换钱"更具经济效益。陕西客商在兰州运销茶叶赚取了大额利润，在贸易回程中，他们又利用茶叶利润大肆收购兰州市场上的各类特产，运回家乡进行加工制作或者直接进行转口贸易。在兰收购皮货的同州客商则多收购布匹、茶叶，重新运销兰州。再如经营水烟的同州客商以"在江南销售水烟的收入，采购当地生产的茶叶、布匹等货物，甚至在湖南安化买下茶山，采运到陕西泾阳加工制成西北人喜爱的砖茶、茯茶"。③ 王

---

① 吴承明：《利用粮价变动研究清代的市场整合》，《中国经济史研究》1996 年第 2 期。

② 参见郑永昌《评介岸本美绪著〈清代中国的物价与经济变动〉（日文书）》，《中央研究院近代史研究所集刊》第 28 期，1997 年，第 267 页。

③ 严树棠、李建基：《解放前的兰州水烟业》，政协甘肃省委员会文史资料研究委员会编《甘肃文史资料选辑》第 14 辑，甘肃人民出版社，1983，第 69 页。

翔对近代冀南和西北"土布换皮"贸易的研究也体现了"以货换货"在近代兰州乃至西北的兴盛。以邢台、邯郸为中心的冀南地区，长期以本地出产的土布交换西北省区出产的皮毛，形成了一条重要的长途贸易商路。冀南地区的土布满足了兰州和西北棉布的需求，回程时则收购西北出产的皮毛，供应邢台的毛皮制作手工业的原料需求。"土布换皮"的物物交换形式以土布、皮毛来代替货币的媒介作用，"在特定条件下不是增加而是降低了交易费用，可以说这是冀南农民在物资和货币极其匮乏的条件下能够从事远程商业活动的秘诀之所在"。① 但这也说明"以货换货"很难产生太大的集散效应，只是市场整合的初级层次。

长途贩运贸易及其单线式整合方式，使近代兰州市场的发展与商路变迁和交通拓展之间产生了强烈的关联。晚清以来，天津成为西北大宗出产商品的集散中心，西来驼队往往由宁夏经绥远至平津，"绥包之商务渐增，陕甘之繁盛因之渐减"。同时由于"近数年来政失常轨，愈近政治中心土匪愈多，税捐愈重"，西北驼队宁愿深涉沙漠经额济纳旗而入乌兰察布盟地，也不敢轻入内地。故西北交通路线愈移愈北，商路绕行兰州，"不但近西北不能繁荣，而且远西北的出产不能东来，则经济上的出路变更方向，政治上也渐与中原隔离"。② 据时人估计，新疆同内地贸易，民国时期经草原路线的输出量占新疆输往内地总量的"十之五六"，这条路"长途平坦，万里无人，免厘税之苛刻"。兰州以西的城镇商品开始更多地依靠草原路线并绕过兰州。林竞记载，"张掖作为河西走廊的交通枢纽输入品多日本货，由天津或包头运来"。③ 商路的变迁可能改变兰州与其传统经济腹地的价格正相关性，如洋布、绸缎、海菜等京广杂货多由天津用火车运至包头，从包头用人力大船或直接用骆驼运至兰州。之后由于这一线路税课繁重，许多行商宁可从包头向西经磴口、阿拉善旗草地等大、小草原路线将货物运抵张掖、嘉峪关，从而避开兰州。于是就出现了地理位置比兰州更偏西的城市，其洋货售价比兰州还要便宜的奇特

---

① 王翔：《传统市场网络的近代变形——近代冀南与西北"土布换皮"贸易初探》，《近代史研究》2011 年第 2 期。
② 翁文灏：《如何开发西北》，《独立评论》第 40 号，1933 年 3 月 5 日。
③ 林竞：《西北丛编》，《中国西北文献丛书·西北稀见方志文献》第 6 卷，第 326 页。

现象。① 而俄商也经由新疆把自己的经济势力慢慢侵入河西地区，"茶叶倒灌"使传统的西北边茶贸易受损，俄国布更是盛行于陇西。这进一步蚕食了兰州的转口贸易中心地位。范长江就提到："自新疆事变迭起，经济上，新疆十九已入苏联经济范畴之中，对中国内地之经济关系，无形停顿。故内地作西北营业之商人，不再来兰州，新疆土产，亦不再至兰州交易。1929 年世界经济大恐慌以后，海外市场疲滞，青海皮毛出口业，亦受到重大影响。一般社会的购买力，亦相因而大形减退。故青海经兰州之出入口贸易，皆高速度的低落。兰州本以'过站'的关系而繁荣，到了各路交通都停滞的时候，他自然也无法维持其旧观了。"② 潘益民也认为，兰州商业之盛衰，恒视其本省及邻省商业之情形如何为转移，"近年来，新疆政变迭起兵戈摄攘，西运货物完全停滞；青海宁夏两省，或因纸币跌价而汇兑极感困难，或因捐税繁重而商业难于发展，故集中兰州之货物，不克向邻省转销；此因邻省经济关系而影响及于兰州商业者也"。③ 总之，以商路为基础，以长途贩运贸易为主要形式的单线式整合，兰州城市商业的发展严重依赖商路的变迁和交通的顺畅程度。

三 交通与内陆秩序的拓展

自古以来，兰州就是古丝绸之路上的一方重镇，是西域和中原进行经济文化交流的一个中心城市，在西北乃至全国交通网络中具有举足轻重的地位。近代以来，现代化水运、铁路的兴起产生了极为严重的空间不平等。在传统运输方式和工具逐渐落伍的情况下，近代兰州急需引入现代交通手段以激活自己的地理优势。但是，在完全实现对兰州的直接统治以前，中央政府缺乏对交通运输等公共物品供给的意愿和动力，以兰州为中心的西北地区交通自然难以获得充分发展。

（一）延续的宏愿：非便利交通不为功

元明清时期，因军事活动的需要以及长途贩运贸易的发展，以兰州为

---

① 萧梅性编著《兰州商业调查》，第 112 页。
② 范长江：《中国的西北角》，第 101~102 页。
③ 潘益民编《兰州之工商业与金融》，第 37 页。

中心、通往东南西北四个方向的道路和驿道网络逐渐形成并稳定下来，成为兰州通往省内各地和西北各省区的主要道路。元代长安至兰州的两条干线驿道到明代时增加为六条。而到了清朝，兰州周围驿道进一步发展，其中由兰州起始的驿道大致有八条，分别是：

陕甘驿道，又称兰州官马大道，由兰州起，经兰泉、定远、清水三个驿站进入安定（今定西）境内，再经平凉至西安，全长 1300 余里；甘新驿道，自兰州起，经沙井驿、苦水、红城子、在城（即永登）、武胜、岔口六个驿站进入凉州，经河西走廊至新疆；兰州至青海驿道，共有三条，分别是兰州经西固、永靖进入青海，或经定羌、和政由河州进入青海，或由甘新驿道的平番驿岔路，经塘坊、大通等驿站进入青海；兰州至四川驿道，由兰州南行翻七道梁，经摩云驿（今临洮境内）、沙泥驿，再经狄道、阶州至四川；兰州至宁夏驿道，有两条，自兰州经蔡家河、白银、北湾、靖远至宁夏，或由甘新驿道的西大通县驿岔口，经平城、玄茂、三眼井至宁夏。①

在这八条驿道中，陕甘驿道和甘新驿道在兰州交汇，成为连通整个西北的一条交通大道。近代兰州地区交通变化的起点，就是同治回民起义期间左宗棠以军力整修的陕甘驿道和甘新驿道，时称"西北大道"。"西北大道"新修路面宽十丈左右，可供两辆大车并驶，并对一些险要地段进行了改建、重建，增修了大量的桥梁，使道路状况大为改善。路旁栽有少则一二行，多至四五行的柳树，以"左公柳"闻名。"西北大道"的建设一定程度上也反映了左宗棠力图以交通为纽带整合西北社会的努力。如果把"西北大道"与左宗棠经营西北的努力联系起来的话，我们也可以将之看成清朝力图实现西北边缘社会与中原地区均一化的一种努力，这种均一化与现代国家构建也有诸多契合之处。这种整合的意图也被左宗棠的继任者所继承。清末新政时期，陕甘总督升允不仅意识到发展交通对于整合西北社会的重要性，还提出了一个详细的铁路建设计划，希望通过发展矿业尤其是金矿来为铁路建设筹备资金。马达汉曾指出，升允新政改革的宗

---

① 兰州市公路交通史志编写组编《兰州市公路交通史》，人民交通出版社，1990，第 18、19 页。

旨，看来是增加省里的财政收入，为的是在不久的将来能用这笔收入建造
从西安到兰州的铁路，然后真正从事军事方面的改革工作。尽管升允对军
事改革的忽视遭到了袁世凯的指责，但他"依然顽固地把重点放在加快
铁路的建设上，并为此匆匆忙忙地开采金矿和银矿，以便在下一个三年任
期中把开矿的收入来源用于实现建造铁路的计划"。① 升允的继任者长庚
也不遑多让，在 1909 年甘肃咨议局成立时，要求咨议局讨论的一个重要
问题就是"西北铁路路线的选择问题"。他提出，俟铁路修至张家口，可
由绥远绕至宁夏折而西行到达兰州，或由阿拉善所辖之定远营逾贺兰山，
经中卫到达兰州，并提请咨议局研究具体路线。② 之后，长庚又上奏清
廷，详细阐述其甘肃铁路修建计划。他设想，兰州铁路修建分南北二道，
"北路由灵州至山西之包头镇，取其赴京便捷。南路则俟西潼铁路修通后
由西安而达凤翔府之宝鸡县"，进而展筑兰州，"论商务则北路由兰州达
包头与归张铁路接轨商货流通，南路由巩昌经秦州而达西安，水陆皆便。
论征伐则设遇有事，燕晋之兵由北路计日可至"。长庚认为，东南尚可集
股于绅商，西北铁路必须借资于外债。因此希望举借外债，举十年之功，
"则西陲之事犹可为也"。③

　　尽管升允、长庚的铁路修建主张仅停留在纸面上，但他们力图以修建
铁路为手段整合西北社会的期望一直延续下来。清末以后，无论是革命先
行者孙中山的《实业计划》，还是之后北洋政府、南京国民政府所厘定的
全国道路规划，大都以兰州为中心制定。孙中山在 1919 年完稿的《建国
方略之二：物质建设》中首先提出，要修建 10 万英里的铁路，以五大铁
路系统把中国的沿海、内地和边疆连接起来；修建遍布全国的公路网，修
建 100 万英里的公路。而铁路和公路的中心就是兰州。孙中山认为"筑
路先从西北筑起……甘肃之兰州是一个重要的交通中枢，将有十三条铁路
汇合于此"。④ 1922 年 9 月，中华全国道路建设协会向北洋政府提交了

---

① 《马达汉西域考察日记（1906～1908）》，第 439 页。

② 张慎微：《宣统年间甘肃咨议局概述》，政协兰州市委员会文史资料研究委员会编《兰
　　州文史资料选辑》第 2 辑，1984，第 22 页。

③ 刘锦藻撰《清朝续文献通考》卷 370《邮传考十一·路政》，考一一一五五。

④ 中山大学历史系孙中山研究室等编《孙中山全集》第 2 卷，中华书局，1985，第 491 页。

《全国道路计划意见书》，并附有《建设中华全国汽车道路图》。该意见书提出以兰州为中心修筑经线 4 条、纬线 5 条，共长约 106000 公里。① 1928 年国民政府交通部又拟定了《全国道路修建计划》，并以兰州为国道经纬线的中心。据 1930 年再版的《道路全书》记载，国民政府交通部以兰州为全国道路中心是基于以下理由：有利于维持边陲安全、裁军安置、开发西北、巩固国防等。②

自民国初年开始，全国上下掀起了一股西部开发的思潮，论者多强调发展交通对开发西北的重要意义。许多人认为开发西北必然要从发展交通开始，所谓"开发西北，非便利交通不为功"。③ 西北魂月刊社在其发刊词中也认为："西北之于中国，犹中国之于世界：西北为中国文化之策源地，中国为世界最古之国家。而今西北在中国被视为文化发后之地区，犹中国在世界被议为东亚之病夫。抚昔思今，同深感触，推源厥由……固由地理环境之限制——交通之不便，文化上之接触较为困难。"④ 还有许多人将兰州发展落后的主因归于交通的限制，《甘肃建设季刊》在其工作报告中就一针见血地指出："兰州为甘肃省会，居吾国之中心。徒以交通不便，故工商各业，较为落后。"⑤ "因交通不便，又久处在反动势力的统制之下，所以一切的一切，都表现出封建制度的存在。"⑥ 很多人都认识到了西北交通对于西北地区经济发展的重要作用，但真正落到实处的交通发展举措却少之又少，左宗棠的"西北大道"只是其中鲜有的成就。

（二）现实的无力：以兰州为中心的陆路交通的滞后

在国民政府委派邵力子入甘之前，兰州很少处于中央政府的直接统治之下。非直接统治所导致的地方势力与中央政府的掣肘和紧张，既极大地削弱了中央政府对西北地区进行公共物品供给的意愿，也限制了地方势力为地方福祉发展交通的动力。因而在抗战之前，兰州附近的陆路交通发展缓慢，一些基于军事需要修建的道路基本是"随修随破"。在交通的限制

---

① 李世华、石道全：《甘肃公路交通史》第 1 册，人民交通出版社，1987，第 184 页。
② 《兰州市公路交通史》，第 34 页。
③ 舒曙东：《兰邸丛谈（三）》，《西北日报》1933 年 12 月 8 日，第 4 版。
④ 《发刊词》，《西北魂》1941 年 3 月创刊号。
⑤ 《报告》，《甘肃建设季刊》1933 年 10 月至 1934 年 6 月汇刊。
⑥ 芜村：《兰州市上丫头多》，《西北日报》1933 年 10 月 8 日，第 4 版。

下，兰州与中央政府的距离似乎也渐行渐远。国民政府自然不愿看到这样的局面，邵力子主甘后，立即展开了耗资不菲的交通投资，但其力度和规模严重受制于国民政府控制西北的能力。

1. 公路

民国以后，甘肃省真正开始修筑公路要到 1924 年。时任甘肃督军的陆洪涛与中华全国道路建设协会交好，并担任该协会的名誉董事长。在该协会的倡导下，陆洪涛指派其参谋长魏鸿发筹备修路事宜，并与陕西督军商议筹建兰州至西安的公路，最终决定先修以兰州为起点的路线。是年，甘肃工程营修建了兰州东稍门至东岗镇一段长约 9 公里的道路，耗资24040 元（银币）。① 刘郁芬来兰后，于 1927 年成立甘肃省省道办事处，刘本人兼任处长，由此可见他对交通问题的重视。省道办事处共整修了兰平、兰肃、兰湟、兰宁四条汽车路，但该办事处修路均沿旧有道路，如陕甘驿道、甘新驿道边测边修，并由专员会同各县县长征召民工修筑，"在无技术标准，民工又无筑路常识的情况下，只注意了陡坡和长坡急弯的改善，工程艰巨路段未作处理，缺桥少涵，名为汽车路，实际仍为大车道"。② 道路修成后，由于铁轮马车和汽车混合行驶，路面很快遭到破坏，加之多数桥梁未修，雨季交通时常中断。1932 年林鹏侠从这条道路来兰，记述其见闻道："所谓汽车路者，本就原有之大车道，略加平治，年久失修，多已毁坏。凹凸坑陷，桥梁倾侧，冰雪载途，泥泞水滑，无在不有颠覆之危。"③ 1929 年，甘肃荒旱，兰州地区霍乱、瘟疫流行，甘肃省政府呈请国民政府拨款救灾。国民政府遂拨付 119 万元的赈灾款，并用 55 万元以"以工代赈"的办法，兴修兰州至西安的公路。由西北军军工和华洋义赈会共同修筑，西北军军工修筑了静宁至定西一段，华洋义赈会修筑了兰州至榆中一段。1934 年 3 月，全国经济委员会西北办事处成立并接管华洋义赈会的修路事务。从该年 3 月开始，该处组织西北公路查勘团对兰西公路线路进行了历时一年的查勘和实地测量，实测兰西公路长度为

① 《兰州市公路交通史》，第 35 页。
② 甘肃省地方史志编纂委员会、甘肃省交通史志年鉴编写委员会编纂《甘肃省志》第 38卷《公路交通志》，甘肃人民出版社，1993，第 165 页。
③ 林鹏侠：《西北行》，第 42 页。

704.411 公里。1934 年西兰公路公务所开始对该公路的施工，中间历经曲折，1935 年 5 月西兰公路土路通车。

1933 年朱绍良主甘时期，甘肃省建设厅草拟了一个以兰州为中心的 6 大干线、43 条支线的公路修建计划，并经省政府会议于 1934 年 4 月的省务会议上通过。6 大干线包括甘陕线、甘新线、甘青线、甘宁线、甘川一线和甘川二线，总长 3690 公里，43 条支线总长 3540 公里，干支线合计 7230 公里。但由于战乱、天灾、财政困难、技术力量弱以及省际关系协调问题，甘肃省建设厅的这一规划并未得到很好的实施，1937 年 7 月以前，只有西兰公路全线通车，其余路线均未修通，实际修通公路里程 1577 公里，[①] 仅完成规划的约 1/5。

全面抗战爆发后，全国经济委员会在兰州设立西北公路运输管理处。1937 年 12 月，西北国营公路管理局与西北公路运输管理处合并，设陕甘运输局，局址在兰州。它先后改善了西兰公路路况，修建了甘新公路，使之成为贯穿西北的国际交通线。太平洋战争爆发后，甘新公路成为中国通向国外的唯一通道，苏联援华的大批物资也必经此路运至前方。1938 年底接运援华物资 4 批，1939 年又接送了十几批，保证了前线作战的需要，对支援全民族抗战起了重要作用。西兰公路改造工程于 1940 年完成，改造后的西兰公路阴雨天亦可行车，是当时西北地区路况最好的公路。西兰、甘新等干线公路的建成通车，便利了大西北与大西南的交通，带动了两地社会经济的发展。全面抗战时期国民政府对西北地区公路的建设，除形成了横贯甘新两省直通苏联的国际公路干线外，还修建了各省际公路干线，将西北五省紧密地联结起来，逐步形成了以兰州为中心的西北近代公路网和西北各省区的公路网，对支援抗战、带动西北经济发展起到了重要作用。

西北公路局在其自办刊物《到西北去》中用不无表功的语言写道："在十年前，西北现代交通的终点，停滞在兰州，我们只能沿着短短七百余公里的兰西公路，看到一些西北的皮毛，别的地方，就非花费极大的人力物力，受尽千辛万苦，不能走到……但是，十年后的今日，我们已将仅

---

① 李世华、石道全：《甘肃公路交通史》第 1 册，人民交通出版社，1987，第 191、193 页。

有的一条兰西路，扩展成凤汉宁、兰猩、华双、汉白、平宁绥……等共长4758 公里的公路网，这个公路网揭开了西北古老神秘的面罩，使辽远的边疆，有机会呈现在每个现代人的眼前。尤其在抗战发动之后，这个公路网，更负荷了国际物资出入的重大使命。"① 但是在兰州与省内其他地方的交通运输中，几乎没有什么现代化的交通工具，兰州与其腹地的联系，仍然广泛依靠传统的运输工具，只不过道路环境稍有改善而已。范长江就提出，正因为交通不发达，"兰州这一座拥有无限富源并为西北国防重镇的古城，许多年代以来，常常居于我们国内政治逐鹿赛场的边沿，所以生活在这里的人们一直在比较安定之中慢慢的进步，除了久旱不雨天公造灾稀有的年光以外，人们布衣粗食，勤苦厚重，永远以生产所有换取生活所需，极其保守的交易风气，并不因为一些短暂时期的军事行动而有所改变"。②

2. 铁路

兰州能够成为西北的中心，首要的就是它地处交通中心。在当时的交通环境下，将陇海铁路尽快修至兰州是激活兰州地理位置优势的重要举措。清末长庚曾提出由包头至兰州的北线铁路修筑计划，1905 年陇海铁路破土动工后，由西安至兰州的南线铁路修筑计划被提上日程。但陇海铁路的修筑过程异常曲折，直至 1934 年才西延至西安，1947 年方展筑至宝鸡。早在陇海铁路尚在修筑潼西段之时，西北政要就屡屡致电国民政府要求早筹的款，尽早着手西兰铁路的修建。1933 年 8 月 31 日，杨虎城致电行政院长汪精卫，请求与比商订立专款，赶修西兰铁路。1933 年 9 月 12日，甘、陕、青等省党务整理委员会等致国民党中央党部、国民政府行政院，请求拨棉麦借款一亿元，限期完成陇海路。③ 冯有真 1933 年 8 月旅经兰州时就记述道："是以西北人士所望于中央之开发西北者，绝不须冠冕计划，或高谈阔论，其惟一之希望，即为开发交通。第一希望完成陇海路，其次完成各公路，则运输便利，再能进而兴修水利，则西北人民绝无

---

① 西北公路运输局编《到西北去》，西北公路运输局，1944，第 1～2 页。
② 参见史彦博《兰州经济市场之危机》，《西北月刊》第 1 卷第 3 期，1948 年。
③ 参见宓汝成编《中华民国铁路史资料（1912～1949）》，社会科学文献出版社，2002，第 752、753 页。

冻馁之虞，繁荣可期，不开发亦自开发矣。"①

　　1934 年陇海铁路修至西安后，本来应该继续往西修建西兰铁路。但是关于继续修筑陇海铁路还是转而修建西成铁路或者宝成铁路，决策者产生了分歧。时任陇海铁路潼西段工程局长孙谋向铁道部建议，以路轨向西至兰州，恐营业收入不足以养路，主张修至宝鸡后，即折向汉中而成都，打通川陕，直达连云港路线，并被铁道部采纳。国民政府遂宣布终止西兰铁路的修建计划，改为修筑西成铁路或者宝成铁路。铁道部于 1936 年 8 月 25 日与比利时国银团签订修筑宝成铁路材料借款合同。张嘉璈在笔记中提及："宝鸡至成都铁路对于国防及经济均极重要。当时预料一旦中日战争爆发，敌人进击，将潼关以东之陇海铁路切断，则西北国防与民生须赖西南资源接济。"上海《泰晤士报》在 1937 年 1 月 14 日对此评论道，该借款"以为展筑陇海铁路之用。展筑之段，系由陕西之宝鸡起，至四川之成都上，全程六百公里"。②

　　铁路线路对地域社会的影响巨大，陇海铁路改线理所当然地引起了一场争执。著名建筑学家卢毓骏就认为："愚意此事应极慎重，因陇海路为吾国唯一东西大道……陇海之须达兰州，于国防上极关重要。故余之所见，不特希望陇海铁路之能达兰州外，并望延长至青海，以固边陲。"③还有人借用孙中山《实业计划》中的观点，言辞更为激烈地批驳了铁路改线的观点，"从利益之点观察，人口众多之处之铁路，远胜于人口稀少者之铁路；然由人口众多之处，筑至人口稀少之处之铁路，其利尤大"，来证明陇海铁路西达兰州的意义。他指出："况夫铁路之建筑，其目的不专在收益，基于政治上军事上的理由而必须建筑者，亦尝有之。西伯利亚铁道，其著例也。"兰州虽非繁荣之区，但是从兰州往西，"经迪化至绥定，以与新边之俄土铁路相接，则可远通欧、亚、非诸大都邑。西北荒凉，一时总难成人口稠密之区，而莫斯科、昂哥拉、开义罗，乃至柏林、罗马、伦敦、巴黎，总不能谓为非人口稠密之区也！是则该路之问题，在

---

① 冯有真：《新疆视察记》，世界书局，1934，第 134 页。
② 参见宓汝成编《中华民国铁路史资料（1912～1949）》，第 801、802 页。
③ 《卢毓骏谈西北建设观感》，《中央周报》第 309 期，1934 年 5 月 7 日。

是否能从速完成乃至延长，并非有利无利之问题"。①

尽管国民政府铁道部已经下定决心修建宝成铁路，但是该段铁路的地质复杂程度超出想象，因此一直未能开工。而向比利时筹借的巨款也最终没有用到陇海铁路的建设上。徐州会战后，国民政府将陇海路自郑州向西逐段拆除，轨料西运，决定先行修筑咸同支线，"同时以余力展筑自宝鸡至天水路线"。② 最终，不管是宝成铁路还是西兰铁路，都受时势的影响直到1949年新中国成立后才在中共中央的领导下着手修建。

现代国家构建往往伴随着现代市场的形成，现代市场的形成也往往推动现代国家的出现。在政治经济学家赫尔曼·M. 施瓦茨看来，海运经济代表着现代全球市场的出现，铁路则代表着现代国内市场的形成。只有由国家支持的铁路建设才能将国内各地真正地整合为一体，从而形成全国市场。但是近代中国的工业化首先从军事工业起步，而非如俄国那样从铁路建设入手，这就影响了国内现代市场的发育程度和进展。在前近代中国，兰州的陆地交通秩序相对于东南地区的水运经济虽然落后，但二者差距并不显著，陆地交通的畅通也极大保障了以兰州为中心的西北市场与全国大市场连为一体。但是近代以来，当以海运为基础的欧洲各工业化国家从海上接近中国从而将中国市场纳入全球市场之时，中国国内市场虽然已经形成了一个统一的体系，却还十分缺乏内在的细致整合。东南部的水运经济具有更好更快的资源移动性，因而很快整合为一个整体的市场，并很快与以海运为基础的国际市场发生联系。而中国广大内陆地区，尤其是缺乏水运的地区，其经济体系往往会成为东南部水运经济的附庸。现代国家有义务积极地将这两种经济体系连接起来，实现市场体系的整合。因而，以公路整合西北，将铁路展筑至兰州，乃是将西北经济与中东部经济真正整合为一体的基本条件。正如翁文灏曾畅想的："现在西北地理位置的重要确又复活了，而且更加上前古未有的扩大。……当然近代海道交通最为便捷，无论如何西北的陆路交通决夺不过东南水运的胜利。但自

① 鸣新：《陇海路改线问题》，《拓荒》第2卷第2期，1934年。
② 李占才：《中国铁路史（1876～1949）》，汕头大学出版社，1994，第293页。

铁道、汽车及飞机应用日广，西北后门的重要也并不多让于东南前门，倘能充分发挥这种地理位置的意义，便是开发西北的妙法。"[1] 但是，陇海铁路改线实际上是放弃了激活兰州地理位置优势的机会。落后的交通俨然成为近代兰州和西北发展的首要难题，也使所有其他关于西北开发和建设的畅想成为空想。

第二节 "早起步"：清末民初兰州工业的发展

在中国近代工业史上，兰州是较早开办机器工业的城市之一。1861年曾国藩在安庆创办安庆内军械所，是为中国近代机器工业的发端。随后从中央到各省，在 18 个城市设立了大小 19 个军事工厂。[2] 兰州不仅是这18 个城市中的一个，从时间点来说，兰州机器制造局是第十个军事工厂。左宗棠创办兰州机器制造局不仅是近代兰州工业的开端，也是有史以来西北地区生产力发展和科学技术进步的重要转折点。1880 年，左宗棠又创办了兰州织呢局，这是我国最早的机器纺织工厂，也是最早的民用机器工厂。左宗棠的这两项举措，使兰州的工业化发展超过了西安，兰州因此位列西部首位；即便放眼全国，在工业化的起步阶段兰州也处于全国各大城市的前列。但是，"早起步"并未带来工业化的持续规律性发展，兰州工业化反而跌跌停停，在抗战以前几乎都是在左宗棠创办两局的基础上原地打转。

一 "两局"的创办与兰州机器工业的发轫

作为洋务派代表人物，左宗棠早在 1866 年就创办了福州船政局。1869 年应西征军事需要，又在西安创设了西安机器局。1872 年，西北军事战局的重心转到甘肃，左宗棠遂把西安机器局的设备全部拆卸运兰，改为兰州机器制造局。该制造局设在兰州南关，由左宗棠的部下赖长主持。左宗棠本拟让赖在西安制造局继续制造枪炮，但赖看重了兰州

---

① 翁文灏：《如何开发西北》，《独立评论》第 40 号，1933 年 3 月 5 日。

② 孙毓棠编《中国近代工业史资料（1840～1895）》第 1 辑上册，科学出版社，2016，第565～566 页。

附近的阿干镇煤矿，提出"局用以石炭为最要，所需最多，阿干镇所产既佳，价值、运脚亦省，较之陕省合宜，至钢铁就近或可采办，与其由陕制办成器，再解亦须运脚，尚不如就近采办为省"。① 阿干镇位于兰州东南部，距兰州城仅20余公里，明洪武年间开采煤矿后，制陶、冶铁和铁器加工业也相继发展，成为远近驰名的一个集镇。阿干镇煤矿资源丰富，煤质好，对于兰州工业的发展有着重要的辅助作用。赖长正是看到了这一点，遂极力主张"在兰设局"并获得了左的同意。于是，赖长率领一批宁波、闽、粤籍工匠来到兰州。在赖长的领导下，兰州机器制造局除了制造枪炮军械外，还制造一些民用机器，也使兰州机器制造局有了发展民用工业的倾向。制造的民用机器中，最具代表性的是水龙和织呢绒的机器。赖制造的水龙获得了杨昌濬的认可，后者还向左宗棠建议"停制炮子，仿造洋水龙，以备不虞"，但被左宗棠以"西北屋宇墙壁多用砖砌土筑，与东南木壁篾织者不同，绝少火患"为由婉拒。② 之后左宗棠又对兰州机器制造局的具体事务做出安排，提出："水龙为救火良器，仿造预备，自不可少。若论先其所急，则造炮第一，开河、凿井、织呢次之。水龙机器本少，仿造甚易，以余力为之可也。"③ 这说明当时兰州机器制造局尽管以制造枪炮为主，但也涉及民用工业，而非单纯的军用工业。

　　关于兰州机器制造局的经费，目前尚没有具体资料可以用来说明。但是兰州机器制造局的设备、人员、原料几乎全部由外地运来，所费必然不小。且兰州机器制造局所用工人多为浙江、福建、广东籍，工人的工资所费甚高。据秦翰才记载，兰州机器制造局中"工匠多数是广东人，其次是福建人和宁波人。福建工匠就是多从文襄公所办福建船政局中挑选而来"。④ 另据光绪九年（1883）十二月二十日督办新疆军务刘锦棠、陕甘总督谭钟麟的奏稿，光绪七年（1881）制造局外洋浙粤各匠工银29923

---

① 《左宗棠全集·书信三》，第380页。
② 《左宗棠全集·书信三》，第449页。
③ 《左宗棠全集·书信三》，第457页。
④ 秦翰才：《左文襄公在西北》，上海书店出版社，1989，第138页。

两，光绪八年制造局外洋浙粤各匠工银 17735 两。① 如此巨额的开销，在战争时期尚可借协饷之力承受，战后协饷减少、军事开支缩减，必然成为一个难以解决的大问题。因此，左宗棠离任后两年，兰州机器制造局即停办，督标所派学习弁兵，全部遣入了兰州织呢局。

赖长利用兰州机器制造局的设备和技术，自己设计了一台吸水机，并以此为基础制成了第一架织呢机器。光绪三年（1877），他将用该机器织成的呢绒毛片送呈左宗棠。左宗棠见该呢绒毛片"竟与洋呢相似，质薄而细，甚耐穿着，较之本地所织褐子，美观多矣",② 遂让赖长推广制造。赖长认为该织呢机器乃自己"杜撰的，不敢自信得用",③ 遂劝左宗棠购买西洋火机开局办厂，大量制造。随后左宗棠向德国订购了全套小型的毛织机器，包括每架 360 锭的纺线机 3 台、织呢机 20 台、梳毛机 3 台、24 马力和 32 马力蒸汽机各一座。除此之外还有毛呢刷洗、清毛、填笼、烘毛、剪毛、漂洗、研光、刷清、催干、染色等各种机器。加上掘井、开河所用的机器一起打包，大小箱笼计 1200 余件，装了 4000 余箱。从上海到兰州足足用了一年的时间，1880 年 3 月才正式运到。兰州织呢局设在距兰州城通远门外一公里处的畅家巷，共建厂房 230 余间，占地面积达 25 亩。随着机器陆续运到安装，兰州织呢局终于在 1880 年 9 月 16 日正式投产。

兰州织呢局的创办经费没有明确的记载。据马啸考证，除去开河机的费用以外，织呢设备的购买和运输费用应在 127871 两左右，加上建房及洋匠与办理局务各员薪工银 110305 两，合计 238176 两左右。④ 织呢局工人一部分是从外国聘来的工程师、技师或管理者，计有德国人 13 名，以石德洛末为洋总办；一部分是陕甘军队的兵勇和一些从事体力劳动的本地居民。据统计，洋人工程师每人每月得银 450 两，其他洋匠每人每月 250～300 两白银不等，华匠每月总开支为银 150 两，平均每人每月仅得

① 《光绪九年十二月二十日督办新疆军务刘锦棠、陕甘总督谭钟麟奏稿》，甘肃省机械工业志编辑室编《甘肃近代机械工业史料（1872～1949）》，兰州大学出版社，1989，第 4、5 页。
② 中国史学会主编《洋务运动》（七），上海人民出版社，1961，第 439 页。
③ 秦翰才：《左文襄公在西北》，第 196 页。
④ 马啸：《左宗棠在甘肃》，人民出版社，2011，第 167 页。

银约 7 两，艺徒每人每月得银 3 两。① 其中华匠和学徒人数不明，仅以洋人工资来说，5 名工程师加 8 名洋匠每年工资即达到 51000～55800 两。一方面是设备成本高昂，日常维护及运营耗资巨大；另一方面又面临着原料（主要是羊毛）质量低劣、漂洗水源缺乏、成本居高不下、市场开拓困难以及官办企业管理滞后等问题。因此，兰州织呢局的经营每况愈下。1882 年外国工匠合同期满悉数回国，1883 年厂内一锅炉发生爆炸，炸后修复需要巨款，而甘肃已无更多财力来支持该局发展，遂于 1884 年将其裁撤。

左宗棠所创设的兰州机器制造局和兰州织呢局，犹如"天外来客"般为兰州打开了近代化的大门。但是，这些"天外来客"与兰州的经济社会环境格格不入，也超越了兰州城市经济的发展阶段，导致了严重的水土不服。《甘肃民国日报》的记者古力就曾感慨道，左宗棠创办的两局"如其说是这出于根据经济发展的原则，勿宁是说一种超经济力的支撑"。② 清末民初时期，兰州市政府和士绅屡次重新开办制造局和织呢局，制造局固然在军需方面可以继续发挥作用，但对于民用事业几乎再无辅助；而织呢局在重开后无一次不很快破产。值得一提的是，制造、织呢两局在抗战时期成了兰州机器制造局和甘肃制呢厂，不仅企业本身效益良好，还为兰州工业化起到了极大的推动作用。两局的这一逆袭，原因固然很多，但其中一个重要的原因显然在于，机器工业的发展需要与所在城市乃至所在地域保持一定的同步，过早过快的投产不仅会使其市场效益大打折扣，也往往会因为水土不服和经费、技术、人员等因素而难以"落地化"发展，最后不得不关门大吉。

二　清末新政与升允的长远规划

"光绪三十二年至宣统三年间，甘肃生产建设工作为左文襄公以来三

---

①　李守武等：《洋务运动在兰州——兰州机器织呢厂历史调查报告》，《甘肃师范大学学报》1959 年第 1 期。

②　古力：《八十年间本省工业报导之一》，《甘肃民国日报》1942 年 7 月 28 日，第 3 版。

十年间，最紧张的时期。"① 而这一时期甘肃生产建设工作又集中于兰州，故也是兰州发展最为紧张的一个时期。光绪三十一年（1905），升允由闽浙总督改任陕甘总督，并起用彭英甲出任兰州道台。彭英甲是河北承德人，曾受过西洋学术训练，是一个讲新政习洋务之人。马达汉评价他"是个爱虚荣，雄心勃勃的人。很容易激动，显然不是安安稳稳的性格。他曾很长时间在沈阳干事，在日俄战争前和战争期间他都在。这就使他既接触俄国人也接触日本人，还给了他一个机会从许多方面来评估现代技术的真正价值，从而使他成为改革的推崇者"。② 光绪三十二年（1906），彭英甲奉命来主兰州道，"睹陇右财力之艰，夙夜兢兢，惟以开浚利源为急务……财力之艰非由于地方之瘠苦，实由于实业之不兴"。③ 为了获得开办新政的资金，彭改办统捐，是年财政增收四十余万两。彭氏认为，"甘肃虽偏处西陲，地方辽阔，出产尚多。每潜心考究商务之所以不能追美于东南各行省者，良以民情固陋，风气迟开，不知讲求之故"，并发出了"当此商战时代，甘肃尚何可与人争胜乎"的感慨。④ 随后升允又任命彭为农工商矿总办，并命其筹设总局，提倡实业。"提倡农务，则有试验场；提倡工艺，则有劝工厂、织呢局、绸布厂、洋蜡胰子厂；提倡商务，则有商品陈列所；提倡矿务，则有金铜厂、官铁厂。且也开农矿学堂以培植人才，设农务总会以研究得失，设官报石印书局，选印官报、章程、图表，以开风气，而资报告。又筹办官银钱局以维市面而济疏通，于是地无弃货，人多通材，惠工通商，款不虚糜。"⑤ 这些企业最初都采用官办形式，后部分采用官绅合办的方法，但因各种原因大都在辛亥革命之际停产。随着彭氏离开兰州，劝业道及其所属厂局再也无人过问了。

① 《彭英甲时代》，《甘肃近代机械工业史料（1982～1947）》，第 31 页。
② 《马达汉西域考察日记（1906～1908）》，第 438 页。
③ 彭英甲编《陇右纪实录》卷 1，沈云龙主编《近代中国史料丛刊三编》第 40 辑，"序"，第 1～3 页。
④ 彭英甲编《陇右纪实录》卷 8，沈云龙主编《近代中国史料丛刊三编》第 40 辑，第 300、314 页。
⑤ 彭英甲编《陇右纪实录》卷 1，沈云龙主编《近代中国史料丛刊三编》第 40 辑，"序"，第 4、5 页。

表 3 - 4　彭英甲所办实业一览

类别	开办时间	产量及效益	备注
矿质化验厂	1906 年		
农业试验场	1906 年		
官报书局			厘税总局外销项下拨兰平银 500 两
石印书局	1910 年	开办后一年间获利 1000 余两	统捐项下拨库平银 9700 两，官报书局余利项下拨兰平银 5700 余两作为开办及常年经费
官铁厂	1907 年	土法炼铁	统捐长收项下开支
官金厂	1906 年筹办，1910 年投产	每日可产 20 两黄金以上	挖掘矿石和运输费、管理费过高导致出产黄金成本高于市价
官铜厂			矿石采集困难
洋蜡胰子厂	1908 年筹办，1910 年竣工		成本过高，销路不畅
官银钱局	1906 年	本金充足，信用度受到商民认可，为新政实施提供了部分资金	藩库、统捐局各拨兰平银 5 万两为资本，在上海石印兰平银票 30 万两，钱票 15 万串

资料来源：彭英甲编《陇右纪实录》卷 1，沈云龙主编《近代中国史料丛刊三编》第 40 辑。

关于清末新政时期升允和彭英甲的新政措施、设定的目标等问题，没有留下直接资料。但是马达汉的兰州日记为我们提供了一个侧面，对于我们认识这一问题有相当的助益。尽管升允晚年以清朝遗老著称，并因为与日本人的密切关系而名声受损，但是在陕甘总督任上，正是基于他的支持，兰州的相关新政措施才得以实施，其中包括兰州在清末新政时期最大的成就，也是升允本人最大的政绩——兰州黄河铁桥的修建。马达汉认为，升允积极推进新政的动力可能来自政绩的需要，他分析道，像升允这样的高级权贵人物被派到地方上去，是"带着既定的改革计划的，他们必须运用自己地方上可用的资源，首先是自己的能力，来加以实现。这些计划中，首要的包括建造某一段铁路，根据欧洲模式重组军队，开采矿石增加省的财源和政府办工业；次要的是根据已经批准的规则开办普通和军事学校以及禁止吸食鸦片。有关的权贵人物在任上能呆多久，就看他大多程度上达到这些改革要求"。[1]因此，升允上任后就推行了一系列新政，

---

[1]　《马达汉西域考察日记（1906～1908）》，第 437 页。

但他收到的来自民众的阻力要比中东部省份推行新政时大得多。1907年夏天，升允例行性地到一座庙里去进香，兰州市民把一张谩骂总督的字条贴到了他进出的城门上，"使他蒙受了按中国人的观念来说的奇耻大辱。他的最亲密的顾问和同事，彭英甲在推行新政方面也有同样的遭遇，在他设立的新的工业设施和学校的城区好几次出现这种骂人的字条"。升允最初还提议在黄河装一个引水管入城，以解决城内饮水问题，但是受到了城内挑水工的抵制。由于挑水工多为四川人，而四川人"脾气暴躁"，升允唯恐这些挑水工发生骚乱，最终放弃了对兰州城内饮水工程的改进。前文也提到，升允取消了过节送礼的陋习，同样遭到了许多官员尤其是候补官员的反感。兰州民间有谚语称"走了个松泛（崧蕃），来了个呻唤（升允）"，① 就是对崧蕃性格保守、只想维持现状和升允急于事功、政令百出的形象描述。

　　但是，升允推行新政的阻力还不止于此。马达汉在受到升允的多次接见后，据观察所得总结说："清政府似乎很少关注地方官员在新政中可能遇到的各种困难，诸如他的周围是一帮无知的、常常是反对新政的官员，还有可用的资金不够等等。如果他的某项实验失败，那么可以肯定有不少存心不良的人立刻就向最高当局进谗言。这样，即使一切进行顺利，他也得在工作之余不断地与朝廷内发生的角逐与阴谋活动作斗争。"这就导致部分改革措施仅仅是做给上级看的，而另一些经过深思熟虑和精心策划的重要项目则进展缓慢，没有产生应有的效益和进度。因此，升允推行新政的努力不得不在这种现实中趋于政治实用主义。但这并不影响升允为兰州新政所定下的宏大目标。升允对军事改革的漠不关心显然遭到了彭英甲的反对，彭作为日俄战争的亲历者，对建立一支强大的军队有着深深的执念。但彭英甲对工业和改善城市状况有着同样的兴趣，他"究竟在大多程度上是认真去做的，这很难说，而且也不能断定他多少是被迫适应总督

---

① 在兰州方言中，"松泛"有宽松、不紧张之意，"呻唤"有呻吟、因痛苦而发出声音之意。崧蕃离职，升允接任以后，一改前任宽松、简平的施政作风，代之以厉行新政的激烈做法，大大加重了民众的负担。这也反映了升允推行新政时遭民众的不满。详见张令瑄《"松泛"与"呻唤"》，《陇史撷遗》，第16～18页；邓明《一则民谣见两督》，《档案》2004年第3期。

的想法，只不过让人感觉到，只要他认为正确的事，他必定尽心发挥他卓越的工作能力，努力去把它干到底。如今军事改革之所以没有放在优先地位，那显然是因为有必要在某些领域节省些开支，以便更有效地集中使用到别的领域中去"。①

结合新政时期的实业格局，马达汉的这一说法相对可信。升允在上任之初即与比利时人林辅臣协议，准其开办玉门石油矿厂，制造洋蜡、洋胰和种植糖萝卜、葡萄等以制造萝卜糖和葡萄酒，并议定成立造油、造烛、造糖、造酒各公司。② 这说明升允在主甘伊始即已有了一个相对长远而完善的实业计划。升允投入巨资匆匆上马了官铁局、官金局、官铜局，尤其是官金局的创办更体现了升允增加省府财政收入的雄心壮志，可惜没有进行成本考察致使生产的黄金成本远高于市场价值。升允不止一次对马达汉提及他的修建铁路计划，认为只有铁路展筑至兰州才能真正推动西北地区的发展，也才可能有更多的财力用来进行军制改革和军事建设。显然，升允将军事建设放在了实业发展之后，这一点与那些和袁世凯交好的各省所积极推行的军事改革显然不同，难怪他会受到袁世凯的指责。

由于升允及彭英甲所创办的新政企业大多夭折，有些企业的上马现在看来更是显得有些荒诞，时人也评价这些企业"华而不实"，③ 没有真正形成产销能力。因此，我们似乎很难具体指出升允及彭英甲时期的新政建设对近代兰州工业的发展做出了多大的贡献。也许可以借用马达汉的一句话来概括，"所有的措施暂时只是带有筹备的性质"。在一条前无古人的道路上不断开拓，本身就需要耐心和勇气。升允、彭英甲等人怀着极其美好的愿望开办新政实业，收到的却是不断的挫折，但是这些挫折"诸如同事的批评、缺乏销路、低价商品高价购进如此等等，看来也没有使他灰心丧气"。④ 他们依然致力于实业发展，并希望由此为兰州乃至西北地区

---

① 《马达汉西域考察日记（1906～1908）》，第 438 页。
② 王公度：《清末彭英甲举办甘肃洋务实业的一些情况》，《甘肃近代机械工业史料（1872～1949）》，第 35 页。
③ 韩定山：《民国初年的甘肃政局》，《甘肃文史资料选辑》第 1 辑，第 33 页。
④ 《马达汉西域考察日记（1906～1908）》，第 443 页。

开辟出一条以"修建铁路"为中途目标的经济发展计划，也是一条通向现代化的道路。

三　北洋政府时期的停滞

与清末新政时期在兰主政者的野心相比，北洋政府时期的主政者在并不和平的外部环境下，显然失去了发展工业的兴趣和动力。也由于军阀割据的外部环境，割裂了城市经济成长的广大空间，兰州工业的发展更成为无源之水、无本之木。在军事斗争的紧张形势下，在兰主政者无法像升允那样将军事建设放在诸种建设的末端。因此这一时期除了部分兰州士绅不断鼓吹发展工业并创办了几家工厂以外，兰州工业再无实质性的进展。

清末以来，兰州创建的近代工业如甘肃织呢厂（兰州织呢局）、甘肃机器局（甘肃制造局）、甘肃造币厂等企业大都停办。北洋政府时期，在甘肃督军张广建的主持下，兰州创设了电灯电话局，开办了兰州电厂。同时兰州地方官绅也开始投资新式工业，陆续创办了兰州光明火柴股份有限公司、陇右乐善书局等企业。但这些企业不仅数量少、规模小，而且资金缺乏、技术落后、设备简陋，仅使兰州近代工业苟延残喘，维持原状而已。

1935 年潘益民在兰州调查时就表达了这样的感慨："兰州为西北重要都会，而工业之不发达，则有出人意料外者。……吾调查兰州之工业，不禁有深慨焉！盖兰州工业数十年来，不惟进步毫无，实日趋于衰微斯灭也。"[1] 潘氏随后对"与工业有关系者"进行调查，详录了救济院附设工厂、工业学校附设工厂、女子职业学校实习工厂、济生工厂、惟救工厂、光明火柴公司、同生火柴公司、甘肃造币厂、甘肃制造局、甘肃省政府印刷厂、兰州织呢厂、华陇烟草公司等 12 家工业企业，其中除了两家火柴公司和一家烟草公司外，均为官办企业。而同年萧梅性对兰州工业的调查，则忽视了这些官办企业，在其《甘青宁工业调查表》中皋兰县项下，仅记录了河北光明火柴公司和普益公司（制造肥料）两家公司。[2] 高良佐

---

[1]　潘益民编《兰州之工商业与金融》，第 23~24 页。
[2]　萧梅性编著《兰州商业调查》，第 75 页。

在《西北随轺记》一书中对兰州工业进行调查，记录了甘肃制造局等 9
家工厂。尽管大家对工业或工厂的定义似乎并不统一，记录的数量更有不
同，但都说明了这一时期兰州工业的弱小。在他们的记载之外，还有一些
私营的小工厂，如光绪年间设立的商营三益成、三益铭、永福祥、永盛祥
四家机制翻砂厂，民国初年又增加的元兴福、德盛公、永顺和三家手工翻
砂厂，1921 年成立的鸿泰制革厂，1915 年至 1935 年先后成立的三兴成印
书馆、国民印刷局、俊华印书馆、集义印书馆、万新印书馆和翊华印书局
等，共有 26 家工厂（见表 3 - 5）。

表 3 - 5　1935 年兰州市各工厂情况

厂名	地址	资本	员工	产品	备注
甘肃制造局	西关举院	年经费约 6000 元	约 250 人	农工用具、各种实用机器、五金用品，兼修配汽车零件、修机器、修理枪械	分木工、打铁、修理、翻砂五部
甘肃造币厂	西关举院		约 200 人	造币平均每月可出 10000 余元	分造币及附设造胰两部
救济院附设工厂两处	新关街孤儿所、西城巷妇女教养所			孤儿所工厂每日可出栽绒 100 方尺、织布 80 丈及毛巾、裹腿；妇女教养所出品，以织布、毛编物为大宗	
工业学校附设工厂	中山路工业学校后院			每日可出皮箱、皮匣、皮包共 200 余件，布匹、毛巾亦为大宗，及栽绒约 150 方尺	分制革、皮件、纺纱、漂染、机织、栽绒等部
女子职业学校实习工厂	南府街女子职业学校内			每月可出栽绒 100 方尺，及毛衣、卫生衣、毛巾、手套、袜子等	分缝纫、纺毛、机织、机编、栽绒五部
济生工厂	南稍门外	5000 元	120 人	出品以毛织物为主，计毛衣裤每年可出 2000 余套，手套及袜子亦为大宗，栽绒每月可出 150 方尺	分纺毛、编物、机编、栽绒、漂染五部

续表

厂名	地址	资本	员工	产品	备注
陇右实业社附设惟救工厂	贡元巷		30 人	出品亦多为毛织物，均系手工业，每月出品栽绒约 120 方尺	栽绒一科
同生火柴公司	小西湖	60000 元	150(70) 人	出品分阴火、阳火两种。每月各出 1500 箱，每箱 1400 匣，价值 18 元，分销皋兰、会宁、静宁、固原、狄道、陇西一带	分内外两厂，外厂专制火柴匣及火柴燃料，内厂专制药料及装匣工作
光明火柴公司	凤林关	35000 元	约 100 人	每月出品与同生火柴公司相等，分销永登、临夏一带	在青海设有分厂，总揽青海全省销路
甘肃省政府印刷厂			职员 15 人，工匠 70 余人	最盛时每月营业收入，多则万元，少亦三四千元	
华陇烟草公司		100000 元			
兰州织呢厂					已停办
阿干镇煤矿	阿干镇		1190 人	日产量约 280 吨	共有矿洞 59 处，用手工土法开采
机制翻砂厂					光绪年间设立，有三益成、三益铭、永福祥、永盛祥四家

资料来源：高良佐《西北随轺记》，建国月刊社，1936，第58、59页；潘益民编《兰州之工商业与金融》，第23~35页。据1929年《甘肃省建设史料》记载，甘肃造币厂时有500余名职工，甘肃制造局则有700余名；据1932年5月的《新甘肃》记载，甘肃造币厂时有240名工人，资本20万元；曾经在造币厂工作的金小唐回忆说，造币厂职工最多时达二百八九十人至三百八九十人，技术工人最多时达四五十人。总体来看，刘郁芬在设立造币厂之初，主要靠1928年河州镇守使赵席聘挖掘出的马廷勷、马廷贤窖藏的200多万两白银为原料，后期原料用完后，产量大减，工人也日趋减少。详见《甘肃省城及各县工厂公司统计表》，《甘肃省建设史料》1929年11月，甘肃省图书馆藏，索书号：552.216/178.12；《甘肃工业纪实》，《新甘肃》1932年5月创刊号；金小唐《甘肃造币厂纪实》，《甘肃近代机械工业史料（1872~1949）》，第39~44页。

纵观清末民初兰州工业的发展，近代兰州工业化的起步显然并不晚，但"早起步"并未带来"早发展"。正如本章第四节第一目对兰州织呢局发展的分析，技术引进能够解决经济发展的内部性即生产效率提高的问题，却无法克服市场的负外部性。而正外部市场环境的塑造，超出了近代兰州市场体系的能力范围，更需要的是现代国家构建的推动。这一时机，直到抗战时期才姗姗来迟。

第三节　"晚发展"：　战时兰州工业的突飞猛进

1937 年卢沟桥事变后，中国东南半壁相继沦陷，大批工业内迁至大后方。尽管工厂内迁的主要目的地是西南，并未有厂矿直接内迁至兰州，但是一些设备、资金和技术人员的到来还是极大地推进了兰州城市工业的发展。说抗战时期兰州工业突飞猛进，绝非虚言。工厂数量增加的同时，工业资本额大幅攀升，工业类别也初步健全，生产总值和生产效益都有大幅度的提升，进而奠定了兰州近代工业的基础。历观抗战时期兰州城市工业，以左宗棠创办两局的恢复发展为肇始，左宗棠符号的重提和复兴也为城市工业的发展拉开了序幕。

如果说左宗棠创办的两局代表了兰州以及西北地区要求获得现代化发展的冲动的话，抗战时期的"重提左宗棠"则意味着重拾这份冲动，并将之有效地转化为促进工业化发展的社会动力。"重提左宗棠"以及随之而来的要求后方内陆地区工业化发展的强烈诉求，使抗战时期的兰州工业迎来了突飞猛进的发展。

一　国民政府的政策支持

抗战开始后，随着东南沿海地区的相继沦陷，国民政府确立了以西北、西南为"抗战建国"大后方的国策方针，并积极倡导"开发西北"。兰州的战略地位骤然上升，既是抗战的后方基地，又是接通苏联援华物资的重要通道和集散地。大批设备、人员、机关、学校内迁兰州。又由于军事发展的需要，兰州周围交通状况得到了极大的改善。国民政府通过经济部资源委员会与甘肃省政府、中国银行、交通部等开展合资经营，在兰州兴办了一批官办工业企业。中央政府资金的注入、官办企业的开办以及沿海人口的大规模流入，极大地推动了兰州城市经济的发展。

在资源委员会的领导下，兰州设立了大批工矿企业。资源委员会于 1938 年 8 月与甘肃省政府合资经营兰州电厂，在接收兰州旧有电厂的基础上，陆续增加锅炉、发电机等，成立了新的兰州电厂。创业经费由资源委员会投资 50 万元，甘肃省政府投资 10 万元，之后又由资源委员会加拨 20 万元和 15 万元的流动资金，共有 95 万元的资本。[①] 其间增加的设备有从浙赣路局收购的 4020 平方尺（1 平方尺约合 0.11 平方米）受热面积拔柏葛水管式锅炉两座、132 千瓦西门子蒸汽引擎发电机两套，从宝鸡陇海铁路局购来的 500 千瓦汽轮机和发电机一套，至 1942 年兰州电厂装机总容量达到 974 千瓦。[②] 1941 年，资源委员会又与甘肃省政府合作，在甘肃机械工厂和甘肃造币厂的基础上，开办了甘肃机器厂。该厂陆续添置了各式车床、磨床、刨床、铣床及立式化铁炉等，成为西北地区首屈一指的机器工厂。

硫酸、硝酸、盐酸为国防工业中的重要原料，可用于制造炸药、肥料等重要工业品。甘肃的三酸原料颇为丰富，每年出产可达 604800 担。1943 年 11 月，资源委员会与甘肃省政府将原徽县甘肃酒精厂改组并归并于兴陇公司化学厂，后合并改称为甘肃化工材料厂，由资委会和省政府合办，资本额 2000 万元，会省各认其半，厂址在兰州河北庙滩子。该厂经营产品以硫酸、硝酸、盐酸为主，故除了供应国防工业需要以外，市场狭窄，销路不畅。之后又兼营其他各种化工制品，如纯碱、烧碱、骨粉、皮胶、酪素、纽扣等，以配合其他工业之需要。[③]

甘肃水泥公司的兴办，则缘于修建西北公路工程之需要。1941 年 2 月，资源委员会、甘肃省政府、交通部纠合中国银行合资共建甘肃水泥股份有限公司，资本额为 450 万元，其中资源委员会认 180 万元，中国银行认 135 万元，交通部认 90 万元，甘肃省政府认 45 万元，按 4∶3∶2∶1 的比例分配。之后由于物价上涨，四部门又将资本额追加至 800 万元。但甘肃水泥公司一经投产，即面临着销售滞后的问题。该公司原计划日产 100 桶，但由于销路窒碍，每日产量仅 20 桶。[④]

①　《兰州电厂事业报告》，《甘肃建设年刊》1940 年 4 月 22 日。
②　丁焕章主编《甘肃近现代史》，第 442 页。
③　甘肃省银行经济研究室编辑《甘肃之工业》，甘肃省银行总行，1944，第 77 页。
④　《甘肃之工业》，第 97～101 页。

中央政府的资金、设备投入，尤其是银行放款的加大，对兰州民间工业的发展无疑也有巨大的推动作用。再加上人员西迁所带动的消费，兰州城市工业也迎来了发展的黄金时期。这也意味着国民政府及在兰主政官员真正开始以兰州为基地经营西北，国民政府的重视及政策支持也成为抗战时期兰州城市工业发展的重要前提。

表 3－6　抗战时期国民政府在兰州所办企事业情况

单位：人

主办单位	企业名称	成立时间	经营方式	职员数	工人数	备注
资源委员会	兰州电厂	1938 年 8 月	资委会参加经营并主办	62	220	与甘肃省政府合办
资源委员会	兰州电池厂	1941 年				甲组、乙组、丙组及单节干电池，供应西北军政通信之用
资源委员会	甘肃机器厂	1941 年 9 月	资委会参加经营并主办	44	170	与甘肃省政府合办，原甘肃机器局
资源委员会	甘肃矿业公司	1942 年 1 月	资委会参加经营不主办	90	338	与甘肃省政府及四行合办
资源委员会	甘肃化工材料厂	1943 年 11 月	资委会参加经营并主办	26	33	有资本 1640 万元，与甘肃省政府合办，原为甘肃酒精厂
资源委员会	甘肃煤矿局	1943 年 12 月	资委会参加经营并主办	29	212	资委会投资 1350 万元，甘肃省政府以阿干镇煤矿全部资产入股
资委会、交通部、中国银行	甘肃水泥公司	1941 年 5 月				与甘肃省政府合办
中国银行	雍兴公司兰州实用化学厂	1940 年 7 月			44	前身为雍兴公司兰州制药厂，资本 60 万元
中国银行	雍兴公司兰州纺织厂	1941 年			179	资本 60 万元
中国银行	雍兴公司兰州面粉厂	1941 年 10 月			32	资本 500 万元
中国银行	雍兴公司兰州机器厂	1941 年			78	资本 50 万元

续表

主办单位	企业名称	成立时间	经营方式	职员数	工人数	备注
国民政府军政部	兰州织呢厂	1938 年 2 月			230	1938 年至 1942 年由军政部租借，1942 年 11 月改为与甘肃省政府合营，1945 年又改为军政部租用
卫生署	西北制药厂	1943 年 1 月			22	资本 1000 万元
甘肃省银行	甘肃省银行印刷厂	1942 年 1 月			78	前身为兴陇公司印刷厂，资本 166 万元
甘肃省银行	甘肃省银行造纸厂	1944 年 4 月			82	前身为雍兴公司造纸厂，资本 800 万元
水利林牧公司	兰州制革厂	1941 年 9 月			56	资本 150 万元
	西北面粉厂	1940 年 7 月			20	资本 100 万元

资料来源：《资源委员会公报》，第 10 卷第 3～4 期，转引自许涤新、吴承明主编《中国资本主义发展史》第 3 卷，人民出版社，1993，第 501～506 页；《兰州市工厂调查一览表（1944 年 6 月）》，《甘肃之工业》，第 139～216 页。

表 3 - 7　截至 1943 年 12 月四联总处在兰州核定放款案件数额

单位：法币元

放款银行	借款人	案由	还款方法	核定数额
中央银行	西北防疫处	大量制造防疫疫苗、添置设备	到期	2000000
中交两行	甘肃水泥公司	短期借款	透支	5000000
交通银行	西北机器面粉厂	增产购储小麦，以原料成品押借	透支	1000000
联放银行	西北卫生专员办事处	筹设药厂，以机器押借	分期	3000000
交通银行	甘肃机器厂	1943 年底总借款	分期	8000000
交通银行	兰州电厂	1943 年底总借款	分期	3500000
总计				22500000

资料来源：《四联总处核定放款案件数额及余额分类明细表（工矿事业放款类）》，重庆市档案馆、重庆市人民银行金融研究所合编《四联总处史料》（中），档案出版社，1993，第 514 页。

二　"重提左宗棠"与兰州工业"大爆发"

进入 20 世纪 30 年代，自辛亥革命后就一直被冷落的左宗棠研究迎来了一个热潮。许多政府官员、学者对左宗棠产生了越来越浓厚的兴趣。据刘泱泱统计，从 1932 年至 1949 年，国内外共发表了左宗棠研究论文 35 篇，编撰出版专著 9 部，形成了左宗棠研究的第一个热潮。① 左宗棠抵御外来侵略、建设西北国防的"边功"在抗战背景下获得了空前的认可，成为许多论文及专著研究的主要内容。在兰州，左宗棠的"两局"树立了兰州工业的标杆，重提左宗棠的重要意图，就是要为兰州工业的发展唱功论说。

几乎每个来到兰州的人都要提及左宗棠在这个城市留下的功业，在感慨左宗棠目光远大的同时，无不对兰州工业的发展表示忧虑。古力在对战时甘肃工业发展的系列报告中，开篇言道："建立国防工业的号召，震醒了全国人士的今天，好像谁都没有想到，荒凉、偏僻的西北高原上的甘肃，远在七十多年以前，曾经有一个巨人左宗棠早已实行过了。他以绝大的毅力与卓见，不畏省库的支绌，不畏交通运输的困难，从海外购来机器，招来技术人员，一手奠定了西北工业的基础。……这简直是神话中的预言家的作风。"② 宗周提到，左宗棠"兴建了现代化的织呢局，企图奠定西北的纺织基础，到如今，成了抗敌壮士们御寒却冷所仰给的唯一军呢军毡供应厂，左氏的目光，不能算是不伟大啊！"③ 林鹏侠在兰考察时也感慨道："前清光绪之季，左宗棠于平甘新乱事百忙之中，竟能自德国购来机械，创办织呢工厂。规模宏大，成效颇佳。及左公去甘后，无人继起，至今遂归废弃。此数千年来'人存政举、人亡政息'之现象，不独此事为然也。余于此深服左公眼光，当时居然如是远大。"④ 王继民对兰州工业的发展历史做了回顾之后，也提出要"效法左宗棠精神"。他说，现在兰州工业衰残，"触目伤情，愧无以对先贤之苦心。今日建设西北人士，极宜效法左公伟大精神，为国家民族立功勋，勿为个人饱私囊"。⑤

左宗棠在兰州创设的"两局"，直到 20 世纪三四十年代还是兰州工

---

① 参见杨东梁《左宗棠研究的回顾》，《湖南师院学报》1984 年第 5 期；刘泱泱《左宗棠研究述评》，《求索》1986 年第 2 期。
② 古力：《八十年间本省工业报导之一》，《甘肃民国日报》1942 年 7 月 28 日，第 3 版。
③ 宗周：《大西北的重心——兰州》，《陇铎》第 2 卷第 8、9 合期，1940 年。
④ 林鹏侠：《西北行》，第 81 页。
⑤ 王继民：《闲话兰州》，《西北学报》第 2 卷第 1~2 期，1943 年，第 50 页。

业的支柱，这使许多人感慨良多。赵敏求痛心地说："兰州也有许多大烟囱在冒烟，为甘宁青三省的工业先进。不过说来惭愧，那些烟囱及机器都是左宗棠经略西北时所留下的。五六十年的老古董，今日仍为这一带首屈一指的生产者。"[1] 薛明剑也直言："（兰州）过去依然交通阻塞，荒凉满目，未能及时开发，不胜惋惜，所有较大的工业多是五六十年前左宗棠经略西北时，遗留下的机器。虽然有一部分人在建设工业，但是因为原料及机械运输的困难兼之成品的销售也成问题，始终未曾有抬头的时期。"[2]

左宗棠开创"两局"的魄力和功绩为兰州城市工业的发展树立了一个标杆，他也成为后人追念和反思的对象。尤其是左宗棠创办的兰州织呢局，作为一个本意为造福兰州和西北的民办工业，在左宗棠离任后旋即停办。而在地方舆论的压力下，官商各界先后6次恢复办厂。其中张广建督甘时期兰州织呢局的民办过程最为典型。兰州地方上层人士在1918年提出民办倡议，甘肃官绅马光烈以"左宗棠当年创办织呢局，真是费了九牛二虎之力，现在这样的废弃了机器，太可惜了"[3] 为由率先支持，其后在马福祥、邓隆等甘肃官绅的支持下，最终确定招股商办并建立了甘肃制呢公司。兰州织呢局旋办旋停，说明了边缘地区工业化发展之艰难；旋停旋办，则反映了左宗棠的功绩给予兰州官商各界的压力和动力。因应于这种社会压力，兰州市在设置街道名称的时候使用了大量的左宗棠符号，如将西关城门称为宗棠门，出城门往西的路名为宗棠路，城门往南的路名为左公西路，左公西路又连接左公东路，成为兰州市的南环路，同时又向外连接西兰公路和兰新公路。加上督署内部各种左宗棠的题字匾额、施政遗迹以及城外的左公柳，可以说，左宗棠的符号几乎铺满了兰州半个城市。

综上，对左宗棠开办兰州"两局"的肯定与对兰州工业发展滞后的忧虑构成了"重提左宗棠"的两个基本方面，代表了在兰州发展现代工

---

[1]　赵敏求：《跃进中的西北》，新中国文化出版社，1941，第60页。

[2]　薛明剑：《兰州市鸟瞰》，《国讯》第316期，1942年，第8页。

[3]　徐慧夫：《从辛亥到解放前夕的甘肃织呢工业》，《甘肃文史资料选辑》第14辑，第3页。

业的紧张心态和强烈愿望。我们应该看到，近代以来西部地区虽然工业化程度十分落后，却也在不断积蓄着工业化的动力和能量，进而形成了一种普遍的社会压力。抗战时期后方经济的发展，大家都比较强调国民政府的工业政策、资金投入等外部因素对于战时后方工业发展的促进作用，却很少有人从西部地区的内在发展逻辑中去探寻其发展的动力。"重提左宗棠"可以让我们更清晰地看到近代兰州实现工业化发展的强烈诉求以及国家赋予该地区的社会压力和动力。甚至我们也可以将国民政府的政策支持视为这一集体诉求和社会压力的一个组成部分。由此而言，抗战时期后方工业的发展既得益于工厂内迁等外部因素的刺激，也与整个国家尤其是后方广大内陆地区要求发展的工业化诉求和压力有关。这样，战时后方工业的发展与战前的后方社会经济状况之间就形成了不可间断的连续性，而诚非如蒋介石所言的"欲于此广大区域，为工业建设，即不啻要无中生有"，[①] 后方工业的发展完全脱离了本地的经济基础。

三　"大爆发"与工业化的进展

格申克龙的"后发优势"理论认为，后起国家或地区在工业化前夕的相对落后程度越大，那么其工业化起步的"大爆发"程度往往越高。他指出，任何一个于英国工业化之后开启此一进程的国家，其工业化开始得越晚，对与本地供应有关的资本的需求就越大，为工业化成功所必需的国家干预程度就越强。在抗战爆发以前，西部地区自然而然地成为中东部地区的原料产地和商品市场，只能通过积极生产和输出原料与农产品，以及在接受现有的东西部区域经济分工的基础上努力使自己的利益最大化。但是，抗战的爆发为西部地区工业的发展提供了"大爆发"的机遇。中央政府的进驻，中东部资金、人才、技术和设备的输入为西部工业的发展开启了一个超强的国家干预模式，这就为西部地区突破原有的区域分工提供了契机和动力。

中央政府的资金、设备投入，尤其是银行放款的加大，对兰州民间工

---

① 蒋介石：《国府迁渝与抗战前途》，秦孝仪主编《总统蒋公思想言论总集》卷14，台北，中央文物供应社，1984，第652页。

业的发展无疑也有巨大的推动作用。再加上人员西迁所带动的消费，兰州城市工业也迎来了发展的黄金时期。抗战时期大后方工业的突飞猛进，事实上正是在严重落后局面下所产生的"大爆发"。政府的投资推动了卡尔多式增长①，在国民政府投资的各个行业里，民营企业也获得了较快的发展。

抗战时期，兰州工业的卡尔多式增长可以从政府投资与民间投资的增长关系中得到印证。一般来说，国家资金支持往往构成了某个行业发展的重要力量，国家资金一旦介入，民间资本也会相继涌入，从而使这一行业获得更为快速的发展。

首先，从企业数量增长来看。1935 年兰州工业企业只有 26 家，而到了 1943 年即增长到 493 家，② 机器工厂增长到 109 家。③ 1944 年机器工厂又增长到 236 家。④ 在这些企业当中，由国民政府各机关和甘肃省政府创办的企业有 17 家，仅占 1943 年 493 家的 3.45%。这充分说明，在政府资本挹注的推动下，民营工业出现了井喷式的扩张（见表 3 - 8、表 3 - 9）。

表 3 - 8　1943 年兰州市产业初步调查统计

单位：家，万元

行业	数量	资本额	备注
纺织业	45	561.7(43)	全面抗战前成立的仅 1 家,其余均于全面抗战时期成立
毡业	16	0.695	此为商号统计
弹毛弹花业	8	65.5(4)	此仅为一部分,新设者颇多,未计入
铁工业	28	150.47(24)	
金属冶炼业	8	5.1	
铜器业	9	0.68	
银器业	19	9.09(18)	
电气业	2	120(1)	

① 卡尔多增长模式是指依赖规模报酬递增、边做边学、不完全竞争以及经济发展速度等一系列相关现象来实现发展的一种经济增长模式。这一模式非常强调制造业的发展，认为投资造就了物超所值的产量增长，并强调通过国家集中资本投资、统筹劳动力市场、减少投资风险来促进出口。详见赫尔曼·M. 施瓦茨《国家与市场：全球经济的兴起》，徐佳译，江苏人民出版社，2008，第 79 页。

② 《兰州市产业初步调查》，《甘肃贸易季刊》第 5、6 期合刊，1943 年，第 100 ~ 136 页。

③ 甘肃省银行经济研究室等编《甘肃工业资源兰州市工厂调查》下编，甘肃省银行经济研究室，1942，第 7 页。

④ 《甘肃之工业》，第 208 页。

续表

行业	数量	资本额	备注
制革业	14	186.3	
鞋业	40	3.1	
化学业	12	38(11)	
制药业	4	205.3	
玻璃业	3	5.7(2)	
火柴业	2	20.9	
造纸业	6	11.8	
煤砖业			仅列出有此行业，未细列产业数量和资本
面粉业	124	599.9(100)	除雍兴公司兰州面粉厂和西北面粉厂外，其他规模均较小，资本额多在500元左右
牛奶业	57		286头牛，年产牛奶117910斤
烟草业	52	68.86	
纸烟业			数家，最大者为华陇烟草公司
营造厂及建筑设计事务所	28	94.33	
砖瓦窑	8		
石灰窑	8		
总计	493	2147.425	

注：括号内数字为有资金记载的工厂数。如纺织业有45家，但有资本额记载的有43家，因此在资本额一栏中的567.1万元为43家纺织厂的额数，而非45家。以下表格中出现的括号内数字含义与此处相同，不再赘述。

资料来源：《兰州市产业初步调查》，《甘肃贸易季刊》第5、6期合刊，1943年。

表3-9　兰州市各种机制工业演进趋势概况

单位：家，%

类别	总数	1938年以前		1938年1月至1942年10月		1942年10月至1943年10月		停歇业厂数	改组厂数
		成立数	占比	成立数	占比	成立数	占比		
制革业	20	1	5	13	65	6	30	7	1
纺织业	62	2	3.25	25	40.3	35	56.45	12	2
制药业	4	0	0	3	75	1	25		
玻璃业	3	0	0	2	66.67	1	33.33		
机器冶炼业	43(37)	12	32.43	11	29.76	14	37.81	6	4
面粉业	2	0	0	2	100	0	0		
造纸业	11			6	54.54	5	45.45	1	2

续表

类别	总数	1938 年以前		1938 年 1 月至 1942 年 10 月		1942 年 10 月至 1943 年 10 月		停歇业 厂数	改组 厂数
		成立数	占比	成立数	占比	成立数	占比		
化学业	25	0	0	9	36	16	64	3	3
印刷业	51	9	17	21	41.5	21	41.5	2	
火柴业	2	2	100						
纸烟业	13	1	7.69	2	15.38	10	76.93	5	1
总计	236（230）	27	165.37	94	524.15	109	410.47	36	13

注：原书中该表格相关数字存在一些误差和问题。如印刷业中各时期的比例没有取小数点后两位，这会使最后的结果存在误差。在"总计"中，总数 236 家并不等于三个时期工厂数的总和，这与机器冶炼业一项的相关统计数字有关。机器冶炼业三个时期工厂数分别是 12 家、11 家、14 家，总数应为 37 家，但由于停歇业 6 家，原书统计为 43 家，致使最后的总数多了 6 家。修正数字之后，工厂总应为 230 家，其中 1938 年以前建立者 27 家，占 11.74%；1938 年 1 月至 1942 年 10 月建立者 94 家，占 40.87%；1942 年 10 月至 1943 年 10 月建立者 109 家，占 47.39%。
资料来源：《甘肃之工业》，第 207、208 页。

其次，从企业资本额增长来看。由表 3 – 10、表 3 – 11 可知，兰州市 1942 年 10 月各种机制工业资本额约 1500 万元，而到 1944 年 6 月资本额增长到 1 亿元以上，不足两年的时间内资本额增加了近 6 倍。其中资本额最高的是由政府协款开设的官办企业，1944 年 6 月资本额约 8000 万元，占总资本额的八成左右。近两年之间，政府协款增长了约 9 倍。而私人集股、合伙投资、独资经营等民办资本额共占两成，资本额也增长了 3 ~ 6 倍。民办企业中资本额增长最多的是包括公司合股和合作社两种形式的私人集股工厂，近两年间资本额增长了近 6 倍。

表 3 – 10　1942 年 10 月和 1944 年 6 月兰州市各种机制工业资本额比较

单位：元，%

类别	1942 年 10 月		1944 年 6 月		1944 年 6 月较 1942 年 10 月资 本增加额	备注： （1）已暂时停 歇各厂之资本 仍列入其间， 唯为数甚微；
	资本额	占总资本 比例	资本额	占总资本 比例		
制革业	2564500	17.45	2944000	2.94	379500	
纺织业	2870000	19.45	7828268	7.81	4958268	
制药业	640000	4.34	10240000	10.22	9600000	
玻璃业	27000	0.12	57000	0.06	30000	

续表

类别	1942 年 10 月		1944 年 6 月		1944 年 6 月较 1942 年 10 月资本增加额	
	资本额	占总资本比例	资本额	占总资本比例		
机器冶炼业	736000	5.00	38341000	38.27	37605000	（2）原兰州制药厂现已改为兰州实用化学厂，其资本亦已列入化学业栏内
面粉业	6000000	40.65	6000000	6.00	0	
造纸业	159680	1.09	8618000	8.60	8458320	
化学业	215000	1.46	22380000	22.35	22165000	
印刷业	810000	5.44	2905000	2.90	2095000	
火柴业	209000	1.42	209000	0.20	0	
纸烟业	530000	3.58	655000	0.65	125000	
总计	14761180		100177268		85416388	

资料来源：根据《兰州市各种机制工业资本总额比较表》和《各业资本百分比》，《甘肃之工业》，第 209～211 页整理而成。

表 3 - 11　1944 年 6 月兰州市机制工业资金状况

单位：元，%

性质	1942 年 10 月资本额	1944 年 6 月资本额	占比	1944 年 6 月较 1942 年 10 月资本额增加倍数
政府协款	7790000	80965000	80.83	约 9 倍
私人集股	1746800	12588768	12.56	约 6 倍
合伙投资	824500	5133000	5.13	约 5 倍
独资经营	402400	1490500	1.48	约 3 倍

资料来源：《甘肃之工业》，第 208～209 页。

各行业的发展各有不同。在机器业中，1941 年以前民间资本设立的机器工厂仅有大东铁工厂等 4 家，资本额共 14 万元。[1] 而自 1941 年资源委员会设立甘肃机器厂和中国银行投资创设兰州机器厂之后，民间资本大规模进入机器行业，先后成立 24 家工厂，资本总额达到 89.1 万元。在机器行业发展的影响下，兰州手工铁器业工厂从 1937 年前的 80 家增至 1941 年的 140 家，从业人员从 170 多人增加至 380 多人。[2] 再以纺织业为例，

---

[1] 这四家机器厂分别是大东铁工厂、同义翻砂厂、贸易公司修理厂、兰州实业社铁工厂。其中贸易公司修理厂的资本情况不详。

[2] 甘肃省地方史志编纂委员会、甘肃省机械工业志编辑室编纂《甘肃省志》第 25 卷《机械工业志》，甘肃人民出版社，1989，第 489 页。

1944年兰州市共有棉毛纺织工厂62家，其中官办7家，民办55家。从工厂数量上来看，民办企业占绝大部分。就资本额来说，官办企业的资本额在398万元以上，民办企业资本额则有525.6592万元。就绝对资本来说，民办企业资本额是官办企业的1.3倍。尽管就每个工厂的资本额来说，民办企业处于下风，但工厂数量和总体资本额的增长，仍然反映了其不可遏制的发展趋势。再以印刷业为例，1938年成立的5家民办印刷厂资本额仅有19.5万元。而1944年6月兰州市共有印刷厂51家，其中官办2家，资本额176万元；民办49家，资本额113.5万元。其间民办印刷厂增加了44家，资本额增加了94万元。

由表3-10可知，就资本结构而言，1942年10月资本额排在前三名的行业分别是面粉业、纺织业和制革业等民用工业，而近两年之后，排在前三名的则变成了机器冶炼业、化学业和制药业等重工业和新兴工业。这反映了政府投资对兰州城市工业既有格局的破坏和重建。在这11个行业中，没有获得政府资金支持的行业主要有纸烟业和火柴业。纸烟业主要有1935年集股设立的华陇烟草有限公司，资本额50万元。在1942年10月至1944年6月，相继出现了18家手工纸烟工厂，其中有5家很快歇业，剩余13家共有资本额65.5万元，如果加上歇业的5家则共有资本额71.4万元。从50万元到71.4万元，增长了42.8%。火柴业有同生火柴公司和光明火柴公司两家，分别成立于1915年和1931年，总资本额20.9万元。在1942年以后火柴业并未增设工厂。这也证明了国家资金支持对兰州工业发展的重要性。

国家资金支持所推动的行业发展，在毛纺织业中有最为突出的体现。国民政府和甘肃省政府都以发展兰州毛纺织业为重，并视其为兰州工业乃至西北工业的希望。据统计，仅抗战时期出现的毛纺织业工厂和合作社就达到156家。[1] 尽管兰州早有手工毛褐业的历史发展传统，但这一时期的毛纺织企业绝大部分都是1937年后建立的。据1944年调查，兰州市有毛毡业14家，资本额260.6万元，均为1937年后成立。棉毛纺织工厂共62

---

① 中央训练委员会西北干部训练团西北问题研究室编《西北问题论丛》第3辑，1942，第169页。

家，其中 60 家为 1937 年后建立。[1] 就资本结构来说，官办资本额 398 万元，私人集股 283.6592 万元，合伙投资 198 万元，独资经营 44 万元，合计民办资本总额 525.6592 万元，民办资本占行业总资本的 56.91%（见表 3 - 12）。至 1949 年，甘肃毛纺织业的年产值约为 2860 万元，占全省工业产值的 22%。[2]

表 3 - 12　1944 年 6 月兰州市棉毛纺织工厂情况调查

单位：万元，家

性质	资本额	厂数				备注
		合计	1938 年以前	1938 年至 1942 年	1943 年	
官办	398（6）	7	1	4	2	
私人集股	283.6592	32	0	20	12	包括公司及合作社两种
合伙投资	198	21	0	14	7	
独资经营	44	2	1	1	0	
总计	923.6592	62	2	39	21	停歇 12 家，改组 2 家

注：总资产 923.6592 万元与《兰州市各种机制工业资本总额比较表》所记录的 7828268 元不符，原因在于后表没有将停歇、改组工厂的资本算入，而本表资本算入了停歇、改组工厂。

资料来源：《甘肃之工业》，第 61～65 页。

格申克龙的"后发优势"理论指出了落后国家或地区实现跨越式发展的可能性。在此基础上，著名应用经济学家尼古拉斯·卡尔多则突出强调了制造业在经济增长过程中的作用。他认为，在工业化开启之后，要实现工业化的持续发展，仅仅依靠某个特定企业的资本投入可能是不够的，该企业的产出往往得不到市场的回应，容易遭到市场的负外部性影响。因而，工业化开启之后，要实现工业化的持续发展，就必须持续不断地进行资本投入并扩大生产规模，通过政府投资来重建这一地区的区域经济角色。左宗棠创办的"两局"之所以不能实现发展，就是由于市场负外部性导致了亏损。而在抗战时期，工业内迁和政府投资激发了后方经济的卡尔多式增长，持续的资本投入带来了广泛的市场效应和社会效应，塑造和

---

[1]　《甘肃之工业》，第 65 页。

[2]　中共甘肃省委研究室《甘肃省情》第 2 部，兰州大学出版社，1989，第 228 页。

开拓了经济发展的正外部市场环境，进而推动了后方工业持续不断的发展。

第四节　战时工业的发展动因：以毛纺织业为例

对于战时工业发展的原因，论者多强调工业内迁、国民政府的政策主导等的作用，并强调战时西北经济发展"不是建立在自身经济发展基础之上的，而是抗战的特殊环境所造成的，所以是不巩固的，带有很多局限性"。[①]因此，随着抗战结束，战时工业发展的动因消失，后方工业面临大批破产。论者多将战时工业的发展归因于抗战环境，而抗战环境一旦消失，后方工业即陷入破产、衰落的局面。由于"抗战环境"这一词包罗万象，涵盖了这一时期经济发展的所有因素，似乎以"抗战环境"为主因解释战时工业的发展便顺理成章。更由于战后后方工业的普遍衰落，"抗战环境"这一说法作为战时工业发展的理由，显得很有说服力。"抗战环境"为战时后方工业的发展提供了正外部市场环境，确实是后方工业发展的一个重要因素。但是，战时后方工业的发展，还存在一个内在的发展逻辑。

本节就以兰州毛纺织业近 500 年的发展变迁为例，重新梳理广大内陆地区工业化的内在逻辑和理路。兰州毛纺织行业的发展历史悠久，经历了从传统手工业到 1880 年左宗棠创办兰州织呢局的历史性跨越，其后却长期低迷直至抗战时期方得复兴，而战后以西北毛纺厂为代表的兰州毛纺织业仍持续发展。兰州毛纺织业的发展，不仅是兰州工业化中一个具有典型意义的样本，同时也为我们考察全面抗战时期后方工业发展提供了一个具有特殊意义的个案。

一　手工毛褐业与羊毛贸易

兰州手工毛纺织业发展历史悠久，远在秦汉以前就有"拈毛成线，

---

① 张国华、肖小龙：《二十世纪三四十年代陕甘经济盛衰之背后——由区域经济新发展观引发的思考》，《西安文理学院学报》2005 年第 3 期。

织褐为衣"之记载。明朝以后，毛褐逐渐成为上层社会喜爱的奢侈品，"一袍费至百金，一匹价十余两"。当时设在西安的织物开局，"羊绒必取之兰州"。① 明朝末年，兰州毛褐已成为一个重要的地方品牌，宋应星在《天工开物》中提到，"矞艻羊（番语，即山羊）……今兰州独盛，故褐之细者皆出兰州"。② 浙江海宁人陈奕禧在其《皋兰载笔》一书中对兰州毛褐业也有详细的记述："兰州所产惟绒氊最佳。择羊毳之细软者，纺线斜纹织之为绒；毛之粗者，亦以线织之，为氊也。自昔兰多比丘尼，静修余暇，采择轻柔，制成佳绩，裁服同皮裘之用，御于霜雪之辰，温厚光匀，洵为名产矣。故其尤细者，旧驰姑绒之称焉。"兰州毛褐颇受达官贵人的喜爱，"在明盛时，公卿贵人，每当寒月风严，闲居谈宴，簪裾相映，莫不以此雅素相尚"，以至于"自下贱者之流，不敢僭被于体也"。也就是说，社会地位稍低的人穿着兰州毛褐是"僭越"身份的事情，由此可见兰州毛褐之"奢侈"。陈奕禧认为毛褐质量最好、价格最高者为大红，"以其梳活羊绒为之，而茜以红花，故二十尺须四千"，其次为铁裹锦、毛穗子，再次为小绒。其中上等的毛褐，"兰虽产此，求之非易也"。③ 光绪《重修皋兰县志》则将兰州毛褐分为姑绒、褐尖、平机褐、粗褐、牛毛褐五种。其中"细而有绒者为姑绒，无绒者为褐尖，细而薄者为平机褐，次则为粗褐，又次则为牛毛褐"。④ 姑绒与褐尖也是此时兰州毛褐的名牌产品，驰名全国，行销内地。据记载，道光初年"客商来兰州收绒褐者，岁数万"，⑤ 由此可见当时规模之盛。

　　鉴于兰州作为西北皮毛生产和集散中心的便利条件，兰州毛褐业有一个漫长的行业发展周期。在明末清初时曾一度作为专供上层人士使用的奢

---

① 乾隆《皋兰县志》卷17《艺文·奏疏》，《中国地方志集成·甘肃府县志辑》第3册，第160页b。
② 宋应星：《天工开物》卷上《乃服·褐毡》，管巧灵、谭属春点校、注释，岳麓书社，2002，第68页。
③ 陈奕禧：《皋兰载笔》，《西北行记丛萃·宁海纪行》，甘肃人民出版社，2002，第238、239页。
④ 光绪《重修皋兰县志》卷11《舆地下·物产》，《中国地方志集成·甘肃府县志辑》，第4册，第112页。
⑤ 道光《皋兰县续志》卷4《土产》，《中国西北文献丛书·西北稀见方志文献》第34卷，第227页。

侈品而名著天下，之后则由于"作之既多，功乃罔及，鬻供时需，名犹袭沿，服无等威，售者虽多"①　而逐渐推广开来。兰州绒褐品牌在全国名声日隆，本地人业此者也逐渐增多，个别织户因"料减价廉易于售卖，甚至短窄粗陋，日渐不兴"。乾隆四十年（1775），陈元庆在任时曾下令严禁偷工减料，绒行行首单宗傅等人也积极号召"整顿行规，维持本源"。乾隆五十四年（1789），单宗傅等人向皋兰县政府举报机户匠人"并不遵照古例……竟以粗陋短窄之料作弊，货卖请出示严禁等情"。②　之后皋兰县正堂（知县）朱尔汉召集客商、铺户、牙侩、机户等人商议，最终定下了带有惩罚措施的章程八条。朱尔汉还将整个事件的经过及章程全部刻在《绒行碑记》当中，勒铭以示的慎重既体现了绒褐业在当时兰州社会经济中的重要性，也说明绒褐业在快速发展过程中确实出现了许多问题，绒行自身难以解决，不得不借助官府的力量。

《绒行碑记》是兰州传统手工毛纺织业发展至顶峰的见证，同时也预示了它的衰落。在短期商业利益的驱动下，机户收买绒线仍以"加毛不净之筒线参杂织造"，铺户希图渔利，将不遵式样之绒褐滥收滥卖，最终导致兰州绒褐质量的下降。而这种问题显然没有得到很好的解决，到了清末时期，姑绒与褐尖等高档毛纺织产品，兰州反而不能自己生产。

在漫长的发展周期中，兰州织褐业的衰落自有其行业本身的原因，而近代以来，洋布输入的影响也确实加速了兰州织褐业的衰落。尤其是咸丰以后，兰州及西北人民逐渐形成服用棉布的生活习惯，加之洋布推销，兰州传统手工毛褐业遂逐渐衰落。光绪《重修皋兰县志》记载："（毛褐业）旧时业此者甚多。咸丰以来西洋布盛行，绒褐出售不易，店铺一概停歇。今所织者为粗褐、牛毛褐及毛口袋而已。而细褐反仰给于秦安等县。然亦无及姑绒、褐尖、平机等褐之佳者。"③　朱允明在《甘肃乡土志》中也提到，咸丰以后，"兰州所织绒褐，仅为粗褐、牛毛褐及毛牛口袋而已，洋

---

① 陈奕禧：《皋兰载笔》，《西北行记丛萃·宁海纪行》，第 238 页。
② 《绒行碑记》，薛仰敬主编《兰州古今碑刻》，第 281 页。
③ 光绪《重修皋兰县志》卷 11《舆地下·物产》，《中国地方志集成·甘肃府县志辑》第 4 册，第 112 页。

布行销，侵占了大量市场，使织褐工业一厥不能再起"。① 再随后，兰州机器纺织业开始创办，现代化的机器设备让手工毛纺织相形见绌。机器毛纺织业异军突起、手工毛纺织业就此衰落的场景似乎就要展开。但历史却并未如此发展。

与兰州传统手工毛褐业衰落几乎同时，羊毛逐渐成为兰州输出商品的大宗。据统计，天津港自 1861 年开始有极少量的羊毛出口，1885 年出口量开始激增，至 1890 年出口量比 1861 年增长了 43 倍之多。② 由于西北羊毛多由兰州集散输出，因此这一时期兰州的羊毛出口量也在不断增长。

1878 年，左宗棠在兰州建立兰州织呢局，1880 年建设完成正式开工。这是中国最早的机器纺织厂。几乎与兰州织呢局开工同时，李鸿章于上海建立了机器织布局。因此，兰州织呢局"实为吾国用洋式机器工厂之滥觞，亦吾国纺织工业之鼻祖也"。③ 中国最早的机器纺织工业甚至民用工业出现在兰州这样一个偏僻落后的地方，确有出人意料之处。在中国近代工业发展史上，兰州织呢局无疑具有重要的历史地位，但由于其开工四年即倒闭，很多史家并未对其进行详细的分析和研究。但是兰州织呢局的开办及其之后半个世纪的沧桑，为我们考察和了解近代中国机器工业的发展提供了一个难得的样本。

就左宗棠开办兰州织呢局时的环境来说，兰州具有毛纺织业发展的历史传统，也是羊毛集散的市场中心。但左宗棠本人对这一民用工业的设想并非立足于一个企业家的精打细算，而是政治家的谋略，这也导致他的谋划充满了政治式的主观判断而缺乏企业家式的实际考察。在左宗棠看来，发展织呢业百利而无一害，能够长收西北羊毛之利，羊毛"每年可剪两次。民间畜牧之利，以毛为上，盖取其毛之利长，非若皮肉利只一次也"。④ 继而他认为，如果以西北之羊毛织成呢片，"普销内地，甘人自享其利，而衣褐远被各省，不仅如上海黄婆以卉富服传之中土为足称也"。⑤

---

① 朱允明：《甘肃乡土志》，转引自夏阳《甘肃毛纺织业史略》，《社会科学》1985 年第 5 期。
② 胡铁球：《近代西北皮毛贸易与社会变迁》，《近代史研究》2007 年第 4 期。
③ 杨大金编《现代中国实业志》，商务印书馆，1938，第 183 页。
④ 《左宗棠全集·书信三》，第 428 页。
⑤ 《左宗棠全集·札件》，第 463 页。

左宗棠还设想了这一民办工业可能具有的扩散效应，他认为，"今日学徒皆异时师匠之选。将来一人传十人，十人传百，由关内而新疆"，"华人可以互相师法，无须洋匠教习"。① 左宗棠的设想很美好，但是实践过程却并不如意，兰州织呢局开办不久就宣告破产。1882 年，洋技工合同到期回国，而中国工匠并没有全面掌握技术，后来锅炉破裂，动力问题无法解决。1883 年新任陕甘总督谭钟麟下令停办织呢局，之后就逐渐废弃。

在左宗棠的设想中，其逻辑最有问题的部分就是市场，他乐观地认为只要兰州织呢局成品问世，即可畅销全国，并足以抵制洋呢进口。但由于不能获得国内其他同行的响应，兰州织呢局不仅需要在经济内部性上，如生产效率上下功夫，还要独自承担开拓市场的责任和成本。而后者作为一个复杂的工程，远非该企业本身和左宗棠本人所能实现。一封 1881 年从汉口发出的通讯中指出："兰州织呢局的产品，不管在品质上或价格上，都比不上外国的呢布，因为把厂中产品运到各通商口岸，就比从欧美输入呢布要贵多了。"作者还成功地预测到："等到明年外国雇员合同期满后，这兰州织呢局很可能不久即将成为历史上的陈迹了。"② 《捷报》于 1883 年 10 月 24 日对兰州织呢局的失败情况进行了总结："这个企业，奋斗了五六年之后，证明完全失败。得不到充足数量的原料，运输道路的恶劣……还有产品没有销售市场，这些合起来，使得这企业无法成功。"③ 《申报》在 1884 年 2 月 16 日对兰州织呢局的成败做了一个系统的总结："以彼处之人均尚棉布，而呢不甚销；贩至他省，又以运费较贵，似不合算。且局中开支亦繁，即大小委员已有十人，余可想见。所进不敷所出，自难支持。然功败垂成，实为可惜。设能将此局归作商办，涓滴无遗，安见必无起色也？"④ 《申报》指出了织呢局失败的市场因素，但它开出的药方则是将织呢局改归商办。但几十年后邓隆、牛载坤等人以商办织呢局，仍然赔累破产。

---

① 《左宗棠全集·札件》，第 463、466 页。
② 参见孙毓棠编《中国近代工业史资料（1840~1895）》第 1 辑下册，第 899、900 页。
③ 参见孙毓棠编《中国近代工业史资料（1840~1895）》第 1 辑下册，第 903 页。
④ 参见孙毓棠编《中国近代工业史资料（1840~1895）》第 1 辑下册，第 905 页。

二　清末民初兰州织呢局的发展

兰州织呢局停办后，曾一度改为洋炮局。清末新政时期，彭英甲将关闭近三十年的兰州织呢局恢复。1906 年，清廷批准兰州织呢局重新开办，彭英甲与比利时参赞林阿德谈判，由甘肃地方当局自筹资金，雇比利时工匠恢复兰州织呢局。主办人升允、彭英甲对此次恢复织呢局的设想比左宗棠创办时稍有进步。升允在《奏甘肃筹办织呢局情形片》的奏文中，对左宗棠创办织呢局的情形做了回顾，将其失败的原因归结于"惟以制呢不精，工本过大，事遂中辍"。升允认为："查大呢一项为军队学堂操衣所必需，其用最广，近年风气大开，各国每年输进骤加数倍，其价亦较前倍昂。各省间议自制具以资本过巨，创办为难。兹添配旧有之机制造本地之货，因势利导，自易为功。"① 而在彭英甲的主办下，兰州织呢局的制成品质量确实有很大的提高，"陆续织出各色粗细大呢，匀密坚致，暨择出粗毛，附织洋毯，均已成效昭著，方今崇尚实业，以本省之绒毛制日用之呢毯，兴复三十余年之废局，使之规模毕具，焕然一新。甘省以机器振兴实业，实以织呢为先声也"。② 升允认为织呢局以制作"军队学堂操衣"为主要业务，说明其对市场的认识有所提升，如果能够将兰州织呢局制成品全部用来供应"军队学堂操衣"，定也能帮助其摆脱最初的市场困境，进而在生产过程中不断克服各种困难，达到凡登效应的具化。但事实上，当时清政府并不具有这种保护工业的主观意识，而陕甘总督升允、兰州织呢局总办彭英甲等虽然力主保护织呢产业，但似乎并未得到清政府的回应。光绪三十三年（1907）十二月十九日，兰州织呢局甫经投产，升允即奏请清政府要求呢毯运销各处免征厘金税捐。他在奏章中写道："设局织造以为挽回之计，惟是由外洋购买机器，雇用洋匠，织成呢毯，所费成本已属非轻，若不援案请免厘金税捐，则成本愈重，销路必滞，况甘肃机制之货，实以织呢为先声，尤应加以保护借以振兴

---

① 彭英甲编《陇右纪实录》卷 13，沈云龙主编《近代中国史料丛刊三编》第 40 辑，第
　　659、660 页。
② 彭英甲编《陇右纪实录》卷 13，沈云龙主编《近代中国史料丛刊三编》第 40 辑，第
　　668～669 页。

实业。"① 升允援引两江总督端升对上海日晖厂出产呢毯完纳海关正税后运销各处免缴内地厘金的奏章，要求兰州织呢局的制成品享受与之相同的待遇。之后，彭英甲则奏请要求将兰州织呢局制成品与军队学堂操衣市场对接，上呈升允将织呢局呢样分寄各省。他提出，兰州织呢局的出产"最合军队学堂之用……亟应广为报告，俾能扩充利源。查各省军队学堂所需各种呢毯，原以中国无处制造，不得不取给外洋，利权外溢，良足深惜。而甘省以天产之原料，设局仿制，成本既轻，价值自减，各省所需，当无不乐于采购。……职局为开通销路起见，举凡各省军队学堂如有大宗之需，并请指定粗细名目品类颜色，电示职局，即当照样定织，依限交货，断不稍涉迟误，似于工商前途不无裨益"。②

为了避免出现像左宗棠时期洋匠回国后织呢局即停办的情形，彭英甲在开办之初就创办了织呢艺徒学堂，这也是我国最早的毛纺织技工学校之一。由于开办经费不足，彭英甲先后裁撤了织呢局内公牍、文案、监关防、清书共 5 人，裁夫马费、委员公饭各费等，共计每月节银 79 两 8 钱，一个半月节银 119 两 7 钱。学堂附设于织呢局内，由同情彭英甲的比利时工程师义务讲授外语、机械、纺织、染色各课，坐办讲授中文各课，翻译人员担任洋匠授课翻译，均不另领薪水。学生是织呢局艺徒，不另发伙食费。③但兰州织呢局的市场问题仍未解决，销路受困，政府连年赔钱。1910 年改由商人承办，规定有盈利时按纯利 10% 纳税，无利则免税，产品在本省免税。④ 尽管条件优惠，但仍未扭转亏损局面，1905 年再次停办。

1914 年，张广建采取官商集股合办的方式经营织呢局，更名为制呢公司，派蒯寿枢为兰州织呢局总办，力求恢复改观。这时，曾在比籍工程技术人员手下干过的徒工周占魁、罗福林（纺线），赵有才、刘炳炎（织

---

① 彭英甲编《陇右纪实录》卷 13，沈云龙主编《近代中国史料丛刊三编》第 40 辑，第 671～672 页。

② 彭英甲编《陇右纪实录》卷 13，沈云龙主编《近代中国史料丛刊三编》第 40 辑，第 678～679 页。

③ 彭英甲编《陇右纪实录》卷 13，沈云龙主编《近代中国史料丛刊三编》第 40 辑，第 725～726 页。

④ 中国近代纺织史编辑委员会编著《中国近代纺织史》下卷，中国纺织出版社，1997，第 107 页。

机），王海林、李逢春（整染），颜永禄（锅炉）等人，全盘接受了任务。这是兰州第一次在没有外国技工的条件下开办织呢厂，虽然工人进行了最大限度的努力，但产品因受外货排挤销不出去，存呢竟值银币十万元之多。次年，蒯寿枢便以机器陈旧（没有精纺设备）、中国技术人员技术不足为由，建议甘肃当局添购最新式的纺织机器和聘请外国工程技术人员。当局研究后决定从每年财政收入项下预支28000元，大举恢复扩建。但在后期发展中，每年预算资金难以拨付到位，最后不得不把积存粗呢减价拍卖。这样，"蒯寿枢的所谓远大计划便幻灭了"。①

　　蒯寿枢的官办方案失败后，1918年甘肃省实业厅鉴于织呢局荒废，"请商会招股接办"，后在马光烈和马福祥的撮合下，由邓隆出任织呢局经理，著名甘绅牛载坤为副经理。1919年，邓隆与牛厚泽以左宗棠购置的外国纺织机器为基础，建立了甘肃制呢公司。筹款20万元商办，约定3年内免租金，以后上交纯利的1/6作为租金。1920年复工之初，主要生产各种羊毛、驼毛、粗纱，并积极组织人力分赴各省推销。开业不久就接到了一批大合同，即为西藏喇嘛寺供应一批粗呢，从而有了最初的收益。见营业颇有起色，邓隆、牛载坤等人一方面着手对公司的长远规划，一方面开始研究进一步降低成本的办法。邓隆提出要在经营步入正轨、有利润之后，上马一套精纺设备。在成本方面，织呢用水成为最大难题，生产用水要每日用马车从黄河运来，所费不低。邓隆邀留学归来的赵元贞博士研究改良井水问题，赵元贞提出以石灰化合物中和碱性井水，从而降低了用水成本。眼见公司效益不断提升，邓隆等人雄心勃勃地将一批呢子运往上海推销，希图打开东部市场。可惜商品抵沪后，与洋货一比相形见绌，这批产品随后也就减价拍卖。之后甘肃制呢公司再没有接到大的订单，而各种进口细呢、毛毯开始流入兰州市场，甘肃制呢公司价昂质劣的产品便陷入滞销状态。眼看公司倒闭将无可挽回，邓隆紧急向马福祥求助，马出面将呢制品收购，充当军用。但马福祥只支付了税款和运费，公司非但没有赚钱还遭受了更大的损失。此后马福祥与邓隆、牛载坤等人翻脸，公司遂停办。之后牛载坤等人又提出过招股商办的主张，但没有付诸行动。

---

① 徐慧夫：《从辛亥到解放前夕的甘肃织呢工业》，《甘肃文史资料选辑》第14辑，第2页。

这样织呢局的机器又闲置了数年，刘郁芬入兰后，与前任一样立即着手恢复织呢局。1926 年他委派参事马澄洲主办织呢局，以供西北军军需之用，改称为甘肃织呢厂。马澄洲是山东人，曾留学日本学习纺织专业。刘郁芬拨款修理机器，招募工人，生产各种毛呢、毛绒毯。时有职工 120 多人，其中女工四五十人，专门从事拣毛工作。这一时期织呢局又改为官办企业，不计利润，所织呢子质量有所提高，主要供应军需，间或应市销售，因而市场较有拓展，生产也有部分起色。呢子产量，最高峰时曾达到日产 10 匹左右。① 关于甘肃织呢厂停办时间，徐慧夫认为 1927 年马仲英反冯战争时织呢局工人被派往押运子弹，织呢局仅开办一年即已停办；② 《中国近代纺织史》中则提出到刘郁芬离开甘肃的次年即 1930 年方停产。③

三　兰州织呢局与其他织呢厂的对比

要深入分析兰州织呢局在清末民初的发展情况，需要对同时期的其他毛纺织厂做一简单的回顾。清末新政时期，国内先后创设 3 家官办毛纺织厂和数家民办小型毛纺织厂。这 3 家官办毛纺织厂的效益也并不比兰州织呢局出色，都在辛亥革命前后停办。1907 年两江总督端方开办的上海日晖织呢厂强调供制服之用，但并未打开销路，1910 年停工。1907 年陆军部请准设立的官商合办的清河溥利呢革公司，专门制造军服用呢，但陆军部拖欠货款导致资金周转失灵，1913 年停工。1908 年湖广总督张之洞创办的湖北毡呢厂也在 1913 年倒闭。《中国近代纺织史》一书中载，这些毛纺织工业的失败，原因在于"当时政府不但未采取扶植政策，反而要增收比进口货高一倍的子口税。主办人集资无方，资金短缺，用人管理又多弊端，始终无法盈利"。④ 在当时国内并没有服用呢制品的习惯和缺乏相应市场的情况下，各织呢厂都希望自己的产品能够用

---

① 中国近代纺织史编辑委员会编著《中国近代纺织史》上卷，中国纺织出版社，1997，第 347 页。
② 徐慧夫：《从辛亥到解放前夕的甘肃织呢工业》，《甘肃文史资料选辑》第 14 辑，第 7 页。
③ 《中国近代纺织史》上卷，第 347 页。
④ 《中国近代纺织史》下卷，第 108 页。

来供应机关制服和军服，但可惜未打开这类市场，军服又久经拖欠，因而难以发展。

一战期间，中国毛纺织工业又开始了新一轮的投资和发展，但仍然以失败告终。同时期国内其他的毛纺织厂也都重新开办，有的迅速倒闭，有的短暂获利继而倒闭。清河溥利呢革公司改组为清河陆军呢革厂，曾短暂获利，1924 年再次倒闭；日晖织呢厂改组为中国第一毛绒纺织厂，也曾短暂获利，1924 年后进口混纺呢大批输入，1928 年停办。也就在此时，国外毛纺织业的精纺技术开始盛行，而从兰州织呢局开始的国内毛纺织业均为粗纺技术。精纺机器所产呢绒更均匀细致，手感、色泽更好，尤其是在国门敞开的情况下，精纺呢绒大批输入，国内粗纺毛纺织业似乎走到了历史的尽头。从 1882 年左宗棠设立兰州织呢局到 20 世纪 30 年代的近 50 年里，中国毛纺织业几经发展均未收获成效。

经过前期近半个世纪的开拓，中国毛纺织业发展的正外部性市场终于在 20 世纪 30 年代出现，其标志就是精纺毛纺织厂的大量开办。从 1931 年的达隆呢绒厂开始，天津、上海、无锡、太原、广州等地先后创办了几家规模较大的用进口毛条加工的精纺毛纺织厂。1934 年，无锡的唐骧庭、唐纪云、唐君远、唐熊源等集资 20 万元兴办协新毛纺织厂，该厂"仿英不仿日"，从而成功地避免了与日货的重叠，争取到了一定的市场空间，进而大获成功。之后章华、仁立等毛纺织厂也相继添购德制精纺设备，中国的毛纺织业开始有了较大程度的发展。至 1937 年，全国已经有中外资毛纺织厂 30 余家，粗纺 37933 锭，精纺 26032 锭。其中民族工业粗纺 19383 锭，精纺 10472 锭，兰州织呢局有粗纺 880 锭。① 当时的兰州织呢局虽在民族毛纺织业中尚有一席之地，但已经大大落后了。

精纺技术的革新使早期以引进西方粗纺技术为基础的毛纺织业失去了技术优势。按常理来看，在引进粗纺技术至精纺技术革新之间的历史时期，是以兰州织呢局为代表的早期毛纺织业发展的黄金时期，在这一时期只有把握住历史机遇快速发展，才有可能继续进行技术革新继而获得持续性的发展。但可惜的是，以兰州织呢局为代表的早期毛纺织业并未抓住这

---

① 《中国近代纺织史》下卷，第 114 页。

一历史机遇，在粗纺制品尚未形成市场之前，精纺技术已经再次从国外引进。即便忽视了技术层面的差异，在毛纺织业的正外部性出现之时，兰州毛纺织业似乎也不具有任何发展的优势。中东部地区以水运经济为基础的毛纺织业，天然地靠近中国中心市场，再加上中东部地区经历了欧风美雨的洗礼，呢绒市场已经得到了非常显著的开拓，因而在产品运销上的优势非常明显。与之相比，兰州毛纺织业的发展却是立足于陆路经济，且西北地区并没有一个完善的呢绒消费市场。在这种情况下，尽管拥有原料来源地的便利，兰州毛纺织业的出品却不得不横跨整个陆路以运销到沿海地区，运输成本之高使其完全无力与中东部地区竞争，遑论与外资企业乃至国外企业竞争。因此，兰州毛纺织业的发展难度之大远远超过中东部地区，交通运输的困境更使它不能享受到市场正外部性所提供的便利，在市场问题没有解决之前，兰州毛纺织业不可能得到发展。就出口市场来看，兰州毛纺织业要想获得发展，要么是尽快修通铁路以减弱陆路经济的影响从而拉近与中国中心市场的距离，要么是中心市场能够主动向西迁移，靠近兰州，从而增强两大市场体系之间的"可接近性"。不过，后一种想法看似异想天开，却在抗战时期实现了。

四 抗战爆发后兰州毛纺织业的兴盛

抗战爆发后，东南沦陷，国民政府西迁，给兰州工业的发展带来了意想不到的市场环境。国人西迁不仅给近代兰州和西北带去了服用呢绒的消费风尚，更重要的是使中国中心市场也发生位移，大大缩短了兰州毛纺织业与中心市场的距离。《甘肃之工业》一书分析说："本省之产毛编品，其目的亦在自用，最近因外省或外县收买商人日众，编户之产品，得着良好之出路，当然积极从事，增进生产，以故毛编品乃有蒸蒸日上发展之趋势。最近二三年来，向四川北部及河南、陕西零销颇巨，各当地因舶来机器毛线来源断绝，上等毛衣缺乏，大有取而代之的倾向，实际上亦能发生同样之效用，而且价格亦较便宜。"① 来自政府的投资不仅使兰州织呢局恢复开办，还促成了雍兴公司兰州毛织厂的创办，民间资本也纷纷涌入毛

---

① 《甘肃之工业》，第50页。

纺织业，其中最为重要的是刘鸿生创办的西北毛纺厂。

战时规模比较大的机器毛纺织工厂主要有军政部第二制呢厂和雍兴公司兰州毛织厂两家。抗战时期全国用兵，军需缺乏，军政部与甘肃省政府遂协商租用兰州织呢厂，并拨款 30 万元作为生产流动资金，月租 250 元，并改名为军政部兰州制呢分厂，1940 年又改为军政部第二制呢厂。1938年 1 月，军政部从其武昌织呢分厂中派遣 20 多名技术员工携带一些器材来兰，在原厂基础上添置部分机器，并于 8 月正式开工，产品全部为军毯，起初年产军毯 2 万多条，1945 年年产量增至 20 万条。1946 年联勤总部将军政部第二制呢厂划归兰州被服总厂领导，厂名改为兰州被服总厂制呢厂，继续生产军毯，日产 100 多条。

雍兴公司兰州毛织厂是 1940 年中国银行甘肃分行雍兴公司创办的。该公司投资 60 万元，委派比利时留学生潘炳兴在兰州市西郊七里河中国银行闲置的仓库 8 座、平房 40 余间中开办，潘任总经理。开办时有弹毛机、梳毛机、打绳机各 2 台，经纱机 6 台，织毯木机 20 台，手工纺车 10架，手摇纺车 85 架，脚踏纺车 133 架，木炭代油炉 1 座，职工 250 人。之后，雍兴公司兰州机器厂陆续为该厂仿制添加了一些毛纺织染整设备。除弹毛机、松毛机、洗呢机、缩呢机是用小电机、1 座木炭代油炉及汽车发动机作为动力外，其余设备均为人力手工操作。1946 年该厂又购置了一些动力毛纺织设备，有梳毛机 4 台，棉纺粗纱机 8 台，80 锭盒锭纺机 1台，305 锭走锭机 1 台，全厂有纱锭 1509 枚。织机有高阳式织机 32 台、石丸式织机 17 台、小平机 2 台、宽幅动力织机 4 台及毛褐子织机等共计105 台。起初主要生产毛围巾、地毯、粗毛褐，后逐步过渡到毛呢、毛毯等粗毛纺织物。由于机器短缺，早期采取外发加工和收购毛线的办法来维持生产，到抗战末期积累资金较快，增添各类机器近百台，纺锭达 1500枚，职工增至 400 余人，出产产品包括毛褐子、宽幅各色纯毛呢、窄幅各色纯毛呢、宽幅棉毛呢、窄幅棉毛呢、人字呢、斜纹呢、毛毯等。年产毛呢 6 万米、军毯和毛毯 4000 多条、地毯 4000 多块，年产最高达到 8 万米，创造了新中国成立前甘肃毛纺织业的最高纪录。①

---

① 夏阳：《甘肃毛纺织业史略》，《社会科学》1985 年第 5 期。

1943年创办的西北毛纺厂，可谓是近代中国资本结构最为复杂的工厂之一。该厂的设立，本出自杜月笙的主意。杜月笙应西北公路局长何竞武的邀请前往兰州考察，考察后认为，"目前举办西北工业，以毛纺织厂最为适宜。……兰州之厂或较重庆之厂（指重庆的中国纺织厂）前途更为光明也"。① 杜月笙邀请有经营毛纺织厂经验的刘鸿生一起参与创办。随后，刘鸿生先后派人来兰考察十余次，他本人也先后三次来兰调查，并于1943年1月提出了在兰州设立毛纺织厂的计划书，他在计划书中非常乐观地提出，"经过这许多年的注意和调查，鸿生及同仁等均认为，要解决军需及同胞冬衣问题，非在兰州设有相当规模的毛纺织厂不可"。② 1943年5月8日，在西北毛纺织公司发起人会议上，刘鸿生报告在兰州创办毛纺织厂的意义说："中西通商以来，已逾百年。西北产毛甚多，而在抗战以前，国人尚未有机会服用以西北毛制造之呢绒，宁非怪事。中国毛纺织厂设在重庆，而所用原料大部来自西北。……若在产毛之根据地设厂，则更合乎工业经济之原则。"③ 之后，杜月笙、钱新之、王志莘与刘鸿生一起晋谒孔祥熙，请其领导此事。孔祥熙随即指定复兴公司参与投资。经济部长翁文灏亦允诺签名作为发起人之一。钱新之随后又领衔通电朱绍良、谷正伦、胡宗南、蒋鼎文、何竞武请求其署名发起，谷正伦则又邀请马鸿逵、马步芳共同参加。后成立筹备委员会，杜月笙为筹备主任，钱新之为副主任，刘鸿生等七人为筹务员。在这次发起人会议上，公议决定设定公司资本总额为3000万元，由复兴公司、交通银行、中国毛纺织厂各投资500万元，杜月笙与王志莘各承担500万元，另外500万元由杜月笙和刘鸿生共同设法筹集。中国毛纺织厂以机器作价240万元，现款投资260万元。后中国毛纺织厂又追加投资1166.6万元。1946年由于物价上涨，西北毛纺厂在1944年4月14日第四次筹备会议上决定，续召资本7000万元，使总资本达到1亿元。其

① 上海社会科学院经济研究所编《刘鸿生企业史料（1931～1937年）》下册，上海人民出版社，1981，第205页。
② 李锐才：《兰州西北毛纺厂回顾》，兰州市政协文史资料委员会等编《兰州文史资料选辑》第11辑，1990，第149页。
③ 《刘鸿生企业史料（1931～1937年）》下册，第204页。

《招股简章》规定："（股份）总额为国币一万万元，分作一百万股，每股一百元，除由发起人认定五千万元外，余额五千万元公开募集。发起人认定股额中，包括政府提倡股，即经济部二百万元（后增至900万元），甘肃省政府三百万元（后增至900万元），青海省政府投资300万元，余皆为商股。"① 这就使西北毛纺厂成为近代兰州规模最大、资金最多的企业。

这里，我们有必要完整介绍一下参与发起的国民党高级官吏和知名人士。据1943年5月8日西北毛纺织公司发起人会议记录，时有29名国民党军政大员和知名人士参与发起。② 由表3－13可知，西北毛纺厂的发起人包括孔祥熙、翁文灏两人为代表的重庆国民政府时期主管财政的首脑人物，包括杜月笙、钱新之等为代表的工商界大亨及以刘鸿生为代表的纺织业专业人士，并涵盖了西北地区几乎全部的军政要员。对于该企业为何有种类齐全的各色人物，根据西北毛纺厂厂长平伯骧在1964年的口述，刘鸿生与官僚、买办、军阀、地方封建势力、流氓头子及其他知名人士合作筹办西北毛纺厂，"他们之间是互相利用。刘鸿生同这些人合作是为了想在西北站住脚跟，取得他们的支持，搞一些设厂的资金。而那些官僚、买办、军阀、流氓头子也并不是真正想办工业，他们与刘鸿生合作也各有各的打算。如杜月笙等原来搞的是投机买卖，名声很臭，希望假借办工业作自我标榜。又如马步芳等人则希望外地人在西北办厂，以装饰地方门面"。③ 刘光永在《企业大王刘鸿生》一书中则认为，"孔祥熙也好，翁文灏也好，杜月笙也好，胡宗南、马鸿逵、马步芳也好，他们都只是挂名的，实际干事的只有刘鸿生。刘鸿生之所以要拉上这些人，是因为那时他已没有办厂资金，他有的只是办厂经验和一些技术管理人员，同这些权倾一时的中央和地方大员合作，取得他们的支持，在大西北站住脚跟，并搞到一些办厂的资金。借鸡下蛋，借窝孵化，可谓如意算盘"。④ 在这些发起人当中，大家似乎没有意识到刘鸿生对地方军政要员的刻意关注，认为仅是"装饰地方门面"

---

① 李锐才：《兰州西北毛纺厂回顾》，《兰州文史资料选辑》第11辑，第149页。
② 《刘鸿生企业史料（1931～1937年）》下册，第205页。
③ 《刘鸿生企业史料（1931～1937年）》下册，第206页。
④ 刘光永：《企业大王刘鸿生》，中国社会科学出版社，2011，第254页。

肯定是不妥的，西北军政要员自然需要像刘鸿生这样的企业家来发展西北实业，这一点往往是真心而非假意。刘鸿生则故意假借这一点为西北毛纺厂的发展保驾护航。

表 3 – 13　西北毛纺厂发起人情况

类别	姓名	职务
国民政府高级官员	孔祥熙	行政院副院长，兼财政部长、中央银行总裁和四行联合办事处副主席
	翁文灏	经济部长
工商界大亨	杜月笙	时任中国通商银行董事长
	钱新之	江浙财阀代表人物，时任中华实业信托公司常务董事
	王志莘	新华信托储蓄银行总经理
	席彬儒	复兴公司总经理
	赵棣华	交通银行代总经理
	武渭清	山西裕华银行经理
	汤筱斋	重庆交通银行经理汤筱斋、大昌裕盐号的董事长
	骆清华	中国通商银行总经理
	吴启鼎	四明商业储蓄银行董事长
	杨管北	大达轮船公司总经理，曾任上海市参议员，杜月笙的左右手
纺织业专业人士	刘鸿生	"企业大王""毛纺大王"，国民政府火柴专卖公司总经理、全国专卖总局局长
	肖松立	重庆市棉纺织业同业公会常务理事、代理会长，兼任重庆市商会理事，重庆市工业公会常务理事
	袁国梁	杜月笙弟子，从事棉纺、面粉工业的工商界人士
	章剑慧	纺织大王
	徐谟君	中国毛纺织厂厂长
	邱炳生	中国毛纺织厂总工程师
	陈蔚青	中国毛纺织厂副经理
地方军政要员	朱绍良	第八战区司令长官
	胡宗南	第八战区副司令长官兼第三十四集团军总司令
	谷正伦	甘肃省政府主席
	马步芳	青海省政府主席
	马鸿逵	宁夏省政府主席
	蒋鼎文	原西安行营主任，现任第一战区司令长官兼冀察战区总司令
	缪云台	国民参政会参政员，云南省经济委员会主任，并任中华职业教育社云南办事处辅导委员会常务委员
	何竞武	西北公路局长

在重庆中国毛纺织厂发展的时候，刘鸿生就善于利用各种关系为产品打开市场销路。中毛厂的发起人包括经济部长翁文灏、粮食部长许可亭、西南运输处主任宋子良等 15 人，他常常给这些国民党的高级官僚和公司董事赠送呢料，然后联系各机关为其制造公教人员的制服呢，并通过上海迁渝的呢绒商号来销售该厂产品。① 这种保驾护航既有原料方面的，也有市场方面的。如刘鸿生与马步芳的以呢易毛交易，双方都有获利。这种交易既解决了原料来源问题，又部分解决了销售问题。由于西北毛纺厂正式投产在 1945 年 10 月 10 日，抗战已经结束，产品一经生产出来就立即面临着市场销售的问题。总工程师邱陵在开工之前就意识到市场销路的问题，在 1945 年 9 月 15 日致刘鸿生的信中谈道："抗战胜利后，兰州毛织厂出品虽跌价百分之五十，亦无人过问，西纺厂开工出货，销路暂时亦成问题。"② 邱氏建议刘鸿生在开工之后与军政部第二制呢厂接洽，之后成功获得承制军毯 3000 条的订单。③ 厂长平伯骤在 1945 年底给刘鸿生的信中提到："在本厂正式出货之初，呢绒市场原已转趋活跃。迩来由于受金价跌落及邻省物资大量输入甘省之影响，呢绒、布匹及百货之价格遂一致下跌。兰市购买力原极薄弱，而买主处此现状，又多存观望态度，致本厂出品之销路，因亦随之而呆滞。"刘鸿生先是与军政部第二制呢厂接洽，代其生产军毯，从而渡过了发展早期的困境。1946 年西北毛纺厂的销路逐渐打开，尤其是在当地非常抢手。1946 年 4 月该厂创立会议记录中提到，1946 年 1 月生产 3785 米，2 月 1144 米，3 月 4052 米，"所出各货均在当地随时售出，销路颇旺，有供不应求之势。……本厂出品冠于当地，极受欢迎"。该厂看到西北天气寒冷，夏天也可穿薄呢衣服，且当地素不产棉，棉价贵于羊毛，

① 《刘鸿生企业史料（1931～1937 年）》下册，第 197 页。
② 《刘鸿生企业史料（1931～1937 年）》下册，第 358 页。
③ 刘鸿生本人及西北毛纺厂对军事订单都有排斥情绪。刘念智在 1963 年口述资料中提及，由于中国毛纺织厂在接受军事订单时屡次受损，因此刘鸿生对军事订单存有戒心。西北毛纺厂接受军政部订单，刘鸿生"原则上是同意的"，可见其态度之勉强。1945 年 10 月 28 日平伯骤给刘鸿生的信中也认为，"军品手续麻烦，利润太薄，若不酌量制销商品，势必受军呢厂之牵制。且以本厂机器，如专制军毯，未免可惜。故嗣后仍须酌制商品，以示迎拒，而资抵注"。1946 年 1 月 5 日刘鸿生在给平伯骤的信中再次提及，"惟承制军用呢手续麻烦，应付困难，中纺（中国毛纺织公司）之前车可鉴，西纺不宜再蹈其覆辙也"。详见《刘鸿生企业史料（1931～1937 年）》下册，第 359、360 页。

因此还提出，如果公司能够扩充机器设备，增加出品并降低成本，则"所出呢绒堪为一般平民四季衣料，以代替棉织品，如是，则在甘、宁、青、新诸省销路大有发展余地"。[1]

据 1948 年 3 月 21 日西北毛纺厂第四次董监联席会议记录，1947 年共销售呢绒 80985 米，比 1946 年几乎翻了一番，净收入达到 78 亿 7000 余万元（见表 3-14）。西纺厂销量和利润的增长也助长了刘鸿生的野心，他在 1947 年派中毛厂副经理陈蔚青出面致该公司驻美国纽约代表嘉禾，试图将西毛厂产品打入美国市场。1948 年双方谈妥，拟先运 10 吨至纽约试销，价格为每磅 0.35 美元。1948 年 9 月陈蔚青收到美国方面寄来的信用证计两批 7090.8 美元，并着令西纺厂将产品运往上海，准备出口。这批产品有没有到达美国，到达了美国的话销路如何，由于没有资料可供考证，我们不得而知。但据刘念智回忆，"西毛外销虽然筹划了好几年，但除对美国销售过小量样品外，实际上并没有成为事实"。[2] 这也说明当时有部分西纺厂产品到达美国。只是由于后来西北战争打响，西纺厂产品出口一事也遂作罢。

表 3-14 1946 年、1947 年西北毛纺厂产量比较

种类	1946 年	1947 年	增长率（%）
洗毛		799585 公斤	
拣毛	68000 公斤	95188 公斤	40
纺毛纱	43000 公斤	80079 公斤	86
织呢坯	48000 米	99864 米	108
整染呢绒	45000 米	84427 米	88
销售呢绒	4 万余米	80985 米	
净收入		78 亿 7000 余万元	

资料来源：《刘鸿生企业史料（1931~1937 年）》下册，第 367 页。

综上，兰州毛纺织业的发展历史悠久，行业发展周期极为漫长。拥有"企业家精神"的左宗棠以极高的远见在兰州创办了机器毛纺织工

---

[1] 《刘鸿生企业史料（1931~1937 年）》下册，第 358、362 页。
[2] 《刘鸿生企业史料（1931~1937 年）》下册，第 369、373 页。

业，但是对于后发国家的现代化来说，引进技术只是一个最为简单的开始。由于清朝政府缺乏一个统一的经济发展战略来创建市场要素，兰州织呢局显然无法担负高昂的社会协调成本，其失败几乎是必然的。之后，彭英甲、张广建、邓隆、牛载坤、刘郁芬等人不断重开织呢局，但都无法解决工业发展的外部性问题。抗战爆发后，国家中心市场向西迁移，兰州毛纺织业与中心市场的距离大大缩短，进而获得了发展的便利空间。战时兰州毛纺织业的发展，是自身毛纺织业发展基础与抗战环境共同作用的产物。左宗棠的远见和"重提左宗棠"构成的发展兰州工业的社会紧张心态和强烈愿望，形成了兰州毛纺织业在战时大发展的内在社会基础。

小　结　边缘发展的困境

明清以来，受益于国内统一市场构建形成的"大流通"格局，在长途贩运贸易的带动下，兰州的市场体系不断完善，并成为西北的经济中心。左宗棠所创设的兰州机器制造局和兰州织呢局，为兰州打开了近代化的大门，却难以落地发展。这说明，传统市场力量不足以推动近代兰州的经济现代化。相较于东部沿海，以兰州为代表的边缘地区尤其需要国家的扶持。

但是，在经济现代化的过程中，国家的关注点在发生改变。中国历来是个农业大国，解决人民的衣食问题从来都是国家的基本方略，这也就决定了中国的陆地性。由于农业经济的自给自足性，传统中国一直没有把海洋贸易作为国民经济的必需。从晚清魏源的《海国图志》开始，近代中国渐渐开始了从陆地转向海洋的曲折发展过程。通过沿海的各个通商口岸，中国与世界的经济联系越来越紧密，中国的经济重心也越来越向沿海移动。同时，治国方略在某些方面发生了转变，正如彭慕兰所言："这种新的国策既改变了国家专注的使命，也改变了它认为最为重要的地方。随着中国地位的改变，中国内部不同地区的地位也在改变。"① 鸦片战争以

---

① 彭慕兰：《腹地的构建——华北内地的国家、社会和经济（1853～1937）》，第44页。

后，中国东南水运经济体系自然地与世界海洋经济体系发生对接，率先开展近代化并取得了丰硕的成果。与之相应，晚清政府不得不放弃了自己的"边疆性"及"均一化"策略，① 改而推行一种自强策略进而将东南沿海视为国家发展的中心和重心。在追求现代化的自强运动中，中央政府日益将其注意力投向富庶的沿海地区。随之而来的是资源的转移和重新分配，资源向较为富裕且直接面对列强威胁的沿海地区倾斜。再加上海洋贸易的广泛兴起，中国的广大内陆尤其是西部地区愈益边缘化。这就形成了边缘发展的困境，那就是，相较于沿海地区，内陆边缘更需要国家的"扶持之手"。但是，在国家现代化进程中，沿海地区才是现代化的中心地区，所以"扶持之手"又更多伸向了那里；而一旦国家把注意力锁定在沿海地区，那么边缘地区的发展目标就变成了政治安定而非经济发展，甚至以牺牲边缘地区的经济发展来实现政治安定的统治目标。

因此，在国家现代化的进程中，以兰州为中心的西北内陆更加严重地边缘化了。尽管国家构建的政治动机为近代兰州城市地位的提升提供了重要的能量来源，但是国家现代化的进展却导致了近代兰州更为严重的边缘化。作为西北市场与中东部市场的连接点和转口贸易中心，近代兰州的经济发展严重依赖交通的发展状况。但是，在国民政府委派邵力子入甘之前，兰州很少处于中央政府的直接统治之下。非直接统治既极大地削弱了中央政府对西北地区进行公共物品供给的意愿，也限制了地方势力为地方福祉发展交通的动力。邵力子主甘后，国民政府对兰州及其附近地区交通投资的力度和规模也严重受制于国民政府控制西北的能力。落后的交通俨然成为近代兰州和西北发展的主要难题，进一步拉大了边缘地区与中东部地区的经济差距，也使所有其他关于西北开发和建设的畅想成为幻想。这种情况即便在抗战时期也没有得到根本的改变。抗战时期国民政府奉行"先西南后西北"的经济发展策略，兰州所获得的资金、技术、人员支持

---

① 袁剑将清朝的统治秩序归纳为清代中国的"边疆性"，这种边疆性是指一种既巩固核心地域，同时又将边疆地区置于重要战略地位的清代所独有的统治观念，它是在清代中叶以后才出现的一种对于中国边疆问题的多角度的、具有反思性的整体性操作战略。清朝"边疆性"中关键的"消灭后方"则希望通过边疆地区与核心地区的互动达到双方的"均一化"，所体现的则是边疆地区与核心地区双方的互动发展。参见袁剑《"新清史"与清代中国的"边疆性"问题》，《中国社会科学报》2010 年 10 月 19 日，第 13 版。

远较西南地区要少，据黄立人对抗战时期西部各工业区的统计，重庆合计有工业企业 429 家排在第一位，而包括兰州在内的整个甘青地区仅有 20 家，整个甘青地区的工业企业总数甚至远低于川中区、川东区、桂林区、昆明区、沅辰区及西安、宝鸡区等区域。① 这也说明，近代兰州在国内经济体系中的边缘化地位，并未因为抗战时期的发展而得到多大的改变，反而在西南地区的快速大规模发展中更加相形见绌。

---

① 黄立人：《抗战时期大后方经济史研究》，中国档案出版社，1998，第 175 页。

第四章

反序的边缘: 近代兰州市政建设的开展

近代以来，在西方的压力之下，中国城市开始了畸形的、局部的、被动进行的城市化进程，其代表性成果即是市政管理机构的诞生。1864 年，上海就出现了中国最早的市政管理机构——英租界的道路码头委员会。1896 年，经清政府批准，上海正式成立了南市"马路工程局"。清末新政时期，在清政府警政政策、自开商埠政策和地方自治政策的引导下，具有近代意义的市政机构开始大规模出现。[①] 1897 年，中国自主设立的具有近代市政管理意义的机构——湖南保卫局成立。与东部城市快进程、高速度的城市化步伐相比，兰州市政建设可谓是起步迟滞且发展缓慢，直到1938 年省会公务所创办以后，近代兰州才有了市政管理机构的雏形。

与兰州人口增长的反序性类似，近代兰州市政建设也具有明显的反序性特征。纵观近代兰州市政的发展历程，可以发现，作为边缘城市，其发展既受到现代国家构建这一政治动机的推动，又一直受自身财政拮据之困扰。在财政拮据之下，兰州设市的日程一推再推，经历了三立三废。也是在财力困乏之下，兰州城市现代化的开展不得不更多地侵占民间资源，佛道寺院的庙产作为一个产权并不十分明晰的社会资源自然成为最佳的选择。在市政现代化的其他方面乏善可陈的情况下，具有现代化属性而又无需过多现代化技术和资金支持的林政，就成为边缘地区走向现代化的一条蹊径，也是其面向国家展现"现代化政绩"的绝佳手段。但是，林政上

---

① 苏明强：《清末新政与中国近代市政机构的萌生》，《辽宁教育行政学院学报》2009 年第9 期。

获得的有限成功，远远无法抵消在边缘化趋势中普通市民利益受损所带来的国家合法性的损害。

第一节 "国家"的在场与缺席：清末以来的市政建设

近代兰州市政建设起步于左宗棠督甘。清末新政时期，由于有外省协饷的接济，陕甘总督初步开展了一系列的市政建设，奠定了近代兰州市政的基础。民国初年，在"非直接统治"下，政局动荡，财政支绌，浩繁的军饷挤占了兰州市政建设的资金，与同时期中国大部分地区城市市政的快速发展相比，兰州尤显缓慢，乃至陷于停滞。与之形成鲜明对照的是，抗战时期东南沿海地区城市发展大多陷于停滞，而兰州作为"抗战建国"的后方基地则迎来了一个发展时机，市政建设得到了突飞猛进的发展。抗战后期，由于人员东归、资金短缺，市政建设又趋缓慢。因而，从时间的纵向线索来看，"国家"的缺席与在场对近代兰州市政的发展进程有着重要的影响。

一 协款的接济：清末市政的起步

晚清时期，兰州虽为西北军事政治中心，但地处腹地，仍被国人目为边地，行政设施偏重于军事管理，经济文化建设较为荒疏。同治回民起义的发生，使兰州及其附近地区的社会秩序严重紊乱，加之交通阻塞、吏治腐败、经济凋敝，与沿海各地相去越来越远。左宗棠督甘以后，亦着手进行兰州的市政建设，为近代兰州的发展奠定了基础。

（一）左宗棠时期的市政建设

左宗棠早期的市政建设主要因应于军事需要，而后期则在民生方面发力。左宗棠对兰州市政建设的推动，主要表现在重修城池、开设两局、兴办书院、修建园林等方面。在同治回民起义中，兰州先后两次遭受攻击，城垣受到一定程度的损坏。"省城前经兵燹蹂躏不堪，楼橹朽败，雉堞坍塌，大城与四观壕堑淤渐几成平底。"① 因此，左宗棠到兰州后，立即决定重修城垣。光绪

---

① 《省城戒严》，慕寿祺：《甘宁青史略》第7册正编卷25，第15页 b。

二年（1876），大修兰州外城，新修城根深一丈多，宽一丈数尺；城身高三丈七尺，顶宽八尺多；城壕深宽各有二三丈。左宗棠的这次重修，也是兰州城墙的最后一次修整。该工程历时一年，用工170多万，由11个防营合力完成。为了达到震慑西北和怀柔远人的目的，左宗棠将西门城楼修建得异常雄伟，"真足表显西北重镇的姿态，对于西路来的人，踏进第一个省城，便给他第一个很深刻的印象"。① 同时，鉴于兰州城西军事防卫力量薄弱，左宗棠在兰州城西南的龙尾山上修建了护卫兰州的四个墩堡。同治十年（1871），左宗棠在兰州创办了西北第一个近代军工企业——兰州机器制造局，制造了第一批西式枪炮如后膛七响枪、德式螺丝炮，并改造了中国旧式劈山炮。这批新武器，在平定西北、收复新疆的战争中发挥了巨大作用。在创办近代军事工业的同时，左宗棠也开创了兰州的民用工业。光绪四年（1878），左宗棠创立了西北第一个运用西方大机器生产的纺织厂——兰州织呢局。

左宗棠对兰州的教育事业颇为重视，先后重修和新修了兰州五泉书院和兰山书院，并多次与书院学生见面或书信来往，切磋学问。他还特意叮嘱甘肃布政使崇保代筹兰山书院的膏火费，为甘肃子弟求学提供便利。左宗棠对回民教育也很重视，在平定回民起义过程中他就出示晓谕保护兰州伊斯兰教礼拜寺，还筹建了回民义学，鼓励回民子弟学习文化知识。左宗棠最大的贡献无疑是其对陕甘分闱的推动。甘肃自1663年从陕西划出建省，在210多年的时间内与陕西合闱乡试，闱所设在西安。甘肃生员不得不跨越少则七八百里、多则千里以上的路程赶赴陕西应试，"边塞路程悠远，又兼惊沙乱石，足碍驰驱，较中原行路之难，奚翅倍蓰！士人赴陕应试，非月余两月之久不达。所需车驮雇价、饮食刍秣诸费、旅费、卷费，少者数十金，多者百数十金。其赴乡试，与东南各省举人赴会试劳费相等"。不仅受尽路途跋涉之苦，且路费高昂，一般家庭无力承担，许多生员望而却步，"故诸生附府厅州县学籍后，竟有毕生不能赴乡试者，穷经皓首，一试无缘，良可慨矣！"② 由此，左宗棠提出陕甘分闱的奏请并获

---

① 秦翰才：《左文襄公在西北》，第134页。
② 《左宗棠全集·奏稿五》，第511～512页。

得了清政府的认可，1875 年光绪皇帝登基，清廷令各省举行纪元恩科乡试，并决定甘肃分闱，独自筹办乡试。左氏奏请甘肃分闱时请将甘肃乡试每科名额定为 40 名，经部议驳，改为 30 名。但左宗棠一再坚持，终于在光绪二年乡试时又增加 10 名。[①] 左宗棠还亲自督率在兰官员择定袖川门外一块官地修建贡院，规模宏大，可容纳 4000 人参加考试，"在当时各省贡院中，也是数一数二的，统共花费五十万两白银"。[②] 秦翰才在记述此事时感慨道，对于乡试分闱和分设学政这样的造福人民的大事，竟然没有一个甘肃巡抚或陕甘总督想到，"光从这一点看，就知道他们对于边方政事，没有放在心上。于是文襄公的举措，格外值得人们的重视了！"[③]

左宗棠还在城市饮水和绿化方面做了开创性的工作。光绪六年（1880），左宗棠要求杨昌濬在兰州莲花池、东校场、河壖和总督衙门后的空地上种桑千余株，并在给杨的信中说："十年之后，可衣被陇中矣，幸何如之！"[④] 左宗棠看到兰州市民饮水困难，先后开凿了饮和池和挹清池。饮和池位于陕甘总督衙门左侧，从黄河引水，春冬两季用吸水龙头（抽水机）抽水，夏秋两季用水车提水。挹清池位于总督衙门右边，水从五泉山西南水磨沟经西城门通过渠道引入。水池的开凿不仅方便了市民饮水，也改善了水质，为城市消防提供了水源。

其他市政方面，左宗棠开放督署节园一事颇值一提。光绪四年前后，左宗棠与郭嵩焘书信来往频繁。一次郭给左写信说："目前西方各国都市，皆有公园之设，供市民游览，官民同乐。兰州为陕甘总督驻节之地，可仿西方开辟公园，以庆升平。"[⑤] 左于是年 4 月定期开放"节园"，任市民游览，并许从北城墙始，西至西城门，东至东城门为游览区。要知道，1868 年，英美租界当局在上海苏州河与黄浦江交界处修建的公园，是近代中国最早的公园。除去租界公园，私园公用型公园和官修公园都要到 19 世纪末 20 世纪初才出现。由此可见，左宗棠开放"节园"之举，使兰

① 马啸：《左宗棠在甘肃》，第 218 页。
② 马啸：《左宗棠在甘肃》，第 218 页。
③ 秦翰才：《左文襄公在西北》，第 215 页。
④ 《左宗棠全集·奏稿五》，第 525～526 页。
⑤ 尚瑛：《兰州何时有公园》，《陇史掇遗》，第 132～133 页。

州公园建设走在了全国的前列。

左宗棠曾给督署节园中的澄清阁题写了一副楹联："万山不隔中秋月，千年复见黄河清。"楹联用语大气，格局开阔，既写出了左宗棠将西北与内地一视同仁的可贵精神，也道出了其试图荡清黄河的庞大气势，庶几可以作为左宗棠开拓西北军功、事功的心理写照。但就像左宗棠离兰后被重新关闭的节园一样，这种个人魅力往往与"人在事在，人亡政息"的官场规律相联系。因此它对兰州市政的推动尽管可能非常有力，却往往十分短暂。刘锦藻在《陕甘总督长庚奏办农工暨矿物情形》奏文的按语中就发出这样的感叹，左宗棠督甘时的举措，使兰州"孳生蕃息，尤睹成效，似当时农林工艺均有基础，何以三十余年未见发达，则创造有人而鲜实心任事者之继其后也"。①

（二）清末新政时期的市政建设

清末新政时期，兰州的市政建设获得了较快的发展。光绪二十七年（1901）陕甘总督崧蕃奉命筹办甘肃大学堂，1902 年更名为高等学堂，荐卷未中者悉入该高等学堂就读。光绪三十年（1904）九月，杨增新修建武备学堂，与高等学堂相邻。之后相继开办的还有陆军小学堂、高等巡警学堂、仵作学堂、法政学堂、师范学堂、存古学堂等。光绪三十一年（1905）九月，升允在原兰州内城城守营的基础上创设巡警总局，局址设于城关。巡警局附设有救火器具及垃圾车，负责城内防火及垃圾运输。光绪三十二年（1906），兰州设立商会，举谈廷瑞为会长，有会员 4 人。同年开办劝工厂，分设各科，征各属农民聪颖子弟入厂学习，月给口食，学成以后，各归各属，提倡推广；复设农林、商矿两学堂，官绅商民子弟入厂学习。光绪三十四年（1908），护督毛庆蕃在庄严寺内租赁空屋创设育材馆，之后又开办了甘肃舆图局。这一时期先后开办的市政事业还有：开辟金城关、玉垒关等处大道，修建马路；修筑桥南街至水车园及凤林关至玉垒关的堤防扫台；修建导城内阴沟污水入东西城壕的下水道工程；修建引雷坛河水入城关各街道的给水工程。

---

① 刘锦藻撰《清朝续文献通考》卷 378《实业考一》，考一一二四八。

　　清末新政时期，兰州市政建设最大的成就无疑是黄河铁桥的兴建。兰州地处西北中心，自古以来就是东来西往行旅渡越黄河的主要渡口，进而成为西北地区的重要交通枢纽。明朝修建的浮桥——镇远桥，一直是商人、使臣去新疆、青海、西藏等地的津梁。明朝弘治初年，马文升曾言："陕西之路可通甘凉者，惟兰州浮桥一道。敌若据此桥，则河西隔绝，饷运难矣。"① "举凡辒轩传符，商贾征旅，肩摩毂击，相望于途，中阻巨浸，行者苦之"，但浮桥冬拆春建，费时费力，在冰桥将开将结之时，"人马车辆之失陷者尤多，病涉戕生，咸滋永叹"。② 左宗棠督甘时，就拟修铁桥以补浮桥之不足，后因德商索价过高而作罢。清末以来，随着东西部经济贸易规模的加大和人员往来的频繁，兰州城北的浮桥早已不堪重负，亟须修建新的现代化桥梁。光绪三十二年秋，德国泰来洋行经理喀佑斯来兰，适逢铁岑、彭英甲举办"新政"，二人便与喀佑斯商议修建兰州黄河铁桥。议定清方出价 16.5 万两白银，由泰来洋行负责修建，并由陕甘总督升允于光绪三十三年春奏报清廷批准，正式签字。合同规定，铁桥所需材料由泰来洋行承购，并负责全部海运到天津，天津至兰州运费由甘肃省认购。工程由兰州道彭英甲经理，甘肃藩、臬两司协助办理。1906年开工，历时三年，于 1909 年 8 月 19 日竣工通行。铁桥全长 70 余丈，宽 2.2 丈，共设 5 孔，中间 4 个桥墩。铁桥竣工后，刻石立碑，取名为兰州黄河铁桥。兰州黄河铁桥是黄河流域第一座现代意义上的桥梁，有"天下第一桥"的美誉，庄泽宣也称它为"清末一大工程"。③ 兰州黄河铁桥在僻处西北的兰州建成，可谓是克服了重重阻力，在建桥费用 30.66 万余两白银中，光运费就几乎耗去了一半。黄河铁桥的修建，也极大地便利了兰州与其西北腹地的联系，有力地促进了西北经济和贸易的发展。同时通过黄河铁桥，中央政府以兰州为桥梁控制西域的能力也得到进一步提高。

---

① 《六月改镇远桥为铁桥工竣》，慕寿祺：《甘宁青史略》第 8 册正编卷 26，第 31 页 b。
② 《创建兰州黄河铁桥碑记》，薛仰敬主编《兰州古今碑刻》，第 140 页。
③ 庄泽宣：《西北视察记》，《西北行记丛萃·西北远征记》，第 197 页。

二 从"不管"到"倒板"：民初市政的缓慢发展

民国初年，甘肃政局动荡，财政支绌，在随时可能爆发军事冲突的形势下，执政者的首要任务是维持军饷，扩充军备。在军饷尚虞有不足的情况下，遑论城市建设。因此，民国初年兰州市政建设进展缓慢，虽也有部分近代市政设施出现，但均体现出了强烈的官员享乐特征。

张广建督甘时，所建市政设施，多以个人享受为目的。1914 年，张感于油灯之不便，在督署内改装电灯，以求明亮，爰将织呢局自用发电机连同引擎锅炉一全套，移到督署东择地装置，专供衙署之用，名为电灯局，经费由督署拨给。是为兰州电灯设立之始。1916 年，张又专门从天津购置 125 伏 25 启罗瓦特直流发电机一部运省配用，在督署内之土地祠起屋建舍，装置机器，定名为电灯局，扩充杆线，开放商用，但瓦力有限，仍以供督署需要为主。而"张广建督甘所用非合肥人即江浙籍"，以兰无地消遣，殊少兴趣，"创设皖江春以演京戏，粉饰绸铺街以开旅馆，日宴杏花村以征逐夫酒食间，驾柳叶船以游荡于河流。品茶则有五泉山，吸烟则有一道馆。打牌则有隍庙后之妓女院，代步则有院门前之人力车，沐浴则有雅园及豫香阁，游览则有芳圃及西花园"。慕寿祺评价其"在甘八年，兰州一隅亦有江南景象，而尤于饮食上求工"。① 此一时期市政上值得一提的，为甘肃省警务处长郑元良将原来附属于巡警队的消防工作独立出来，开设消防局，可谓一大进步。

赵惟熙上任后即筹设西兰铁路筹备处，后又修建兰州街道。赵惟熙集合官绅商议，提出"愿一劳而永逸，当筹款以大修"，发动绅、商、军、学各界募捐金钱并由藩司巡警道主持修建。但"官之修不如民之修也"，"民夫做工，民劳动而终日不得一饱，难保无敷衍塞责处"。② 因此，赵惟熙所谓的"一劳永逸"之兰州街道，修成之后不日即被大车碾坏。

陆洪涛督甘时，由于财政拮据和发展军事力量的需要，更没有进行市政建设的动力。当时有人建议陆洪涛整顿市容、发展交通、兴修水利、振

① 《刘郁芬劝军政各军力崇节俭》，慕寿祺：《甘宁青史略》第 9 册正编卷 31，第 30 页 b。
② 《省政府拟修兰州街道》，慕寿祺：《甘宁青史略》第 8 册正编卷 27，第 41 页 a、b。

兴教育，陆答以"甘民现在可谓穷困极矣，作吏者只要维持现状，不扰吾民，即为尽到职责"。且陆洪涛不愿延揽人才，所用者多为"随我多年老人，其性情我所深知，喜怒笑骂由我，将来不至有掣肘，发生尾大不掉之虞"。① 在兰州士绅的努力下，陆洪涛也准许了某些提议。如在籍翰林张林焱等请于本年烟亩罚款内抽百分之一以救贫民得到了陆的准许。甘绅刘尔炘倡议重修五泉山寺庙，陆由烟亩罚款项下陆续拨款十余万元以支持重修。后陆洪涛又拨款数万元整修西郊小西湖。在教育方面，甘肃士绅牛载坤等人提议创办陇右学院，陆洪涛临走之时曾捐助十万元作为筹办资金。② 陆洪涛曾任张维、史彰等人为市政筹备处长，但因不能拨发经费，筹备处很快裁撤。总体来看，陆洪涛主政期间，兰州市政发展缓慢，仅将兰州大城内东、南、西三条马路略加翻修，并扩展了西关、新关及桥门街三条马路。

与前几任主政者相比，刘郁芬的态度有很大不同。时人将陆洪涛和刘郁芬二人放在一起进行对比，编成谚语："走了个陆不管，来了个刘倒板。"③ 刘郁芬进驻后，也将国民军艰苦朴素、力崇节俭的作风带入兰州，赢得了许多市民的好评。刘郁芬认为"甘肃别有天地，官僚气太深"，④于是取消了张广建时期十分喜爱的绿呢大轿，严禁各级官员乘坐。他要求兰州各机关按照国民军的纪律，每天五更时分由各机关首长率主任以上各员，前往国民军驻甘总部候行朝会，"为吸收平旦清明之气借以磨炼精神"，"各机关闻有点灯笼上院者"。礼毕后还宣讲总理遗嘱、三民主义和国民革命史等。省长薛笃弼也身体力行地进行了许多社会风气的改革，如

---

① 魏绍武：《陆洪涛督甘始末》，《甘肃文史资料选辑》第 1 辑，第 64 页。
② 刘郁芬来兰后军需急迫，迫使财政厅长张维交出了这十万元。详见宣侠父《西北远征记》，第 78 页。
③ 魏晋：《兰州春秋》，第 308 页。"倒板"是秦腔中的一种固有板式，"盖因戏词过多，若以原板歌唱，则不免急骤之弊，故于半唱之间以快板转为慢板，不复急骤迫切之患"。由于倒板在唱词排列上完全不同于秦腔的其他板式，且"倒板只有苦音，侧重于表现人物悲壮伤痛、急骤焦虑心情"，因而"倒板"在这里有转折之意。即陆洪涛对各种事务放任不管，而刘郁芬来兰后则有了重大转变，对各种事务都十分用心。关于"倒板"的具体定义和用法可参见江巍《秦腔板式知多少》，《当代戏剧》1992 年第 4 期。
④ 《省政府取消甘肃绿呢大轿》，慕寿祺：《甘宁青史略》第 9 册正编卷 31，第 14 页 a。

拆毁树神庙以打击封建迷信，[1] 要求警察厅禁止黄河沿岸推命、卖卜者；[2] 薛笃弼对整顿市容以改善城市环境也十分注意，他以身作则，每天清晨带头洒扫庭院，并要求工作人员按时作息，严格遵守纪律。要求群众不许随地吐痰、口嚼虱子，命令警察局各分局检查所属地区，严究随地倾倒垃圾和大小便，并组织捕蝇队、清道夫、卫生防疫队管理环境卫生，预防疾病。在刘郁芬、薛笃弼的要求下，教育厅也发布规定废除由校役打扫教室、宿舍的习惯，改由学生自己动手打扫，养成劳动和卫生的好习惯。"刘郁芬令所属各营兵士，每三日至雅园洗澡，所费作正开，报省长薛笃弼。黎明即起洒扫庭内各窗户大开接受空气。……警察各分局稽查所辖地段，有弃灰于道者，则罪之。有小遗于街者，则拘禁之。又有捕蝇队、清道夫、卫生防疫处，实事求是行之。已年余矣，至是联合各界开清洁大会，城关内外街道由公务员按照指定地点躬自扫除，为人民作模范。"[3] 1927 年 6 月，刘郁芬又下令将省署后园（凝熙园）改为中山东园，改民政厅花园为中山西园，均对市民开放游览。

刘郁芬十分重视民生事业的发展，建立甘肃省立第一民生工厂，生产卫生衣、袜子、手巾、布匹等，又将甘肃劝工厂改为甘肃省立第一民生工厂第二分厂，生产皮货、布匹、绒毯等。在甘肃省立工科学校设立附属工厂，制造手工业品。又利用粥厂经费在庙滩子、小西湖、东关设立三个民生工厂的分厂，生产毛编物、纺线、毡毯等。

刘郁芬也十分重视发展教育事业，1925 年刘郁芬甫入兰州就创办了五族学院，号召各族民众和谐共处。1927 年又将其改为兰州中山学院。1927 年将甘肃公立法政专门学校改组为兰州中山大学，使兰州有了第一所高等学校。同时，刘郁芬也重视军需和政治宣传，将甘肃机器局改名为甘肃制造局，延聘职工，扩大规模，修造枪炮和铁轮马车，以供应军需；在陇右乐善书局两部铅印对开机的基础上成立了国民印刷局，将甘肃政报局改名为甘肃督办公署印书局，并将之前潘龄皋时期禁用的政报局石印部

① 《六月省政府毁兰州树神庙》，慕寿祺：《甘宁青史略》第 9 册正编卷 31，第 21 页 b。
② 《警察厅禁兰州市推命卖卜者》，慕寿祺：《甘宁青史略》第 9 册正编卷 31，第 34 页 b。
③ 《夏四月兰州军政学各界开清洁大会》，慕寿祺：《甘宁青史略》第 9 册正编卷 31，第 29 页 b。

分恢复，① 加大对印刷业的资金投入，并印刷了大量革命宣传品。刘郁芬时期，甘肃督署成立了宣传部，宣传员共9人，都是冯玉祥在张家口所创办的"辅治人员养成所"学员。②

值得一提的是，刘郁芬主政时期在兰州城留下了一系列的"中山"符号。他在1926年3月12日孙中山逝世一周年之时，在兰州城南划定大片区域设立了"中山林"，之后又设立了兰州中山学院和兰州中山大学。这比南京国民政府于1928年将这一天设为植树节早了两年。在本书第二章笔者已经提到，这些"中山"符号带有为国民军正名的政治意蕴，也正是在这个意义上，我们可理解刘郁芬对兰州市政的贡献。刘郁芬不仅积极介入市政建设事务，并力图将之建设为国民军主政的典范以彰显国民军的政绩，进而为国民军在西北的统治打下合法性的基础。他的这一做法近似于国民党为了使广州成为一个"南方政权的典范"③ 而积极推动城市改革。毋庸置疑，这种政治冲动为刘郁芬治下的兰州提供了巨大的革新能量。

三　"时间之刺激"：抗战时期市政的快速发展

抗日战争爆发后，随着东南沿海地区的相继沦陷，国民政府确立了以西北、西南为"抗战建国"大后方的国策方针，并积极倡导"开发西北"。兰州的战略地位骤然上升，既是抗战的后方基地，又是接通苏联援华物资的重要通道和集散地。大批人员、设备、机关、学校内迁兰州。又由于军事发展的需要，兰州周围交通状况得到了极大的改善。兰州人口迅速增加并超过10万人，工商业均有较大发展。重庆国民政府还通过经济部资源委员会与甘肃省政府、中国银行、交通部等开展合资经营，在兰州

---

① 1921年张广建离甘时，北京政府先是任蔡成勋为甘肃督军兼省长，此时甘肃地方士绅提出"甘人治甘"的口号，各县在兰同乡会也联合响应，一时间印制了大量宣传品、传单等，且都由官报局石印。这一反对浪潮一直持续到北京政府派潘龄皋为甘肃省长。因此潘龄皋来甘后，对石印品深恶痛绝，遂停止政报局石印业务，只准铅印业务正常开展。详见杨力雄《解放前兰州印刷工业概况》，《兰州文史资料选辑》第2辑，第128页。
② 宣侠父：《西北远征记》，第63页。
③ Yeung Wing Yu Hans，Guangzhou，1800–1925 the Urban Evolution of a Chinese Provincial Capital，Ph. D. thesis，University of Hong Kong，1999.

兴办了一批官办工业企业。中央政府资金的注入、官办企业的开办以及沿海人口的大幅流入，为兰州城市发展带来了新的活力。

1935年，朱绍良在第一次主甘期间就倡导劳动服役，修筑公共体育场及下东关、颜家沟、中山林等处公路，规划拓修兰州市路，"建设新兰州之呼声渐高"。[①] 这一时期，在交通方面先后修筑了镇远关至金城关马路、黄河济渡公路、东关马路及下水道工程、北园街马路、中正大街等；在公共建筑方面先后修建了苏联代表住宅、防空办公室建筑、建设厅建筑、省会工务局建筑等；还在中山林安置了孙中山铜像、汪逆夫妇跪像，修建了七七抗战阵亡战士纪念碑，在省府门前八角亭上装设标准钟（后移往安定门外）。在经济部资源委员会50万元投资下，兰州电厂规模扩大，先后设立三个发电所，并降低了电价。[②] 截至1940年5月，全市共有848户（单位、机构、居民）用电，每月电费收入8000余元。[③]

朱绍良尤其强调"时间之刺激"对兰州发展的意义。他认为，年来兰州及甘肃之进步，其动力胥由于"时间之刺激"，加上抗战之需要、中央之助力、人才之借重、金融之发展的辅助，方取得现有的成绩。"吾人把握此绝好之时机，一面可以弥补'地''人''财'之缺陷，一面可以发扬'地''人''财'之精英，其表现于建设者，自然异乎畴昔。"[④] 因而，1937年12月朱绍良重主甘政，"鉴于抗战时期，兰州地位冲要，人口激增，交通渐盛，顿成西北国防重镇，市政建设为省治繁荣所关，中外观瞻所系，亟应早日兴办"，[⑤] 遂下令由建设厅筹拟专司市政工程机关的组织规程并编制预算。

随后，甘肃省省务会议决议，于1938年元旦成立省会公务所。甘肃省会公务所附属于甘肃省政府建设厅，共有职员61人，其中设置市政养

---

① 《序二（李世军序）》，《甘肃建设年刊》1940年4月22日。
② 兰州电厂开业之始，经济部资源委员会投资50万元，甘肃省政府投资10万元。1939年为订购器材机件，资源委员会加拨10万元，1940年为装置机炉，又加拨10万元，之后又由资委会拨借流动资金15万元，共有资金95万元。参见《兰州电厂事业报告》，《甘肃建设年刊》1940年4月22日。
③ 《兰州电厂事业报告》，《甘肃建设年刊》1940年4月22日。
④ 《序一（朱绍良序）》，《甘肃建设年刊》1940年4月22日。
⑤ 《兰州市政报告》，《甘肃建设年刊》1940年4月22日。

路队一队，专管市区道路养护补修事宜；设置黄河铁桥管理员一人、桥丁一人，专办守护及管理该桥一切事项；设置河干提水机室管理员一人、工匠四人、水道巡查警二人，专办城内给水事项。[1] 1939 年，日机轰炸，兰州城内公私建筑毁坏甚多，市容的整理和市政的发展，使市政机构的成立显得十分必要。1940 年 1 月 12 日，甘肃省政府举行第 719 次会议，决定修建兰州城区街道，并规定了街道宽度的甲、乙、丙、丁 4 个等级。次月，甘肃省政府"为表现我长期抗战之决心与努力生产建设之毅力，乃集合金融业商业各界及热心后方建设认识"，发起组织兰州市区设计委员会，市区设计委员会一方面整顿市容和布置防空；另一方面对全市区布局进行设计，协助管理市民建筑，并积极进行公共建筑建设。8 月，为加紧市区建设，又将兰州市区设计委员会改组为兰州市区建设委员会，并将省会公务所归并为该会工程处，负责实施市区各项工程。增辟城门，挖掘防空壕洞，拆宽桥南、炭市和南关的几段干路。这算是兰州市政工作的实际开始。至此，兰州市政机构得具雏形，也为之后兰州市政府成立打下了基础。

第二节　市政与国政：　兰州市制的三立三废

中国的行政序列向来没有市的建制，市制是一种舶来品。1909 年前后，清廷先后颁布了《城镇乡地方自治章程》、《京师地方自治章程》与选举章程等，可惜筹备未毕，辛亥革命即已爆发。民国建立后，政府时断时续地进行了一系列的城市体制改革。1926 年北伐战争时期，孙科在广州颁布实施《广州市暂行条例》，拉开了近代中国真正意义上的城市改革的序幕。随后，1928 年 7 月 3 日，南京国民政府颁了《特别市组织法》和《市组织法》，分别规定了特别市和普通市的组织形式，正式将城市纳入了国家行政序列，也使中国城市有了一个正式的名分。1930 年，又颁布了新《市组织法》，将市分为行政院辖市和省辖市两种。院辖市的设立条件是：一是首都，二是人口在百万以上者，三是在政治上、经济上有特

---

[1]　《兰州市政报告》，《甘肃建设年刊》1940 年 4 月 22 日。

殊情形者，三个条件满足其一。省会所在地不能设立院辖市，人口在 30 万以上，或者人口在 20 万以上且营业税、牌照费、土地税占总收入 1/2 以上的城市可设为省辖市。①

但是，与以郡县制为代表的地域型政区不同的是，城市型政区是一种点状政区。② 虽然城市型政区人口集中，工商业相对发达，但是地域范围一般十分狭小，财政能力是制约其发展的致命因素。南京国民政府在最初制定市制相关法令的时候，可能正是考虑到了这一核心问题，因此将设市标准定得很高。③ 但是这一点却往往被忽略，许多专家学者往往从市政现代化的角度强调要进行市政改革和发展，必须广泛设立相应的市制机构；而各个地方政府则基于自身利益考虑，往往不切实际地推行市制的设立。④ 以近代兰州为例，民国时期兰州城市人口从 7 万多人增长到 24 万人，但与 30 万人的设市标准尚有一定差距。同时兰州市的财政十分困难，与《市组织法》规定的税收目标相差甚远。但在全国建市浪潮的推动下，

---

① 《市组织法》，《国民政府公报》第 474 号，1930 年。

② 这里所谓的城市型政区与我国当前的市制并不完全相同，城市型政区是大致以城区（或者包括一定范围的郊区）为界，以城市建成区为主体而形成的与地域型政区的田野风光完全不同的城市景观。但是 20 世纪 80 年代以后，随着我国地市改与整县改市的推进，城市型政区与地域型政区的界限已经非常模糊。请参见周振鹤《行政区划史研究的基本概念与学术用语刍议》，《复旦学报》2001 年第 3 期。

③ 张学武指出，国民政府对设市标准的控制，原因在于设市之后市政府机构庞大，市政费用过高，不但加重了地方财政负担，导致地方捐税增加，还可能引起民众的反对，使设市丧失其原初的意义。参见张学武《南京国民政府前十年市制探析（1927～1937）》，硕士学位论文，河南大学，2008。

④ 近年来学术界对于近代中国市制的研究成果主要有：田穗生《旧中国市建制设置概述》，《学术研究》1985 年第 1 期；邢康、戴均良《中国市制创立简述》，《中国民政》1987 年第 9 期；华伟《城市与市制——市制丛谈之一》，《中国方域》1999 年第 3 期；陈晶晶《中国市政组织制度的近代化雏形——〈广州市暂行条例〉》，《中山大学研究生学刊》1999 年第 4 期；戴均良《中国市制》，中国地图出版社，2000；华伟《自治市与行政市——市制丛谈之二》，《中国方域》2000 年第 1 期；吴松弟《市的兴起与近代中国区域经济的不平衡发展》，《云南大学学报》2006 年第 5 期；邱红梅《近代中国市制的变迁及其特点》，《咸宁学院学报》2007 年第 5 期；余文倩《国民政府统治后期市制的发展趋势》，《四川教育学院学报》2008 年第 7 期；张学武《南京国民政府前十年市制探析（1927～1937）》，硕士学位论文，河南大学，2008；雷绍宇《近代市制与广州城市治安管理的近代化》，《黑龙江史志》2008 年第 20 期；辛超《二十世纪二十年代广州市制改革与市政建设》，硕士学位论文，暨南大学，2010；方秋梅《辛亥革命与近代汉口市政体制转型》，《江汉论坛》2011 年第 11 期；徐建平《民国时期南京特别市行政区域划界研究》，《中国历史地理论丛》2013 年第 2 期。

兰州设市早在民国初年即有筹议，1920 年就成立了第一个市政筹备处，之后两次裁撤市政筹备处，直到 1941 年 7 月 1 日兰州市政府才最终得以成立，前后绵亘达 20 余年。据吴松弟的统计，1941 年之前，全国已有 59 个城市设市（包括伪满洲国和台湾）。[①] 与全国其他地区相比，作为西北地区的政治、经济、文化中心，兰州设市时间较晚，设市过程曲折，设市之后的发展也异常艰辛，并最终于 1947 年元旦裁局改科，自降一级，成为一个县级市。在兰州设市过程中，国民政府一直持鼓励和支持态度，并屡将"国政"的意图注入兰州"市政"之中。"市政"与"国政"的这一纠缠，既体现了国民政府对兰州的重视，也是对依照"本党政纲"开发西北之成就的体现，包含了努力在西北树立中央权威的政治意图。

一　兰州市政筹备处的两次裁撤

在全国建市浪潮的推动下，兰州建市在民国初年即有筹议，但限于客观条件并未实施。直至 1920 年，甘肃省署下令成立兰州市政筹备处，派陈阊、王烜、史彰、水梓、阎权 5 人为筹备委员。1921 年 7 月北京政府颁布《市自治制》后，甘肃省政府即于 1923 年正式通过了兰州建市的决议，成立兰州市政筹备处，任命张维为兰州市政筹备处总办，下设四个科，筹备建市。但在 20 年代初的几年中，甘肃时局动荡，内争不已，陆洪涛遂于 1925 年 12 月下令裁撤兰州市政筹备处。第一次兰州设市的动议因此作罢。

1926 年，冯玉祥国民军刘郁芬部率军入甘。刘郁芬主政初期，兴修市内街道、开辟公园、开办工厂，这一系列举措使兰州市政得到了初步的发展。鉴于此，甘肃省政府电请南京国民政府行政院，要求兰州设市。电文称："兰州为甘肃省会所在地，各项市政，均待扩充进行，市内户口数目，亦属合符，拟请转陈特许建设兰州市政府，以期发展。"[②] 经行政院第 14 次会议决议，奉国民政府第 316 号指令，兰州市被列入全国行政区

[①]　吴松弟：《市的兴起与近代中国区域经济的不平衡发展》，《云南大学学报》2006 年第 5 期。

[②]　《为核议甘肃省政府拟请裁撤兰州市一案情形祈鉴核示遵》（1933 年 4 月 24 日），《内政公报》第 6 卷第 17 期，1933 年，第 709 页。

划表，并准甘肃省政府依所请设立兰州市政府。在得到行政院准许后，甘肃省政府遂于 1927 年 8 月再次成立兰州市政筹备处，任命水梓为兰州市政筹备处总办，王烜为兰州市政筹备处会办，并颁布了《甘肃兰州市政筹备处暂行条例》，条例规定："兰州市政筹备处隶属于甘肃省政府，并受民政厅之指挥监督，举办兰州市政事宜。"①

但是，1928 年至 1930 年，甘肃连年大旱，受重灾之县达 58 个，灾民有 150 多万人。天灾加兵祸，全省在这三年间死于饥饿者达 140 余万人，死于疫病者 60 余万人，死于兵匪者 30 余万人。兰州每日死者也甚多，至 1929 年兰州仅有 8.6 万人口。② 同时在这一时期甘肃的政治局势动荡，事变屡起，两年间换了三任省主席（孙连仲、王桢、马鸿宾），加之甘肃省的财政困难几至极点，兰州设市问题于是一推再推，兰州市政筹备处也形同虚设。

1932 年邵力子来甘主政，鉴于甘肃省财政之困难，下令撤销了兰州市政筹备处，同时向南京国民政府申请撤销刘郁芬时期关于兰州设市的决定。在电文中，邵力子申辩道："本省所属各城市人口稀少，财政困难，均与市组织法第三条各款不符，未曾成立市府各情，迭经咨明去后；嗣准咨复兰州地方倘认为目前无设市之必要，应请专案呈明。……行政院转呈特许设立兰州市政府，以期发展；不意十七、十八、十九等年连遭荒旱灾祲，遂致商业萧条，户口减少。按目前状况而论，实无设市政府之必要，所议是否有当，理合呈复电鉴察核。俯赐转呈行政院核办，并祈指令祗遵。"③

行政院接到来函后，先是责备甘肃省政府没有按照前案遵令设立兰州市政府，复令甘肃省政府将兰州市政府不能成立理由具陈，以符法令。"正核办间，适准钧院秘书处第八六二号笺函，奉谕据甘肃省政府呈同前情，交部核复等因，转行到部，查甘肃省政府原咨所称，近年以来，兰州市连遭灾祲，遂致商业萧条，户口减少，自系实在情形。"但行政院仍然希望甘肃省政府设立兰州市政府，在复文中，行政院强调，虽然甘肃省财

---

① 《兰州市志》第 1 卷《建置区划志》，第 144 页。
② 《兰州市志》第 1 卷《建置区划志》，第 144 页。
③ 《呈行政院兰州户口稀少财政困窘无设市政府之必要请撤销前令》，《甘肃省政府公报》第 2 卷第 43～46 期，1933 年，第 40 页。

政十分困难且兰州市人口数不符合《市组织法》的规定，但由于"兰州为甘肃省政府所在地，又为我国西北工商业之中心，东通秦豫，南通巴蜀，北通宁绥，西通新疆、中亚细亚，西南通青海西藏，农工物品，输出浩繁，该地方都市之荣枯，与西北国防之建设，及农村经济之发展，均有密切之关系"，而"西北边陲地方，依照本党政纲，宜渐次开发以裕民生而固边圉……最近中央决定拨助国帑，于西安地方，建立西京市政府，足征中央重视西北开发之至意。兰州地位重要，并不减于西安，兰州设市，既早经钧院转呈国民政府核准工部，似应仍由甘肃省政府，遵照明令，拟具计划，继续筹备，成立市政府，以促进建设事业之发展"。行政院认为，虽然甘肃省财政竭蹶，但可以在兰州市政府成立之始，缩小规模和范围，以资促创，"此次甘肃省政府所请明令撤销兰州市一节，似可毋庸置议，所议是否有当，理合呈请"。① 国民政府行政院的复文言之凿凿，并不同意甘肃省政府撤销设市。但在财政拮据之下，无心恋栈、亟望离去的邵力子不愿以设市问题来麻烦自己，兰州市政筹备处终于再次被撤销。第二次兰州设市的动议也因此作罢。当邵力子以《市组织法》规定为标准，认为兰州人口不足 30 万，不需要设市时，行政院却完全无视了《市组织法》的设市规定，而着重强调兰州地位之重要，强烈要求兰州设市。

涂文学、高路在研究中指出："中国的'市政'有一个特点，它从一开始就和国家的政治处于一种剪不断理还乱的复杂关系之中。"② 尤其是南京国民政府成立后，对市政重要性的认识和国民党的训政理念、建国思路联系在了一起。蒋介石强调，"建设之事万端，市政最为先务"。一些国民党学者则强调："市政是和人民直接关系的政治，它是……实现三民主义，走上大同之路的唯一工具。"③ 在国民政府看来，市政关系着中华民国国基的巩固、训政的推行，也是民族复兴、国家再造的途径，更是进行爱国教育、革命教育的手段。也正是因为"市政"与"国政"的这一纠缠，在国民政府看来，兰州设市，既代表着国民政府对西北的重视，也

---

① 《为核议甘肃省政府拟请裁撤兰州市一案情形祈鉴核示遵》（1933 年 4 月 24 日），《内政公报》第 6 卷第 17 期，1933 年，第 709～710 页。
② 涂文学、高路：《民国时期"市政"与"国政"的纠缠》，《江汉论坛》2013 年第 4 期。
③ 金禹范：《筹备无锡市政的几个要点》，《无锡市政》第 1 期，1929 年。

是依照"本党政纲"开发西北之成就的体现。因而力主兰州设市，并拒绝了邵力子撤市的请求。

二　第三次筹备与兰州市政府成立

邵力子卸任后，继任者朱绍良（第一次主甘）、于学忠、贺耀祖均未再提设市问题，直到朱绍良第二次主甘后期，才将设市问题重新提上了日程。1940 年底，谷正伦来甘主政，决定尽快进行兰州市政府的筹备设立工作。1941 年 2 月 7 日甘肃省政府召开第 826 次会议，审议通过了《兰州市政府组织规则》，并报请重庆国民政府批准。5 月，省政府再次成立了兰州市政筹备处，以蔡孟坚为市政筹备处长，限于 5、6 两月完成筹备工作，以加快兰州市政发展。一个月后，蔡孟坚呈文给甘肃省政府主席谷正伦，提出市政筹备处将于 6 月 30 日届满，是否即行于 7 月 1 日成立兰州市政府，或俟内政部通过《兰州市政府组织规则》后再议成立。① 民政厅长郑振宇主持召开了由各厅长参加的联席会议，在没有得到内政部答复的情况下做出决议，兰州市政府将于 7 月 1 日成立，并派蔡孟坚代理兰州市长。这种先斩后奏的做法，与之前在设市问题上拖拖拉拉的行为方式完全不同。

在重庆国民政府方面，甘肃省政府呈递的《兰州市政府组织规则》于 3 月 11 日递达内政部，内政部随即核转至行政院，并在 4 月 30 日由行政院长孙希文主持召开了兰州市政府组织规则审查会。审查意见为：（1）按照市组织法规定关于市单行规则或命令之纂拟，应于市政府内设置参事一人至二人以掌理之，定为荐任，其待遇则可由该省政府自行酌定；（2）社会局职掌既经包括民政、教育、社会、经济、卫生各部门，原案仅于该局设置督学，殊难兼顾，应另置视察人员以资因应；（3）原附组织系统表中工务局之下列有技正三人，应移列一人于社会局以便处理

---

① 蔡孟坚的呈文具体时间不详，但根据 1941 年 2 月 7 日甘肃省政府的报请于 3 月 11 日方到达重庆国民政府内政部的时间来看，甘肃省与重庆国民政府的公文往来需要一个月左右的时间。因而内政部于 6 月 7 日下发的咨文，可能要到 7 月 7 日前后才可到达甘肃省政府。因而此时甘肃省政府提前决定于 7 月 1 日成立兰州市政府时，并未得到内政部的批准。

关于该局之技术事务；（4）所有兼委任人员之任用，本有法定程序，无须在组织规则中加以规定。其余各局职掌及各条文字均经酌予补充，删正原附组织系统表，俟本案核定后请饬遵照改订。①

6月7日，内政部下发了《奉院令通过兰州市政府组织规则一案请查照办理的咨文》，咨文曰：

> 案查前准贵省政府本年三月十一日民一寅字第六八号咨为筹设兰州市政府，咨请查核转呈备案等由，当经本部加具意见呈院核示，并于四月冬日先行电复在案。兹奉行政院本年五月二十五日勇一字第八二六五号训令开，兰州市政府组织规则一案经交付审查后提出本院第五一三次会议决议，照审查意见通过，除呈请国民政府备案并分行外合行抄发原件令仰知照此令。计抄发审查记录一件，兰州市政府组织规则一份。
>
> 等因，奉此，相应抄录原件咨请贵省政府查照办理并希将市区划情形绘具图说三份专案咨部以凭核转为荷。此咨甘肃省政府。
>
> 附抄审查记录一件，兰州市政府组织规则一份。
>
> 部长：周钟嶽（盖章）②

1941年7月1日，兰州市政府正式成立，《兰州市政府组织规则》同时生效。省政府任命蔡孟坚为首任兰州市长，并将原由甘肃省政府和皋兰县政府管辖的各机关单位划拨给兰州市政府，先后划拨的机关单位包括省会警察局、省区救济院、省会卫生事务所、兰州市国民兵团、兰州市地政处、警捐征收所、国医分馆、民众市场、中山林管理处、路灯管理委员会、图书馆、民众教育馆、公共体育场、电影施教区、播音指导区、回教促进会小学校、省立第一实验小学校、省立第二实验小学校、省立水车园小学校等9个省立小学校、县立中心小学等8个县立小学校、县立华林女子初小学校、县立靛园寺初小学校、县立东关初小学校等。其中省会警察

---

① 《内政部核转兰州市政府组织规则案审查会记录》，1941年6月7日，甘肃省民政厅档案，甘肃省档案馆藏，档案号：15-16-498。
② 《奉院令通过兰州市政府组织规则一案请查照办理的咨文》，1941年6月7日，甘肃省民政厅档案，甘肃省档案馆藏，档案号：15-16-498。

局改组为兰州市警察局，前市区建设委员会改组为工务局，前省会卫生事务所改组为市卫生事务所，均系原有机构改隶市辖。复以市政之需要，分设社会局、财政局、秘书处、会计室等机构。次年，又添设东西郊区两市政办事处，管理市郊一切业务。

7月1日当天，兰州市政府举行了隆重的成立大会。在成立大会上，兰州市政府提出要通过"三步走"来完成自身的使命，第一步在于"赶上时代、把握时代"，第二步在于"建设西北、巩固西北"，第三步在于"发挥力量、贡献力量"。市长蔡孟坚在大会上宣布："兰州既是西北的军事、学术、政治、训练、经济、交通、卫生中心，因此我们可以说兰州市至少要负起下面的任务：巩固西北、支持西北、收复华北、经略华中、争取胜利、达成建国。"①

当天下午，兰州市政府将其施政纲要用粉笔写在了市政府门口的显要处。纲要提出，兰州市政府的施政要领在于四个第一：生活第一——改善市民生活、扶持市民生产、调剂市民生计；安全第一——力策空袭安全、增进市民安康、维持市民安宁；组训第一——健全战时组织、加强民众组训、严密工商组合；建设第一——建设理想都市、建树国防工业、建立精神堡垒。

由湖北省警察局长辗转来甘并担任第一任兰州市长的蔡孟坚，在兰州市政府成立大会上意气风发，正如他在接受采访时说的那句话："看看这肥沃的大野，看看这朴厚的群众，相信是有着无限的光明在期待我们。"②但是，新生的兰州市政府很快就遇到了财政问题的挑战，并自此深陷在财政困境中难以自拔。

三　市政府与无法解决的财政困难

兰州市政府一经成立，就开始与财政困难作斗争。早在建市之前，市政筹备处长蔡孟坚为了快速推进市政建设，成立了兰州市政设计委员会，并制定了市政设计委员会委员出席预算书，其中规定每月委员会经费

---

① 《兰州市政一周年》，1942，甘肃省图书馆藏，索书号：575.216/101。
② 幻花：《兰州市的诞生》，《市政评论》第6卷第10、11期，1941年。

（出席费）630 元，四个月预算费用为 2520 元。但是此举被甘肃省财政厅长陈国梁和民政厅长郑振宇所拒绝，他们认为市政设计委员会的成员都是各机关的职员，不需要给出席经费，"以省公帑"。① 兰州市政府于 7 月 1 日成立后，在很长一段时期内没有财政自主权，每项花销都要向甘肃省政府和甘肃省财政厅请示。在兰州市参议会 11 月 25 日的第五次会议上，众议员抱怨说，甘肃省政府将市级财政收为省有税捐，由财政厅派员接收，机构改为甘肃省兰州市税捐征收处。此项措施实施以来，各项税捐相继调整，市级财政反比战时枯竭。"遂致市级人员待遇，不能按照中央规定标准调整。市政建设，毫无进展可言，此不唯行政效率，势将无形消沉，而市政建设前途，不无阻碍。"② 因此，他们集体呈文甘肃省政府，要求确立相关机构，实行三级制度，以期市有财政仍归于市。

之后，在给国民政府内政部的关于对新《市组织法》实施情形的意见的呈文中，兰州市政府着重就财政问题提出了异议。首先是财政自主权问题。兰州市政府提出，按照新《市组织法》的规定，市预算以及一切动支均须报请省府核准后方能动用，"束缚太甚，延误时机，且经呈准辗转费时，物价波动，瞬息不同，徒使一切业务经常在停滞麻痹状态中，阻扰市政发展，莫此为甚"。因此，兰州市政府希望能够获得市预算决议权，市政会议提出的预算，经市参议会审议通过，再呈省府备案。而平时的动支则完全取决于市政会议。其次是市有财政来源问题。兰州市政府指出，在国民政府的新《市组织法》中，仅有第二十六条一条之含糊概括规定："市财政依财政收支系统及关系法令之规定。"以《改订财政收支系统实施纲要》之规定与旧《市组织法》所规定者相比，则最主要者即将在自治财政基础上有决定性地位之"土地税""营业税"割去，使自治财政失去重心，仅存者为屠宰税、娱乐筵席捐等。至公产及公营事业，因无投资，自无收入，亦等于虚设。因此，兰州市政府请求将"土地税"

---

① 财政厅长陈国梁、民政厅厅长郑振宇：《据兰州市长蔡孟坚呈为集思广益拟订设计委员会的签呈》，1941 年 9 月 19 日，甘肃省民政厅档案，甘肃省档案馆藏，档案号：15－16－498。

② 《建议依照中央明令规定确立市级财政机构甫有税捐仍归市级征收以减轻民负而利市政建设案》，《兰州市参议会首届第五六次大会记录》，1947 年，甘肃省图书馆藏，索书号：573.9161016/51.03。

"营业税"仍划还自治财政，并仍以列举式明确规定其为自治财政科目。①

由于土地税是一项巨额税收，所以兰州市政府成立后，首先着手的就是土地整理和土地估价。1941年10月，兰州市土地登记完毕，应税面积共1.22万亩，地价总值2597万元，全期税额29.3万元。1942年，兰州市即征收了地价税17万元。1943年重新测量登记了市区土地，较之前增加了910亩，地价税也增至36.1万元。② 但好景不长，1942年国民政府即下令将土地税收归中央，所有土地税移归兰州市田赋管理处征收。甘肃省政府随后将土地税收归省有，于是兰州市的自治财政科目仅剩下娱乐税、筵席税、屠宰税三大项。

兰州市第一任市长蔡孟坚在接受《旅行杂志》记者采访时提到："本市财源极感渺小，基础毫无，物质条件极端陈陋，处此时代任务极端繁重之际，节流既势所不能，请拨又非所许可。兼值抗战时期，人力物力，两感缺乏，但鉴于设市异常需要，惟有发挥苦干精神，以克服一切困乏。"③第二任市长孙汝楠在兰州市参议会第一届第五次会议上也抱怨说："市府因财力的艰窘，办不到许多新的建设，而物价的高涨，对于预算的执行，尤其感到无法控制，例如办公费、路灯费、装修费等的超支，月月都有增加，我们既不能随意增加人民负担，亦没有点石成金无米为炊的方法，差不多天天都在过穷日子；至于市府的临时工作，亦比较一般行政机关为多，凡是社会上任何特殊的事情发生，或者是上级政府临时指定办理的工作，都是市政府的责任，例如夏间招待青年军，秋间防堵黄河水灾，最近办理秋季演习工事，材料的征集和军工的征雇，以及办理临时征兵等等工作，都是需要很多的人力作最大的努力，才能达成任务，但是我们的人员，实在不够分配，所以常有顾此失彼之苦。"④ 在兰州市参议会第一届第七次大会上，孙汝楠再次提到："目前本市最严重的问题，就是财政上

---

① 兰州市政府：《对新市组织法实施情形及改进意见一份》，1941年，甘肃省民政厅档案，甘肃省档案馆藏，档案号：15－16－498。

② 兰州市地方志编纂委员会、兰州市财政税务志编纂委员会编纂《兰州市志》第36卷《财政税务志》，兰州大学出版社，1998，第255页。

③ 《兰州市政——蔡市长访问记》，《旅行杂志》第18卷第1期，1944年。

④ 《第一届第五次大会孙市长致词》，《兰州市参议会首届第五六次大会记录》，1947，甘肃省图书馆藏，索书号：573.9161016/51.03。

得难关无法度过……我们不但对于许多市政建设和改进教育的工作不能推动，就是最低限度的经常开支，亦感无法维持，我们虽然一再的紧缩，并且力求财源的开辟，无如杯水车薪，仍然无济于事。"① 为了解决这一困境，兰州市政府决定增加警捐捐率，按照之前年份的征收捐额增加四倍；举办旅栈捐，就各旅馆房间租金，加征旅栈捐百分之十；开征新市区房捐。但是，在"节流既势所不能，请拨又非所许可"的情况下，一味地增加捐税，将建市经费转嫁到市民身上，必然引起市民的不满，也会使兰州设市失去其原初的意义。

曾任甘肃省政府教育厅长田炯锦是反对兰州设市的主要代表人物。他早在兰州设市之初即提出，以兰州市的工商业情形来看，恐怕用其全年收入供应江南一个市大小机关之薪金和办公费，都恐不足。"这样一个地方……若如吾国现在流行之市，倘使设立起来，必致一切收入尽供官吏之薪金，而一切应办事业，必致因经费无着，归于停顿，故依现状万无设官办市政式的市之理由。"田氏反对国民政府以兰州地位重要为由催促设市的主张，提出美国华盛顿地位何等重要，但尚不是一个市。"兰州苟军事上重要，多驻些兵好了，苟政治上重要，有省政府足资应付，何必要添个市政府呢？苟经济上重要，为之多筑些路，多修些铁道，多辟几处飞机场可也，设一个市能有什么用处哩？"田氏认为，国民政府之所以要在兰州设市，是因其地处要冲，设市以壮观瞻，"但我们要晓得官办市政，在外人眼里看来，必是不经济而又无补于地方自治之促成，对观瞻上又会有什么好处呢？"②

四　裁局改科与自降等级

长期的财政困难，使兰州市政府疲于应付，难以有效推进市政建设。这也正应了田炯锦的预见：以兰州市的实力设市，"必致一切收入尽供官吏之薪金，而一切应办事业，必致因经费无着，归于停顿"。而现实情况更为严峻，兰州市政府已经到了连自己职员的工资都发放不出来的地步，

---

① 《第一届第七次大会孙市长致词》，《兰州市参议会首届第七八次大会记录》，1947，甘肃省图书馆藏，索书号：573.9161016/51.04。

② 田炯锦：《兰州设市问题之检讨》，《西北问题季刊》第1卷第1期，1934年。

也使兰州市级职员的工资与甘肃省级职员的工资差了一大截，携家带眷的职工难以生存，致使"所有职员稍有办法者，均已转业，专门之技术人才势难罗致，使其安心工作"。① 兰州市政府虽然不断努力在开源节流上下功夫，但在战后物价飞涨、金融跌宕的情况下，财政危机反而愈演愈烈。1946 年上半年，兰州市政府大规模裁员，先后撤并了 9 个机构，裁撤职员 96 名、技工 72 名、警士 197 名。②

但由于兰州市政府先后开征和加重了许多税种及其税率，从而将负担转嫁到了兰州市民身上，引起了兰州市参议会的不满。1946 年上半年，参议员王佐卿等在兰州市参议会上发起提案，要求市政府实行"裁局改科"。王氏在提案中认为，国民政府《市组织法》规定，人口在 30 万以上者方可设立丙种市，查兰州市战前仅有十万余人口，自抗战以还各地难民纷纷来此，人口增至十七八万，但仍不足以设市。只是为了在战时应付国际交通关系才勉强设立了一府四局，"此在战时对内对外或有必要，现在胜利复员声中，各地人士陆续还乡，兰市人口月有减少，若东北华中地方平靖，纷纷复员之后，恐兰市人口有减至十万余之可能，窥诸实际情形，兰州市政府应力求实际，似有裁局改科之必要，否则庞大开支人民无力负担也"。③ 兰州市参议院将此项建议告知兰州市政府后，并未获得对方的答复，遂转呈给甘肃省参议会和甘肃省政府，并由后者上呈给国民政府行政院。

行政院在批复中指出："查兰州市人口不及二十万，工商业均不发达，经济条件不足，地方税源有限，衡诸事实，似无设局之必要，准函前由。为俯顺民意，缩小编制以樽节开支，减轻市民负担起见，拟即令饬兰州市政府遵照内政部核示及市组织法规定，拟具裁局设科方案，呈核或仍维持现有编制，令饬市府罗列必需设局事实，报府核转。"④ 甘肃省民政

---

① 中央社记者：《兰州市政前瞻》，《兰州日报》1946 年 7 月 1 日，第 1 版。

② 中央社记者：《兰州市政前瞻》，《兰州日报》1946 年 7 月 1 日，第 1 版。

③ 《建议将兰州市政府改局为科缩小组织减轻市民负担案》，《兰州市参议会首届第一二次大会记录》，1946，甘肃省图书馆藏，索书号：573.9161016/51.01。

④ 《民政厅长马继周准行政院秘书处抄送兰州市参议会电请将兰州市政府裁局改科嘱查照议一案乞核示的签呈》，1946 年 8 月 31 日，甘肃省民政厅档案，甘肃省档案馆藏，档案号：15－16－498。按，原档案整理日期为 1943 年 8 月 31 日，根据事件前后时间考订，应为 1946 年 8 月 31 日。

厅长马继周将该批复转呈甘肃省政府主席谷正伦，谷氏于 9 月 4 日批示：
"令市政府依据实际情形，拟议呈核。"但兰州市政府并不愿裁局改科，
在 10 月 9 日的答复中，兰州市政府辩解称，兰州位居全国中心，绾握国
际交通枢纽，为国父所定陆都，在西北政治、军事、经济、文化上之地位
异常重要，因此国民政府在兰州建市十分必要，也是建设西北之起点。而
兰州市的"一府四局"格局，均有过去之历史，如警察局系前省会警察
局改组，工务局系前市区建设委员会改组，卫生事务所系前省会卫生事务
所改组，均系原有机构改隶市辖，复以市政之需要，分设财政、社会两局
及秘书处，以期健全组织，俾能完成建市之任务。"兹就财政言，确有设
局之必要，盖以市政建设，端赖财政相扶而行，故整理自治税捐，举办乡
镇造产，清理公有款产及办理一切财物行政，均须兼筹并顾。"兰州市政
府认为，各局事有专责，在现行事务体系下，各局事务之繁剧绝非一科所
能胜任，势必专设机构，综理其事，仍有加强工作之必要，实难缩小其组
织，否则市政建设无法推进。"总之本市设局已有五年以上之历史，推行
市政工作尚未能达到合理之要求，处处皆有捉襟见肘之虑，若裁局设科，
实无法统驭指挥所属各机关学校，并无法推进各项工作，况本府因财力困
难，本年度已三度裁员，现有之人员，实感不敷应用，纵使裁局，在实际
工作方面，人员决无法再减，非唯不能缩减经费，且有碍市政之推进，而
反失政府设市之原意，影响人民之观感。"①

　　民政厅长马继周在批复中指出，兰州市政府因应抗战环境，有扩大组
织设局治事之必要，但衡诸事实，全市人口不及 20 万，益以工商业不发
达，经济条件尚未充备，若以各大都市为例，设立多局，徒具形式，将必
因先天不足，招致不良之后果。马厅长认为，在兰州市设市之初，就因为
"组织过于庞大，社会各方啧有烦言，迨抗战胜利省市参议会为节省开
支，减轻民负，曾一致主张裁局设科并先后电咨查照办理有案。兹为俯顺
舆情节省开支并加强市政工作起见，拟指饬该府遵照省辖市以设科为原则
之指示，及市组织法之规定，限期另拟裁局设科方案，呈核以便于三十六

---

① 兰州市政府：《本府业已设局多年请免予变更原有组织的呈文》，1946 年 10 月 9 日，甘
　　肃省民政厅档案，甘肃省档案馆藏，档案号：15－16－498。

年度开始实行"。① 马继周的意见在 1946 年 11 月 25 日的甘肃省政府委员会议上讨论通过。

1947 年元旦，兰州市政府正式施行裁局改科，将市府所设社会、工务、财政各局裁撤，秘书处改为主任秘书。兰州市施行裁局改科后的机构，有民政、财政、建设、教育、军事、地政、总务、社会、户政各科，每科设科长 1 人；另设参事室、秘书室、合作指导室、会计室、统计室和卫生事务所。市府人员编制大为缩减，被裁职工有三分之一左右，均按辞退处理。统计室主任及统计员七八人，都是由省统计处所派"中统"特务分子挂名领薪，由省统计处直接领导。② 军事科成立后，接收了警察局所管之兵役行政，户政科则接管了警察局部分户籍行政。唯有警察局没有调整，该年 8 月，警察局正式改名为省会警察局，直属省政府并由甘肃省保安司令部警保处直接领导，脱离了兰州市政府建制范围。这也使兰州市政府与省会警察局处于同一行政级别上。

对处于边缘地带的兰州来说，自身的财政能力十分有限，而甘肃省政府也不能提供足够的财政支援。在兰州市政府成立之初，由于有国民政府拨付的启动经费，运营尚无大碍，而一旦国民政府的资助减少或停止，兰州市政府就很难有效开展市政建设，甚至难以维持职工的工资。由此也可以反省国民政府的市制政策。尽管兰州并不符合市制规定，但国民政府仍力主其设市，国政与市政由此相互纠缠。国政主导了市政，却难以超越市政发展的内在规律。在缺乏足够的人口、资金和财政能力的情况下，作为点状政区的兰州市最终难获发展。

第三节　市政与寺庙：城市现代化的空间征服

兰州设市的一波三折，说明城市现代化的开展需要高昂的财政成本，需要城市政府不断提高财政能力以维持越来越高的城市日常经营预算。在

---

① 民厅马继周：《关于省辖市在目前以设科为原则如有设局必要应列事实据兰州市已设局多年请免予变更的签呈》，1946 年 11 月 20 日，甘肃省民政厅档案，甘肃省档案馆藏，档案号：15 - 16 - 498。

② 孙汝楠：《兰州设市后的施政概况》，《兰州文史资料选辑》第 2 辑，第 60 页。

财政困乏之下，兰州城市现代化的开展不得不更多地侵占民间资源，而庙产作为产权并不十分明晰的社会资源，自然成为最佳的选择。

关于近代寺庙财产的研究，庙产兴学研究无疑是其中最重要的一个方面，早在 1929 年邰爽秋先生就出版了《庙产兴学问题》一书，[①] 之后学界对近代寺庙产业的研究也多关注于此。但是，就近代寺庙产业的演变来说，用于兴学的产业只是其中的一部分，还有相当多的寺庙产业被用于创建现代行政机构。出于近代城市现代化尤其是创建现代性机构的需要，大量寺庙财产被出卖、侵占。[②] 在近代兰州市政现代化的过程中，现代性机构大肆侵占了佛道寺院，而对非佛道寺院广于保护，反映了城市现代化的空间征服及其有选择性特点。

一　对庙产的征用

与中东部城市清末以来就开始大规模侵占庙产不同的是，民国初年兰州还在大规模修复寺庙。而近代兰州官府开始有意识地侵占寺庙[③]要到 20 世纪 20 年代以后。1917 年兰州省城警察厅改为省会警察厅，管辖范围分为五区，其中位于内城的第一区第一派出所地址在万寿宫，第一区第三派出所地址在大佛寺，第三区第一驻在所地址则位于握桥寺（卧桥寺）。[④]

---

① 邰爽秋编《庙产兴学问题》，中华书报流通社，1929。

② 如郭华清在对广州大元帅府投变寺产的研究中就指出，为了筹集军费和广州的市政建设资金，孙中山将广州的寺产作为市有财产收用、拍卖，进而引起了商团事变等风波。参见郭华清《论广州大元帅府的投变寺产活动——兼论商团事变的原因》，《安徽史学》2007 年第 1 期。

③ 一般来讲，寺庙包括神庙、祠堂和宗教寺庙三部分。但在本书的研究中侧重于宗教寺庙，或多或少涉及神庙，但不包括祠堂。由于资料所限，近代兰州城市民间祠堂情况难以考察。公共祠堂则数量较多，民国时期尚屡有创建者，如陆洪涛所创建的陶公祠等。这些公共祠堂大都具有政治意义，且其产权来源相对清晰，政府征用与否往往关乎政治考量，很少发生产权纠纷。也有例外，志果中学与湖南同乡会曾经就左公祠的使用权发生了连年的诉讼，但诉讼双方都是在承认其为官产的基础上进行的，与本章节所述内容不相关，拟另文专门讨论，此处不再赘述。二者纠纷情况可参见《地政部、甘肃省政府、省地政局、兰州市政府等关于物价指数、房地纠纷、公荒承租、垦牧地区划分的训令、指令、函、咨、呈》，1948 年 1 月 9 日至 1949 年 4 月 30 日，甘肃省地政部档案，甘肃省档案馆藏，档案号：26 - 4 - 133。

④ 《甘肃省会警察厅所辖各区暨驻在所派出所岗位一览表》，《甘肃警务周刊》第 1 期，1923 年。

刘郁芬主甘期间，兰州市政建设获得积极的开展，同时也有更多寺庙被侵占。庄严寺是已知的兰州修建年代最早的佛寺，寺内的塑绝、写绝、画绝三绝，是兰州旧八景之一，在兰州享有盛誉。1926 年，刘郁芬将庄严寺改为甘肃省教育馆，之后进驻单位一再更换，最终导致庄严寺逐渐消失。普照寺也是兰州历史悠久的一座寺院，为唐初敕建，其规模居兰州佛寺之首。1928 年，刘郁芬以"繁荣经济"为由，将普照寺辟为"中山市场"。1939 年 2 月 23 日，普照寺遭到日军轰炸，兰州官府趁机将寺内"木制大小佛像，不管已毁未毁"，① 深夜一律投入附近黄河。之后，将普照寺平整成一个广场，又修建了可容纳 500 人的抗建堂、体育场和思危斋，成为近代兰州颇具地标性意义的"兰园"。抗战时期，大量军事机关进驻兰州并占据寺庙，如五泉山被第八战区司令部所占，红泥沟庙被电报局所占，各庙堂及山洞都装设了通信设备，军工家属也住在庙里，道众则多被驱散。

1941 年兰州市政府成立以后，兰州市政建设获得空前的发展。为了获得市政建设所需的资金和土地，自然也加速了对寺庙的侵夺。兰州市政府将财政局划分为两个科，第一科是税捐征稽处，专管税收征稽；第二科则是公产管理处，专门处理市区公产事宜。从其与税捐征稽处并列可以看出，兰州市财政局非常看重公产管理处的财政汲取能力。因此，整理市区公产成为兰州市财政局非常重要的一项日常任务。在 1942 年的工作总结中，兰州市财政局指出，自己在整理市区公产方面有三个成绩，其中之一就是厘定公产管理办法，"本府以市区公产及各官署庙宇等，究有若干，收益几何，均待清查整理。经拟定表式，调查竣事，正在着手登记"。②

全面抗战爆发后，兰州政府机构不断增多，据 1939 年兰州市区建设委员会在制定防空疏散计划时的统计，时兰州市有机关单位 360 个。③ 但其中许多单位都没有固定的办公场所，尤其是保甲自治机构成立后，大多附设在警察局内或租借私人房舍办公。兰州市政府为解决这一问题，决定

---

①　蔡孟坚：《首任兰州市长的回忆》，《兰州文史资料选辑》第 13 辑，第 6 页。
②　《兰州市政一周年》，1942，甘肃省图书馆藏，索书号：575.216。
③　《甘肃省疏散建设设计委员会：甘肃省会疏散建筑计划概要预算等件》，1939 年 7 月，兰州市区建设委员会档案，甘肃省档案馆藏，档案号：62-1-110。

"将本市辖区内公有寺庙按照区划配置分别拨充改建为区保办公处所"。从表4－1可以看出，市属公有寺庙可资利用者大多为军事机构或军人眷属及其他社团占用，兰州市政府迭经洽商迁让也未解决。为此，兰州市政府不得不函请甘肃省政府统一安排，转饬占用机关限期迁让。

表4－1　兰州市区辖境内可资利用的寺庙调查

区别	名称	占用机关	地址	备注
第一区	马祖庙	国术馆	中华路44号	拟充区公所办公之用。马祖庙产权业经签请主席，收归省有，应令饬市政府更正原发权状
第一区	三圣庙	第一区公所	官升巷70号	拟充当公所，但尚住陈计胜，系陆军通讯兵团一营一连上尉科长；章品端，迪化供应局少校科员；宋庭臣，利通公司职员
第一区	真武宫	住家	木塔巷5号	拟充当保办公处，该庙现由刘道士主持租赁与人居住
第一区	三圣庙	住家	横巷子1号	拟充当保办公处，庙被炸毁后，现由人民修建普通房屋居住
第二区	昭忠祠	联勤总部第21仓库	益民路202号	拟充当区公所及区民代表会地址。查该祠有房屋八间，其仓库并无器材。现仅为官佐宿舍
第二区	祖师庙	通讯兵团	官园前街	可充当保办公处。原为抚恤处占住，嗣该处迁移后由通讯团住用，并无明文准许
第二区	祖师庙	佛教会	庆安路	同前
第二区	新城楼	西北行辕电台	庆安路南路	同前
第三区	火神庙	盐务局仓库及甘肃省道教会	宗棠路	可充当区公所。火神庙既经省会拨作道教会会址在案，该府前请充当区公所一节，似应饬另觅适当地址以符前案
第四区	真武宫	公路局电台人员	碱滩	同前。公路局电台现已迁移，最近又由联勤总部第九电台占用并无产权
第四区	观音寺	佛教会	颜家沟	可充当保办公处。观音寺既经佛教会取得所有权状，该府前请充当保办公处一节，应不准
第四区	龙王庙	西北行辕福利社曾处长国辉	鼓楼巷	同前。系曾国辉眷属占用，产权无从调查

区别	名称	占用机关	地址	备注
第五区	圣母宫	西北行辕军人眷属	安定门	同前。系自由占居，并未呈准有案
第六区	四神殿	中央警官学校第一分校	北塔山	同前。系中央警校于民三十年间向地方人士借用者，产权系属公有
第八区	关帝庙	联勤总部卫生材料库	周家庄	可充当区公所
第八区	土主庙	联勤总部修械所眷属	周任家庄	同前

资料来源：兰州市政府《为呈请将本市各区辖境内共有寺庙拨充区保办公地址以利地方自治呈文》，1948年2月28日，甘肃省民政厅档案，甘肃省档案馆藏，档案号：15-11-237。

另据1941年兰州市政筹备处对寺庙房产的调查，在调查的113处寺庙中，被政府机关占用的有65处，占寺庙总数的57.52%。① 其中学校占用18处，军事机关占用10处（测量局2处）。兰州市政府对于利用庙产兴学的态度毫不掩饰，并坦陈"本市除新开小学系专款建修外，其余均系利用公产庙宇改建"。② 同时期的皋兰县长王汉杰就因为"拆庙兴学"而遭受攻击，结果"一筹莫展，扫兴而去"。继任县长郝德润"顾及一般人民的心理"，向市民表示"办学校与敬神并不冲突，现在把神像仍然请到学校来"。③ 尽管民众对"拆庙兴学"或许有些疑问，但是官绅则早已确立了一种偏向性态度。1944年兰州市临时参议会第一次大会上，参议员杨樾等就提议："利用庙产兴办学校，由市府商同绅士及教育机关，组织庙产保管委员会，共同管理。除本寺庙主持之费用外，全部用以兴学。"④

本书第二章提到，清末民初兰州城市的寺庙与官署建筑的规模应该大致相当。但是随后，官署不断膨胀，寺庙规模不断缩小。据统计，民国初年兰州寺庙建筑有3125.5间，1941年减至2814间，1956年仅剩

① 《兰州市志》第9卷《房地产志》，第41~46页。
② 《兰州市政一周年》，1942，甘肃省图书馆藏，索书号：575.216。
③ 陇夫：《搞烂了的皋兰》，《陇铎》新2卷第1期，1948年。
④ 杨参议员樾等提《建议市府积极增设中小学校，并利用庙产，发动公共团体及士绅捐助兴学，以普及教育案》，兰州市临时参议会秘书室编印《兰州市临时参议会第一次大会记录》，1944，甘肃省图书馆藏书，索书号：573.9161016/51。

1465.5 间。① 对庙产的占用和寺庙规模的缩小有目共睹，但是不同类型寺庙的命运，却有着天壤之别。为了最大限度地获取发展所需的资金和场地，官署往往武断地将所有佛道庙产都视为公产，无视甚至公然违反国民政府制定的各项庙产法令。而对清真寺、藏传佛教寺院和基督教堂则表现出了维护和忍让的态度。

二 对佛道寺院的侵占

近代庙产纷争充分展现了各级官署、社会团体和私人之间斗争博弈的历史实态和复杂面相，为我们理解近代中国国家、政府、法律和社会之间的复杂关系提供了重要启示。作为边缘城市，也因为本书第二章第三节所提到的神圣话语的强度，民国初年兰州的佛道寺院往往得到保护而非侵占。但是伴随着兰州市政现代化的进程，现代性政府的建立在一定程度上破除了佛道寺院的神圣性，现代性政府机构的建立则需要征用大量的城市空间。这样，在意识形态上并不敏感的佛道寺院就成为政府侵占的主要对象。

以兰州八社为例。兰州八社是兰州著名士绅刘尔炘创办的地方公益组织，包括皋兰兴文社、甘肃省丰黎义仓、陇右实业待行社、全陇希社、陇右乐善书局、皋兰同仁局、兰州修学社、五泉图书馆等功能不同的八个组织。② 八社的产业均为地方公产或官绅捐献，以房租或息金发商生息为经济来源。刘尔炘退隐后，将八社财产分别交由地方人士及门人接管。八社由于不断获得地方官绅的捐献，资金雄厚，产业庞大。如皋兰兴文社成立初期有1600两白银，经嘉庆、道光百余年的发展，资金总额达到1万余

---

① 《兰州市志》第9卷《房地产志》，第16~19页。
② 《兰州市志》第9卷《房地产志》所罗列的兰州八社中没有兰州修学社，而以志果中学为八社中的一社。（《兰州市志》第9卷《房地产志》，第68页）在志中罢教事件中，《兰州日报》所载《志果中学所属各社概况》一文中介绍了各社情况，但仅有7社，既没有修学社也没有志果中学。但1943年4月24日，校董会董事、全陇希社负责人柴若愚接受《兰州日报》记者采访时提及，兰州八社包括修学社。（《柴若愚谈志中经费事》，《兰州日报》1946年4月24日，第4版）据朱太岩考证，修学社活动无多，其产业长期由乐善书局代管。（参见朱太岩《兰州"八社"》，政协甘肃省委员会文史资料研究委员会编《甘肃文史资料选辑》第37辑，甘肃人民出版社，1993，第94页）至于志果中学成为八社中的一社，可能是《兰州市志》第9卷《房地产志》编写的错误，但也有可能在后期志果中学确实成为八社中的一社。

两。1905 年刘尔炘又着手募集资金 5000 余两，不断购置房产、地产。至民国初年，兰州八社中，皋兰兴文社共有房产 1010.5 间，地皮 4.690 市亩，田地 1152.57 市亩；五泉图书馆有房产 136 间；陇右乐善书局有房产 237.5 间；陇右实业待行社有房产 792 间，地皮 0.21 亩；丰黎义仓有房产 426 间，庙产 2 处，水地 5 段；全陇希社有房产 100 间，庙宇 178 间；皋兰同仁局有资金 1 万余元，房产 132 间。① 以上七社共有房产 3014 间，地皮 4.9 市亩，田地 1152.57 市亩。而如果加上志果中学的房产，兰州八社到 1951 年共有房产 3294.5 间。② 这一数目与兰州寺庙的房产数目相当，一方面足见"兰州八社"资本之雄厚，另一方面也说明兰州八社资产中很大一部分是寺庙房产。

兰州八社中，全陇希社一直负责管理在兰州具有重要文化意义的府文庙（又称圣庙，建于明代）。兰州府文庙位于兰州城的南门内，占地面积约 30 亩。庙中规制完整，有大成殿和尊经阁等雄伟建筑，尤其是尊经阁内藏有稀世珍品淳化帖石碑 141 块。文庙占地面积之大，庙内文物之丰，在当时的兰州是绝无仅有的。全面抗战爆发后，沦陷区不少机关西迁至兰州，使兰州市内各种机关大增，许多机关单位没有找到合适的办公地点。而文庙内数十间空房自然引起了它们的注意，希望借机占用文庙。为了保护这一古建筑，全陇希社的董事谈凤鸣游说其他七社理事，希望在文庙内兴办小学，一来以兴办教育为借口拒绝那些希图染指文庙房产的机关单位，一来使全面抗战爆发后由于市内多家中学迁建别处而失学的学生重新入学，最后定名为"兰州私立志果中学"③。这样，出于免受官方侵占的初衷，兰州八社在权宜之下临时决定设立志果中学。

还有一个极端的案例，涉及甘肃省政府、兰州市政府、榆中县政府对朝元观这一私庙的争夺。④ 清朝同治年间，张复清在兰州市广武门外水车

---

① 《兰州市志》第 9 卷《房地产志》，第 69～81 页。

② 《兰州市志》第 9 卷《房地产志》，第 82 页。

③ 该中学的名称来源于刘尔炘之别号。刘尔炘（1865～1931），甘肃兰州人，近代著名学者，光绪乙丑科进士，授翰林院庶吉士、编修。由于刘尔炘别号果斋，因而八社以"志果"为名表示对刘尔炘功绩的继承。

④ 案件具体过程，请参见邵彦涛《法律、私庙与官官相争：兰州朝元观庙产纷争案研究》，《宗教学研究》2015 年第 1 期。

园一带创办诊所悬壶济世。经营数年之后，他以个人名义购买了水车园田地33.918亩，并在该田地上修建上殿三楹，厢房六间，山门一间，名其为"朝元观"①，是为兰州水车园朝元观的创始。张复清创建时的33.918亩地，经过其徒儿杨永清和徒孙刘子乾的苦心经营，至庙产纷争发生之时，已为55.781亩。这块土地位于兰州市东关广武门外靠近黄河的地方，土质肥沃，面积广阔，价值不菲。据甘肃省地政局第一科科长张登嶽的调查，"水车园朝元观已登记之田地购买总价格为4740两，未登记之田地买卖价格为865两，总共5605两。其全部价值，衡以当时的地价，约值50余万元。每年收益，亦不在少数"。② 水车园田地共租与16名农民耕种，地面房屋则分别租与7家商号，难怪时人多称水车园朝元观为"兰州首富"。③

水车园朝元观号称"兰州首富"，自然引起了众多人的觊觎。榆中县政府及地方精英、兰州市政府及地方精英均提出了水车园朝元观的归属权，并提请拿这块土地收益兴办公益慈善事业，提高政府创建现代机构的财政能力。面对两个地方政府的冲突，甘肃省政府既不承认该庙的私产身份，也不对具体归属权进行明判，而是希望能够将其收益纳入省级财政中提取分配。从水车园朝元观事件中可以看出，各级政府和激进士绅在对待庙产问题上存在一种偏向性的态度。为了更大程度地获取改革发展所需的资金和场地，他们往往武断地将所有佛道庙产都视为公产，无视甚至公然违反国民政府制定的各项庙产法令。

政府在对待庙产态度上的分歧，也引起了佛道寺院的不满。在水车园

---

① 在档案资料中，存在着"朝元观"与"朝阳观"混用的现象。所有史料中，榆中县兴隆山朝元观都被记录为"朝元观"，在名称上没有异议。但在部分史料中，兰州水车园朝元观也被记录为"朝阳观"。在1951年兰州市政府对各庙院的统计中，也用的是"朝阳观"一名。到底是因为资料记录的时候出现了差错，还是兴隆山朝元观与水车园朝元观之间存在名称上的区别，由于史料证据不足，难以判断。在本书中，笔者忽略了两个名称之间的差别，都将其记为"朝元观"。

② 《省地政局第一科科长张登嶽调查兴隆山朝元观庙产报告》，1943年2月1日，甘肃省地政局档案，甘肃省档案馆藏，档案号：26-1-258。

③ 榆中县士绅、山林保管委员会委员孙克发曾指出，国民军入甘后，横征暴敛，在历次"买车马捐富户"运动中，兰州东门水车园朝元观都被指为首富，屡次大规模纳捐。详见《省地政局第一科科长张登嶽调查兴隆山朝元观庙产报告附件八》，1943年2月1日，甘肃省地政局档案，甘肃省档案馆藏，档案号：26-1-258。

朝元观案例中，被告人刘子乾曾多次在呈文中抱怨，"天主教产及佛教私产均经政府三令五申合法保护，从未见任何珐琅彩不令教民私行置产"。①而在另一起针对白云观的庙产纷争中，白云观住持赵元善的呈文也同样表达了这种失落，"殊不知我道教之历史，与我中华民族之历史相等。其所以流传悠久而不泯灭者，自有其真理存焉。断非迷信二字可以博得人民信仰。且今日宗教之散布于中国者，除固有之道教外，尚有耶回佛各教，其仪式理论，何莫非根据迷信而产生。破除迷信者，占用庙宇，没收庙产，并未闻有议及耶回佛者。岂以其有国际背景与政治意义，而不敢尝试耶？""自抗战军兴，历为军队机关所借用，以致本观道众流离失所，香火剥落，庙貌变易，实为宗教上最不平等之现象，幸自甘肃军官区司令部去岁迁驻以来，略为修葺，未致圮堕。且官兵纪律严明，对庙宇及道众尚存保护之心，故未便遽求还璧。顷以报载，军官区似有改组消息，恐有其他机关，仍效抗战时之故技，借词威胁，借驻或径自占用。使白云观永无收回整理之期，妨碍全省道教之推行，更非浅鲜，复查政府设官分职，组织机关，自有公费拨用，故每年预算，均列有营膳费一项，断不致睥睨白云观。"② 另一例由于修建警官学校而拆毁金天观的庙产纷争事件，不仅招致兰州道教界的齐声反对，也引起了以杨思为代表的兰州士绅的非难。金天观住持赵加真强调："信教自由载在约法，儒释道耶回为世界公认之五大宗教，自应一律享有约法所赋予之权利，其在本观以宗教论应与孔庙僧寺耶教之教堂回教之礼拜寺一体尊严，不宜改为别用。"③ 杨思在甘肃省参议会提案中倡言："该观系前明初年创修，建筑庄严，向为陕甘新道教信徒精神荟萃之区，与儒教之圣庙、耶教之礼拜堂、回教之清真寺性质相同。信教自由载在约法。曾经中央政府颁布条例迭奉明文，所有圣庙、

① 《刘子乾为重视所有权状的呈》，1942 年 9 月 4 日，甘肃省地政局档案，甘肃省档案馆藏，档案号：26 - 1 - 258。
② 《甘肃省参议会据本市白云观会首林子益等请愿请依法保障宗教归还庙观等情形公决的议案》，1940 年 4 月 29 日到 1947 年 11 月 14 日，甘肃省参议会档案，甘肃省档案馆藏，档案号：14 - 1 - 295。
③ 《兰州金天观主持赵加真等为保存金天观古迹恳请核议取消拆毁之议并转第八战区长官及省府核办的呈》，1942 年 1 月 28 日，甘肃省参议会档案，甘肃省档案馆藏，档案号：14 - 1 - 530。

礼拜堂、清真寺均蒙切实保护在案。今金天观事同一律，应在保护之列，似未便任意废除。"①

三　对非佛道寺院的保护

我们再来考察处于特殊地位的清真寺、藏传佛教寺院和基督教堂。兰州是甘肃回民集中的地区之一，清真寺的建立可以追溯到明代。由于明朝政府需要争取回族民众以反对元朝，因而比较提倡伊斯兰教。明太祖洪武年间在兰州城内修绣河沿大寺一座，是为兰州地区唯一的也是最早的清真寺。入清以后，兰州出现了越来越多的清真寺。进入民国以后，兰州人口日众，回民修建了大量小型的清真寺。兰州清真寺的数目由俗称的十八坊寺发展至30多处。清真寺中的大寺往往拥有较大的产业，如西关大寺周围的房屋几乎都为其所有，可谓鳞次栉比；新关寺有房屋15院，每月收入在300元左右。但兰州除了绣河沿清真寺为敕建外，其余的清真寺均为回民依靠自己力量修建，很少获得政府资助。因此，清真寺相对佛道寺庙来说，产权归属相对清晰，同时由于回汉关系和马家军阀的影响，兰州官府更是不敢对清真寺的产业有任何觊觎之心。别说侵占清真寺的产业，就是因为修路等合理理由拆毁马家军阀在兰州的产业也是难上加难。兰州建市后大规模拆屋建路，"因该七条马路的沿街房屋多属私有，回教将领青海省主席马步芳、宁夏省主席马鸿逵及河西警备总司令马步青等占其大部，他们将房屋租与民间，拆除甚难"。后来为了修建林森路需要拆除马鸿逵的房屋18栋，蔡孟坚不得不将该条道路命名为云亭路（马福祥，字云亭，乃马鸿逵之父），以获取马鸿逵的支持。②

藏传佛教寺院方面，早期兰州政府对于藏传佛教并未持过于慎重的态度。早在1918年，兰州省会警察厅第二区派出所就占据了属于喇嘛自置产业的握桥寺，"不但侵占寺庙，同时毁坏佛像逐僧"。之后握桥寺喇嘛不断上告，但并无结果。直到1947年蒙藏委员会和中国佛教会介入，甘

---

① 《甘肃绅耆杨思等闻经管学校地基在金天观附近改修之说中央政府明文保护庙堂请将金天观保存呈》，1941年4月22日，甘肃省参议会档案，甘肃省档案馆藏，档案号：14 - 1 - 530。

② 蔡孟坚：《首任兰州市长的回忆》，《兰州文史资料选辑》第13辑，第8、11页。

肃省政府才受理并转饬兰州市政府办理。但兰州市政府以"时过境迁，年载悠久，其当初情形无法查出等情"为由推脱。[①] 握桥寺的处境使藏传佛教其他寺庙产生触动。雷坛河兴远寺是兰州藏传佛教寺院中最受瞩目的一座，该寺初建于明万历年间，清嘉庆五年（1800）重建，距今已有400多年历史。拉卜楞寺负责人认为，该寺是由达赖仓活佛请嘉木样大师修建，"俾作青宁甘各地显密教僧来兰时挂搭讲修之场"。由拉卜楞寺派住持僧常居该寺管理，"凡属锱众皆于去兰时以该寺为栖止所"。在甘肃省政府受理握桥寺事件不久，拉卜楞寺大襄佑及议仓全体委员联名呈文甘肃省政府主席，称"兹为永久保护该寺俾继续阐扬佛教起见，谨恳钧府俯予发给布告，禁止任何人侵占该寺"。[②] 甘肃省政府随即发文要求"加以保护，嗣后无论何人均不得违法侵害该寺权益，合行布告，仰军民人等一体周知为要"。[③] 由此可见，尽管藏传佛教寺院的地位与清真寺不可相提并论，但在"五族共和"及民族平等等理念的支持下，甘肃省政府和兰州市政府也不敢像对待其他佛道寺院那样为所欲为，终究要有所顾忌。

基督教堂方面，据记载，在1949年前，传入甘肃的基督教教派有15个，其中传入兰州的有10个，包括中华基督教会、耶稣家庭会、中华内地会、基督复临安息日会、基督教聚会处、真耶稣教会、中国基督教会、基督教青年会、中华圣经会、西北基督教联合会等。[④] 1921年，兰州教徒最多的中华内地会（后改称兰州基督教会）修建了山子石礼拜堂，面积1562平方米，为砖木结构的二进院落式建筑。据1925年甘肃省警察厅的统计，当时省会兰州有教堂6座，其中福音堂坐落在兰州城内东大街，天主堂在双城门旁边的官驿后，神召会在西门瓮城，其位置都相对贴近内

---

① 《省政府、省民政厅为查处各县寺庙纠纷案情形的训令、指令、代电、呈文》，1946年6月19日至1948年8月31日，甘肃省民政厅档案，甘肃省档案馆藏，档案号：15－11－237。

② 《拉卜楞寺院大襄佑等为请发给布告禁止侵占兰州雷坛河兴远寺呈文》，1947年8月19日，甘肃省民政厅档案，甘肃省档案馆藏，档案号：15－11－237。

③ 《甘肃省政府据呈请发给布告禁止侵占兰州雷坛河兴远寺一案应予照准批》，1947年9月8日，甘肃省民政厅档案，甘肃省档案馆藏，档案号：15－11－237。

④ 马祖灵主编，胡国兴等编写《甘肃宗教》，甘肃人民出版社，1989，第297～298页。

城。① 天主教方面，天主教在 1901 年设立兰州教区，统辖陇西至河西一带。1923 年，德国圣言会主教濮登博接管兰州教区，之后兰州又成为总主教区，负责甘肃全省教务，直辖兰州、武威、张掖、陇西 4 个总铎区，兼管西宁代牧区和迪化监牧区。兰州市天主教堂有外国神父 7 人、修士 3 人，中国籍神父 3 人、修士 6 人。他们除在天主教堂布道外，还开办了培坤小学、公教医院、圣家女修院、圣神女修院、小修道院、大修道院及教徒专用的公墓。天主教堂大多位于兰州城郭外，1907 年修建了西固新城堂，1909 年修建西固陈官营堂。其中最大的兰州大教堂位于城关区小沟头，建筑面积 7679.89 平方米。据和德智回忆，大教堂于 1929 年开工建设，1933 年竣工。② 教堂大门两侧各建有钟楼一座，北侧钟楼第三层北面装有一台齿轮大时钟，两侧钟楼第二层各装有一口大铁钟。

　　由于事关外交关系，政府不仅没有扰动天主教和基督教的产业，而且还努力保护它们，生怕闹出外交事件。1923 年某日夜间，兰州东稍门外畅家巷天主堂遭窃，厨房内推盐机器、象皮筒、磁盘、调羹、刀斧、布裙等物品丢失。省会警察厅以"外人侨居内地，官厅有保护之责，天主堂既被行窃，若不勒限严拿，既不足折服外人，又何以振兴内政"为由，要求该管区署暨各区队限期破案，不到一天就捕获窃犯沈自达，并在唐福来家起获赃物。③ 不仅官府不敢侵占天主教和基督教教产，甚至天主教、基督教还侵占市府公产。据兰州市政府调查，兰州天主教、内地会等教会多在市内租买土地，并在土地登记时申请为永租权登记。但它们又将土地转卖给私人获利。如内地会开办的西大街诚信药房就将土地出卖给沈姓商人，还有内地会英人任守谦将五泉山东龙口土地出卖于华人任姓获利。④

　　总之，城市空间具有政治性。在传统时期，官署与寺庙占据了兰州内城的大部分空间，二者分别从世俗权力和神圣权力两个层面塑造了这座城市的政治性特征。但是，随着城市近代化的开展，现代性意识形态赋予了

---

① 《甘肃省会警察厅辖境内教堂教士调查表》，《甘肃警务周刊》第 39 期，1925 年。
② 《兰州的天主堂和礼拜堂》，程兆生：《兰州杂碎》，第 325 页。
③ 《本省警务实录》，《甘肃警务周刊》第 10 期，1923 年。
④ 兰州市政府编《兰州市政一周年》，1942，甘肃省图书馆藏，索号：575.216。

世俗权力扩张的话语权，而弱化甚至否定了神圣权力存在的合法性。反映在城市空间上，就是现代性机构对寺庙空间的大肆侵占。这种侵占在近代兰州更为突出。不论是甘肃省政府还是皋兰县政府（或其后的兰州市政府），在财政能力上与中东部的政府都不能相提并论，市政建设资金更加缺乏。于是，近代兰州城市的现代化，就体现为现代性机构对以佛道寺庙为代表的传统部分的空间征服。

但是，近代兰州庙产还具有另一个特性，那就是兰州寺庙之多、种类之繁在全国仅见。佛教、道教、伊斯兰教、藏传佛教、基督教等宗教在兰州都有一定的势力，更别说各宗教内部的分支派别。但近代兰州市政府对各宗教产业的态度有天壤之别。出于各种原因，伊斯兰教、藏传佛教和基督教的产业在近代兰州得到了较好的保护，这也说明现代化的空间征服是具有选择性的。

第四节　市政与林政：城市现代化的蹊径

植树造林运动在近代中国的兴起，是国内生态问题压力释放的内源性表现，也与西方林业思想传入所产生的外力性影响有关，进而成为现代国家构建的一种内在需要。因此，近代中国林政的发展既是政治现代化的一部分，也是历届政府彰显自我为现代性政府的一个有效的表现形式。就偏处西北的兰州而言，植树造林运动的积极推进还有着更为深刻的原因。我们可以发现，民国以后的在兰政府都格外关注林政事业的发展。1912 年都督赵惟熙上任后，颁发的第一条政令就是通令各县种树并颁发种树章程，其后才开始下发"剪发令"、"实行阳历"和"严禁罂粟"等政令。慕寿祺在评价赵惟熙时就说，他上任伊始，"以种树为急务"。[①] 张广建上任后，于 1918 年 3 月举行了甘肃省第一次植树典礼，以与北洋政府的植树法令相呼应。刘郁芬则早于国民政府将孙中山逝世纪念日设为植树节的前两年，就在兰州创建了纪念孙中山的"中山林"。1932 年南京国民政府

---

① 《省政府通令各县种树并颁发章程》，慕寿祺：《甘宁青史略》第 8 册正编卷 27，第 6 页。

成功控制兰州以后，兰州市政府更加重视林政的发展，不仅在兰州继续修建"中山林"，创建了"中正山"，也格外重视荒山植树等的发展，使甘肃省植树造林的总量甚至一度排到全国的前列。在兰政府为何对林政事业产生了如此大的兴趣，并在官僚体制之中形成有效的激励机制以推进其实施呢？

要回答这一疑问，我们要从兰州城市特性和林政事业的基本属性两方面来考虑。在以现代化为核心话语的民国版图中，近代兰州已然落后于中东部城市几十年的时间，在现代化工业、现代化市政、现代化交通等方面与中东部几乎没有可比性。在这种情况下，在兰各级政府要想取得较为突出的现代化政绩，就不得不另辟蹊径。而在兰州和西北，最能够代表现代性的各项事业中，林政事业显得尤为特殊——它既不特别需要西方现代科技的支持，又与西北严重的生态问题相呼应，自然会成为一个既不特别费力、花钱，又能格外展现出地方官员政绩的现代化途径。因此，在兰政府对植树造林事业不寻常的热衷，除了有来自中央的经费支持以外，自然也包含着这种以植树为现代化政绩的政治投机手段，同时也反映了在兰政府以植树为自身塑造现代性外衣的政治统治策略。

一　生态危机与植树造林运动的兴起

清代以后，随着中国人口的快速增长和农业的发展，山林面积逐渐缩小，毁林开荒、燃料消耗使各地森林大量消失，由此引起的生态问题极为严重。而这种情况在西北地区尤为突出。历史时期，西北森林资源曾经非常丰富，但因为自然地理条件的变化和人类活动的结果，森林大量退化或消失，到了清末时期已经相当匮乏。森林资源的匮乏和生存的需要，不期然地使近代兰州和西北成了植树活动的先驱。

兰州地处西北黄土高原，自然环境独特，海拔高，气候干燥，降水量少而蒸发量大。地面自然植被以荒漠草原为主，多由旱生禾草和旱生灌木组成，低矮而稀疏，一遇干旱便极易枯死。这也导致兰州附近地区森林资源少，森林覆盖率低。但是就兰州南北两山而言，在清朝乾隆以前不仅不荒凉，还绿树成荫、松杉葱郁。明代诗人丁晋在《皋兰山色》诗中有"皋兰秀色郁葱葱，势比他山迥不同。樵径侵云通绝顶，仙家结屋近层空"① 等句，说明当时的皋兰山还是一片绿色。且兰州南北两山附近的山体，如华林山、青冈山、东柳沟、西柳沟等，从名称上来看都曾经是森林茂密的地方。施寿就介绍说，"据本地老年人传讲，清乾隆时，皋兰山以南至七道梁以北大片山区，生长着茂密的乔木与灌木丛生的森林"。②

但是兰州附近人口增加导致的滥伐、滥垦、火灾及战争导致的破坏，使得兰州附近的植被在清末时期已经所剩无几。同治回民起义中，皋兰山成为战场，多次大火烧山，不仅皋兰山的精华所在五泉山付之一炬，皋兰山的天然森林也焚烧殆尽。因此进入民国以后，大家看到的是一个荒凉的兰州。据时人记述："去过西北的人，无不异口同声说西北是一个黄土的世界，黄土的确是西北的特征。在兰州看不到青山绿水的，登城远望四周都是童山濯濯，不要说树木成荫，连草都不容易看见。"③ 兰州市政府也承认："本市地高土燥，草木稀少，四围群山，童山濯濯，景象萧条，不仅气候失其调节，环境枯寂，尤足影响市民生活。"④ 民国时期，兰州城市建设的开展又进一步破坏了周边的林木。据时人记载，1916 年，张广建在兰州建府第，派人进兰州附近林区砍伐林木不计其数。1928 年，刘郁芬在西固设兵站，将西柳沟及西固川的树木砍伐殆尽。⑤ 到 1949 年，兰州 "除北山在徐家山有一小块榆、柏树林与南山在皋兰山上零星几株老榆树外，其余诸山均是荒山秃岭，极目荒凉的状态"。⑥

兰州脆弱的生态环境早就引起了官方的重视，其中最早也最有影响的自然非 "左公柳" 莫属。同治五年（1866）陕甘总督左宗棠栽种的左公柳，有 "新栽杨柳三千里，引得春风度玉关" 之美誉，可以视为近代中国官方主导林业经营活动的先导。美国人兰登·华尔纳强调左公柳具有政

---

① 参见邓明《兰州八景古今谈》，政协兰州市城关区委员会文史资料委员会编印《城关文史资料选辑》第 7 辑，1999，第 166 页。

② 施寿：《话说兰州城关区南北两山林业》，政协兰州市城关区委员会文史资料委员会编印《城关文史资料选辑》第 2 辑，1990，第 91 页。

③ 张沅恒：《忆兰州》，《良友》第 156 期，1940 年。

④ 《教育行政》，《兰州市政三周年要览》，甘肃省图书馆藏，索书号：575.216/101.5。

⑤ 兰州市地方志编纂委员会、兰州市林业志编纂委员会编纂《兰州市志》第 26 卷《林业志》，兰州大学出版社，1998，第 2 页。

⑥ 施寿：《话说兰州城关区南北两山林业》，《城关文史资料选辑》第 2 辑，第 90 页。

治意义，他在1923年率福格艺术考察队前往敦煌时指出："左总督用这笔申请来的巨款，使这条大西北的道路绿树成荫，作为对他的主子君王统治树立一座永久性的纪念碑，同时，也对这个国家的人民和为数不多的旅行者们带来恩惠。"① 左宗棠的这一举动，与甲午战后清政府真正意识到林业发展的重要性并采取措施相比，早了足足30年。鸦片战争以后，魏源等人就提出要振兴林业、设置林业管理机构，可惜没有引起清廷的重视。甲午战争之后，朝野上下逐渐意识到林业发展的重要性，许多人发声建议清政府重视林业发展。其中最具影响力的要数御史华辉于1896年所上的奏折，他提出，"天下无论何土，必有相宜之处；无论何树，必有可收之利。此则南北各省皆有之，皆宜之"，进而提出"广种植、兴水利"的建议。② 之后康有为、张之洞、刘坤一、岑春煊、赵炳麟等陆续上奏，呈请振兴农林业。光绪二十四年（1898），清政府设立农工商总局，并于其下设农务司，掌管林业。宣统元年，农工商部提出了"通知各省将军和督府，调查宜林地和天然林，绘制图说报部，以便制订经营方案"等措施，③ 并制订了发展林业的年度计划。而就各省而言，最早响应发展林业的，当为驻节兰州的陕甘总督陶模，他在御史华辉上奏的次年（1897）即发布了《劝谕陕甘通省栽种树木示》，罗列了植树造林的六大好处，做出了荒地植树、谁栽谁有、免纳粮银的规定。④

尽管我们很难对陶模这一规定的具体成效做出分析，但陶模在西北地区倡导林业发展的思想无疑被继承了下来。进入民国以后，朝野人士纷纷宣传、提倡植树造林。1915年北洋政府规定以每年清明节为植树节，1916年的清明节也成为中国第一个植树节。1917年3月，甘肃省署根据

---

① 甘肃省档案馆编《晚清以来甘肃印象》，敦煌文艺出版社，2008，第353页。
② 《光绪朝东华录》第4册，中华书局，1958，第3863页。
③ 转引自樊宝敏《中国清代以来林政史研究》，博士学位论文，北京林业大学，2002，第73页。
④ 陈忠倚辑《皇朝经世文三编》第8册卷36，沈云龙主编《近代中国史料丛刊》第76辑，台北，文海出版社，1966年影印本，第550、551页。福建省官府曾参照陶模的这一劝文，制定了更为完善的《福建省劝民种树利益章程》，之后福建省这一章程又被刘铭传在台湾引用。（详见熊大桐等编著《中国近代林业史》，中国林业出版社，1989，第96~98页）光绪二十七年（1901），湖广总督张之洞和两江总督刘坤一均上奏折建议发展农林业。就清末时期各省份而言，陕甘总督陶模的劝谕种树文是笔者所见最早响应林业发展的地方政策。

农商部林务处暂行章程的规定，设立甘肃大林区署，管理全省林业事务，由罗经权担任大林区署林务专员。随后，甘肃省署又在兰州举院开办了公立甲种农业学校，罗经权兼任校长。1918年4月，甘肃大林区署召集兰州各界在五泉山二郎岗举行首次清明植树节大会。甘肃省长兼督军张广建演讲"植树之关系在甘肃尤为当务之急"，大林区署林务专员罗经权宣讲植树造林技术和护林方法，最后共同植树。①

二 全国最早的中山林和植树节

1925年3月12日孙中山逝世，之后上自中央政府下至地方政府都以各种方式开展活动纪念孙中山。1928年3月12日，国民政府举行首届植树仪式，国民党要员和南京各界代表数万人齐聚尚未完工的中山陵，举行了隆重、庄严的植树典礼。该年8月，国民政府中央执行委员会决议于总理逝世纪念日举行植树典礼，同时通电各省政府："此经决议，每岁三月十二日，全国各地一致举行植树典礼，以为全国造中山林之提倡，务期蔚成大观，昭垂无极。"② 每次植树节时，不仅党政要人均出席参加，以身示范，而且要举行一定的仪式，使这项活动政治化、严肃化、典范化，进而建构一个仪式与实践共同组成的意识形态象征符号。因此学界一般认为，"从1928年开始，植树成为每年孙中山逝世纪念中的一项重要活动"。③ 但是，不管是造"中山林"还是植树节活动，都并非自1928年才开始，而是早在两年前的兰州，就举行过与之十分类似的完整仪式。

中山林在兰州城南，原系南郊荒地，"东起方家庄、二郎岗，西至西北大厦，南到山边。这里原先叫萧家坪，是肃王妃子的胭脂地。20世纪初是一片荒滩坟茔，野草丛生，很少有人活动"。④ 1925年底，素有"植树将军"美誉的冯玉祥命其部下刘郁芬率军进驻兰州，并一纸电文招来了他的重要幕僚之一、时在绥远主持开荒垦田的杨慕时，委之为甘肃省建

---

① 《七年三月始行植树典礼》，慕寿祺：《甘宁青史略》第8册正编卷29，第42页a。
② 《中国国民党中央执行委员会电》，《中央党务月刊》第1期，1928年。
③ 罗福惠、朱英主编，刘伟等著《辛亥革命的百年记忆与诠释》第1卷《政府、党派的辛亥革命纪念》，华中师范大学出版社，2011，第215页。
④ 王文元：《兰州中山林的如烟往事》，《西部时报》2010年6月29日，C3版。

设厅长。杨慕时到任后，迅速动员省政府机关职员、在校学生参与植树造林，并用以工代赈的方式组织大批民众参与。杨慕时亲自带领民众在龙尾山下栽植树木，疏浚被称为小五泉的窟沱，又开沟引左右之水汇聚于下，用来灌溉，成活率很高的苗木逐渐成林。在杨慕时的强势督导下，植树总量被分配到各单位，之后又落实到每个人身上。许多政府机关职员，如时在民政厅工作的赵世英，每年都要去栽树，每周都要提水浇灌，以保证树木成活。1927 年，甘肃省署又在雁滩中河滩创办雁滩苗圃，有育苗地 0.5公顷，所育苗木专供中山林造林之用。

在 1926 年 3 月 12 日孙中山逝世一周年纪念日之际，国民军决定在兰州城南一带植树造林以缅怀孙中山生前的伟绩。这天，国民军驻甘司令、代理督办刘郁芬主持召开了"中山林"命名大会，在兰的机关、学校、团体、部队参加了大会，会后栽植榆、槐、椿等树木数千株，并划定龙尾山及五泉山麓为中山林造林用地，即日开始造林。营造工程由甘肃省建设厅长杨慕时负责完成。至 1937 年抗战全面爆发时，中山林已经绿树成荫。1938 年春，甘肃省政府设立中山林管理处，有职工 7人，归甘肃省建设厅工管局管辖。中山林林区面积有四五平方里，植活各种树木 10 万余株。① 抗战期间，又在中山林陆续安置了孙中山铜像一座，供奉抗日将领张自忠、佟麟阁、赵登禹及甘肃籍阵亡将士 4382 人灵牌之忠烈祠，还有汪精卫及其妻陈璧君反剪双手的跪像。随后又将其开放为公园，成为抗战时期兰州市民游玩的场所。时人评论道："兰州的公教人员和一般市民，不但物质享受苦，就是精神享受也苦。兴隆山虽好，往来却不下八九万元，附近风景区，小西湖失修，五泉山被禁，唯一游玩地就是中山林。""早上有些病人在这儿寻吃新鲜空气，和一些伶人拳手练声习拳，黄昏时分许多青年男女，一双双的在疏枝密叶之间，谈情说爱。"② 优美的林荫景致加上公园化的布局，使之很快成为兰州市民休闲娱乐的重要场所，"每逢节假日，相声、说书、武术表演，比比皆是"。③

---

① 刘亚之：《兰州中山林的兴废》，《城关文史资料选辑》第 1 辑，第 56 页。
② 许风：《万花筒中看兰州》，《陇铎》新 7 号，1947 年 9 月 15 日。
③ 刘亚之：《兰州中山林的兴废》，《城关文史资料选辑》第 1 辑，第 56 页。

刘郁芬建造中山林，也是其进驻兰州取消绿呢大轿后的第二项重要政治举措。反观 1926 年 3 月 12 日的孙中山逝世一周年纪念日，从中央到地方各有自己的做法。国民党治下的广东召开了隆重的纪念活动。北京的纪念活动则分为三派：在中央公园举行的右派、在太和殿举行的左派和自称国民党同人的一派。三派各自为政进行孙中山逝世一周年纪念，反映了国民党内部矛盾重重，各方争夺"孙中山纪念"政治符号资源的态势。① 与之相同的是，冯玉祥一派也在争夺这一颇具话语权力的政治符号资源，② 在国民党方面提出将孙中山逝世纪念日定为植树节的两年前就决定在兰州开展孙中山逝世纪念活动，并先创性地将植树实践与孙中山纪念仪式合为一体，形成一个颇具影响力的孙中山纪念体系。冯玉祥及其部属刘郁芬的这一举动，成功地将孙中山树立为国民军的精神领袖，自然使国民军的身份更具有正统性的色彩。

三 "中正山"造林的政治意蕴

1931 年雷马事变后，蒋介石先后通过委派邵力子、朱绍良等官员入主兰州，逐渐实现了对甘宁青等地区的羁縻和掌控。1942 年夏，蒋介石来兰视察，登上省署后花园北城墙之"望河楼"，看到蜿蜒在黄河北岸之北山童山濯濯、荒凉不堪，即以"为何不在山上种树"询问陪同参观的甘肃省政府主席谷正伦和建设厅长张心一。张心一如实回答说："以山上缺水，不能种树。"但蒋介石指着皋兰山东侧的一株榆树说："山顶都有大树，为什么山坡干旱，不能种树？"随即拨给甘肃省

---

① 罗福惠、朱英主编，刘伟等著《辛亥革命的百年记忆与诠释》第 1 卷《政府、党派的辛亥革命纪念》，第 150、151 页。

② 北京政变后，冯玉祥遂控制了北京，但由于不能见容于其他北洋派系，在政治上陷于孤立。因此，冯玉祥积极与孙中山、国民党和其他进步势力靠拢，以摆脱自己的被动地位。（参见刘敬忠、王ına才《试论冯玉祥及国民军在 1925～1927 年的政治态度》，《历史研究》2000 年第 5 期）尤其是 1926 年 1 月冯玉祥在奉、直军联合进攻下被迫通电下野，这也使其在北方的孤立局势变得更为危险。这就促使其在地缘战略上更为接近孙中山和国民党。因此，惯于纵横捭阖及使用实用主义权术的冯玉祥通过其部下刘郁芬控制的兰州举行"中山林"命名仪式这一举动，成功将孙中山树立为国民军的精神领袖，俨然与国民党军队拥有了共同的"出身证明"。

200万元①，存于农业银行，专作兰州南北两山造林之用，并责令设立专门机构，负责南北两山的植树造林工作。蒋介石还要求其将造林工作与进展情况每年上报一次。蒋介石的这一指示迅速被贯彻实施，该年12月，甘肃省政府即成立省会造林委员会，谷正伦亲自担任主任委员，张心一任总干事，省农业改进所所长汪国舆任副总干事，刘亚之为技术员。为了响应蒋介石的这一提议，甘肃省政府还将兰州北山一部分命名为"中正山"，范围西起金城关，东止枣树沟，总面积约3.5平方公里。② 1943年8月5日，甘肃省政府在徐家山之中峰正式竖立《中正山造林碑记》，谷正伦题写碑文，称：

> 本市黄河北岸通东之荒山向无定名，三十一年（1942年）夏总裁蒋公节钺西巡，对于本省林政建设多所指示，本府根据原订之五年造林计划，遵照指示要点，审度事实，积极进行，并组设省会造林委员会主持策划。旋定名该山曰中正山资为纪念。秋间开始经营，今春继以栽植。复发动群工，辟平沟，洛山洪，用备灌溉。工作虽云艰巨，胼胝未放言劳。继此扶植，孜孜不已，行见十年树本，蔚为车草长林，大业观成，则此山之令名，当与总裁之功业共垂不朽矣。③

为了使"此山之令名，与总裁之功业共垂不朽"，甘肃省政府投入大量人力、物力、财力用于中正山的造林工作。除了动员机关、学校、厂矿、社会团体及市民开展季节性的荒山造林活动外，省会造林委员会还聘用了很多短工，尤以邓宝珊所辖新一军驻防盐场堡的军人为多，采取给士兵生活费的办法，由部队士兵承担造林整地工程；或通过兰州市难民救济组织与难民签订合同，以承包形式造林。据刘亚之回忆："当年在西起金城关，东至枣树沟一带的荒山上，栽种成活了白榆约七八万株（后来都被蛀虫所

---

① 《兰州市志》第26卷《林业志》记载蒋介石拨款200万元，但张敦田则认为有2000万元之多。详见《兰州市志》第26卷《林业志》，第107页；张敦田《兰州"中正山"的由来》，《兰州日报》2006年5月10日，B03版。

② 《兰州市志》第26卷《林业志》，第107页。

③ 《中正山造林碑记》，《兰州市志》第26卷《林业志》，第305页。

毁），红柳、侧柏、洋槐等树种共十三万多株。在他（指张心一——引者注）离职时，只交待了十万株，还有三万株因是初栽成活的小树，故未列入清册。"刘亚之认为，当时"名为'义务植树'，实则独俱虚名，全靠林场工人专业种植"。① 不管是军人造林、难民造林还是专业工人造林，要完成 16 万株的种植花费必然不小，这也说明当时甘肃省政府为中正山植树造林所投入的经费之多、决心之大。

中正山植树造林对于蒋介石、在兰各级政府有着不同的政治意蕴。1942 年 8～9 月，蒋介石巡视西北的这一举动，代表着国民政府对甘宁青地区的军事控制达到了其统治历史上的新高峰。谷正伦在接替朱绍良主政甘肃之前，蒋介石曾面赠其《左宗棠文集》一部，② 显然寓有希望谷氏能够像左宗棠那样将西北完全纳入掌中之意。而此时"蒋介石对控制甘肃河西走廊的成就，以及即将对新疆的政治治理极为兴奋"。③ 蒋介石在兰州视察时曾说道："我们现在如果真正是有事业心，有远大志向，就必须到荒僻边远的地方，开辟我们固有的疆土，来充实我们的国防，巩固我们的国基。凡是军力所及的地方，要使行政权能完全实施，治安绝对良好，人口日益繁庶，物产日益丰富。"④ 由此可见，蒋介石的用意是，在以军事手段稳定政治秩序以后，要求各级政府充分发挥行政权能，建立一个稳定的社会秩序。而其对兰州南北两山植树造林的关心，可视为其要求兰州各级政府积极发挥行政权能的一个体现。在得到蒋介石的这一指示后，兰州各级政府确实积极行动起来，投入了巨额的人力、物力、财力，力图以南北两山绿化的绝好成绩向蒋介石邀功。

但是，现实却似乎总是事与愿违。由于山体干旱、没有水源且在早期设计时存有许多不合理处，中正山的造林成效一直都不理想。刘亚之等造林委员会的技术员一直被"始而不活，活而不长，长而不壮"的问题所困扰。郭西园也坦陈："历年植树运动，又多虚应故事，忽略保护，以致人人

① 刘亚之：《金城"中正山"》，《城关文史资料选辑》第 1 辑，第 49 页。
② 蔡孟坚：《怀念铁腕将军谷正伦》，《传记文学》（台北）第 35 卷第 3 期，第 57 页。
③ 刘进：《中心与边缘：国民党政权与甘宁青社会》，第 159 页。
④ 蒋介石：《开发西北的方针》（1942 年 8 月 17 日），唐润明主编《抗战时期大后方经济开发文献资料选编》，重庆大学建大印刷厂，2005，第 246 页。

皆有'年年植树、何时成林'之慨。"① 据统计，从 1937 年至 1949 年，中正山共植树 39.1 万株，成活 9.87 万株，成活保存率仅为 25.2%。② 由于中正山种植的为白榆单一林，③ 在 1952 年产生了白榆小蠹蛾后，不出几年白榆树即全部死亡。④

中正山植树造林运动的发展可谓颇具戏剧性，如果我们再考虑到植树运动在兰州所具有的特殊的"现代性"的话，则更能够体会出其中的讽刺意味。尤其是在兰州市政发展极其落后的情况下，投入巨大人力、物力、财力发展林业，不得不说其中颇有避重就轻的政治心理。

四　落后的市政与先进的林政

刘郁芬之后，在兰各级政府对植树造林活动越来越重视。1935 年邵力子上任后，聘请德国林业专家芬次尔博士来兰主持造林工作。1936 年又将甘肃第一农业学校改名为甘肃省立兰州农业职业学校，并颁布了《甘肃省森林保护法》。1941 年兰州市政府成立，规定兰州市民每年植树5 株，当年在市内街道、河岸、中山林栽树 44.2 万株。⑤ 植树造林需要资金的支持，为此甘肃省政府与中国银行合资，于 1941 年 4 月 24 日设立甘肃水利林牧股份有限公司，资金 1000 万元，专门用于办理农田、水利、森林、畜牧业务。⑥ 兰州市工务局在成立后即开始在兰州街道两旁栽植行道树，每隔 3 米栽植一株，五路共植树万余株，"责成各该路两侧商店住户，随时浇灌保护，并订定故肆折损赔偿补栽办法，严格执行，俾全数成活，荫庇行人"。⑦ 每年春季，兰州市政府还发动各小学在水车园西园等

---

① 郭西园：《两年来之兰州社会》，兰州市政府编《兰州市政二周年》，1943，甘肃省档案馆藏，索书号：575.216。

② 《兰州市志》第 26 卷《林业志》，第 108 页。

③ 上文提到蒋介石在望河楼上以一棵榆树为例，试图证明兰州南北两山是可以种树的。而之后省会造林委员会在中正山上所植树木多为白榆，似乎与蒋介石手指的榆树存在呼应关系，也更说明了甘肃省政府执行蒋介石指示的彻底性和忠诚度。

④ 刘亚之：《金城"中正山"》，《城关文史资料选辑》第 1 辑，第 53 页。

⑤ 《兰州市志》第 26 卷《林业志》，第 9 页。

⑥ 《兰州市志》第 26 卷《林业志》，第 8 页。

⑦ 《工作纪实，工务部门》，兰州市政府编《兰州市政一周年》，1942，甘肃省图书馆藏，索书号：575.216/101。

处植造教育林；各工商团体在中山林总理铜像前一带植造工商林；划定红泥沟荒地数十亩由市党部发动全市党员于秋季植造党员林；划定红泥沟牟家湾作苗圃，由农业推广所负责育苗以利植林；同时规定各团体于每星期日运水灌溉所植树苗。[①]

就植树效果来说，据朱允明《甘肃省乡土志稿》对 1944 年各县市植树株数的统计，兰州市当年植树 60200 棵。1943～1945 年，由甘肃省会造林委员会自办荒山造林和指导市内各机关团体植树造林共 249666 株，其中指导造林 120667 株，私人植树数量微乎其微（见表 4-2）。[②]

表 4-2　1943～1945 年甘肃省会造林委员会造林或指导造林数目

单位：株

植树造林种类	栽培者	采用树种	栽植数目
沿黄造林	造林委员会、市政府、警察局	白杨	33000
沿路造林	西北公路局、市政府	白榆、洋槐、白杨	6947
省会公务员植树	省府各厅处职员	白榆、洋槐	17852
各机关团体学校植树	各机关、团体、学校	洋槐、白榆、白杨、柳等	58328
私人	私人	洋槐、榆、白杨、柳等	4540
总计			120667

资料来源：朱允明《甘肃省乡土志稿》，《中国西北文献丛书·西北稀见方志文献》第 30 卷，第 561 页。

表 4-3　1926～1947 年兰州市历次植树情况不完全统计

时间	植树者	植树原因	植树数量	地点
1926 年	在兰机关、学校、团体	纪念孙中山逝世一周年	榆、槐、椿数千株	中山林
1937～1945 年	中山林管理处		榆、槐、椿、山杏 10 万余株	中山林
1941 年	社会局、市民		442000 株	市内街道、河岸、中山林

① 郭西园：《两年来之兰州社会》，兰州市政府编《兰州市政二周年》，1943，甘肃省档案馆藏，索书号：575.216。

② 朱允明：《甘肃省乡土志稿》，中国西北文献丛书编辑委员会编《中国西北文献丛书·西北稀见方志文献》第 30 卷，兰州古籍书店，1990，第 547、551、562 页。

续表

时间	植树者	植树原因	植树数量	地点
1941 年	兰州市工务局	行道树	万余株	中山路、中正路、益民路、定西路、励志路
1942 年	兰州市工务局	行道树	2232 株	中山路、中正路、中华路、励志路、定西路、益民路
1942 年	兰州市政府		2.2 万株	水车园、苏家小路、上下徐家湾、骚泥泉、西津桥等
1942 年	兰州市各机关	教育林、市府林、建设林、警察林、工商林	2 万株	西园、水车园及中山林
1945～1946 年	甘肃省立兰州农业职业学校林科学生		白榆 1860 株，红柳 540 株，臭椿 318 株	皋兰山
1941～1946 年	甘肃省农业改进所	荒山造林试验研究	315486 株，成活 82084 株	皋兰山、九州台、徐家山、白塔山
1941～1947 年	省会造林委员会	水土保持试验	柏树、榆树 7 万多株	徐家山（中正山）

　　资料来源：《兰州市志》第 26 卷《林业志》；兰州市政府编《兰州市政一周年》，1942，甘肃省图书馆藏，索书号：575.216/101；兰州市政府编《兰州市政二周年》，1943，甘肃省图书馆藏，索书号：575.216。

　　据熊大桐对 1932 年全国种植中山纪念林数量的统计，在 21 个省份中，甘肃省兰州市中山林植树数量 217000 株，仅次于福建省位列全国第二。① 据《实业月刊》对全面抗战前各省造林情况的统计，1945 年的苗圃面积四川第一、甘肃第二、贵州第三，育苗株数贵州第一、甘肃第二、四川第三，造林株数则四川第一、贵州第二、福建第三、甘肃第四。该年各项统计的前三名几乎都是贵州、甘肃和四川三省，甘肃多处于第二或第四的位置。② 以甘肃的财力而言，能够在造林工作中居于全国前列有点不可思议。

　　在近代兰州城市其他现代化事业发展缓慢之时，林政的快速发展就显

---

① 熊大桐等编著《中国近代林业史》，第 183 页。
② 《抗日战争前各省造林统计表》，《实业月刊》第 2 期，1937 年。

得有些不合时宜。正如上文提到的，林政的发展由于不特别需要西方现代技术手段的支撑，也不需要过多的经费支持，同时还与西北严重的生态问题相呼应，故而很容易被政府拿来作为表现政绩的工具。首任兰州市长蔡孟坚在其回忆中就坦陈，在财政紧张的情况下，市政建设若着眼于社会与教育等的改革，"收效迟缓，且难奏功，只有改善交通，促进市区繁荣与建设，才是工作重点"。之后，"中央对开发西北，主张在荒山普遍植树"，"当时我大声疾呼：'要绿化兰州'，使四周围山区，将来变为绿荫匆匆"。① 1942 年中国工程师学会各专门工程学会在兰州举行第十一届年会，蔡孟坚以《如何建设新兰州理想中未来陆都》为题，提出了绿化兰州问题，提请出席年会的各工程师讨论。他说："绿化兰州为一般人士之殷切企盼。亟应利用山岭，广治林木，调节气候，增进风景，改善市民生活，俾尽地利。惟水源缺乏，种植困难，应如何竭尽人力以技术补救自然缺陷。"是年 8 月 10 日兰州市政府纪念周会上，蔡孟坚又邀请内政部次长张维翰演讲"如何造成一个园林化的兰州市"，同年兰州市政府还制定了《兰州市保护树木办法》共 14 条。②

蔡孟坚极力呼吁"绿化兰州"，但兰州市民似乎并不领情，称蔡孟坚的植树造林工作是让兰州人戴"绿帽子"。为此，蔡孟坚在重庆开会时还遭到了甘省学生的围攻。③ 市议会也曾屡次就此质询蔡孟坚，显然在以地方利益自居的议员眼中，植树造林远非真正能够惠及大众的民生事业。而蒋介石对兰州南北两山植树造林的指示，同样存在这样避重就轻的问题。在近代西北的政治游戏中，蒋介石和国民政府一直以兰州为中心经营西北，兰州自然也成为蒋介石和国民政府向西北社会展示现代性政府成就进而为其树立合法性的重要政治场域。但他们也认识到，在兰州发展现代化事业不可能一蹴而就，甚至可能是一个漫长的过程，因此他们急需一个展示政绩的途径或称借口。于是在这些综合因素的作用下，兰州林政的发展就成为一个复杂而隐秘的政治寓言。

事实上，以植树造林为城市现代化政绩的现象并非仅存在于兰州一

① 蔡孟坚：《首任兰州市长的回忆》，《兰州文史资料选辑》第 13 辑，第 5、12 页。
② 《民国首任兰州市长的绿化情》，《晚清以来甘肃印象》，第 64 页。
③ 蔡孟坚：《首任兰州市长的回忆》，《兰州文史资料选辑》第 13 辑，第 12、13 页。

隅，在整个西北地区都很普遍。在 1946 年春季的植树节时，马鸿逵在训
话中就提及："甘肃有'左公柳'，我们宁夏也要有'马公杨'。"① 戴逸、
张世明在研究中也提到："左宗棠大西北植树所树立的不仅是有目共睹的
'左公柳'，而且在后来者心目中树立了一种景行仰止的标尺。在民国年
间，许多'西北王'们企图效仿左宗棠而千古留名，杨增新、胡宗南、
马步芳、马鸿逵等概莫能外。"但这种林业开发并非田园歌式的变奏曲，
而往往是以普通百姓的沉重负担为代价的苛政。② "现代化的开化目标在
军阀政治之下以原始野蛮的方式实行不能不说具有反讽的诡吊意味。"③
时人旅行青海时感叹："青省造林为全国第一，平均每年栽植两千余万
株，学生公务员一齐出动，不像内地各省，仅在植树节点缀点缀。"④ 这
一评语用在兰州身上也并无不妥，在兰各级政府的重视使近代兰州的林政
事业获得令人意外的发展。在城市现代化的其他方面乏善可陈的情况下，
具有现代化属性而又无需过多现代化技术和资金支持的林政事业的快速发
展就成为边缘地区面向国家展现"现代化政绩"的绝佳手段。

小　结　边缘的反序性

本书第二章第三节提到，近代兰州城市人口的发展趋势与全国人口总
的发展趋势之间具有明显的反序性。通过对近代兰州设市过程、市政与寺
庙、市政与林政等问题的考察，可以发现，近代兰州的市政发展与中国中
心地带的城市发展之间也存在反序的特征。民国初年，当中东部城市的市
政建设如火如荼时，兰州市政建设却进展缓慢，虽也有部分近代市政设施
出现，但体现出了强烈的官员享乐特征。考虑到设市会加重地方财政负

---

① 黄多荣：《马鸿逵时期的银川园林绿化》，《银川文史集粹》，宁夏人民出版社，1998，
　　第 177 页。
② 戴逸、张世明在研究中就指出，由于春播和植树同凑一时，青海农民当时有的要到几十
　　里路以外的指定地点种树，有伤农时。而所有树苗均强行摊派，农民有地无树，只得变
　　卖家产高价求购或以劳力向富户换取树苗。在栽树过程中，警察手持棍棒监工，稍不如
　　意，即行打骂、罚跪和罚顶石头。详见戴逸、张世明主编《中国西部开发与近代化》，
　　广东教育出版社，2006，第 125～126 页。
③ 戴逸、张世明主编《中国西部开发与近代化》，第 125～126 页。
④ 时雨：《青海行》，《西北通讯》第 7 期，1947 年，第 26 页。

担，1930 年国民政府公布新《市组织法》提高设市标准以限制一些不满足条件的城市设市，却阻止同样不满足条件的兰州撤市。清末民初时期，当中东部城市开始庙产兴学运动的时候，兰州还在保护并修建寺庙。当中东部城市在市政现代化上不断发力的时候，兰州却在市政落后的情况下大力发展林政。边缘的反序性是边缘发展落后的表现，也是现代国家无力为边缘地带提供公共产品的结果。

近代兰州市政的发展一直受限于财政能力的低下。罗威廉在研究 19世纪的汉口时指出，地方官府对公共工程建设的积极性得到了前所未有的财政能力的鼓励，尤其是在像汉口那样拥有海关金库的城市。[①] 但是，处于边缘地区的兰州并不具有像汉口海关金库那样吸引官员的财政来源，也就很难使当政者对市政建设产生兴趣进而获得官僚性的动力。朱绍良就清醒地认识到这一点，他明确提出："建设甘肃，有赖于中央及各方之助力，亦犹整个中国之开发，须容纳列强善意的人力财力，此中运用如何，是在当局。如果专就自身竭泽而渔，以谋高速之建设，恐有未安。"[②] 因为甘肃和兰州自身财政能力低下，不足以为市政建设提供基本的支持，在很长一段时期内也没有成立市政府的直接动力。民国初年，甘肃政局分分合合，中央政府很难直接掌控甘肃，也就遑论对兰州统治者提出建设市政的要求。因此，近代兰州市政建设的许多成就，并非以满足城市普通市民的需要为旨归，而是以当政者的享受和城市观瞻为考虑。刘郁芬主甘时期，曾积极主动地建立兰州市政，尝试性地建立了一个主管市政建设的官僚机构，并努力将兰州建设成为一个西北军治下的"典范都市"。到了 20世纪 30 年代以后，南京国民政府为了实施自己的西部政策，屡屡鼓励兰州设市，兰州市政府才最终得以设立。但是，同样是在财力限制之下，又最终不得不裁局改科。

在当前学界，以现代国家构建为视角的文献通常聚焦于国家对社会的权力渗透。这一传统最早由杜赞奇提出，他在《文化、权力与国家：1900～1942 年的华北农村》一书中认为，近代中国的现代国家构建就是

---

① 罗威廉：《汉口：一个中国城市的冲突和社区（1796～1895）》，第 173 页。
② 《序一（朱绍良序）》，《甘肃建设年刊》1940 年 4 月 22 日。

"持续地表现为国家政权不断扩张，进而加强资源汲取和社会控制能力"。① 这种思路其实沿用了从"中心"看"边缘"的视角，强调的是现代国家构建对社会的强制性要求。在边缘地区，现代国家构建的首要任务，当然是通过强制性要求来加强对边缘社会的控制，实现国家治理结构的移植。为此，中央政府不断寻求进入兰州，并屡屡鼓励兰州设市。这也迫使本不够设市资格的兰州市不得不学习其他城市，建立一个完备的官僚体制来主管市政建设。从这个角度来讲，现代国家构建成为边缘地区发展的一个重要推动力。

从"边缘"看"中心"，现代国家构建同样需要回应社会需求以寻求合法性的认可。合法性的塑造，归根到底来源于现代国家为社会大众提供的公共产品。在边缘地区，则体现为有效主动地回应和满足边缘地区的权益要求。近代兰州市政建设在清末左宗棠时期有非常不错的起步，但之后却趋于缓慢。在近代兰州经济边缘化的程度远远超过了现代国家构建试图改善边缘地区发展的力度时，现代国家构建就无力与边缘社会达成良性互动，也就不能真正解决边缘社会发展的困境。如果现代国家构建非但没有给边缘地区的发展带来任何改善，反而遗忘了国家的旧使命，甚至使国家的不同地区"沿着不同的方向在运行、某些地区的成功与其他地区的失败密切联系在一起"，② 那么这个政府体制的合法性必然要遭到质疑。对兰州市政府来说，市长蔡孟坚极力呼吁的"绿化兰州"，在兰州市民看来，只是在给兰州戴"绿帽子"。兰州市政府在林政发展上所获得的有限成功远远比不上普通市民利益受损所带来的合法性损害。

---

① 杜赞奇：《文化、权力与国家：1900～1942年的华北农村》，第3页。
② 马俊亚：《国家服务调配与地区性社会生态的演变——评彭慕兰著〈腹地的构建——华北内地的国家、社会和经济（1853～1937）〉》，《历史研究》2005年第3期。

第五章

反抗边缘化："兰州中心说"
与近代兰州的社会心态

现代国家构建倡导的是无中心、平等的国家和公民观。这种思想和观念为近代兰州摆脱边缘处境提供了思想支持。以兰州为陆都并称其为"全国地理的中心"，是现代国家构建的产物。在前近代中国，兰州一直处于内地的边缘。新疆建省后，中国的疆域版图进一步明晰，兰州也一变成为国家的地理中心，"兰州中心说"① 应运而生。

理想归理想，现实却异常残酷。与现代国家构建所倡导的地域平衡和公民平等理念形成鲜明对比的，是现代化开启后不断加剧的区域失衡。因

---

① 必须明确说明的是，我国官方从未确定过所谓"中国中心"。把兰州视为中国陆地的中心，并非基于全国性地理信息数据所做出的科学结论，而是在现代地图产生后所形成的一种大致的推算。直观来看，我国大陆几何中心应在兰州附近，若以兰州为圆心，以2500公里为半径画圆，我国大陆基本上在这个大圆内。叶骁军就认为，在大比例尺地图上以直线距离测算，兰州距我国东西南北四方最端点大致相等。兰州距我国最东端——黑龙江抚远三角洲（黑瞎子岛）约2400公里；距最西端——新疆克孜勒苏柯尔克孜自治州西边的乌孜别里山口也是2400公里；距最北端——黑龙江省的漠河村约2100公里；距我国领海最南端的曾母暗沙约3600公里，距海南岛最南端的三亚市约2100公里。再从经纬度看，抚远三角洲经度是东经135°，乌孜别里山口是东经73.5°，兰州接近东经104°，位居正中。漠河纬度是北纬53.5°，三亚是北纬18.2°，曾母暗沙是北纬4°，兰州在北纬36°，纬度也在二分之一处。从经纬度看，兰州都正好处在我国陆地版图的中央。（叶骁军：《关于建设兰州标志性景观——中华国心塔》，《西北史地》1999年第3期）但是，就测绘科学来说，一方面，在我国陆地、海洋边界尚未正式全面划定之前，不宜进行此项工作；另一方面，确定地理有多种不同的量算方法，不同的方法得出的结论也不尽相同。因而直到目前，我国官方从未确定过中国陆地地理中心。但是民间自封的地理中心却屡见不鲜。2000年9月13日，甘肃省东乡族自治县董家岭乡董家岭村擅自建造了所谓的"中国陆地地理中心标志"。但建成不久，即遭到国家测

此，"兰州中心说"的提出，不仅因应于现代国家构建过程中景观符号的需要，也反映了兰州及西北地区消解边缘化的努力和抗争。这一悖论导致了"兰州中心说"内在的紧张和不协调，也从侧面反映了近代兰州人民理想与现实的巨大差距。这一差距与边缘化的事实一起引发了身份认同中的焦虑和紧张，进而酿成了颇为剧烈的籍贯冲突。

第一节　发现"新兰州"：从西北边疆到中国中心

在以中原为中心的华夏地理空间中，兰州先是位处边界的"秦西极边郡"，继而是怀柔西域的"西州首邑"，都体现为中原的屏障和附庸，始终是中原和汉人的一个模糊边界。随着清中后期以降中国疆域版图的最终底定和"中国"的实体化，"中国"逐渐形成了在该疆域中可被行使的均质的、排他的领土主权。在这个现代中国观念的支撑下，兰州开始褪去边疆的身影，在"中国"的地理位置日益清晰，并在近代民族主义思潮的影响下逐渐变成了"中国地理中心"。进入民国，尤其是在九一八事变所催生的"西北热"中，人们开始惊奇地发现，原来中国的几何中心在兰州，"兰州中心说"随之兴起。

从边缘到中心，兰州城市所经历的戏剧性转变背后，其实是"中国"观念的深刻变迁。在构建现代民族国家的过程中，兰州成了现代"中国"观念演变的一个重要的载体，并以景观符号的意义促进了"中国"认同的生成，在"中国"观念史上具有重要的作用。但是，与"兰州中心说"的理想形成鲜明对照的是，近代兰州不断被边缘化的现实。兰州本地人动辄以"中心"自居，既体现了他们对这一观点的认同，也反映了其对自身边缘化现实的不满。

绘局的否认，并被要求予以撤销。2000 年 9 月 22 日，国家测绘局新闻发言人王春峰对此强调："目前，我国尚不具备设立所谓中国地理中心的成熟条件。未经国务院测绘行政主管部门审核并最终由国务院批准，任何单位和个人不得发布中国地理中心数据及建立相应的建筑物和标志。"（《国家地理中心不得随意确定》，《光明日报》2000 年 9 月 22 日，A03 版）本书所讲的"兰州中心说"，只是对清末民国以来现代国家构建过程中出现的一种社会思潮的提炼和归纳。

一 "中国"的实体化与"兰州中心"的浮现

与西方民族国家观念不同，传统"中国观念"是基于文化、历史、地理三者一体的整体国家观念，包括大一统观和族类观两个部分。其中，族类观中的民族和谐观促成了大一统观中的天下秩序，保持了大一统的有序与稳定。族类观中的"华夷有别"则以传统民族主义的形式，保证了大一统的中原王朝对中原文化正统性的维持。大一统观和族类观相互作用，保持传统中国在文化、地理、历史上的完整性，从而把中国各民族整合到大一统国家中，维护传统"中国观念"经千年而不衰。[①]

在古代中国，所谓"溥天之下，莫非王土，率土之滨，莫非王臣"，"自我"与"他者"的差异并不清晰。反映在地图上，就是传统地图都是以"九州"作为华夏地域空间，附以"四裔图"来确定"华夷秩序"。如此一来，历代正史地理志所绘疆域都是象征性和想象性的，重点描绘的都是长城以内中原王朝的疆域。对周边民族地区采用虚化的手法，边疆在地图中的呈现是碎片化的，往往作为中心的陪衬或点缀而存在。因此，兰州在历代正史地理志中都位处"外边缘"。

以清康熙五十七年（1718）基本完成的《皇舆全览图》为例，这是康熙命法国传教士率领中外人员共同完成的一次全国性经纬度测量。[②] 从图中可以看出，东部海疆已经具有了清晰完整的轮廓，具备了现代地图的雏形。而西部陆疆则停留在传统地理志的描绘中，在空白中间杂记录一些山川图志，没有边界，内密外疏，极不完备。这说明这一时期的"中国"还停留在"汉族空间"当中。"汉族空间"是中心，越靠近中心越清晰，越远离中心越模糊。

清初康、雍、乾三朝不断用兵西北，终于在乾隆年间平息了新疆战乱，恢复了国家的大一统。早在平定新疆之前，乾隆二十年（1755）六

---

① 陆勇：《基于东方经验的民族、国家观念——传统"中国观念"的现代阐释》，《盐城工学院学报》2009年第3期。

② 曹婉如等编《中国古代地图集（清代）》，文物出版社，1997，第153页。清康熙以来，官方先后四次用西洋制图方法编绘全国地图。民间以历代正史地理志为资料的编图工作也逐渐兴盛，出现了许多历史地图集。本书不能备列，仅选取一些具有代表性、典型性的地图进行分析。

月，清高宗就下谕旨要求进行西域测绘，"以昭中外一统之盛"。整个西域舆图完成后，即载入《皇舆全览图》，并于乾隆二十五年（1760）编制完成了《乾隆内府舆图》，又称《乾隆十三排图》;① 又采用于《西域图志》，定本《钦定皇舆西域图志》。《乾隆十三排图》范围大大超越了《皇舆全览图》，它北至北冰洋，南至印度洋，西至波罗的海、地中海和红海，实际上构成了一幅亚洲陆地图。其中，西域地图与《乾隆十三排图》相比，比例更加贴合，内容更加翔实，西域之广袤第一次通过地图直观地呈现出来。但是，《乾隆十三排图》的原名《乾隆内府舆图》中的"内府"两字已经说明，这些地图被统治者视为瑰宝、藏置内府，外人不得观览，因而对新观念的形成影响不大。

《钦定皇舆西域图志》的纂修，则从全国一统的视野考察了西北边疆史地，并对西域与中土之关系做了解释，提出："中华当大地之东北，西域则中华之西北，为大地直北境也。自嘉峪关西迄准部、回部，外列藩部，圆广二万余里，其疆圉之阔远，几与中土埒。自古英君谊辟，声教有所不通，有时力征经营，而羁縻服属，卒未闻有混而一之者。……我皇上神灵天亶，举尧、舜、禹、汤、文、武之所以为君者，集其大成以宰制宇内……而后中土之与西域，始合为一家。"② 不仅认识到西域疆域之辽阔，"几与中土埒"，而且提出中土与西域合为一家的理念，可谓疆域观念上之一大进步。

之后，伴随着19世纪中后期"中华世界秩序"的崩溃，清朝统治者在与近代世界的对峙中，不得不放弃原有的天下观，改变之前"边疆民族自治"之治边模式，以构建现代国家为标的，推行边疆与内地的"均质化"政策，加强对边疆地区的直接控制，其具体表现即为在边疆设省。行省体制的最终确立，使清政府将其版图完整纳入"中国"之下，并形成了在其疆域内可行使的均质的、排他的领土主权，也使疆域作为主权国家的"中国"实体得以确立。③ 光绪年间编绘的《大清会典舆图》，是中

---

① 曹婉如等编《中国古代地图集（清代）》，第168页。
② 傅恒等纂《钦定皇舆西域图志》卷1《图考一》，"皇舆全图说"，第5页a。
③ 冯建勇：《构建民族国家：辛亥革命前后的中国边疆》，《中国边疆史地研究》2011年第3期。

国传统制图向近代阶段过渡的产物。该图由会典馆明令各省进行经纬度测量，完成质量参差不齐，各省比例大小有很多失衡的地方。但由于是在各省省图基础上编绘完成，颇具"边界"意识。尤其是西北各省第一次以具有自我边界的形态出现在中国地图中。尽管这一边界并不清晰，甚至比例失调，但是国土观逐渐明确和清晰，也开始影响到国人对"中国"的认识。

光绪二十九年（1903），同时有两张地图出版，一张是清政府按照未被瓜分的疆域绘制的《皇朝一统图》，一张是兴中会自行付印的《中华民国直省舆地图》。① 颇具讽刺性的是，清政府的《皇朝一统图》边界清晰，比例恰当，与现代地图相差无几。而兴中会的《中华民国直省舆地图》却只绘制了关内十八省，东三省、蒙古、新疆、西藏均不在图中。两相比较，表明此时双方对"中国"认知之不同。在西方这个"他者"的刺激下，尤其是列强瓜分的现实危机下，清政府开始认识到自身疆域的重要性，进而形成了更加清晰、明确的疆域意识，"中国"获得了实体化的"肉身"。而在早期的革命党人那里，秉承着"驱除鞑虏，恢复中华"的思想，他们最初想要建立的是以单一的汉族为主体的"中国"。这个"中国"不包括周边少数民族地区，所以仍然沿用传统，虚化了边缘。

在辛亥革命过程中，因民族之辨聚拢而成的革命却在形成风暴之日迅速摆脱了狭隘的民族主义思想，实现了从"驱除鞑虏，恢复中华"到"五族共和"的转变。中华民国不仅创制了现代民族国家形式，还完整继承了清朝的大一统疆域。如果说之前的"中国"是一个模糊了边界的含糊概念的话，现代国家形式使"中国"的内涵和外延进一步明确，其主权观、领土观、民族观都进一步强化，并最终成为一个十分明确的国家概念。在这样一个"中国"观念的支撑下，兰州在中国疆域版图中的地理位置也越来越清晰。人们开始惊奇地发现，兰州不仅不是极西的边地，而且可能是中国疆域最接近中心的地方。兰州的这一华丽变身，也正体现了国人"中国"观念的近代转变过程。

在这场思想潮流中，分析时人的论述，可以发现他们的观点集中在疆

---

① 杜长明：《〈中华民国直省舆地图〉和〈皇朝壹统图〉》，《地图》2004 年第 5 期。

域观念和族类观念两个方面。在疆域观念上，时人破除了视兰州为"西州首邑"的边疆观念，建立了"兰州中心说"；在族类观念上，则破除了视兰州为"隔阂羌戎"的边界意识，确立了"民族大会堂"的观念。

二　"兰州中心说"与疆域观的转变

早在 1906 年，时在新加坡的孙中山就提出，"统一十八省之后，可都南京；统一满、蒙、回、藏之后，可都兰州"，① 这也就是后来广为流传的"孙中山主张五族共和时建都兰州"观点的由来。其后，孙中山在 1919 年完稿的《建国方略之二：物质建设》中首先提出，要修建 10 万英里的铁路，以五大铁路系统把中国的沿海、内地和边疆连接起来；修建遍布全国的公路网，修建 100 万英里的公路。而铁路和公路的中心就是兰州。随后，他又提出"海都"和"陆都"的说法，把南京称为海都，把兰州称为陆都。在孙中山的总理遗教中，曾有"中国的国都，须设在兰州"之语。② 孙中山虽然并未直接提出兰州是中国中心的观点，但是以兰州作为未来中国交通的中心，"兰州中心说"的观点已经呼之欲出。

在民间学者方面，据笔者目见，最早提出"兰州中心"说法的是西北开发的倡导者、先行者林竞。1919 年，林竞在考察西北时提出"兰州形势，全国中心"的观点，并认为，兰州地位的重要不再是因为传统的"地介戎夏之间，系天下之安危也"，而是由于"关塞疏通，势异于古"，西北边要，首在新疆，兰州遂为中心，"遂位在厅堂之间矣……诚神州之雄区，西北之重镇也"。③

但是，兰州位居中国几何中心的事实与孙中山的"陆都兰州"观点，在当时并未引起国人太多的重视。一是民初肇造，虽然提倡五族共和，但大汉族主义和中原中心主义并未完全消退，国人的视线仍然聚焦在中东部。二是地图尚未普及，大多数国人难以直观地意识到兰州的中心位置。因此，在 1931 年九一八事变之前，在绝大多数国人眼中，兰州仍然偏处西北一隅。但是，九一八事变成为此后"西北热"风潮的导火索。东北

① 转见苏全有《孙中山与建都设置问题》，《天府新论》2004 年第 2 期。
② 邵力子：《开发西北与甘肃》，《开发西北》第 1 卷第 1 期，1934 年。
③ 林竞：《亲历西北》，杨镰、张颐青整理，新疆人民出版社，2010，第 116 页。

边疆危机诱发了国人对西北边疆危机的重视，"正是九一八事变给不易感动和麻木不仁的中国人以极大的刺激，使其痛切地感到非加强西北边疆国防无以救中国"。① 也就是说，国人由九一八事变的警示中，开始以亡羊补牢的心态关注西北问题。一时间，从专家学者到政府官员，从中央大员到边疆人士，各阶层共同兴起了研究西北问题的风潮。在这股风潮中，大批专家学者、新闻记者、政府官员、青年学生甚至爱国华侨，都不辞辛劳，深入西北进行调查或考察。兰州作为西北的中心，在这场"西北热"中自然吸引了大量的目光。孙中山的"陆都兰州"和林竞的"兰州中心说"逐渐被大家认识、接受并广为传播，形成了一个重新发现兰州的思想潮流。

随着九一八事变后西北考察潮的兴起，兰州作为中国中心的观点很快扩散开来。1932 年底，林鹏侠来兰考察。她在日记的开篇就提到："甘肃省之位置，以内部十八省而论，则为西北边疆；合现在满蒙、新疆、青海、西藏而言，则独属全国中心区域。"② 而兰州作为省治，则益为全国中心。1934 年，著名报人、小说家张恨水也被裹挟在西北考察的大潮中来到兰州，他用简洁的语言，描绘了"发现兰州"的过程："兰州虽是边省的省治，可是指古时而言。现在我们把中华全国地图打开来一看，在正中的地方，画一个十字，那么，我们就可以在十字中心点附近，发现兰州这个地名。所以到兰州来，名义上是繁华边界，实际上是到了中国的中央。"③

1934 年《礼拜六》杂志上一篇介绍兰州的文章中也说，"打开我们中国的地图来看，全国的中心点，就是甘肃的兰州"，④ "要是将来陇海铁路展筑到兰州，那就西安或洛阳的地位，将移到兰州去了"。⑤ 许多到过兰州的国人，开始将"中国中心"作为兰州城市的标签向他人介绍。时任《良友》主编的张沅恒在一篇回忆兰州的配图文章中开篇言道："从地域

---

① 沈社荣：《东北事变与西北边疆之研究》，《固原师专学报》2005 年第 5 期。
② 林鹏侠：《西北行》，第 56 页。
③ 张恨水：《西游小记》，张恨水、李孤帆：《西游小记·西行杂记》，甘肃人民出版社，2003，第 85 页。
④ 瑼侣：《兰州素描（上）》，《礼拜六》第 571 期，1934 年。
⑤ 瑼侣：《兰州素描（下）》，《礼拜六》第 572 期，1934 年。

上讲，兰州是全国的中心点，就政治和经济上讲，兰州是西北的心脏。自从抗战开始以来，因为负着沟通中苏交通的重大使命，所以这一座古老的城市，顿时活跃起来了。"① 再如陈嘉庚访问兰州后，对兰州的介绍就只有短短几个字："兰州为甘肃首府，且为我国中心区域。"② 在他看来，也许这短短十五个字就足以概括兰州全貌了。

但为什么"中国中心"反而是繁华边界、西北边疆呢？"兰州中心说"引发了国人的反思。"家家树木作森林，西北荒凉岂是今。人定胜天齐努力，兰州原是国中心。"③ 中国国民党五届中央宣传部长梁寒操的《兰州得句》一诗形象地表现了兰州从"西北荒凉"到"中国中心"的转变。陶天白在文中发问："我们为什么要称他（兰州）为西北呢？"他言道："翻开历史看看，在苻坚称霸之时，玉门关内，不是一片绿洲吗？在汉唐与欧陆来往之时，河西一带，正是一个交通要道。"因此，"假使我们还可以把外蒙算在以内的话，兰州，它恰是全国的几何中心点"。④甘籍学生孙珍也批判将兰州作为"边疆蛮荒"的观点，他说："试揭中国版图，以两脚规画一圆，请阅中心点何所？苟若以甘肃为边疆，岂将新疆置诸域外耶？再吾人尝读总理实业计划，知有以兰州为中心，造成全国之公路网，并拟定兰州为陆都之硕画。"⑤ 笔名为莫外的作者指出："西北的甘肃凉州，本来是中国版图的几何中心点，而兰州乃为接近中心点的最大都会，如今竟被人目之为边疆地区了。"⑥

著名地理教育家邹豹君也认为："兰州位置差不多在中国大陆的核心，所以才获得一个'中国陆都'的称号。可是它的位置，不仅距海洋很远，而且距文化较高的都市也很远，形成一个孤立的文化聚落。"⑦ 署名幻花的作者在《兰州市的诞生》一文中说："兰州，这古老的都市，就中国舆地来说，他是一个心脏，就西北形势来说，他是一个首脑；在国防上，

---

① 张沅恒：《忆兰州》，《良友》第 156 期，1940 年。
② 陈嘉庚：《南侨回忆录》，南洋印刷社，1946，第 141 页。
③ 梁寒操：《西行乱唱》，五十年代出版社，1943，第 1 页。
④ 陶天白：《小别金城》，《兰州日报》1946 年 5 月 10 日，第 3 版。
⑤ 孙珍：《培养建设新甘肃之酵母》，《陇铎》第 3 期，1939 年。
⑥ 莫外：《发展西北交通的重要性》，《西北论衡》第 7 卷第 14 期，1939 年。
⑦ 邹豹君：《兰州的出海路线》，《西北论坛》第 1 卷第 6 期，1948 年。

在历史上，给我们写下了许多光荣的册页。虽然，因为政治中心的转移，不幸的冷淡了他，使他渐渐的荒凉下去；但是，卢沟桥的炮火一响，这古老的都市，立刻又恢复了他昔日的重要。有多少换取外汇的物资，是从这里输出，有多少军事必需的武器，是从这里运入，一批一批英勇的壮士，从这里开上前方，开上火线；事实明白的告诉了我们，现在兰州，不但是国际交通的要街，而且为支持抗战的据点。"① 近代著名报人薛明剑参加工程师学会来到兰州，他指出中国有两大中心地点，一是汉口，一是兰州。汉口已经相当发达，而"居于全国中心的兰州，过去依然交通阻塞，荒凉满目，未能及时开发，不胜惋惜……目下全国上下一致集中目光于建设兰州，完成全国的中心地点，加之西北的国际路线，一是通苏联的新疆省，一是进印度、青海、西藏，均有赖于全国中心点的兰州为出发点"。② 时任国民党甘肃省政府主席的邵力子极力主张以兰州作为西北开发的中心和重点。他指出："以地理来说，兰州是全国的中心点，更以国防与全世界的交通的关系来说，陇海铁路虽只以兰州为终点，但将来依照总理的铁道计划，完成西北各线，则由新疆通至中亚细亚，再展至欧洲，则西北各省，实是欧亚交通的关键，所以我们看到总理的眼光，是非常远大的。"③

"兰州中心说"也获得了兰州官方的肯定，并很快成为兰州城市的一个时尚名片，成为兰州官方介绍自己的既定开头语。兰州市首任市长蔡孟坚曾有将"兰州"改为"中州"之议，④ 并称："兰州位居全国中心，雄踞西北高原，兼握国际交通枢纽，不特控制西北，屏藩内陆，为国防重镇，且为国父手定未来之陆都。举凡西北之军事、政治、文化、经济、交通，无不以兰州为据点。以战时形势言，西北位处高原，对于收复中原，居高临下，有高屋建瓴之势，是以巩固西北，实为收复华北乃至复兴民族之张本。"⑤ 和平日报兰州社编印的《新兰州》小册子，开篇就说："兰州这个地方真正可爱！它是全中国的中心点，国父孙中山先生特别送它一

① 幻花：《兰州市的诞生》，《市政评论》第 6 卷第 10、11 期，1941 年。
② 薛明剑：《兰州市鸟瞰》，《国讯》第 316 期，1942 年。
③ 邵力子：《开发西北与甘肃》，《开发西北》第 1 卷第 1 期，1934 年。
④ 蔡孟坚：《首任兰州市长的回忆》，《兰州文史资料选辑》第 13 辑，第 7 页。
⑤ 本志记者：《兰州市政——蔡市长访问记》，《旅行杂志》第 18 卷第 1 期，1944 年。

顶'陆都'的荣冠；无论在国防、政治、经济、文化上，它都占着最重要的地位。"① 兰州市政府外宣所用的《兰州市政轮廓画》一文，开篇也说："兰州位居全国几何中心，雄踞高原，襟带黄河，控制西陲，屏藩内陆，为西北军事，政治，经济，文化之重心，与中亚细亚交通枢纽，早经国父手订为陆都。"② 《兰州市政一周年》纪念专刊则将兰州的这一变化称为从"入关第一省会"到全国几何中心。"兰州在从前是新疆入关第一省会，在目前是国防上后方重镇，论部位是全国的几何中心，论性质是西北的军事中心、学术中心、训练中心、交通中心、经济中心、民生中心。而且总理在遗教中并特价规定为中国未来的陆都，是其'级''位'尤为重要，所负使命尤为如何重大。"③ 《兰州市政二周年》更为详尽地描述了兰州城市的历史，介绍道："兰州位居全国中心，雄踞西北高原，兼握国际交通枢纽，不特控制西北，屏藩内陆，为国防重镇，且为总理手定未来之陆都。"它指出兰州在历史上即有"以介戎夏之间，居襟喉之地，陇右安危，关中休戚，恒视此地为消息也"的边界意义，而今"位处高原，对于收复中原，居高临下，诚有高屋建瓴之势，所以巩固西北，实为收复华北，乃至复兴民族之根本"。以故建设西北之程序，首应以兰州为起点，亦即以兰州为服务站，将来由点而线，由线而面，以资楷范西北，转而贡献中央，是则兰州之重要，已可想见。④

"兰州中心说"更获得了兰州本地精英的积极拥护和广泛认同。当兰州作为"中国中心"的观点广为流传以后，著名甘籍学者慕寿祺在其《兰州考》一文中详细考订了兰州自秦置郡以来的历史，并将其总结为："居西北上游，汉唐多置属邑，明建藩封□重地也。民国以兰州为全国之中心点。"作者尤其指出，抗战军兴以来，华北及东南各省市相继沦陷，兰州一隅关系全国，是控制西北、收复中原，绾毂国际军事输运，复兴中国之根本重地，"非前朝之防匈奴蒙古用兵于国内者所可比拟也"，"塞戎敌私通之路，纾国家西顾之忧，锁中国最近之前门，其在黄河黑水，青海

① 和平日报兰州社编印《新兰州》，1947。
② 兰州市政府撰述《兰州市政轮廓画》，《市政评论》第10卷第8期，1948年。
③ 兰州市政府编《兰州市政一周年》，1942，甘肃省图书馆藏，索书号：575.216。
④ 兰州市政府编《兰州市政二周年》，1943，甘肃省档案馆藏，索书号：575.216。

流沙,昆仑崆峒际天极地,巍然为一大镇,而为世界所注目者,其即今日之兰州乎?"①

甘籍学生陈宗周认为:"假如把西北拿来天秤,这细长葫芦形的甘肃恰恰就是一条轴,兰(原文为陇,结合前后文,应该是印刷错误——引者注)州城又恰恰是轴心,所以兰州在空间上不但是全国的中心,而且在实质上是西北的重心,西北的安危治乱,决定在这一点的控制上。"历史上,汉唐都依靠兰州这个轴心牵制羌戎,左宗棠更是以此为轴心收复新疆,故"繁荣兰州者所以流畅长轴,流畅长轴者所以控制西北"。② 在兰州国立西北师范学院求学、后成为我国著名地理学家的景才瑞以散文诗般的语言描述了兰州的美,将它称为世外桃源,他写道:"兰州,这个令人向往的地方,她是大西北黄土高原的乐土,也是中国正中心世外桃源之乡。在春夏她具有江南秀丽的景色,到秋冬她兼有北国豪爽的风光。在几何的位置上言,它是中国的心脏;但在人们心理上与观念上言,它好像是偏在中国遥远的西北一方。这并不是因为中国的领土太辽阔广大,而是因为人们的心理上不十分正常。"他把兰州从"中国的心脏"到偏在"西北一方"的认知偏差看成人们心理上的不正常,既看到了兰州的"中心"与"边缘"的不统一,又对"兰州中心说"表达了一种感性的偏爱。他还把兰州称为中国的"心脏",是"百年前的芝加哥"。他说:"以今日言,兰州更为中国之重要国防区,威尔基先生说:'新疆是中国的大门','兰州像百年前的芝加哥',这正表示了兰州的重要性与将来发展之希望,尤其是现在,外蒙的独立,新疆的不靖,内蒙古的残破,北塔山蒙匪的寇边,这更使兰州增强了重要性与不安全感。"进而他用诗意般的语言,呼吁国人共谋兰州的国防安全,他说:"'当年是匈奴右臂,将来更是欧亚控道,经营趁早,经营趁早,莫让碧眼儿射西域盘䯀。'中华的儿女们,听得吗?我们的心脏在颤抖了,它不但是忐忑不安,而且好像是忍受着隐痛,而向我们发出求救的悲声,大家应该警觉点,警醒些,共谋我们大家心脏的安全。"③

---

① 慕少棠:《兰州考(下)》,《兰州日报》1946年4月3日,第2版。
② 宗周:《大西北的重心——兰州》,《陇铎》第2卷第8、9合期,1940年。
③ 景才瑞:《兰州风光》,《西北文化》第1卷第3期,1947年。

尤为可贵的是，甘肃地方名人张慎微在兰州主办了《中心报》，这也是兰州绝无仅有的一份私人报纸。该报聘请本省士绅范禹勤、张鸿汀等为董事，于1934年创刊，每三日刊行一次。其"中心"二字就是引用孙中山先生所说的"兰州是全国的中心点"。① 相对于当时众多以"西北"命名的杂志，《中心报》尤其凸显出了兰州本地人对"兰州中心说"的认同和提倡。

三　"民族大会堂"与族类观的转变

在明清时期，国人介绍兰州的关键词往往是"界接羌戎"、"隔阂羌戎"或"介戎夏之间"，言语中透露着兰州作为汉族边界、内地边界的含义，承载着以"华夷有别"等传统民族主义形式来保证大一统中原王朝正统性的政治意图。但是清朝以降，"中国"概念的内涵开始扩展，不再单纯指称中原和汉族，也逐渐包括了现代中国诸基本要素。从疆域上来说，包括了现代中国的边疆和内地；从族类观念来说，包括了汉族和其他各少数民族。更为重要的是，作为现代"中国"观念重要支撑的"中华民族"观念开始由"自在"走向"自觉"。人们对于彼此之间客观存在并不断得到强化的内在联系与一体性，开始有更为深入的认识，对于共同的利益安危在感情上有了强烈的认同，基于各民族间全方位"一体性"的强烈体认，形成了一个共同拥有和一致认同的民族符号或名称——"中华民族"。在这样一种民族"自觉"化的过程中，"中华民族"观念在全社会得以确立。尤其是辛亥革命以来，国家统一与民族团结成为亟待解决的问题，中华民族共同体概念从思想文化层面向政治、经济、社会层面扩展，并逐渐演变为全民族的实践。孙中山适时提出的"五族共和时建都兰州"的观点，不仅第一次点明了兰州在新的"中国"观念中的地位，也是此后兰州被称为"五族共和"地域坐标的滥觞。

从族类思想来看，"天下一统、华夷一体"的传统中国观念，秉承的是从"中心"看"边缘"的视角，兰州在这一视角下是绝对的边缘。清末资产阶级改良派和立宪派将其转变为"大民族主义"和"五族国民统

---

① 黄玉清：《十年来兰州的新闻事业》，《新西北》第2卷第1期，1939年。

一"思想。辛亥革命党人又进一步将其凝练概括为"五族共和"思想。在"五族共和"思想体系下,各民族都具有了同等的地位,对待各少数民族的观念也发生了变化。就兰州而言,兰州不再是汉族与其他少数民族的交界地带,不再是"隔阂羌戎"的军事重地;而是变成了中华民族的腹心之地,是各民族无间杂居、和平相处的殿堂,是"五族共和"的中心。甘肃士绅慕寿祺在《兰州考》一文中,措辞就发生了变化。他说:"北控朔方暨两蒙古各盟旗,东通关辅,西出玉关,渡沙漠而达新疆,南临青海,与蜀之北境各民族星错杂处其间。"① "星错杂处其间"而非"隔阂羌戎"之地,各民族间的平等意识充分流露,正是国人族类观念发生转变的真切体现。

许多学者记录了与慕寿祺相似的心理变化。周开庆提到,自秦汉以来,兰州"始终是西北边疆的第一关塞,我们和外族争夺的战场",② 但是民国以后却变成了五方杂处的中心。《礼拜六》杂志在介绍兰州的文章中,也开始将兰州视为多民族聚居的中心。《兰州素描》一文谈道:"在国防上说,兰州是汉藏回蒙四大民族同胞的相接点,要是将来陇海铁路展筑到兰州,那就西安或洛阳的地位,将移到兰州去了。"③ 邹豹君则提出要将兰州建设为凝聚西北诸民族的核心。他说:"兰州将为我国西北区的核心,我们要了解,中华民国包括许许多多的民族,包括许许多多的地理区域,要想把许许多多的民族及许许多多的区域很紧密的凝聚在一起,需要在全国内选择几个重要地点作为凝聚的核心。假如说广州可谓我国南区的凝聚核心,昆明可为西南区的凝聚核心,成都可为西区的凝聚核心,武汉可为中区的凝聚核心,京沪可为东区的凝聚核心,平津可为北区的凝聚核心,长春可为东北区的凝聚核心,兰州亦可为西北区的凝聚核心。"④

张其昀则进一步明确提出了"兰州为我全民族之大会堂"的观点。他说:"兰州以西……汉回蒙藏诸族群居杂处,置身其间,殊有新奇之

---

① 慕少棠:《兰州考(下)》,《兰州日报》1946年4月3日,第2版。
② 周开庆:《西北剪影》,中西书局,1943,第135页。
③ 瑮侣:《兰州素描(下)》,《礼拜六》第572期,1934年。
④ 邹豹君:《由地理和地缘方面论兰州市将来的发展》,《西北论坛》第1卷第3期,1947年。

感。与东北满汉界限完全泯除者，迥不同焉。中国之民族主义本有优美之
传统，历代相沿，成为国策。近世若林文忠左文襄之平回乱，但分良莠，
不分汉回，持平执法，相见以诚，以汉保回，以回保汉，协力同心，以安
边陲。此种政策默化潜移，凝为国魂。自抗战以来，边疆各族同心御侮，
西北半壁，幸得无虞，环顾世局，能毋自慰？汉回蒙藏悉是中华民族之子
孙，中国无种族问题，无宗教问题，仅有生计问题与教育问题，思欲教之
必先富之，思欲富之必先教之，两者实宜与时偕进。唐代之盛，亦由塞外
诸族之血融合中原旧族之中，两柯相接，乃成异果。将来边疆各地充分发
展，移民日众，通婚斯盛，必能成为民族生命焕发新辉，而兰州为我全民
族之大会堂。"①

　　"五族共和"理念的一个变体是将兰州以及甘肃视为中华民族的"发
祥地"和"复兴地"。甘肃和兰州从传统族类观念下的族类边界变成中华
民族的中心地带，其悠久的文化与多民族聚居的事实，对"中华民族"
概念的构建具有极大的支撑意义，也自然被看成中华民族的发祥地和复兴
地。兰州不仅不再是"隔阂羌戎"的内地边界，而且其所在的省份甘肃
还成了"中华民族的发祥地"。甘籍学生孙珍写道："甘肃为西北之枢纽，
羲皇故里，中华民族之发祥地也。"并认为甘肃"诚以其地形势扼要，资
源蕴藏无穷，足为吾国抗战建国复兴民族之根据地也"。② 兰州市政府则
称兰州为"中华民族抗战建国的重心、复兴民族的张本"。③ 笔名为幻花
的作者更是将兰州看成一个"标准的中华民族本位的都市"。④

　　国人发现"新兰州"之际，正是传统的中华帝国瓦解，"中国"认同
面临危机之时。努力建构一个新的共同体的认同，是民族主义者的主要任
务。因此，在这场重新发现兰州的思想潮流中，国人不自觉地按照现代民
族主义的安排，将"新兰州"的特质划分为疆域观念和族类观念两个方
面。从疆域观念上来看，在清中后期"中国"实体化以前，兰州在中国
疆域中的位置一直暧昧不明。以中原为参照系，兰州处于绝对的边缘地

---

① 张其昀：《陆都兰州》，《大公报》（重庆版）1942 年 10 月 12 日。
② 孙珍：《培养建设新甘肃之酵母》，《陇铎》第 3 期，1939 年。
③ 兰州市政府编《兰州市政一周年》，1942，甘肃省图书馆藏，索书号：575.216。
④ 幻花：《兰州市的诞生》，《市政评论》第 6 卷第 10、11 期，1941 年。

带。但是随着中国疆域的最终底定以及中国疆域地图的绘制、出版和传播，兰州的"中心"位置开始被越来越多的国人认识并认可。国人破除了以往兰州作为"西州首邑"的边疆观念，在现代疆域观念的支撑下，确立了"兰州中心说"。从族类观念来看，在近代构建中华民族的国族想象之中，各民族都具有了平等的地位，对待中国各少数民族的观念也发生了变化，兰州也从汉族与其他少数民族的交界地带，变成了中华民族的腹心之地。国人进而破除了视兰州为"隔阂羌戎"的边界观念，在"五族共和"观念的引导下，兰州成了"民族大会堂"。

第二节　"兰州中心说"的理想与现实

一　"新兰州"与建都兰州的理想

秦汉以来，兰州一直位处中国的边缘。"兰州中心说"的提出，第一次使兰州从边缘走进了中心，也使兰州和西北的政治地位与重要性获得了巨大的提升。正如萧祖华所说，"在战时的新兴都市中，兰州已经占着一个相当重要的地位了。随了抗战步调的进展，兰州的名字开始熟悉在人们的口里和耳朵里。多少过去对他抱着迷惑疑问的人们，也已经来到这个西北的古城里绕过一个圈子，或是驻足过一个时期又离他而去，或者是已经度过了好几个春夏秋冬"。① "新兰州"的两大特质恰恰暗合了现代民族主义的两个基本要素——疆域与民族，这就促使兰州成为近代中国民族主义的一个新式景观符号。这一景观符号附着了中华民族国族构建的动机和充满诱惑的近代化想象，它解构了以往作为族类边界的兰州，并赋予了兰州一个新身份。中华民族共同体的建构又进一步提升了兰州的政治地位，于是有人提出建都兰州的设想。

"建都兰州论"者均称兰州是"国父手订之陆都"。但是，这一点尚缺乏史料的确证。据笔者目见，在孙中山遗著中并无"陆都"二字。关于孙中山主张建都兰州的观点，多源于其身边诸人的回忆。最直接的说

---

① 萧祖华：《闲话兰州》，《旅行杂志》第12期，1943年。

法，出自张继。张继 1906 年在新加坡时与孙中山有短暂交集，于秋月间回国后，在烟台东牟公学讲演。张继在回忆录中提及："余讲演总理建都主张：统一十八省时，应建都在南京；统一全中国版图时，应建都在兰州；为亚洲人主张公道时，应建都在疏勒。"① 长期跟随蒋介石的唐纵在 1928 年 6 月 18 日的日记中也提到："总理从前主张有两个都，一是陆都，一是海都，南京一经国际战争不是一座持久战的国都，所以要在西北的陕西或甘肃，建立个陆都。"② 还有一个重要证据是，时任甘肃省政府主席的邵力子在《开发西北与甘肃》一文中称："在总理遗教中曾有'中国的国都，须设在兰州'的话。"③ 对于"总理遗教"这一点，《中央日报》在 1946 年 11 月 30 日的社论《建都议》中也有提及，内称："在国父建国计划里面，有海都与陆都并建的主张。可惜计划的底稿，毁于观音山的炮火，没有详明著于遗教。"④ 这大致可以解释孙中山遗著中没有"陆都"说法的原因。

　　尽管孙中山遗著中没有"陆都兰州""建都兰州"的明确记载，但有与之相近的一段描述。1902 年，在《与章太炎的谈话中》，孙中山提出："谋本部则武昌，谋藩服则西安，谋大洲则伊犁，视其规摹远近而已。"⑤ 该说法与上述诸人回忆尽管在地点上有差，但思想脉络却具有承继性。这说明早期孙中山确有在统一全中国后建都西北（兰州或西安）的想法。孙中山是一位带有国际主义倾向的民族主义者，如果说"谋大洲"代表着孙中山追求世界和平的国际主义思想，那么"谋藩服"则代表着孙中山追求民族复兴的民族主义思想。早在《兴中会章程》中，孙中山就提出了"振兴中华"的口号，开启了"中华民族复兴"思想之先河。⑥ "建都兰州"或称兰州为"陆都"，正包含了以孙中山为代表的先行者对实现

---

① 张继：《张溥泉先生回忆录·日记》，沈云龙主编《近代中国史料丛刊三编》第 3 辑，第 7 页。
② 公安部档案馆编注《在蒋介石身边八年——侍从室高级幕僚唐纵日记》，群众出版社，1991，第 9 页。
③ 邵力子：《开发西北与甘肃》，《开发西北》第 1 卷第 1 期，1934 年。
④ 《建都议》，《中央日报》1946 年 11 月 30 日。
⑤ 中山大学历史系孙中山研究室等编《孙中山全集》第 1 卷，中华书局，1981，第 215 页。
⑥ 郑大华：《论孙中山的中华民族复兴思想及其历史地位》，《教学与研究》2016 年第 10 期。

中华民族复兴的理想和追求。后人所主张的"陆都兰州"和"建都兰州"，不仅是对孙中山前述说法的承袭，更是对孙中山民族复兴思想的继承和发扬。

建都兰州主张的出现，是抗战后期国内诸多问题论争的一个组成部分。胜利在望之际，各界学人对战后中国的诸多问题进行了深入的探讨。在这些讨论中，建都之争无疑最为引人注目。正如魏晋贤所言："时贤讨论战后新中国问题者已甚多，但众说纷纭，纠缠错综，不免予人以迷离惝恍之感。一种取精用宏，提纲挈领的看法，我觉得应该先从战后的国都一题谈起。"① 这次论争也是民国时期关于建都问题的第四次争论。② 论者相继从各个层面和领域阐发了对战后建都问题的见解，被认为可以建都的有南京、西安、成都、重庆、兰州、长沙、武汉、洛阳、济南、北平、长春等十余个城市。虽然这次建都论战没有结果，未能直接影响国民政府建都的决策，"建都兰州说"也没有引起太多重视，但是争论本身却实实在在地凸显了兰州的景观符号功能。它再次拔高了兰州位居天下之中的地域优势，把近代以来关于兰州的一系列讨论推向了顶点。

著名地理学家张其昀在孙中山观点的基础上，最早提出应设兰州为陪都。他说："在中国之版图上，求一疆域之中心，四至八到道里维均者，即为兰州"，"二金者（指南京和兰州，南京古称金陵，兰州古称金城）建国大业之要领也"。他又列举了兰州的十个特点，分别是大陆中心、半壁枢纽、水利渊薮、林牧宝库、织造巨镇、石油总站、贸易焦点、铁道动脉、各族会堂、国际名都。张氏特别提到兰州"夏季气候爽适宜人，无蚊蝇之扰，终岁可服呢绒，而泉甘土肥，麦粉烟草品质至佳，羊肉羊乳之廉美，尤为他处所未见，宜其为欧人所欣慕，洵为一国际之名都"。并认为今后陆都兰州规模之宏远，将远超汉唐盛世之金城，"建国宏业之完成，要当赖我国民皆能深体陆都之新使命，奋发有为，克服环境，以集成我先民建国之精神于茫茫大陆之上也"。③ 著名地理学家、中央大学地理

---

① 魏晋贤：《建国与建都——陆主海从政策》，《陇铎》第 2 期，1944 年。
② 参见彭南生、邵彦涛《陆地中国还是海洋中国？——民国时期第四次建都论战中的东西之争及其内涵》，《人文杂志》2014 年第 2 期。
③ 张其昀：《陆都兰州》，《大公报》（重庆版）1942 年 10 月 12 日。

系主任胡焕庸持相似的看法，提议设兰州为西京。他认为，中国疆域辽阔，为任何其他国家所不及，如为积极开发边疆之故，酌量增设陪都，亦事之可行者，故把"兰州定为西京，可作经营西北之根据"。① 郑励俭则认为，国都为全国首脑，常因国土国策之变更而迁移。"我国战后国策既为开发内部，则新国都应具备两个条件。开发内部所需之人力物力在本部，故为取材便利新国都应在本部之内，此其一。内部需要开发之地主要在西北，故为指挥便利新国都应接近西北，此其二。我国黄土高原居本部之最西北角，近于全国中央地带，地当本部新疆之孔道，乃战后建都之理想地域。"② 因此，他提出要将国都向内迁，建都西安或者兰州。雷海宗也提出，我国领土广大，事实上确有设立若干陪都的必要，故可以设"兰州为西北陪都，主持开发西北的大计，和首都南京合成振衣得领的形势"。③

朱文长是"建都兰州说"的坚定拥护者。朱是民国著名教育家朱经农之子，抗战时期从北平来到西北游历。他对孙中山的海陆两都进行了全新的阐释："建国需要相当掩护，屋基必须首先巩固，有兰州则可以治国；世界正义须树立，弱小民族待援手，有南京则可以平天下。所以这海陆两都都是各有任务的。"他根据中国儒家传统的"国治而后天下平"的观念，提出建都兰州要优于建都南京。他认为："中国的根本究竟在大陆上。不论是自立，或是立人，不能不先将根本立稳。这需要在一最适中的地点来建都以控制全国（包括新疆、西藏、蒙古、东三省），而最适于这条件的，是兰州。"在《战后应建都兰州》的长文中，他逐一批驳了黄宗羲的建都金陵说，顾炎武的建都关中说，孙中山的海都南京、陆都兰州说，张君俊的建都西安说，钱穆的建都西安而以北平为陪都说，王芸生的建都北平说，张其昀的广建陪都说，最后得出了战后应建都兰州的结论。他认为："建都西北的主要精神是进取的，而不是退婴的。到西北来是找艰难困苦的，不是求舒适安全的。……正因为西北威胁大，我们更应该面对着他，而不当躲避。……而且事实上如果由于建都兰州而控制住新疆，则兰州距西北边境的距离约与距海南岛者相等，我们方嫌其太远，怕什么

① 胡焕庸：《战后我国国都——武汉》，《新中华》第 12 期，1943 年。
② 郑励俭：《战后新国都问题》，《时事月报》第 1 期，1943 年。
③ 雷海宗：《战后国都问题》，《时事新报》1943 年 10 月 24 日。

呢?"兰州与西安相比,他认为,尽管就眼前看起来,不论是交通、农业、水利,兰州都不如西安。但是,"要论这些,不论哪一点西安在眼前都还赶不上南京。我们既然以超越这些小事的远大理由赞成建都西北而不建都南京,则因兰州一时交通、农业、水利上的不如西安,能成为其不合建都的理由吗?而且正相反,恰正为有着这种事实,我们才更应该建都兰州"。①

在朱文长所持建都兰州的理由中,兰州的一切缺点几乎都被他改造成适合定都的优点。我们应该看到,他的思想具有极大的想象性空间,具有很强的超越性。孙中山的"陆都兰州说"始终是朱文长也是其他赞同"兰州中心说"的重要理论依据。兰州作为中华民族共同体的符号象征,事实上淡出了政治边疆的范围,政治地位得到了有力提升。在民族主义思潮推动下的现代国家构建进程中,兰州更是获得了建都的合理性和话语权。但尴尬的是,处于政治中心的兰州与处于文化边疆和经济边疆的兰州之间,存在着内在张力与不协调。在现实层面上,基于"兰州中心说"的建都兰州,只不过是无法企及的美好愿望。

二　边缘化与"兰州中心说"的现实

"兰州中心说"的出现正好处在我国东西部区域差距逐渐扩大、兰州及西北地区严重边缘化之时,这就颇具吊诡的意味。"兰州中心说"凸显了现代国家构建过程中民族平等和公民平等的理念,却也反衬了兰州所处的边缘化地位并凸显了反抗边缘化的意蕴。就兰州城市而言,虽然有着"陆都兰州""兰州中心""兰州重心""祖国的心脏""百年前的芝加哥"等美誉,但是近代兰州无疑是一个充满矛盾的城市。就几何位置而言,它是中国的心脏,但在国人的文化观念上,兰州仍属于西北边陲。正如时人所说:"一般人对于中国边疆的看法除了中国领土的边缘的疆域,如辽、吉、黑、外蒙、西藏、西康、广西等省或地方而外,对于热、察、绥、甘、宁、青等位居腹地之省份,也称之为边疆。"② "二十年代的西北,边荒闭塞,甘肃省会皋兰(即兰州)在一般京都人的心目中,还是居住帐

---

① 朱文长:《战后应建都兰州》,《东方杂志》第39卷第16号,1943年10月30日。
② 黄奋生:《泛论边疆教育》,《西北通讯》第3期,1947年。

篷吃糌粑的不毛之地。"① 不仅在与我国东部的对比中，兰州仍位于边缘的区域，即便是在全面抗战时期兰州成为大后方的重要中心，但是在兰州市首任市长蔡孟坚看来，"兰州事实上虽属中国地理中心，可是在重庆看来，为边远地区"。② 陈伯言也坦陈，"像兰州……那些地方都是我们所闻见的西北的大堂。但是，拿这些有名的在西北认为是大堂的地方，若和东南一比，据我看来，有些实在及不上东南一个小有名或者竟无名的市镇的繁荣"。③

对于"兰州中心说"的提法，也不是没有人提出异议。1935 年范长江以《大公报》特约通讯员名义深入中国西北地区做考察采访时，就清醒地意识到："即到现在，兰州仍然成为汉族在西北上与回蒙藏各族交往之中心，自政治方面言之，中国汉族现在政治力量西部之极限，仍以兰州为止。北过黄河，西过洮河以后，军政权力，尽在回族手中。"兰州经济发展的缓慢和落后，造成了它作为西部十足的政治中心和不足的经济中心的矛盾之处。范长江就此谈道："如果拿中国全国来看，兰州是中国的中心。说也惭愧，我们现在实际的中心点，已东迁到襄阳。……兰州之经济地位，高度的衰落之后，所剩下来的，在政治上还是西北方面的中心，（至少甘宁青三省）西北本来地广人稀，工业和农工业都还谈不到。支持政治军事的经济力量已远不如前，而政治军事经费的需要，却未曾减少。"④ 翁文灏也批评说，若首都在"一部分人所主张之兰州，则环顾皆山，气候干旱，粮食较少，人口无多，对于根本重地如东北华北江淮及东南各要区，一律距离甚遥，交通不便"。⑤

事实上，"兰州中心说"始终是舆论胜于实际，其思想意义大于现实意义。从 1934 年陇海铁路改线之争开始，"兰州中心说"的想象实际上已经破灭。兰州地位之所以重要，首要的是它的地理位置，也需要地理优势的激活才能发挥出效果。在当时的交通环境下，陇海铁路尽快修至兰州是激活兰州地理位置优势的重要条件。冯有真 1933 年 8 月旅经兰州时就

① 王九菊：《回忆我们的潘老师——记潘张秀芝的一生》，《兰州文史资料选辑》第 2 辑，第 149 页。
② 蔡孟坚：《首任兰州市长的回忆》，《兰州文史资料选辑》第 13 辑，第 3 页。
③ 陈伯言：《开发西北与中国前途的关系》，《新甘肃》创刊号，1932 年 5 月。
④ 范长江：《中国的西北角》，第 100～102 页。
⑤ 翁文灏：《建都济南议》，《大公报》（重庆版）1944 年 1 月 2 日。

记述道: "是以西北人士所望于中央之开发西北者, 绝不须冠冕计划, 或高谈阔论, 其惟一之希望, 即为开发交通。第一希望完成陇海路, 其次完成各公路, 则运输便利, 再能进而兴修水利, 则西北人民绝无冻馁之虞, 繁荣可期, 不开发亦自开发矣。"① 陇海铁路改线, 实际上是放弃了激活兰州位置优势的机会。

尽管兰州已淡出政治边疆的范围, 甚至成为中华民族共同体构建的符号象征, 但从现实的情形来看, 它仍属文化边疆与经济边疆。兰州作为中华民族的一个符号象征, 虽被寄托了国人对国家统一和五族共和的期盼, 却因为文化边疆和经济边疆的事实, 缺乏政治上升的可能。即便是"兰州中心说", 这种观点也并没有从知识界的传播上升到国家战略的高度。抗战之前, 国民政府虽然通过了一些开发西北的提案, 朝野上下也先后组织了多次西北考察活动, 但在国破民穷之下, 所谓的开发并没有取得什么实际效果。抗战爆发以后, 日本占领东三省, 华北地区时刻面临着威胁, 西北国防意义进一步凸显。西迁后的国民政府和西部各省先后成立诸多专门机构, 有关西部开发的调查和建议不计其数, 并逐步开始实施, 西部地区尤其是兰州的经济得以快速发展。但是, 这些都不足以支撑"兰州中心说"从理论到现实层面的转变。

而在提出"兰州中心说"或对其表示认同的非兰州本地人中, 除了孙中山和邵力子等人较为特殊外, 其他皆为曾在兰州游历的报人或学者。在这个意义上, 这一人群的兰州游记或西北游记就与李涯所研究的近代旅外游记有异曲同工之处, 其写作和传播过程都"参与了对现代民族国家的想象和体验"。② 总体来看, "兰州中心说"的认同群体较为狭窄, 尽管兰州本地人动辄标榜自己为"中心", 但事实上的边缘地位令其无法摆脱边缘身份。正如鲍大可所记述的那样, 所有兰州人"都想让旅游者们认识到甘肃的重大战略意义, 甘肃是历史上从中国到中亚地区的必经之地; 还有从西安向西的丝绸之路。他们也引以自豪地宣称, 中国在地理上的中心是甘肃。(就此而言, 他们也令我想起了堪萨斯人, 他们也总愿意

---

① 冯有真: 《新疆视察记》, 第 134 页。

② 李涯: 《帝国远行: 中国近代旅外游记与民族国家建构》, 中国社会科学出版社, 2011, 第 299 页。

指出堪萨斯州的利巴嫩城西北三英里是美国在地理意义上的中心）是否接受甘肃的这个声称要看你从中国东部的哪个部分量起了；但事实上中国人却并不认为甘肃是中国的什么中心，而将其看作是一个地处偏远的西部，远离中国经济和政治中心的一个省份"。①

综上所述，我们不难发现，民国以来所有关于兰州中心的叙述与建都兰州的主张，都是基于民族命运的一种近代化想象，其背后的潜台词是：只有西北发展了，才有中国的整体发展；只有各民族进步了，才有中华民族大家庭的共同进步。这是一种民族命运共同体意识。在这种话语体系下，也就不难理解，为什么一个单纯的地理中心能够上升为国家政治中心，为什么兰州的劣势能被改造成为适于建都的优势。在中华民族共同体建构的过程中，兰州因缘际会地成为其中的一个载体。从孙中山的"五族共和时建都兰州"到后来的"兰州中心说"，都在试图将兰州塑造为中华民族共同体的景观符号。与其说国人对西北和兰州的重要性有了高度的体认，毋宁说国人关注更多的是国家统一和民族复兴的理想。

作为中华民族共同体符号象征的兰州，更多地反映了对中华民族国族概念构建的期盼。中华民族共同体的构建必须注重地域平衡、民族平等。中国历史上汉族的发展水平高于其他少数民族，自宋代始，经济重心南移，在地域的发展程度上逐渐形成南强北弱的格局。近代以来，陆地中国与海洋中国的差距进一步拉大，国家整体上的积贫积弱与内部发展差距不断加剧，造成外敌入侵、被动挨打的国家危机和军阀割据、民族分裂的政治乱象。因此，在构建中华民族共同体的过程中，不仅需要摆脱贫穷落后面貌，提升综合国力，更需要在国家发展战略上南北兼顾、东西并重，以增强民族凝聚力。"兰州中心说"的出现正是缘于这种现代国家构建的理想，却又严重受制于区域失衡的现实。于是，"兰州中心说"的提出，不仅是因应了现代国家构建过程中的景观符号功能，也反过来突出了兰州及西北地区消解边缘化的努力和抗争，并凸显了中国大陆性认同者试图以兰州作为中国之陆地中心的天然合法性来消解其边缘性地位，以达到建设民族国家、实现民族复兴的目的。"兰州中心说"的这一悖论导致了这一学

---

① 鲍大可：《中国西部四十年》，孙英春等译，东方出版社，1998，第 163 页。

说内在的紧张和不协调，也从侧面反映了近代兰州人理想与现实的巨大差距。这一差距与边缘化的事实一起引发了近代兰州人在身份认同中的焦虑和紧张，进而导致了颇为剧烈的籍贯冲突问题。

第三节　主客矛盾：籍贯问题与群体冲突

籍贯作为一种地域身份，是联结异地同乡的纽带。在传统社会中，在异地做官、经商的同乡常常组建会馆、公所，借以联络乡情，济贫恤寡，养生葬死，并联合起来捍卫同乡的利益，进而产生不同地域人群之间的冲突，即籍贯冲突。籍贯冲突是社会冲突的一种表现形式，既有本地人与外地人之间的矛盾，也有外地人与外地人之间的纠纷。通常情况下，本地人在籍贯冲突中较为强势，外地人处在弱者的地位。因此，本地人与外地人之间的籍贯冲突大多体现为本地人对外地人的排斥和外地人对本地人的抗争。当前学界对籍贯冲突的研究，在时间段上多集中于清代，在事件类型上多关注于由本地人对外地人的强势和压迫所引发的外地人针对本地人的械斗、冲突和融合。[①] 但是，随着中国现代化进程的开启及其引发的政治变动的加剧和区域差异的扩大，籍贯冲突早已从单纯的地域矛盾演化为颇为复杂的多元冲突。在近代兰州，外地人往往比本地人更强势，籍贯冲突也不再由外地人发起，而主要表现为处于弱势的本地人对外地人的排斥和抗争。[②] 这种排斥和抗争还往往包含本地人在政治、经济、文化等方面的

[①] 相关研究成果主要有：万芳珍《清前期江西棚民的入籍及土客籍的融合和矛盾》，《江西大学学报》1985年第2期；钞晓鸿《晚清时期陕西移民入迁与土客融合》，《中国社会经济史研究》1998年第1期；黄志繁《国家认同与土客冲突——明清时期赣南的族群关系》，《中山大学学报》2002年第4期；谢宏维等《清中晚期至民国时期江西万载的土客冲突与国家应对》，《江西社会科学》2004年第2期；王日根、张学立《清代科场冒籍与土客冲突》，《西北师范大学报》2005年第1期；朴基水《清中期广西的客民及土客械斗》，《中国社会经济史研究》2005年第4期；张福运《意识共同体与土客冲突——晚清湖团案再诠释》，《中国农史》2007年第2期；王炎《离异与回归——从土客对立的社会环境看客家移民的文化传承》，《中华文化论坛》2008年第1期；黄志繁《土客冲突、商镇发展与民俗创造——江西上犹营前圩的个案研究》，《清华大学学报》2011年第1期。

[②] 如周子峰对近代厦门台湾籍民的研究。日据时期，台湾籍民由于治外法权的存在在政治、经济地位上比厦门本地人更为优越。许多台湾籍民迁徙厦门，一些投机的厦门人前往台湾投籍后再返回，致使近代厦门的籍民问题十分严重。参见周子峰《近代厦门城市发展史研究（1900~1937）》，厦门大学出版社，2005，第261~282页。

多重诉求，并成为这些诉求的一种宣泄渠道。这就使此一时期的籍贯冲突具有了更多的现代性元素，也显得更为千头万绪、扑朔迷离。

一　兰州城市特质与籍贯问题的凸显

近代兰州是一个人员来源极为复杂的城市，外省人在经济、政治地位上往往优于本省人，成为这座城市的主体。当 1909 年克拉克考察队行经兰州的时候，他们深为兰州人来源之复杂而感到诧异。克拉克生动地描述了来自不同地域的外地人的差异及其交往的画面："在中国，要研究和比较中华帝国各个地区民众不同的个性特征，没有哪里比兰州更为合适了。五大三粗、膀大腰圆的蒙古人与粗放不羁、蛮子模样的西番……在这里，很容易从矮小身材、瘦弱体质和菜色皮肤辨别出来自南方省份的中国人；来自四川的人，往往戴着富有地方特色的头巾，还长着同样很有地域特色的圆脸；甘肃的回教徒蓄着长长的卷曲胡须，轮廓清晰的脸庞，他在与一个鼻翼宽大、面容呆板的本地人讨价还价，争执不下；还有一个鲁莽急躁、粗暴好斗的河南马车夫，为了马槽里的两粒高粱，在与一个平静从容、谨慎精明的山西骡夫争吵不休。"① 锦霞也提到："在兰州的街头巷尾，可以看到衣饰容颜不同的汉满蒙回和藏族，五方杂处，稀奇古怪，情形视上海有过之而无不及。"②

大量的史料都记载了明清以来兰州移民众多的事实。据民国时游历西北的学者记载：甘肃汉族"多由晋、陕、豫、冀各省移入"。③ 依潘益民的估计，近代兰州市人口中，除甘肃本省人外，以山西、陕西二省人为最多，占兰州市总人口的十分之一以上。④ 汪公亮也谈道：兰州"居民稠密，商务发达，人口十一万，种族复杂。凡天津、四川、新疆、蒙古、西藏、青海、俄、美之人，群萃于此"。⑤ 朱允明也指出，"客民以陕西山西籍最多，大皆经营商业，近因抗战关系，各省人士纷来者颇众，多从事党

---

① 罗伯特·斯特林·克拉克、阿瑟·德·卡尔·索尔比著，C.H. 切普梅尔编《穿越陕甘：1908～1909 年克拉克考察队华北行纪》，第 73 页。
② 锦霞：《黄土高原上的都市：兰州秋色图》，《礼拜六》第 94 期，1947 年。
③ 严重敏：《西北地理》，大东书局，1946，第 206 页。
④ 潘益民编《兰州之工商业与金融》，第 2 页。
⑤ 汪公亮编著《西北地理》，正中书局，1936，第 314 页。

政军学各界，经营工商者亦不少"。① 1941 年兰州市政府成立后，兰州市警察局对市区人口进行了调查，统计市区总人口为 86957 人，外省籍人口有 19585 人，所属籍贯有 29 省市之多，占总人口的 22.52%，"以陕西籍为最多，次为山西，再次为河北、河南，大率经营商业，其余各省市籍人民多为公务员"。② 就每户平均人数而言，外省人仅 3.13 人，与甘省人 4.24 人相比，几乎每户少一人（见表 5-1）。这也体现了外省人寄籍、暂居的特征，其家庭结构普遍不完整。

表 5-1　1941 年兰州市居民籍贯统计

单位：户，人

所属区域	户数	人口	每户平均人数
陕西	1479	4933	3.34
山西	1125	3383	3.01
河北	794	2477	3.12
河南	600	2065	3.44
四川	257	953	3.71
江苏	327	883	2.70
湖南	249	777	3.12
山东	225	725	3.22
北平	214	572	2.67
浙江	153	474	3.10
湖北	161	464	2.88
安徽	168	419	2.49
青海	138	381	2.76
福建	60	187	3.12
宁夏	47	137	2.91
江西	54	128	2.37
辽宁	46	126	2.74
新疆	37	110	2.97
南京	28	66	2.36
上海	21	55	2.62

① 朱允明：《甘肃省乡土志稿》，《中国西北文献丛书·西北稀见方志文献》第 32 卷，第 488 页。
② 《甘肃历史人口资料汇编》第 2 辑下册，第 306 页。

续表

所属区域	户数	人口	每户平均人数
贵州	29	97	3.34
云南	14	57	4.07
广东	16	57	3.56
吉林	10	28	2.80
广西	4	17	4.25
绥远	3	7	2.33
黑龙江	3	6	2.00
察哈尔	1	1	1.00
外省人合计	6263	19585	3.13
甘肃	15876	67372	4.24
总计	22139	86957	3.93

资料来源：《甘肃历史人口资料汇编》第2辑下册，第306～307页。

同时，自清末民初"废科举、兴学堂"之后出现的士绅进城运动，也使兰州城成为甘肃地方士绅谋取职位乃至晋升的根据地。随着旧式科举教育体制的废除和新式学堂教育体制的确立，传统乡村士绅的"功名"和"身份"特权骤然失去了制度保障，其去往上层统治阶层的通道被切断，失去了晋升的希望。同时，在清末教育改革过程中，为了与工业化相适应，新式学堂绝大多数设在城市，乡村读书人纷纷进城读书。如此一来，这些从乡村走出来的知识精英在城市接受新式学堂教育后，往往会选择留在城市寻找工作，不再回到乡村。忻平对此做了十分有力的阐述："随晚清社会结构、经济结构的变动，绅士大批进城，及至清末已逐渐显示出规模效应，成为一支从传统政治结构中游离出来并在清末民初的转型社会中发挥巨大作用的重要社会政治力量。"① 这种情况在兰州更为突出，正如黄道炫所总结的那样："生活困窘、经济凋敝、社会流动空间压缩，近代以来科举取消引发的知识分子地位漂移在甘肃表现得更为明显。1933年朱绍良主甘后，政治经济局面虽有渐趋稳定的迹象，但南京中央对甘肃的政治渗透，又以外省人占据本省人位置的方式进一步压缩着本省知识分

① 忻平：《清末新政与中国现代化进程》，《社会科学战线》1997年第2期。

子的出路。"①

一方面是外省人源源不断地进入兰州,另一方面是甘省地方士绅离开乡村寄居在兰州城市。人口的膨胀,政治经济地位的悬殊,难免引起双方在观念、思想和言行上的冲突。加之外省人对甘省人的歧视,所有这一切促使兰州城市中的甘省人以籍贯为纽带团结在一起,也使近代兰州的群体冲突以籍贯问题为主线表现出来。

二　"被侵略":本省人在经济上的边缘化

甘肃省地广人稀,又由于地处西北、交通不畅,明清以来其政治、经济、文化在全国来说都不出众,这就严重影响了兰州和甘肃人力资源的开发,民众的经济意识尚嫌薄弱,经济资本也普遍偏少。尤其是清末以后,兰州社会近代化变迁的进程缓慢,普通民众仍依赖封建农业社会的耕作方式,鲜有变化。据陇海铁路段的调查,20世纪40年代的甘肃仍以务农为主,"世代习守家园,颇少外出,非有重大灾变,不轻迁徙。而经商之人走贩之地域甚狭,亦少迁徙外方之情事。较为重要之商业皆为他省商人多经营"。②"总体而言,明清时期甘肃一带的商人在土、客之间区别较大,客商实力较强,是促动各地商业贸易、连结各地大小市场的主要因素,部分客商定居下来,逐渐融入当地的居民之中,成为当地商业经济持续的活跃力量;土著商人则实力较弱,资本有限,纯粹意义上的、从事规模经营的商人实在有限,不少经商者既商且农,商、农兼顾,有的参与市场交易完全是为了维持日常生计。"③王致中、魏丽英在《中国西北社会经济史研究》一书中描述说:"自上世纪末到本世纪30年代约近半个世纪中,在兰州经商的商人多非兰州本地人或甘肃人,相反,多山、陕、平津商贾,即使在兰州特有的水烟业中,亦多陕西同州朝邑人,其他如京洋杂货业中就更是如此。甘肃及兰州本地商人多经营典当、饮食、毛毡、皮筏等

---

① 黄道炫:《扎根:甘肃徽县的中共地下党》,《近代史研究》2012年第6期。
② 《陇海铁路甘肃段经济调查报告书》,沈云龙主编《近代中国史料丛刊三编》第51辑,第8页。
③ 吴琦:《从地方志书看明清甘肃的商业经济》,《中国社会经济史研究》2002年第3期。

本小利微的行业。"① 正是兰州本地土商的缺失，使得客商大量进驻并占据近代兰州区域市场的半壁江山，成为市场主导者。

早在西汉丝绸之路开辟之后，兰州作为丝绸之路上非常重要的一个节点，从那时起就吸引了大量的外省人前来经商。到了元代，元政府实行重商政策，奖励商人开展贸易，于是山陕商人到兰州开展贸易的人更为增加。明代，兰州客商中最主要的帮派山陕商人已经开始控制西北各地的商业。到了清代前期，晋帮势力大增，随后京津帮、湘帮、豫帮、蜀帮、江浙帮等，都先后进入该地区参与各种商业活动。近代以来，兰州区域市场更是延续了这种客商规模不断增长的趋势，客商的商业资本不断增加，各省客商对兰州商业的控制力也不断加强，客商开始成为近代兰州区域市场最为活跃的市场力量。

光绪三十二年（1906），时任兰州道尹兼甘肃农工商矿总局总办的彭英甲在其《陇右纪实录》中详细描述了兰州的客商形态："兰州户口约三千有奇，为北五省一极小都会。本地居民并无富商大贾，亦无巨室世家。本处人经商者，多业烟行，外省人除山西票商四家外，钱业、布庄、杂货、木行，陕人居多；京货直隶陕人各居其半；绸缎河南人居多；茶商分东西南三柜，南柜为湖南帮，东西柜为陕帮。当商三十余家，本处及山陕人相等，然资本甚微，过万金者绝少。……所以省会及各属，凡商业稍有可观者，山陕人居多，而直隶人次之。究未闻陇上行商战胜于上海京都之说。况澳美英法之远在外洋，其足迹更梦想不到也。"②

到了民国年间，客商的优势地位得到进一步巩固。据记载，兰州"城市金融率操纵于秦晋津贾，各县市各货行店多晋商。钱号、钱庄、药肆多秦商，而药肆自县至村镇所在皆有至矣。卖绸缎、花布、杂货，行销皮毛、药材则多津商。陇南蜀商多操茶丝业，亦占优势"。③ 20 世纪 30年代前后在兰州进行商业调查的萧梅性也记载道："（兰州市）至于经营各大商业之帮口，大概言之，金融之权，操于山陕津帮之手，各大行店，

---

① 王致中、魏丽英：《中国西北社会经济史研究》（下），三秦出版社，1996，第200页。
② 彭英甲编《陇右纪实录》卷 8，沈云龙主编《近代中国史料丛刊三编》第 40 辑，第 307 页。
③ 转引自邓慧君《甘肃近代社会史》，甘肃人民出版社，2007，第 74 页。

晋商称胜；钱庄药号，秦人居多；购办皮货绸缎杂货事业，津晋两帮，可称并驾；制造青条黄烟，陕甘两商，亦足齐驱。"①

各项大宗进出口贸易，多由客商垄断经营或占据主导地位。如茶叶贸易方面，明清时期，陕西商人一直把持着西北地区茶叶的运销。② 大布贸易方面，清末以来兰州大布为贸易大宗，大布多来自关中三原一带。光绪、宣统年间，每年通过兰州市场销售及分销者多达 10 万余卷，后多达 60 余万卷。③ 药材贸易方面，药材也是近代兰州的大宗输出商品，每年的贸易额巨大。仅以岷州为例，清末岷州药材每年输陕者，当归 8000 余担，黄芪 250 担，大黄 150 担，党参 100 担。④ "药材乃为当时兰州商业中的重要行业，城内较著名的药材店堂有 48 家之多，经营者除个别商号外，统为陕西商人。"⑤ 海菜行、行栈行方面，几乎全为绛（山西新绛）、太（山西襄汾）人经营。⑥ 海菜铺、绸缎铺财东、掌柜、店员多为晋南人，所谓绛太帮。⑦

笔者曾经以系统的档案资料梳理了 1941 年兰州市同业公会与会人员的籍贯情况。在有收录的 43 个行业中，客商所占比重为 100%，即客商居于完全垄断地位的行业有 4 个，接近十分之一；客商占一半以上的行业有 27 个，占总行业数的 62.79%。在 43 个行业同业公会中，商人总数为 2547 人，其中客商 1420 人，占到总人数的 55.75%。⑧ 据统计，1944 年时，兰州市有各种商店 2096 家，从业人员达 1.3 万人之多。⑨ 这个数字尚不够全面，另据 1939 年的调查，兰州市商界有 13526 人，⑩ 以 55.75% 计算，其中客商有 7541 人。张世钰说山西绛太帮在兰州经商人数最多时

---

① 萧梅性编著《兰州商业调查》，第 2 页。
② 田培栋：《明清时代陕西社会经济史》，首都师范大学出版社，2000，第 405 页。
③ 王致中、魏丽英：《中国西北社会经济史研究》（下），第 192 页。
④ 《岷州乡土志·商务》，收入《陇右稀见方志三种》，上海书店，1984。
⑤ 王致中、魏丽英：《中国西北社会经济史》（下），第 196 页。
⑥ 张世钰：《略谈原兰州经商的山西绛太帮》，政协兰州市委员会文史资料研究委员会编《兰州文史资料选辑》第 5 辑，1986，第 155 页。
⑦ 逸樵：《兰州海菜铺》，政协兰州市委员会文史资料研究委员会编《兰州文史资料选辑》第 17 辑，兰州大学出版社，1998，第 164 页。
⑧ 邵彦涛：《近代兰州区域市场中的客商研究》，硕士学位论文，华中师范大学，2011。
⑨ 《兰州市各种商店家数》，《甘肃贸易季刊》第 4 期，1943 年。
⑩ 《民国二十八年兰州市人民职业分类统计表》，《西北资源》第 1 卷第 4 期，1941 年，第 17 页。

达到一万余人。① 此数据可能具有猜测性质，但也说明了近代山西客商在兰州势力的强大。

从土客商人的行业比例中可以看出，在商品市场结构上，区域内市场的商品交流活动以土商居多，如粮食业（土商比例为 98.54%）、煤炭业（98.27%）、面粉业（83.86%）、纸炮神香业（72.73%）、旧货商业（66.67%）、山货业（65.38%）、典当业（62.50%）、盐商业（56.86%）、铜器业（52.94%）等，土商一般占到 50% 以上；土商构成了城市服务业的主体，如承揽骆驼运送商业（100%）、皮筏业（100%）、金属品冶制工业（100%）、承揽骡马运送商业（83.05%）、旅馆业（77.32%）、承揽大车运送商业（71.43%）、中西餐食品业（53.56%）等。土商组建的这支庞大的运输队伍，形成了强大的运输能力，极大地便利了客商在近代兰州区域市场的商业活动。

在区际贸易活动中以客商居多，如钱商业（客商比例为 100%）、纸烟业（100%）、铁器业（100%）、国药业（96.97%）、绸布业（96.02%）、百货业（93.41%）、物品寄售业（92.86%）、油商业（87.50%）、茶业（85.87%）、毡商业（75.00%）、毛皮业（70.83%）、鞋商业（63.93%）、估衣业（60.53%）、烟草业（59.26%）、杂货业（55.32%）、木商业（52.27%）等，客商比例都在 50% 以上；在一些新兴行业中，客商往往占绝对优势，如汽车商业（92.30%）、西药业（90.00%）、钟表眼镜业（88.89%）、图书教育用品业（86.24%）、戏剧电影业（80.00%）、摄影镶牙业（66.67%）等；在一些比较重要的城市手工业中，客商也占据了相当重要的地位，如理发业（100%）、营造业（95.74%）、食品业（93.94%）、洗染业（93.33%）、服装业（53.13%）等。② 通过对客商人数的量化分析，笔者对客商规模有了一个清晰的认识。客商在近代兰州的商业从业人员中稳居半数以上，这充分证明了客商从业的行业之多、群体规模之大。因此可以说，客商群体构成了近代兰州区域市场发展的中坚力量。

---

① 张世钰：《略谈原兰州经商的山西绛太帮》，《兰州文史资料选辑》第 5 辑，第 155 页。
② 邵彦涛：《近代兰州区域市场中的客商研究》，硕士学位论文，华中师范大学，2011，第 20～23 页。

　　总体来看，兰州本地人对外省人的看法是，既希望更多的外省人来兰投资以促进兰州经济的发展，又对外省人的"退步性"极为反感，更对外省人在经济上的统治地位表示不满。外省人因为种种原因来到兰州谋生，但是局势一变或者发家致富以后，又迅速携带资金离开兰州回到家乡，这被视为是"退步"。民国时参加西北科学考察团的著名学者徐炳昶曾对这种"退步性"有一个颇为形象的描述："可是我国民族中，生活能力最大的汉族，到哪里（西北地区）还不大容易生活，艰苦卓绝的杨柳青①小贩，也只想在哪里赶紧抓几个钱，回头向关里跑。"② 近代兰州偏处一隅，交通不便，民众生活条件艰苦，这就造成了一种惯性的"退步"，外省人往往因为经济困难而来到兰州，经过短短的一段时间的奋斗，就能积累下不小的财富，然后他们就回到故乡。据时人的评述："甘肃处于西蒙、青海之间，其地位乃一过境商场，而操纵此商场者，大都系秦晋外帮之人。得资多汇兑出境，于本地建设事业无所裨益。所有贡献，仅限于调剂市面。而本地居民生活情状，窘迫如故也。"③ 向达之也谈道："自上世纪末到本世纪三十年代约近半个世纪中，在兰州经商的商人多非兰州本地人或甘肃人，相反，多山、陕、平津商贾，既使在兰州特有的水烟业中，亦多陕西同州朝邑人，其它如京洋杂货业中就更是如此。甘肃及兰州本地商人多经营典当、饮食、毛毡、皮筏等本小利微的行业。而内地商人在兰赢利所得又多流入内地，这对兰州地区经济发展造成的影响实不可低估。"④ 兰州地方人士水梓在欢迎华侨领袖陈嘉庚来兰参观的大会上，就直言不讳地质疑抗战时期来兰的外省人，他说："现在处于抗战时期，东南半壁河山沦陷，大家才来高呼'开发西北'，使兰州的户口由 20 万增加到 50 万人，一旦抗战胜利，那时你们恐怕不开发西北，而又回东南去了。"⑤ 水梓的

---

①　杨柳青原来是天津市西边的杨柳青镇。从明末清初开始，那里就以年画闻名全国。1875 年前后，天津饥荒严重，杨柳青人放弃了"艺术"而跟随左宗棠"赶大营"进入西北，成为盛极一时的"津帮商人"。由于杨柳青人"赶大营"历尽千辛万苦，因此也有人将杨柳青人视为最能吃苦耐劳的商人代表。

②　徐炳昶：《对于我国西北问题的我见》，西北文物展览会编《西北文物展览会会刊》，1936。

③　汪公亮编著《西北地理》，第 360 页。

④　向达之：《清末至民国前期的兰州商业》，《兰州学刊》1987 年第 4 期。

⑤　张尚瀛：《对原兰州三种小报的回忆》，《兰州文史资料选辑》第 13 辑，第 35 页。

这种想法可能也是近代兰州人的普遍想法。

外省人在兰州经济中的统治地位，也引起了本地人的不满，越来越多的人开始使用"压迫""殖民""侵略""宰割"等尖锐的词语来表达反感。田炯锦指出，甘肃本地居民已经"敌不过沿江沿海一带交通较为便利的区域之人民"，"甘肃土住的人民，大多数从事耕种，鸡鸣而起，深夜方息。他们的一切用品，全靠以粟易之，不想别的出路。内部人民不堪受外来经济力压迫，间有退入甘肃者；他们初来时，真是穷无立锥之地，或与田主订约种瓜种菜，或作负贩在乡村售卖零用物品。然不数年之间，变成殷实之家，而土住之民，在经济上反受其压迫"。将来商战愈激烈，甘肃兰州"将变为全国人民经济竞争失败者退后之地；西北土住之人民，苟不速快努力，为其他同胞接应；将来后退的人愈多，则西北人民愈无立足之地"。① 田炯锦在另一篇文章中把"高唱开发西北者"分为三类：一是"贩卖西北之骗徒"，二是"视西北为化外之政客及商贾"，三是"好谈懒做之政客及文人学士"。② 《陇铎》杂志记者许风则戏称兰州"高楼大厦多属他乡贵客，南腔北调不少本地神女"，进而指出"西北是内地人士理想中的肥美殖民地，抗战期中，把东南人士多挤在兰州，天兰路快要修到兰州了，许多有钱人都想在这儿投资"。③ 《拓荒》杂志在其发刊词中就指出，西北所需要的"是经济的提携而非侵略，是政治的整理而非宰割，是技术的帮助而非操纵，是商工的建设而非垄断"，并指责一部分人以"开发非洲的心理"开发西北，以"作剩余资本的侵略"。④ 甚至有人呼吁西北人民不要幻想依靠外省人力量进行经济建设，因为"全靠人是靠不住的！假使你们束起手来，坐待东南同胞去开发，那结果你们见到的只是英俄日的开发！！！ 这是我敢预言的！"⑤

三 "被压迫"：本省人在政治上的边缘化

在政治方面，外省人往往占据兰州权力中心的位置。甘肃政坛的主要

①　田炯锦：《开发西北声中西北居民应有之努力》，《新西北季刊》创刊号，1932 年 1 月 1 日。
②　田炯锦：《开发西北应从解决当前难题入手》，《泾涛》第 8 期，1933 年。
③　许风：《万花筒中看兰州》，《陇铎》新 7 号，1947 年 9 月 15 日。
④　《发刊词》，《拓荒》创刊号，1933 年 9 月。
⑤　鸣新：《是真要开发西北吗？》，《拓荒》第 2 卷第 2 期，1934 年。

领导人均是外省人,外省籍高官又不断延引自己的亲朋好友和同乡前来,遂导致此地的上层官员及其下属亲信多属外省籍,本省人士很难进入权力中心。这种现象引起了来兰考察和关心西部开发的许多学者的注意。著名记者范长江就感慨道:"一般社会经济的紧迫,逼着知识份子只有向军政两界拼命的挤进(教育包括政界内),因为这里才有大家可能的前途。但是在这里,甘肃的知识份子,遭遇到一个特殊的难关,即是甘肃的军事政治久已脱离了甘肃本地人的掌握,政治上支配甘肃的,十九是来自六盘山以东的力量。因而第一、第二,乃至第三第四等的位置,亦大半为东来的朋友们所占有。甘肃本地的朋友们的环境,可谓窄路中又逢隘道,出路更加困难。""我们在兰州各机关所遇到的办事人员,本地籍贯的朋友太少了。本来甘肃因经济的衰败,与交通的不便,已少训练近代人才之机会与力量,更加以参加政治之机会,又因上述之关系,异常不易,则训练人才之可能,亦日渐其稀微。客观的事实,逼着甘肃的朋友走向两种倾向。在已有相当政治地位的人,只有好好的'应付'各方面,只求圆滑的'无过','敷衍'过去就算了事,并不敢大刀阔斧的'创作',以求事业的成功。在尚毫无地位的朋友,往往采取恭顺的态度,希望得一点进身之阶。其能坚固团结,以集团力量,正面以争自身之出路者,似尚未曾多见。……兰州是西北一部份的代表,这些事实显示出我们西北朋友们的前途缺乏光明。"①

外省人在经济、政治上的统治地位,造就了他们在兰州的优越感,也使兰州本地人在事实上成为"下等公民"。林竞在兰州考察时,曾在旅店的墙壁上发现一首诗,云:"百姓见官称大人,淳朴犹如葛天民。勿怪闻操皖音者,惊惶浑以见天神。"② 时张广建主政,大肆延用同乡,遂导致操皖音者都被本地人视为"高官"。无独有偶,浙江人李孤帆来兰游历时浓墨重彩地描写了兰州民风的"淳朴",他提到自己在兰州市面上向任何人问路或谈话,市民都极其礼貌。即使在公共游玩的地方遇到他们,亦必让座奉茶,随便走进哪一家店铺,无论买与不买,都迎送如仪。但他很快

---

① 范长江:《中国的西北角》,第102、103页。
② 林竞:《亲历西北》,第118页。

就明白了兰州民风"淳朴"的原因："他们看见南方人都以为是政府的官吏，所以特别恭敬。听说在外县遇到中央派来的人，县长和保甲长还要勒派招待费名目，就叫做欢迎中央委员呢。"① 田炯锦也记述在兰州时，许多朋友和地方士绅谴责省政府不尊重地方贤达，怀疑各县本地人。尤其是"继任民政厅长，其怀疑各县本地人，较前者尤甚，除区科长之任命未变前任政策外，身未出省城一步，乃常公开讲演，言甘肃各地封建意识十分浓厚，故凡民众受官吏压迫来诉愿者，率认为土豪劣绅"。② 米志中在文章中提及外省人对西北人的态度，说："我记得有一东南的友人向我说：'西北人眼光太小，并且排外性很大。'……前几年有一中央要人说西北是野蛮地区，应效古人视蛮夷之态度，为西北省名字旁加以犭字，这大约很可以代表整个东南的思想界。"③ 本省人与外省人在政治、经济地位上的悬殊，自然使甘省人对外省籍人心怀芥蒂，正如一位学者所观察到的那样，"在兰州，这个西北的重镇，内地的都市……本地人和外省人之间虽然表面能够相安，骨子里却潜伏着一道鸿沟"。④

由于缺乏足够的资料，笔者很难对民国初年外省人在兰州政界的地位做出完整的数据上的分析。就现有资料而言，数据比较完整的是 1932 年和 1937 年两个年份的甘肃省政府职员的统计。下文就以这两年的甘肃省政府职员统计表为例，分析甘肃省政府职员中本省人和外省人的对比情况。1932 年甘肃省政府共有职员 544 人（其中有籍贯信息者 536 人），其中外省籍 120 人，占总数的 22.39%。⑤ 1937 年甘肃省政府共有职员 420 人，其中外省籍 204 人，占总数的 48.57%。⑥

就甘肃省长而言，从长庚去任到 1932 年南京国民政府派邵力子来甘之前，兰州政局一直为各派军阀所把持。20 年间换了 9 任督军（都督、将军、督办、宣慰使）、13 任省长（布政使、民政长、巡按使、主席）。就军政长官籍贯来说，除有两任省长由甘省人担任外，其他军政首长均为

---

① 李孤帆：《西行杂记》，开明书店，1942，第 15 页。
② 田炯锦：《在甘从政二年之回忆》，《陇铎》第 2 卷第 1 期，1940 年。
③ 米志中：《举世注视之西北》，《拓荒》第 2 卷第 2 期，1934 年。
④ 江汉：《雾里的西北青年》，《中建》第 2 期，1938 年。
⑤ 《甘肃省政府职员录（1932 年）》，甘肃省图书馆藏，索书号：572.4/178。
⑥ 《甘肃省政府职员录（1937 年 9 月）》，甘肃省图书馆藏，索书号：573.916/178.11。

外省人。杨思曾在陆洪涛之后短暂代理省长仅十天光景，而马鸿宾虽担任甘肃省政府主席有近 10 个月，但实际上他刚到兰州尚未站稳脚跟就发生了雷马事变（见表 5-2、表 5-3）。

表 5-2　1912~1932 年甘肃督军（都督、将军、督办、宣慰使）一览

职位	姓名	就任日期	离任日期	备注
都督	赵惟熙	1912 年 3 月 15 日	1914 年 3 月 15 日	由甘肃布政使改任
	张炳华	1913 年 5 月 1 日		护理
将军	张广建	1914 年 3 月 6 日		署理
		1914 年 6 月 30 日	1916 年 7 月 6 日	由都督改任
督军		1916 年 7 月 6 日		由将军改任
	蔡成勋	1920 年 12 月 31 日		陆洪涛暂护
	陆洪涛	1922 年 5 月 23 日	1925 年 1 月 17 日	
		1925 年 1 月 17 日		由督军改任
督办	冯玉祥	1925 年 8 月 24 日		刘郁芬代
	李鸣钟	1926 年 1 月 9 日		未赴任，刘郁芬代
	刘郁芬	1926 年 11 月		代理督军
宣慰使	孙蔚如	1932 年 1 月		蒋介石任命，代行省政府主席职权

资料来源：郭卿友主编《中华民国时期军政职官志》，甘肃人民出版社，1990，第 147 页。

表 5-3　1912~1949 年甘肃省长（布政使、民政长、巡按使、主席）一览

职位	姓名	就任日期	离任日期	备注
布政使	彭英甲	1912 年 3 月 26 日		
	何奏簇	1912 年 10 月 16 日	1913 年 2 月	1913 年 2 月裁
民政长	赵惟熙	1913 年 2 月 7 日		
	张炳华	1913 年 5 月 1 日		兼护
巡按使	张广建	1914 年 3 月 6 日	1914 年 5 月 23 日	
		1914 年 5 月 23 日	1916 年 7 月 6 日	由民政长改兼
		1916 年 7 月 6 日		由巡按使改兼
省长	蔡成勋	1920 年 12 月 3 日		兼署，陈阁护
	潘龄皋	1921 年 10 月 6 日		
	林锡光	1923 年 8 月 11 日		1922 年 7 月 13 日护理
	陆洪涛	1924 年 3 月 28 日	1925 年 9 月 30 日	兼任
	杨思	1925 年 9 月 30 日		代理
	薛笃弼	1925 年 10 月 9 日		

续表

职位	姓名	就任日期	离任日期	备注
主席	刘郁芬	1927 年 6 月 13 日		指定
	马鸿宾	1930 年 11 月 25 日		暂代
		1931 年 8 月 10 日		任命
	邵力子	1931 年 12 月 25 日		任命
	朱绍良	1933 年 5 月 4 日		任命
	于学忠	1935 年 11 月 2 日		任命
	朱绍良	1937 年 3 月 31 日至 1940 年 11 月 15 日		
	贺耀祖	1937 年 4 月 28 日至 1937 年 12 月 17 日		代
	谷正伦	1940 年 11 月 15 日		任命
	郭寄峤	1946 年 10 月 17 日		任命
	马鸿逵	1949 年 8 月 3 日		任命

资料来源：郭卿友主编《中华民国时期军政职官志》，第 147、790 页。

　　笔者对甘肃省政府建设厅、财政厅、民政厅和教育厅的部门领导进行了系统的统计，其中民政厅、教育厅和财政厅的统计时间从 1913 年 3 月开始，建设厅和秘书处由于是新设的部门，统计分别从 1927 年和 1928 年开始。如表 5-4 所示，五个部门共有 107 人次的主管领导轮换（其中有两个任期者，如谭克敏 1931 年 8 月 10 日任财政厅长，时隔一年后于 1932 年 4 月至 1933 年 10 月再次充任，算为 2 人次），其中甘省人有 28 人次，占总人次的 26.17%。在秘书处的 12 次换届中，甘省人一人次也没有。而甘省人所占比例最高的是教育厅，在 24 次换届中，甘省人出现了 12 次，占了一半。这一切都说明了甘省人在政治上处于边缘化的事实。

　　从时间段来看，1931 年 8 月和 1949 年两个时段是甘籍人士出任厅长相对频繁的时期。1931 年 8 月，杨思任民政厅长，水梓任教育厅长，张维任建设厅长。因为该月 10 日，国民政府要求改组甘肃省政府，将原甘肃省政府委员刘郁芬、杨慕时、李象臣、叶蓉、郑道儒、赵元贞、韩俊杰、马麒、张允荣、赵席聘、李朝杰等全体免职，重新任命马鸿宾为甘肃省政府委员兼主席，杨思、谭克敏、张维、水梓、喇世俊、贾缵绪、马文车、李朝杰为委员,甘省人第一次在一定意义上掌管了兰州政局。但时间不长,八委员难以稳定政局,不得不向南京国民政府求助,最后导致邵力子入甘。1949 年时,甘人马继周主内政、寇永吉主财政、宋恪主教育、骆力学主建设,甘人首次集体占据了省政府的四厅。

表 5 - 4　1913 ~ 1949 年甘肃省政府各部门行政长官一览

类别	姓名	任期	籍贯
民政厅长	张炳华(内务司长)	1913 年 3 月 26 日	四川
	叶尔衡(内务司长)	1913 年 5 月 1 日兼护	陕西
	龚庆霖(政务厅长)	1914 年 6 月 6 日	安徽
	洪延祺(政务厅长)	1916 年 5 月 7 日	安徽
	许承尧(政务厅长)	1918 年 8 月 1 日代理	安徽
	洪延祺(政务厅长)	1919 年 10 月任	安徽
	杨光煦(政务厅长)	1922 年 4 月 2 日	安徽
	郑贤焰(一作郑贤绍,政务厅长)	1922 年 11 月 25 日	福建
	张维(政务厅长)	1923 年 5 月 2 日	甘肃
	谢刚杰(政务厅长)	1924 年 12 月 9 日署理	四川
	胡毓威	1925 年 12 月 9 日任	山东
	杨慕时	1928 年 2 月 9 日任	河北
	叶蓉	1928 年 11 月 13 日任	山西
	王桢	1929 年 6 月至 1939 年 5 月	河北
	郑浚	1930 年 5 月至 1930 年 7 月	甘肃
	李朝杰	1930 年 7 月至 1931 年 8 月	山东
	杨思	1931 年 8 月 10 日任	甘肃
	林竞	1932 年 1 月 31 日任	浙江
	朱绍良	1933 年 5 月 22 日任	浙江
	王应榆	1935 年 1 月 11 日任	广东
	孙希文	1935 年 1 月 11 日任	安徽
	刘广沛	1936 年 1 月 29 日任	辽宁
	罗贡华	1937 年 5 月 7 日任	河北
	施奎龄	1938 年 9 月 3 日任	河北
	郑振宇	1940 年 11 月 22 日任	河北
	王漱芳	1942 年 4 月 23 日任	贵州
	赵龙文	1943 年 9 月 10 日任	浙江
	蔡孟坚	1946 年 2 月 27 日任	江西
	马继周	1946 年 6 月 26 日至 1949 年 8 月任	甘肃

续表

类别	姓名	任期	籍贯
财政厅长	田骏丰（财政司长）	1913 年 3 月 26 日	甘肃
	栾守纲	1913 年 8 月	山东
	王舍棠（财政司长）	1913 年 9 月 6 日	甘肃
	喇世俊（财政司长）	1913 年 11 月 13 日	甘肃
	雷多寿	1914 年 5 月 7 日	陕西
	袁毓麟	1917 年 11 月 26 日	浙江
	丁道津	1920 年 1 月 8 日	贵州
	张英华	1921 年 7 月 14 日署理	河北
	陈能怡	1922 年 7 月 14 日	陕西
	洪延祺	1923 年 11 月代理	安徽
	张维	1925 年 4 月～12 月	甘肃
	杨慕时	1925 年 12 月 9 日	河北
	张允荣	1928 年 2 月 9 日任	河北
	李象臣	1928 年 10 月 20 日任	山东
	袁其祓	1929 年 8 月至 1930 年 4 月	河北
	王桢	1930 年 4 月至 1931 年 1 月	河北
	谭克敏	1931 年 8 月 10 日任	贵州
	李朝杰	1931 年 8 月至 1931 年 12 月	山东
	仲兴哉	1931 年 12 月至 1932 年 4 月	陕西
	谭克敏	1932 年 4 月至 1933 年 10 月	贵州
	朱镜宙	1933 年 10 月 17 日任	甘肃
	陈端	1936 年 9 月 11 日任	江苏
	梁敬錞	1937 年 10 月 25 日任	福建
	陈国梁	1940 年 9 月 12 日任	河北
	袁世斌	1943 年 9 月 10 日任	贵州
	陈立廷	1943 年 11 月 25 日任	山东
	洪轨	1945 年 3 月 7 日任	江西
	陈盛兰	1946 年 5 月 14 日任	贵州
	李子欣	1947 年 8 月 6 日任	湖南
	寇永吉	1949 年 5～8 月	甘肃
教育厅长	马邻翼（教育司长）	1913 年 3 月 26 日至 1917 年 9 月 3 日	湖南
	邓宗（巡按公署教育科长）	1914～1917 年	甘肃
	王天柱（巡按公署教育科长）		甘肃
	马邻翼	1917 年 10 月至 1918 年 5 月	湖南
	卢殿虎	1918 年 5 月 17 日	江苏
	阎士璘	1918 年 6 月 24 日	甘肃

续表

类别	姓名	任期	籍贯
教育厅长	贾缵绪	1920 年 12 月 31 日	甘肃
	林锡光	1921 年 2 月 22 日	福建
	贾缵绪	1922 年 9 月至 1923 年 1 月	甘肃
	李克明	1923 年 1 月 5 日	甘肃
	赵元贞	1923 年 3 月 27 日代理	甘肃
	李克明	1924 年 7 月至 1925 年 10 月	甘肃
	沙明远	1925 年 11 月至 1927 年 1 月	山东
	郑道儒	1927 年 2 月至 1927 年 3 月	河北
	李鍷	1927 年 3 月至 1927 年 5 月	甘肃
	马鹤天	1927 年 6 月 25 日任	山西
	郑道儒	1928 年 10 月 20 日任	河北
	张爱松	1929 年 11 月至 1930 年 5 月	河北
	马文车	1931 年 8 月至 1931 年 12 月	浙江
	水梓	1931 年 8 月 10 日任	甘肃
	田炯锦	1936 年 1 月 29 日任	甘肃
	葛武棨	1937 年 12 月 17 日任	浙江
	郑通和	1938 年 9 月 22 日任	安徽
	宋恪	1946 年 5 月 14 日任	甘肃
建设厅长	赵元贞	1927 年 6 月 25 日任	甘肃
	杨慕时	1928 年 11 月 13 日任	河北
	张维	1931 年 8 月 10 日任	甘肃
	刘汝璠	1932 年 1 月 31 日任	甘肃
	许显时	1933 年 10 月 17 日任	福建
	贺耀祖	1937 年 5 月 7 日暂代	湖南
	张冲	1937 年 9 月 7 日代理	浙江
	陈体诚	1937 年 12 月 17 日任	福建
	李世军	1939 年 4 月 25 日任	甘肃
	张心一	1940 年 11 月 22 日任	甘肃
	谭声乙	1947 年 2 月 28 日任	安徽
	骆力学	1947 年 11 月 13 日任	甘肃
秘书长	吴至恭	1928 年 11 月 19 日任，1932 年 5 月 28 日免	湖北
	杜斌丞	1932 年 5 月 28 日任	陕西
	李拯中	1934 年 8 月 8 日任	福建
	翁燕翼	1935 年 9 月 11 日至 1936 年 1 月 30 日，试署	福建

类别	姓名	任期	籍贯
秘书长	周从政	1936 年 3 月 21 日至 1937 年 4 月28 日	辽宁
	丁宜中	1937 年 12 月 17 日至 1939 年 6 月 10 日	贵州
	翁燕翼	1940 年 1 月 13 日任	福建
	王淑芳	1940 年 11 月 22 日任	贵州
	李宗黄	1942 年 4 月 23 日兼	云南
	陈景烈	1942 年 7 月 22 日任	浙江
	李少陵	1943 年 9 月 10 日署	湖南
	丁宜中	1944 年 7 月 12 日任	贵州

注：1924 年 12 月 9 日谢刚杰署理甘肃政务厅长，《中华民国时期军政职官志》误记为谢刚图。

资料来源：郭卿友主编《中华民国时期军政职官志》，第 147、790 页；《清末、民国甘肃历任财政主管一览表》，甘肃省地方史志编纂委员会、甘肃省财税志编纂委员会编纂《甘肃省志》第 37 卷《财税志》，甘肃人民出版社，1990，第 405、406 页；《1905 年至 1949 年 8 月甘肃省教育行政机关长官简表》，甘肃省地方志编纂委员会、甘肃省志教育志编辑委员会编纂《甘肃省志》第 59 卷《教育志》，甘肃人民出版社，1991，第 42、43 页。

从表 5-5 可以看出，1932 年甘肃省政府职员中外省人有 120 人，到 1937 年这一数字扩大到 204 人，其比例也从 22.39% 增加到 48.57%，可谓有较大规模的增长。比较 1932 年和 1937 年甘肃省政府职员的人数，差额 124 人，说明甘肃省政府职员经历了一次不小规模的裁员。除秘书处人数增加 5 人外，其他部门职员人数均有下降，其中财政厅的职员总数波动最大，1932 年有 217 名职员，到 1937 年仅剩 117 名职员，减少了 100 人。虽然职员总数减少了 100 人，外省人数反而增加了 12 人，也使 1937 年财政厅的外省人占比比 1932 年增加了 24.96 个百分点。1932 年秘书处中外省籍职员只有 32 人，占 24.06%；而到了 1937 年，外省籍职员达到 75 人，比 1932 年多了 43 人，而比例也扩大到了 54.35%。有趣的是，1937 年秘书处中湖南籍职员有 41 人，几乎等于 1937 年增加的外省籍人数。由于贺耀祖为湖南宁乡人，所以这一时期秘书处中湖南人云集，湖南人占到 1937 年外省籍职员总数的 54.67%。在其他部门，五年之间外省籍职员比例增加最多的是建设厅。1932 年建设厅外省人只有 10 人，而到了 1937 年扩大到 35 人，其比例也从 11.63% 增长到了 57.38%。究其原因，1932

年建设厅长刘汝璠为甘肃天水人，而 1937 年建设厅长变成湖南宁乡的贺耀祖。在五个部门当中，五年之间外省人比例保持稳定的有民政厅和教育厅两个。其中教育厅的外省籍人数最少，比例最低。五年之间，民政厅的职员总数保持稳定，其外省人比例维持在 56% 上下，也相对稳定。1932年民政厅长林竞为浙江人，在其任内民政厅有浙江籍职员 13 人，无湖北籍职员。1937 年民政厅长罗贡华①为湖北荆门人，在其任内民政厅有湖北籍职员 14 人，只有一名浙江籍职员。说明到 1937 年时，民政厅的绝大部分浙江籍职员跟随林竞离任，而有 14 名湖北籍职员随着罗贡华担任民政厅长而进入民政厅。1937 年的 14 名湖北籍职员与 1932 年的 13 名浙江籍职员，人数也大致相当。下面我们再来分别考察甘肃省政府各个部门的人员变动情况。

表 5-5　1932 年与 1937 年甘肃省政府职员比较

单位：人

部门	1932 年总人数	1932 年外省籍人数	1937 年总人数	1937 年外省籍人数
秘书处	133	32（24.06%）	138	75（54.35%）
民政厅	58	32（55.17%）	57	33（57.89%）
财政厅	217［195］	43（22.05%）	117	55（47.01%）
建设厅	86	10（11.63%）	61	35（57.38%）
教育厅	50	3（6.00%）	47	6（12.77%）
总计	544［536］	120（22.39%）	420	204（48.57%）

注：方括号内数字代表的是有籍贯信息的人数。

资料来源：《甘肃省政府职员录（1932 年）》，甘肃省图书馆藏，索书号：572.4/178；《甘肃省政府职员录（1937 年 9 月）》，甘肃省图书馆藏，索书号：573.916/178.11。

从各部门情况来看，20 世纪 30 年代以后，兰州政界基本呈现出"一朝天子一朝臣"的局面。如许显时（福建闽清人）担任建设厅长时期，

---

① 罗贡华，1894 年生。北京法政专门学校与日本明治大学毕业，1912 年加入国民党。1925 年起先后任国民党湖北省党部委员，湖北公立法政专科学校、上海江湾大学、北京税务学校教授，《武汉评论》与《青年呼声》杂志主编，湖北、河北各训练班党义教师职。1931 年任海南岛琼山县长与海口市长，1932 年 1 月任国民政府内政部常务次长，并任全国内政会议副主席、军事委员会委员长南昌行营设计委员、委员长侍从室秘书等职。1937 年 5 月开始担任甘肃省政府委员兼民政厅长。

外省籍比例从前任刘汝璠（甘肃天水人）时期的 11.6% 增长到 30.5%。1933 年秋，时年 39 岁的许显时出任甘肃省政府委员并兼任建设厅长。许显时在结束军旅生涯后，于 1928 年秋开始担任福建省政府委员兼建设厅长兼全省公路局长，之后调任甘肃。时建设厅共有 59 名职员，外省人共 18 名，占 30.5%。在外省人中，福建籍有 9 名，刚好占一半。尤其是福建籍多占据建设厅的重要职位，如福建莆田籍的陈世雄担任主任秘书、第二科长、技正等职务，福建闽侯籍的吴浩然担任秘书、第三科科长等职务，莆田籍的李玉书担任路政股主任科员，南安籍的林潭担任第一科主任科员，两个视察员均是福建籍。在福建籍的 9 人中，有 5 人曾在福建省建设厅或公路局工作，也即是许显时在福建任职时的部下。时甘肃省政府建设厅下分秘书室、视察员、书记室和其他四个科室。其中，秘书室有四个秘书，两个福建籍，两个甘肃籍，福建籍陈世雄担任主任秘书。四个科室的科长中，第二科和第三科的科长均为福建籍，第四科科长为广东籍，只有第一科科长为甘肃籍。共有两个视察员，均为福建籍，且都是许显时在福建任职时的老部下。

再如罗贡华主政时期的甘肃省民政厅，1937 年 5 月罗贡华任甘肃省政府委员兼民政厅长。罗贡华任内，民政厅有职员 57 人，外省籍 33 人。在外省籍人员中，湖北籍 14 人，占外省籍人数的 42.42%。主任秘书、秘书、第一科主任科员、第三科科长等均为罗贡华湖北同乡。值得注意的是，1934 年甘肃省民政厅职员中并无湖北籍职员，而罗贡华任内的 14 人应该都是随其上任的。

在四个厅中，唯有教育厅例外。1929 年郑道儒（直隶省天津府天津县人）在位时，教育厅有职员 17 人，其中外省籍 4 人，占 23.53%。1932 年，甘肃榆中人水梓担任甘肃省教育厅长，甘肃省教育厅共有职员 50 人，其中外省籍 3 人，占总数的 6%。1936 年，田炯锦（甘肃庆阳人）转任甘肃省教育厅长。任内，甘肃省教育厅有职员 47 人，其中外省籍 6 人，占 12.77%。1946 年，宋恪（甘肃甘谷人）任甘肃省教育厅长。1948 年教育厅共有职员 72 人，其中外省 9 人，占 12.5%。可见教育厅内职员结构以甘省人为主，外省人占比偏低。

1932 年的民政厅，1937 年的建设厅、财政厅、民政厅中外省人都占据了职员总数的半数左右。就各个厅的厅长而言,也多为外省人,本省人相对较少。兰州乃至甘肃政坛的主要领导人均是外省人,外省籍高官又不断延引自己的亲朋好友和同乡,遂导致此地的上层官员及其下属亲信多为外省籍。

四 主客矛盾:政治斗争中的籍贯冲突

族群矛盾并非近代兰州乃至西北社会的唯一矛盾形式。当前学界对西北史的研究过程中,大多十分重视其中的族群矛盾,而忽视了同样十分尖锐的主客矛盾。尽管主客矛盾往往被湮没在族群矛盾、新旧矛盾之中,但其在近代兰州乃至西北发展史中,仍是一条清晰可见的线索。且许多政治事件和思潮的发生及演变,都与主客矛盾有着深刻的联系。应该说,族群矛盾和主客矛盾是近代兰州最主要的两个矛盾,族群矛盾因为回汉军事力量和政治力量的对立而显得异常清晰;主客矛盾主要是甘籍人士与外省人士之间的矛盾,这一矛盾由于族群矛盾和新旧矛盾的分解而显得有些隐晦。但是,主客矛盾的线索对于我们重新发现和认识近代兰州的历史有着重要的意义。

韩定山对此有一精彩的分析。他说:

> 当承认共和的起初,长庚、升允坚决求去,外籍军官多半年老思退,很少抱政治野心。外籍文官未参加革命未握兵权,也没有凤孚众望的大僚。在这种形势下,可说是甘肃本省人爬上政治舞台的机会。但是回汉两族中具有领袖资望的人们,都迟回相顾,不敢轻发。具有政治野心的李镜清,锋芒甫露,即遭暗杀。继李而起的有田骏丰,但他刚在揭发赵、赖阴谋中稍露头角,也同样被人陷害,几乎罹不测之祸。这固然由于历史上长期的汉回纠纷,致使主客矛盾为种族矛盾所淹没,但其内容还不止此。从前述赵维熙所遭遇的矛盾来说,赵维熙与李镜清、马安良的矛盾,是主客间的矛盾,而赵维熙与黄钺、彭英甲,彭英甲与黄钺和赵维熙客与客之间,又有新旧不同、利害不同的矛盾,李镜清与马安良的矛盾,是种族间的矛盾;而马安良与马福祥、崔正午,李镜清与刘尔炘,田骏丰与秦望澜,回与回、汉与汉之

间，又各有新旧不同、地域不同、教派不同的矛盾。因而所谓"甘人治甘"的要求，在这些矛盾中，是无法实现的。①

由于学界对近代兰州族群矛盾问题已研究得相当深入，本书不再赘述，而是希望在主客矛盾的线索下重构近代兰州复杂多变的社会心态发展过程。外省人在经济、政治上的统治地位，造成了一种"内部殖民"的假象，导致本省人在情感上的焦虑和紧张。在这条籍贯意识构筑的鸿沟之下，尤其是面临难以忍受的苛政之时，本省人压抑的情绪也会得到间歇性的释放，其中较为剧烈的表现形式为标兵事变中的"尽杀南人"，以及民国初年历次的"甘人治甘"运动。

（一）标兵事变与"尽杀南人"

同治五年（1866），几乎与城市步入近代化的同时，兰州发生了标兵事变。同治元年（1862）河州回民起义，陕甘总督下令关闭兰州拱兰、安定、迎恩、广武四门，增修了四座瓮城重门，并下令四乡团练民勇。同治二年（1863），河州狄道回民起义军攻破皋兰县南乡羊寨。三年（1864），河州、狄道回民围攻皋兰、金县。四年（1865），陕西回民起义军攻破皋兰红水堡，年底，河州、狄道回民起义军再次进攻皋兰。兰州一直处在起义军的包围之中。同治四年六月，杨岳斌赴任陕甘总督，督办陕甘两省军务，并带兵镇压回民起义。"时甘回方炽，通省糜烂。雷正绾、曹克忠新败于金积堡，都兴阿、穆图善攻宁夏未下，且奉命将出关；本省兵皆疲弱，疏调各省援兵，无一至者，仅自率新募之数千人；又因兵荒耕作久废，馈运道塞，库空如洗。"②

正是在这种兵粮短缺的危急形势下，同治五年三月，杨岳斌挥师东下赶赴庆阳，与陕西藩司林寿图筹防守，致使兰州城内兵力空虚，遂致兵变。杨岳斌担任陕甘总督以后，看到甘肃原有的督府标兵军务废弛，军纪败坏，决定裁汰归并，大力整顿。但这一整顿使原本就待遇悬殊的督府标兵（甘军）与湘楚军的差距更为扩大。由于军饷不足，督府标兵兵勇常

① 韩定山：《民国初年的甘肃政局》，《甘肃文史资料选辑》第 1 辑，第 38～39 页。
② 《清史稿》卷 410《杨岳斌列传》，中华书局，1997 年标点本，第 12006 页。

年短衣革履，待遇很差，杨岳斌非但不解决督府标兵的待遇问题，反而要求他们如湘楚军一样纪律严明，并在六月炎暑中令其会操，导致督府标兵怨声载道。与之形成极大反差的是，湘楚军及其随从人员却受到格外优待。不仅粮饷数额差距很大，而且省城所办粮饷多半分给楚勇，楚勇还"非食米不饱"，在兰州米价较杂粮远高的情况下，楚勇的待遇更显特殊。与之相比，标兵仅月给杂粮数升，时因饿困而无力荷戈。标兵与湘楚军的差距还体现在地位上。杨岳斌到任后，其随从人员大多晋升，所统勇丁饷厚差轻，还往往仗势欺人，欺压标兵。楚军副将罗宏裕等在标兵索要粮饷时多呵斥镇压，更使标兵心生愤怒。同时，1865 年至 1866 年，甘肃饥荒严重，在回民起义军的威胁下，兰州省城粮食中断，粮价不断上涨，白面价格上涨近十倍，督府标兵终于不堪忍受，激起哗变。

杨岳斌率军离兰后，标兵营官王占鳌等秘密召集兵士 18 人歃血为盟，"索粮谋叛"，后经回民马文、马魁的支持，开始实施计划。1866 年 4 月 17 日夜，督标后营先起，前、左、中营响应，皆集兰州东门外。旋由马文打开城门，拥入协署，后营守备席光斗率众进围督署，右营由西门越城墙而入。五营之众分别拥入督署、协署和军需局，哄抢大炮、洋枪、火药及军库器械，并将督、协两署委员、幕僚及其随从、亲兵一百余人就地斩首，将其余文武官员押解至城墙之上，关闭城门，安设炮位，以防湘楚军回剿。起义标兵挟持甘肃省布政使林之望，令其以"军食断绝起事"转奏朝廷，希望清廷能够理解他们的苦衷，并降罪于杨岳斌。事情在此时之前还只是因甘籍标兵与湘楚军待遇不一致而引发的兵变，但回民起义军的出现则使事态向另一个方向发展。标兵占领兰州省城后，原先入据兰州北山的河州、狄道回民起义军和陕西起义军同时进驻城北黄河对岸的庙滩子、桥头一带，"声言来解兵勇之危"。① 尽管次日兰州标兵曾派人与回民起义军联络，但由于起义军内部一盘散沙，遑论回民起义军与叛变标兵能够精诚合作。

标兵事变的细节方面，各种资料记述多不一致。《清史稿》记述："兰州标兵遽变，围署戕官，逼迫布政使林之望上疏，言粮饷独厚楚军，

---

① 《钦定平定七省方略》卷133，第 10 页 b。

众心不服。岳斌闻警，先令曹克忠移师镇抚，寻自回省城，按诛首犯百余人，余不问。"① 《湘军记》的记述则明显偏袒湘楚军，丝毫没有提及标兵叛变的原因在于待遇悬殊，甚至指出："标兵王占鳌约十八人饮血盟，约回兵马文、马福等，勾狄河、北山回来省，将举城以献。" 言下之意是标兵叛乱之初即已经与回民起义军勾结，因此是"叛军"而非"饥军"。《湘军记》同时强调了叛乱标兵对湘楚官兵的屠杀，"搜协署幕客、委员悉戕之。叛弁席光斗、马耀祖呼标兵公围总督署，杀委员、幕客数十人，仆从数十人，亲兵十余人，露刃向司道，逼林之望饰词入奏"。"五月，刘蓉还西安，杨岳斌还兰州，案诛标兵为逆者一百二十三人。余皆宽宥，以安反侧。"②

陶保廉在《辛卯侍行记》中的记述则较为客观。陶保廉在事变发生近 25 年后旅经兰州，对这一事件的起因，陶氏认为，在标兵粮饷的发放过程中，"（楚勇）军副将杨占鳌，妄人也，总督以同乡故，倚为谋主"。杨占鳌在兰州期间，"薄标兵不与饷十一月"，致使标兵因饥谋乱。杨占鳌"抚慰之，允即与饷"。但之后不久，杨委署凉州镇，临行前并未兑现发饷诺言，遂使标兵气愤尤甚，遂于三月初三日"杀督署幕客、亲兵四百余人，凡湘楚人，皆不免"。陶氏还记录了湘楚军对督标的残酷报复。在五月杨岳斌率军回兰前，后营守备席光斗极力劝说标兵投降，布政使林之望也同意上奏清廷弹劾杨岳斌，而眼看湘楚军大军将回，叛乱标兵遂听从劝解，"出城鸟兽散"。此时城内叛乱的标兵已去，并于四月重新招募新兵入督标，"市井闲人多应募"。六月，杨岳斌回兰，"杀席光斗，以新兵为叛兵，杀六七百人。楚军复私杀数百人，自是无督标兵"。可见湘楚军为了泄愤，杀害了无辜的新兵近千人，而这些新兵都是甘籍士兵。③ 这一数字与《湘军记》记述的 123 人，可谓悬殊。

杨岳斌被裁撤后，左宗棠继任陕甘总督并为此次事变中死亡的湘楚人士建了忠义祠一座，在《忠义祠记》中，左宗棠记述了事件的发展经过："督标兵弁日夜以粮事赴节署，见操南音者辄杀之，幕府僚佐死者数十

① 《清史稿》卷 410《杨岳斌列传》，第 12006 页。
② 王定安、朱纯点校《湘军记》，岳麓书社，1983，第 279～280 页。
③ 陶保廉：《辛卯侍行记》，甘肃人民出版社，2002，第 224 页。

人;壮士留节署,死者亦百余人。"① 魏晋也提到:"当时提标兵见南方口音的就杀,也可以想见南方口音者的作风,不免有引起公愤的地方,也更可以想见提标兵与督府中间是有裂痕的。"②

如果说同治回民起义表现了回民对清政府的报复,标兵事变则体现了甘人对"南人"(湘楚人)的仇恨。而标兵事变中杨岳斌极力将事变引向回民及回民起义,也体现了在兰主政者的一贯思路,也是主客冲突线索被民族矛盾掩盖的一种体现。"索粮谋叛"因甘军和湘楚军的待遇悬殊而引发,而甘省人在与外省人对比中的失落心态也在这里有所显现。这种心态很难被史料记载,因而无法系统地复原。但可以想见,标兵事变绝非其中独有的特例,如在抗战时期朱绍良与谷正伦冲突时,兰州城内又出现了"打进兰州城,杀尽南方人"的口号,③ 可见这种因为自身边缘化的处境而产生的对外省人的敌视一直暗流涌动。

(二)对外省官吏的不满和"甘人治甘"

清代沿明朝旧制,不许本省人在本省为官,因而在兰为官的都是外省人。但是由于天高皇帝远,也由于兰州地区本身的落后,许多官员将之视为畏途。早在乾隆三十九年(1774),兰州就发生了甘肃捐监冒赈案,号称"清朝第一大贪污案"。涉案官员140多人陆续被革职拿问,"若依法审办,甘肃府道以上官员要为之一空"。④ 最后不得不宽大处理,最终陆续押赴刑场正法的多达56人,之后陆续免死流放的有46人。同治元年回民起义波及兰州,但时任陕甘总督的乐斌却不敢出兵平叛,一面索要粮饷,一面却"逗挠不进","纵匪殃民,捏报冒功",为自己及下属请功。后都察院御史张芾、陈廷经、裘德俊等人先后弹劾,清廷遂派麟魁、沈兆霖为钦差大臣前往彻查。后大批甘肃官员被放戍,乐斌戍新疆,成瑞、多慧被逮京治罪。甘肃捐监冒赈案和乐斌"捏报冒功"案所暴露出的外省官员对本地福祉的漠不关心自然引发本地人的不满。在乐斌被查办的次年

---

① 《忠义祠记》,薛仰敬主编《兰州古今碑刻》,第261页。
② 魏晋:《兰州春秋》,第305页。
③ 拜襄华、张鹤鸣:《朱绍良在西北》,政协甘肃省委员会文史资料研究委员会编《甘肃文史资料》第3辑,甘肃人民出版社,1987,第11页。
④ 王雄军:《从甘肃捐监冒赈案反思清朝乾隆时期的吏治腐败成因》,《巢湖学院学报》2004年第5期。

（1863）三月初九日，有本地人士在兰州府文庙的照壁上挂了一张揭帖，其内容被张薰卿收录在其手稿《薰卿日记》中，又由魏晋抄录在书中。"现在照原文一字不讹地抄在下面，括号以内的字是原抄本原文侧面的直行加注，大概是当时抄录者针对客观现实分析的记录。"文中讽刺了同治元年在回民起义中无所作为的近 20 名官员，反映了本地人对这些外省官员无视本地人死活的愤怒。

　　居高官竟负皇恩（制台），享厚糈却不通文（布政），衣架饭囊自尊崇（道台），听贼来胆战心惊，不唱断桥（拆浮桥）便令关城。沙包儿堆四门，重关套两层，只知自家性命，那管旁人死生，因此上私嘱阍人，莫叫放进城外百姓。谁料想大宪愈软贼愈硬，泪汪汪摇头摆尾求饶命，先送了银牌三千面，后赏了茶布八百斤。数万缗买不了杀人心，马上横驮美妇幼女，旗上大书扫汉灭清，岂不是造反，却是何因。气坏了徐元直（府台），恨杀了钟伯敬（皋兰县），任凭你苦口良言，总是不中用。爱听成言（提督）爱听经（将军），故意儿把匪纵，只落得白骨满山滩，腥风血染红，秦、河、狄、固都烧尽。无男无女，东窜西奔，尸横山野，总不兴兵，叹左右无人，叹左右无人，尽都是狗党狐群。……①

　　本书第一章第三、四节梳理了"甘人治甘"运动的发展历程。在地方军阀"你方唱罢我登台"之际，兰州本地士绅很难实现其"甘人治甘"的主张，因而在雷马事变中开始将希望投递到南京国民政府身上，希望选择本省人以外与南京国民政府关系密切者来兰主持甘政。最终，甘省人意图"甘人治甘"的地方主义诉求与中央政府建立直接统治的意愿发生合流，邵力子携带中央权威入驻兰州。同时，中央权威也积极借助地方主义

---

① 魏晋：《兰州春秋》，第 305 页。魏晋指出这一史料来源于张薰卿的手稿《薰卿日记》。但笔者并未找到张薰卿其人，也没有看到《薰卿日记》。或谓张薰卿即同治回民起义时为官甘肃的张集馨，张集馨也有年谱及日记传世，名为《道咸宦海见闻录》。但查阅此书，笔者也并未看到这条史料，因而张薰卿可能另有其人。无论如何，魏晋非常看重这条史料，并认为它是标兵与有"南方口音者"的督府之间有裂隙的证据。因而，魏晋在摘录这段史料之后，还对史料中出现的官员名称进行了详细的考述。

口号排斥外来军队以达到巩固统治的目的。如朱绍良第一次主政时期就以
"甘肃人自卫"① 为口号排斥陕军，并迫使其陆续退出甘肃。但是，从本
章第二节的分析中可以看出，国民政府接管兰州后，兰州政界的外省人官
员比例相比之前反而大幅度提高。1941 年中共《兰州办事处工作报告》
中就提到："省一级的各机关内重要位置为外省人所占据，本省人只有做
小职员的资格。这些现象使地方绅士及知识层对中央均表示不满。"② 同
时由于国民政府并未实现对西北的真正掌控，地方军阀势力对兰州城的侵
扰一直持续到了 1949 年。加上区域失衡所引发的失落心态，籍贯问题在
政界虽仍暗潮涌动却并未再有大的冲突，而关系到本省知识人生存空间的
教育界则成为籍贯冲突的集中地。

第四节 反抗边缘化：教育界的籍贯问题

近代的兰州是一个特殊的城市。一方面，在现代国家构建的过程中，
兰州从前近代时期"内地的边缘"变成了"国家的地理中心"，"兰州中
心论"一时蔚然兴起。在现代国家构建进程中所倡导的无中心的、平等
的公民权利思想影响下，近代兰州城市发展获得了提升自身地位的能量来
源。另一方面，在现实条件的制约下，近代兰州并未能彻底地从边缘话语
中走出，无论在经济上还是文化上，都无可奈何地处于边缘。"兰州中心
说"的理想与现实的差距，在宏观上反映了现代国家构建与现代化之间
内在的紧张和不协调，在微观上则推动并引发了日益严重的籍贯冲突。外
省人在经济、政治上的统治地位，造成了一种"内部殖民"的印象，导
致本省人在情感上的焦虑和紧张，进而刺激他们以籍贯为单位联合起来向
外来者发起挑战。

一 "包办教育"与教育界的籍贯问题

清末民初以来，国人西进、士绅进城使兰州城市人口急速膨胀。由于

---

① 丁焕章主编《甘肃近现代史》，第 346 页。
② 《兰州办事处工作报告》（1941 年 7 月），中共甘肃省委党史资料征集研究委员会编《甘
　肃党史资料》第 2 辑，甘肃人民出版社，1985，第 72 页。

军政两界被外省人占据，进入兰州教育界几乎成为甘省人唯一的政治出路，甘省人自觉地将教育领域视为自己的利益范围，并形成了甘省人"包办教育"的局面。葛氏入主甘肃教育厅所引发的"驱葛运动"，就透露出甘省人对自身政治出路的焦虑；兰州教育界与兰州市党部关于"革命话语权"的争夺，则体现了甘省知识分子的"革命"身份危机；兰大学潮集中体现了甘省人自认为"被歧视"的心态。

　　甘省人难以进入政界，自然就紧密地团结起来，以籍贯为分界线试图保护自己的谋生领域，并渐渐地将教育界作为自己特殊的势力范围垄断起来。事实上，早在清末，兰州城内的教职岗位同样多为外省人占据。据1908～1909年对甘肃优级师范学堂、甘肃官立中等矿务学堂、甘肃法政学堂、甘肃官立中等农业学堂、甘肃中学堂等五个学堂教职员情况的调查，可以发现，当时五个学堂共有职员27人（有籍贯信息者25人），其中甘省仅3人；共有教员32人（有籍贯信息者29人），其中甘省仅8人。其中甘肃法政学堂于宣统元年上学期举办的官班培训班中，共有9人，均外省籍。[①] 但是，此后的甘肃地方士绅"进城运动"，开始连续不断地将外省人挤出教育界。如到了1929年，兰州中山大学有35名教师，其中甘肃本省30人，占86%。[②] 在政治上升通道狭窄的情况下，甘省人自觉地将教育领域视为自己的利益范围，从而形成了甘省人"包办教育"的局面。自1917年8月甘肃省政府将巡按公署教育科改组为教育厅到1937年葛武棨任教育厅长之间，甘肃省教育厅共有16位厅长，其中甘省人9位，外省人7位。但外省人担任教育厅长的时间一般很短暂，如郑道儒（河北人）在职仅1个月，马文车（浙江人）4个月，张爱松（河北人）6个月等。在甘肃省政府各主管部门的一把手全为外省人的情况下，唯独由甘省人独占甘肃省教育厅的厅长职位，就使教育领域成为甘省人的

---

① 据《甘肃教育官报》相关调查表整理而成。相关文章分别是：《甘肃优级师范学堂光绪三十四年上学期调查表》（《甘肃教育官报》第2期，1908年）、《甘肃官立中等矿务学堂三十四年上学期一览表》（《甘肃教育官报》第4期，1908年）、《甘肃法政学堂宣统元年上学期调查表》（《甘肃教育官报》第5期，1909年）、《甘肃官立中等农业学堂三十四年上学期一览表续第三期》（《甘肃教育官报》第4期，1908年）、《甘肃中学堂宣统元年第七学期调查表》（《甘肃教育官报》第6期，1909年）。

② 张克非主编《兰州大学校史》上编，兰州大学出版社，2009，第64页。

利益范围。①

以甘肃省教育厅职员的籍贯结构为例。1929 年郑道儒（直隶省天津府天津县人）在位时，甘肃省教育厅有职员 17 人，其中外省籍 4 人，占23.53%。1932 年，甘肃榆中人水梓担任甘肃省教育厅长，甘肃省教育厅共有职员 50 人，其中外省籍 3 人，占总数的 6%。1936 年，田炯锦（甘肃庆阳人）转任甘肃省教育厅长。任内，甘肃省教育厅有职员 47 人，其中外省籍 6 人，占 12.77%。1946 年，宋恪（甘肃甘谷人）任甘肃省教育厅长。1948 年教育厅共有职员 72 人，其中外省 9 人，占 12.5%。可见教育厅内职院结构以甘省人为主，外省人占比偏低（见表 5 - 4）。

时为中共中央驻兰代表的谢觉哉和彭嘉伦将甘省人包办教育作为甘肃特有的政治现象，在政治报告中屡屡提及。在 1937 年 9 月 23 日关于兰州的工作报告中，彭嘉伦提到，兰州教育界"教员校长都是老人，差不多都在甘肃，十几年没有出来过的，思想都非常落后，精神非常萎靡，大家都是为了饭碗主义，不敢乱动一下"。② 该年 10 月 14 日，在向中共中央提交的报告中，谢觉哉、彭嘉伦特意提到，"此地教育厅长极坏（指田炯锦，甘肃庆阳人）"，贺耀祖（甘肃省政府主席）非常讨厌他，但因为"甘肃人包办教育，排斥外籍"，贺"似不愿开罪他们"。③ 之后，在 1938 年 2 月 9 日的报告中，谢觉哉再次提到，兰州教育"历来拒绝外省人，新的空气不能输入"。④

甘省人包办教育，很快使教育界变成了"同乡会"，这在教育厅和各个学校中都有体现。宋恪接任教育厅长之后，"教厅三四两科长却是甘谷人，秘书除主任秘书外，其他也是甘谷籍，至于下属，在教厅中

---

① 详细情况请参见《1905 年至 1949 年 8 月甘肃省教育行政机关长官简表》，《甘肃省志》第 59 卷《教育志》，第 42、43 页。

② 《彭嘉伦关于兰州工作报告——统治阶级对合作抗战的反映与我党活动情况》（1937 年 9 月 23 日），中共兰州市委党史资料征集研究委员会编《抗战时期党在兰州的革命斗争》上册，1985，第 28 页。

③ 《谢、彭在兰州之统战及党的工作报告》（1937 年 10 月 14 日），《抗战时期党在兰州的革命斗争》上册，第 41 页。

④ 《谢觉哉同志报告》（1938 年 2 月 9 日），《抗战时期党在兰州的革命斗争》上册，1985，第 55 页。

一听声音，就知道不少"。① "宋宾三（即宋恪）先生的理想，不但想控制全省中学和小学，更希望控制各县的教育科长，最近大批的更换教育科长，就是铁一般的事实。"② 而在学校里，校长掌握着所有教职工的进聘资格，于是形成了"非我亲友党人不用，是则不论愚智"的潜规则。③

　　但是，甘省人出任教育厅长的惯例，随着葛武棨的到来而打破，遂引发了兰州教育界的震动。葛武棨是浙江浦江人，颇得蒋介石的信任。1933年担任宁夏省政府委员兼教育厅长，因为举办干训团活动引起了马鸿逵的敌视，并很快被马氏排挤出了宁夏。后同蒋介石经历了西安事变后，被蒋介石安排到甘肃担任省政府委员兼教育厅长。在葛氏的就职讲话中，"甘肃人懒、又穷，十七八岁的女孩子没有裤子穿"④ 等歧视性语句，自然引发了甘省人的不满。之后，葛氏又借鉴其在宁夏办干训团的经验，创办了西北干训团并举办中上教员训练班，本意是拉拢教职员工积极创办民众教育，却引起了甘省教职工的普遍不满。葛氏见自己的训练班办不下去，遂宣布了一项强制措施：不参加受训的教员，一律解聘。甘省教职工普遍以我们"何必叫你来训练"为由拒绝参加。这种不满情绪经过报纸的宣泄和报道，很快发展为"驱葛"运动。之后不久又发生了葛氏越权事件。在甘肃学院召开的三次高级官员会议上，葛氏未经教育部批准，提出甘院新院长人选，意欲排挤打击现任院长朱铭心（甘肃靖远人），引起了朱铭心的坚决反对。甘院学生也拒不接受新来院长，并由教职员和学生联合发表宣言，举行罢课。葛氏恼羞之下，派出大批军警包围甘肃学院，并称要将"教职员一律解聘，即学生也扫数重新登记"，"两方都互相攻击，互相辱骂，大有打个你死我活之势"。⑤ "驱葛"运动的结果是，葛氏非但未能被驱逐，各校的校长、教职工反而离职的离职，解聘的解聘。甘院院

---

①　许风：《万花筒中看兰州》，《陇铎》新7号，1947年9月15日。

②　楚良：《甘肃教育之检讨》，《陇铎》第2卷第8期，1948年。

③　孙汝梓：《抗战声中的甘肃教育及刍议》，《陇铎》第10期，1940年。

④　《兰州工委（工作综合）报告》（1938年3月2日），《抗战时期党在兰州的革命斗争》上册，第81页。

⑤　《兰州工委（工作综合）报告》（1938年3月2日），《抗战时期党在兰州的革命斗争》下册，第82页。

长朱铭心被软禁数月后方释放，教职员工和学生在葛氏的要求下重新登记。虽然葛氏未能被驱逐，但是在甘肃留下了骂名。十年后甘省人还提及，"每个不太健忘的人，都会体验到十年前葛武榮摧残本省教育的恶果"，① 足见其与甘省人的不相容。

"驱葛"运动发生的原因，也许作为旁观者的谢觉哉看得更为明白。在1938年2月9日向中共中央报告中，谢觉哉一针见血地指出："葛武榮来后，与教育界冲突很烈，教界宣言反葛，只是吃饭问题，因葛带了些人，怕动摇他们的生命线，双方对教育改进都没提及。"② 葛氏入主甘肃教育厅，不仅破坏了甘省人担任教育厅长的惯例，更因为其"带了些人"，严重动摇了甘省人的生命线和对教育界的掌控，甘省人遂不断以各种理由和各种形式进行"驱葛"。当外省人在占据了军政两界，又开始挤进教育界的时候，甘省人感受到了前所未有的压力。"驱葛"运动的背后，也透露出甘省人对自身政治出路的焦虑。

二　争夺"革命话语权"：教育界与市党部的斗争

士绅本来是维系国家与社会的一个中介性角色。民国以后，在现代性政府的建立过程中，士绅的中介性角色开始褪色，逐渐被边缘化。在甘肃，士绅的边缘化问题更为突出，有如下两个原因。一是甘肃现代性政府的建立普遍呈现出外省人统治和管理本省人的局面，本省士绅失去了用武之地，被更为严重地边缘化。二是武昌首义后兰州城里封建势力的挟持，尤其是甘军入陕的举动，使甘肃在外界眼里形成了抵制革命和异常顽固的刻板形象，进而使甘籍士绅在"革命"上失去了话语权。这使本来在地理文化上处于边缘地位的甘省士绅在民国的革命话语中更加边缘化。为了反抗和消释这种边缘化，许多士绅不得不以"革命"的名义急追猛赶，努力争抢"革命"话语权。

因此，当1926年宣侠父随西北军一部来到兰州，他就以一个外来者的视角记录和讽刺了兰州教员群体中所存在的这种争夺"革命"名号的

---

① 楚良：《甘肃教育之检讨》，《陇铎》第2卷第8期，1948年。
② 《谢觉哉同志报告》（1938年2月9日），《抗战时期党在兰州的革命斗争》上册，第55页。

现象。宣侠父说，在兰州街头但凡提到革命，每个人都会老气横秋地说自己如何富有革命精神，或者说自己在二十年前已经加入了同盟会，或者说自己的父亲曾经在清末参加过某次革命，以此来证明自己是革命的老前辈。"尤其是那些兰州教育界的聪明的人物，每天都在设法证明他们对于革命是有如何相当的历史的。"时任甘肃第一中学校长张璞曾经跟宣侠父畅谈过自己的"革命家史"。张璞表示自己曾在十几年前参加过革命。"当时这位伟大人物，曾在上海和中山先生商议集合同志在甘肃起事，中山先生就接济他二十万元的公债票，而且预备从俄国用飞艇运送军械到甘肃来，后来因为没有相当的飞艇场，所以此事终于作罢了。""除了张璞以外，宣传着自己是同盟会老会员的，更是满坑满谷。"宣侠父讽刺道："当时的西北，却因此激起了革命的潮头。潮头冲击着西北的城市，于是乎兰州沸腾了。真的，在革命的高潮汹涌而澎湃的时代，黄狗都会喑喑然狂吠着来参加革命的，然而这些骨子里反革命的东西，一到了热潮偶然低落的时候，它们就立刻掉转尾巴，钻入反革命的狗窝中，向整个的革命反噬了。"①

宣侠父之前还认为兰州教育界畅谈革命家史是好事，但很快他感觉出了他们在畅言"革命"之外的诉求。他谈道："兰州教育界的人物，也都别有怀抱，乘机思逞……他们从封建思想的窗户中，已经看出了国民党是鹏程万里，飞黄腾达的出路，但是他们不甘追随在人的臀后，充满着领袖群伦的欲望，他们想冲进党的内部来支配一切，使其余的党员，都变成他们的羽翼。为欲实现这个春梦，于是处心积虑地图谋推倒过去在党部比较有信仰和权威的党员。"②

宣侠父是中共党员，并于1926年以国民党左派的身份经冯玉祥的委派来到兰州，帮助兰州市党部开展活动。作为一个在中东部地区都显得激进的革命党人，宣侠父来到信息闭塞的兰州，其革命思想自然更加令人难以接受。在激进的宣侠父看来，兰州人眼中的革命领袖沙月坡不过是"老古董"而已，兰州教育界的教职工自然也都是"封建余孽"。从某种

---

① 宣侠父：《西北远征记》，第116页。
② 宣侠父：《西北远征记》，第119页。

层面上来说，宣侠父激进的革命思想彻底剥夺了兰州教育界诸人的"革命"身份。一场关于革命话语权的争夺，也就迅速在兰州市党部和兰州教育界之间展开了。

兰州教育界得以与市党部进行斗争的一个重要原因，在于甘肃省党部和兰州市党部的孱弱。1912年11月，中国国民党甘肃支部在兰州成立。但"二次革命"失败后，袁世凯下令解散国民党，国民党甘肃支部随之解散。1925年3月，国民党北京执行部派田昆山等人到甘肃建立国民党组织。同年7月，国民党甘肃省临时党部秘密成立，但活动成效甚微。因此当宣侠父刚到兰州时，他看到的情形是："在甘肃方面，本来谈不到国民党的存在，北京政治分会，虽然派定了七个临时执委，秘密地组织临时省党部，但是就中有一个是腐败的官僚，一个是劣绅，一个是土豪，一个是知识分子、蛰伏乡间不来省城，其余的两人，是紧抱着饭碗死不肯放松的兰州中学教员。这一批革命领袖，从党部成立以来，几乎还不知道党部的大门究竟还是朝南或冲北；只剩下一个田君，孤零地爬伏在这封建势力的蛛网之下，一筹莫展地关着门围炉革命。在这种滑稽的情形下面，简直可说党就是田琨，田琨就是党；所以我们平时常常戏呼田君为党皇帝，因为他只要关上党部的大门，尽可在土炕上称孤道寡的。"① 市党部的孱弱使其无力开展活动，在兰州市几乎不产生作用，更谈不上发动学生运动。而宣侠父等人的到来则激发了市党部的活力，并在推动学生运动上倾注了极大的热情，而这一举动立刻引起了兰州教育界的注意。对学生群体的争夺，是兰州教育界与市党部发生冲突的第二个原因。

1926年9月，冯玉祥委派沙月坡、邓长耀两位代表来兰宣传三民主义。在欢迎大会上，由于市党部在维持秩序时指挥失当，引起了五族学院教职员和学生的不满。兰州教育界很快与五族学院联合起来抗议市党部。再加上市党部资助甘肃第一中学学生创办《醒狮》杂志②，引起了甘肃第

---

① 宣侠父：《西北远征记》，第61页。
② 甘肃第一中学学生所办的《醒狮》周刊，因为经费支绌本打算停刊。兰州市党部与醒狮社交涉，以学生中的党员接办为条件，由市党部提供经费，于是这一杂志遂变成了市党部名下的刊物。接办此刊物的青年学生党员经常借此逃学，挤在市党部办公室里谈闲话、剪纸花，引起了甘肃第一中学教职工的不满。

一中学校长张璞一众人的不满。在这一年双十节期间，市党部邀请各校参加庆祝大会，遭到各校以须有教育厅的命令为由拒绝，市党部大为恼火。宣侠父对此评论道："从双十节以后，兰州教育界的人物，由互相呼应的关系，而进入有组合的结合，渐渐向市党部进攻。我们也严密地整饬党的阵容，以备应战，同时秘密命令已经加入国民党的两位第一中学教员灰色起来，去参加他们的会议，以便探悉他们团体的内容和进攻的计划。暗潮从此日渐激荡。"① 自此，兰州教育界与市党部的冲突也就越来越明晰化。

为了对抗市党部，兰州教育界召开了教职员联席会议。第一中学和女子师范学校是市党部的集中活动区，所以两校校长张璞和杨肯堂针对市党部发表了尤为激烈的演讲。次日，兰州市街头贴遍了教职员联席会议关于肃清市党部的宣言。据宣侠父的记述，宣言共分三段：第一段叙述他们对于三民主义和孙中山的信仰；第二段表示他们拥护国民党的诚意；第三段陈述他们为了拥护国民党，非将邱某等人驱逐出兰州，且不达目的誓不罢休的意志。②

市党部当然不肯示弱，也于第二天发表宣言，声称要揭发教育界联席会议内容的黑幕。宣言称，兰州教育界的宣言"都是小政客的反动结合，他们永远不配谈革命。他们不敢公然反对国民党，却用卑劣手段，想钻进国民党的内部来篡夺党权，市党部为扫除封建势力计，将为教育界驱除这种败类"。③ 同时，市党部一方面利用学生刊物揭发兰州教育界的"封建思想"，另一方面命令各学校所有青年党员开展驱逐张璞和杨肯堂等人的学潮运动。

兰州市党部的激烈行动，使本来保持着脆弱平衡的兰州政坛动荡起来。一向比较保守的甘肃省党部几次出面调停，警察厅长赵席品、省署政务厅长胡叔惠等也纷纷来当说客，希望和平解决此事。但双方互不让步，均不愿就此罢休。甚至刘郁芬出面要求双方和解，兰州市党部都不愿意让步。最后，兰州教育界被迫妥协，张璞和杨肯堂被罢职，其他抗议活动也暂时偃旗息鼓。

在这场争夺"革命权"的斗争中，尽管兰州教育界人士力图通过认同三民主义、国民党，乃至寻找"革命家史"来塑造自己"革命者"的

---

① 宣侠父：《西北远征记》，第120页。
② 宣侠父：《西北远征记》，第122页。
③ 宣侠父：《西北远征记》，第122页。

形象，但是在以宣侠父为代表的国民党左派控制的相对激进的兰州市党部面前，却显得"落后"许多。正如宣侠父用讽刺的口吻所说的，"在当初，我们曾经用普通的观念，来观测兰州教育界的人物，我们以为无论如何，他们总比一般人的思想进步些。然而我们根本错误了，我们根本没有认识他们的政治背景，我们只以为他们是一批简单地过度着粉笔生活的清洁职业者"。① 因此，在宣侠父等人为代表的市党部面前，兰州教育界人士失去了"革命"的身份和话语权。这使兰州教育界诸人为"反抗边缘化"而建构起来的"革命"身份失去了意义。"身份失效"导致了兰州教育界诸人的心理焦虑，进而更为坚决地与市党部争夺革命话语权。

争夺革命话语权，不仅反映的是兰州教育界诸人保护自身利益的意图，还表现了本省人力图从"革命道义"中获取正当性和合法性以维护其利益的意图。由于兰州城里位居高层的外省领导人变动不居，本省人的切实利益难以得到保障，因此兰州城里的士绅往往以地方利益的代表者自居。尤其是经历了张广建的统治之后，甘肃各派势力提出了"甘人治甘"的口号，希望消除外省人统治甘肃的流弊，由本省人"自治"以保护甘肃人民的利益。在刘郁芬主政期间，"平番会议"作为一个重要的政治事件，具有重要的意义。1926 年 5 月初，吴佩孚命令张兆钾部越过六盘山，进袭围困兰州。刘郁芬部下纷纷出动围剿，兰州兵力空虚。此时，甘肃地方军阀马麟、马廷勷、马鸿宾、吴桐仁等按兵不动，静观其变。一些甘肃士绅为了维护甘肃的和平，联络各镇和督署派代表在平番（永登）开会，试图集中甘肃各镇守使的兵力，驱逐国民军。刘郁芬闻讯后，下令逮捕主持平番会议的士绅牛载坤和其余几位甘肃自治委员会的重要人物。牛载坤被逮捕后解送兰州，兰州教育界联名要求刘郁芬将其释放。② 这一事件虽然由于历史资料不足难以完整复原，但仍可从中看到兰州教育界对于牛载坤和"甘人治甘"运动的支持。

三　反抗外省人：兰大学潮中的籍贯对抗

兰大学潮为兰州教育界籍贯冲突的高潮，在 1948 年 5 月上演。兰大

① 宣侠父：《西北远征记》，第 120 页。
② 宣侠父：《西北远征记》，第 85 页。

学潮事件扑朔迷离，其起因至今难以厘清。大致来讲，可以归纳为两个完全相反的版本，一个是教育部接获兰州情报人员密电中所称的郭维屏之"倒辛运动"，一个是兰州本地人士电报和宣言中所谓的辛树帜之"排甘运动"。版本不同，对事件起因的解释也完全不同。

（一）兰大学潮的起因和经过

兰大学潮的爆发既有远因，也有近因。就远因来说，是根植于兰大校内外省人与本省人的对立。笔名为江汉的作者对此有颇为详尽的描述，他认为，省立甘院（兰州大学的前身）的院长一直是本地人担任的，改国立大学的时候曾经有好几位本地人竞争校长这个职位，但是因为竞争太烈，教育部为难，不得不在外省人里找一个与西北有关系的人来任校长。自清末左宗棠西征时开始，兰州政坛就有大量的湖南人。抗战期间驻扎在甘肃的军队，一些军长、师长如李铁军、陶时岳等也都是湖南籍。后来张治中出任西北行辕主任，行辕里的处长一半以上都是湖南子弟。而且张在兰州所办的《和平日报》，也请了一位湖南人易君左做主笔。"于是辛树帜以教育部朱部长的老朋友，湖南人，曾经做过陕西武功农学院院长的三重资格出任国立兰大的校长。""在这样浓厚的封建气氛里，学校之中从教职员到学生就显然地有本籍外籍的对立。"①

辛树帜是湖南临澧县人，1946年受教育部委派着手筹办兰州大学，也是兰州大学的第一任校长。在办学理念上，辛氏力主把兰州大学建成一所全国性的高校，而非局限于甘肃和西北一隅。因此他力排众议，大力延聘外省教授来兰教书。由于兰州地处西部，交通不便，东部地区许多人才不愿前来，辛树帜就采取聘请短期讲学、客座讲授等办法，先后延请到顾颉刚、石声汉以及中央大学、上海第一医学院等院校的专家教授来兰州大学讲学。此外，他利用夏季兰州不太炎热，是一个天然避暑胜地的有利条件，在暑假期间礼聘全国各地的名师到兰州大学集中讲学。先后应聘的有方欣安、郑集、朱炳海等。他还利用自身交游广、名望高等优势，尽最大努力聘请许多知名教授到兰大任教。当时兰州大学流传着这样的歌谣：辛

---

① 江汉：《雾里的西北青年》，《中建》第2期，1938年。江汉的这篇文章相对来讲比较客观，在对事件起因的分析上，既着重指出了甘籍人士有挑衅行为的一面，也指出了辛树帜"好大喜功"的一面，其立场相对来讲较为公正。

校长办学有三宝，图书、仪器、顾颉老。其中，"顾颉老"就是指以顾颉刚为首的一批知名教授。

辛树帜的到来打破了甘籍人士包办教育的传统，打破了之前的教育格局。再加上辛氏办学理念与甘籍人士不同，遂引起了甘籍人士的误解和不满。早在 1946 年兰大首次招考新生结束后，就有甘省人认为学校录取的甘肃籍学生名额少，认为兰大"存心以提高取录标准与学生质素为名，而以拒绝排斥甘肃、青海、宁夏各省之青年为实"。① 类似看法，也成为后来个别人煽动学校甘省籍学生制造事端，排斥外省籍师生的一个借口。甘省人认为，在甘省财政贫瘠、人才不兴的情况下，甘肃教育经费应以服务甘籍学生为宗旨。兰大招收外省学生致使甘肃省的教育资源被外省学生分享，本省学生失去了昔日甘肃学院时期普遍的公费待遇等问题，甘籍学生十分不满。一些甘籍学生直接提出，"至于甘肃教费，资送外省学生升学，站在甘人的立场说，实在不能同意"。"绝不应以甘省有限的财力，反而去培植外省人才。"② 再加上甘籍学生在考试成绩方面很难与外省籍学生竞争，致使外省籍学生普遍能拿到公费名额，而甘籍学生很多拿不到公费名额，更引发了甘籍学生与外省籍学生的地域冲突。

于是，学潮就在这一背景下爆发了。关于事件的起因，始终是一个谜，双方各执一词，以至于无法真正分辨孰是孰非。当然，本书的目的不是辨明是非曲直，而是客观记述双方的言行，继而希冀从中发掘背后隐含的社会心态。甘籍人士都认为起因是辛树帜之"排甘运动"。1948 年 5 月25 日，在山西籍教授、历史系代理系主任史念海的历史课堂上，历史系一年级学生辛仲勤、薛云鹤提议罢甘籍教授郭维屏③等四教授的课。史氏当场未做何表示，而任由辛薛二生讨论。27 日，代校长、训导长段子

① 张克非主编《兰州大学校史》上编，第146页。
② 庞敏修：《未可忽视之甘肃教育行政问题》，《陇铎》第2期，1939年。
③ 郭维屏是甘肃武山人，时任甘肃省参议会副议长、兰州大学总务长。他是三青团甘肃支团的主要代表人物之一，也是兰州大学教职工中甘籍人士的主要代表。据传郭维屏拟当选兰州大学秘书长，而该秘书长职位被辛树帜外甥刘宗鹤担任，后郭维屏虽担任了这一职位，却因为时任总务长的刘宗鹤管权过宽，有名无权；其后三青团甘肃支团领导人寇永吉、骆力学又推荐郭氏担任法学院院长，无疾而终。郭氏的遭遇使其对兰大管理层颇有意见。

美教授请史氏与郭维屏等四教授当面解释疑团，到场学生四五百人，"史郭等相互争论之际，实有史一同学薛云鹤骂甘肃人混头混脑，甘肃人野蛮……于是甘籍同学愤慨之余，薛云鹤当场被打，同时亦将史念海赶出校外"。① 与之互为补充的一种说法是，文理学院院长程宇启指使史念海，鼓励历史系一年级学生要求全体甘籍教授罢课，由该级学生辛仲勤（辛树帜校长之公子）领导。因该班学生大多数不愿罢课，史念海以代系主任身份，在授课时间主持开会，公开煽动，引起学生之反感并引发冲突。② 而外省籍人士则普遍认为起因是郭维屏之"倒辛运动"。他们认为，史念海作为代理系主任在事发前曾将甘籍冯绳武教授的"地理通论"一课停掉，引发冯绳武的不满。之后甘籍教员郭维屏又因历史系部分学生对其授课不满，遂与冯绳武等人联合起来，怂恿部分甘籍学生围攻史念海，致其受轻伤。此举遭到学校很多师生的强烈反对，遂引发冲突。③ 之所以说事件的发生有这样两个版本，是因为事件发生后谣言四起，正如事后教育部给甘肃省参议会的电报中所称："嗣以当日打人之事系发生于黑夜，且人数众多，为首者究系何人，殊难查实，因之迟迟至今犹未惩罚一人。"④ 兰大校方、省政府、西北行辕都难以查清真相。

冲突事件发生后，西北师院院长出面调停后稍有缓解。但郭维屏以校方未履行调停约定为由，联合其他 3 位甘籍教师，联名递交辞呈并罢教。由于事发时校长辛树帜尚在北京，文理学院院长程启宇就组织了教授会，于 6 月 1 日开会并当场议决："欢迎史念海进校。决不处罚辛仲勤、薛云鹤。解聘郭维屏、李瑞征、谷苞、冯绳武等四教授。开除甘籍十四同学，取消公费一百余人，记过一百余人等案。"⑤ 当晚，甘籍学生以"学校排斥本省籍师生"为由，煽动部分甘肃籍学生用砖瓦等与外省籍学生互殴，

① 何宗周：《兰大事件之我见》，《陇铎》新 2 卷第 4 期，1948 年。
② 一申：《兰大风潮如此处理》，《陇铎》新 2 卷第 7 期，1948 年。
③ 张克非主编《兰州大学校史》上编，第 163 页。
④ 《教育部关于本年度学潮处理及招生经过给甘肃省参议会代电》，1948 年 12 月 13 日，甘肃省参议会档案，甘肃省档案馆藏，档案号：14－2－215。
⑤ 何宗周：《兰大事件之我见》，《陇铎》新 2 卷第 4 期，1948 年。这段话为甘籍学生所记述，其中可能有添油加醋之处。但由于该教授会主要由外省籍教师组织，且会后就发生了大规模冲突，可以猜测这次教授会的结论可能稍有偏颇。

致使医学院湖南籍学生刘让德伤重身亡，田兆农受伤。[①] 随后，甘籍学生又围攻了出席学校教授会议的教师，殴伤程宇启教授。学校一时陷入混乱。6月4日，学校决定停课五天，并发布公告。由于兰大学潮起因不清，由甘籍人士为主导的甘肃省参议会与兰州大学、教育部展开了长时间的诉讼和争辩。事件的结果是两败俱伤，甘籍教师李瑞征愤而离兰前往南京就职，郭维屏等人虽被教授会解聘但最终没有离开兰大；外省人方面，史念海愤然东归，文理学院院长程宇启和许多教授集体辞职，后被辛树帜挽留。兰大学潮事件不仅毁坏了兰大的声誉，更重要的是使一些原本要到兰大执教的学者因之望而却步。

（二） 对兰大学潮的不同解读

事发后，对于兰大事件的解读和应对，出现了相反的两个版本。甘省人纷纷指责外省人歧视自己，称这是辛树帜主导的"排甘运动"。甘省人在甘肃旅渝同乡会主办的《陇铎》杂志上相继发表文章，为甘省人辩护。[②] 何宗周从自己在甘肃学院附中就读的亲身经历，讲述了"他省人士对当地人士的压迫与蔑视"。他说："自尊心者予当地同学以蔑视，自卑心者予省外同学以愤慨。"外省人对甘省人的这种压迫和蔑视，"遂引起当地人士的愤慨和不满，甚至采取报复手段"。同时他也指出："同学相互歧视的观念，便为有作用的野心家所利用，他们抓住了青年人易于冲动的弱点，顺水推舟拿善良的青年人作为牺牲品。"[③] 他还指出辛树帜在主持兰大期间，歧视甘省学者，认为"省外人士不管怎样，总比文化落后的甘籍人士高明"，从而罗致了许多外省教授。而这些外省教授"大部分

---

① 张克非主编《兰州大学校史》上编，第 163 页。
② 兰大学潮事件发生后，有关部门对消息进行了封锁，兰州本地报纸只字未提，而外埠报纸则只有南京的《中大新闻》有简单的介绍。顾颉刚为协调解决兰大学潮来到兰州，其日记中就谈到事件发生后封锁通信问题。参见《顾颉刚日记》第 6 卷，台北，联经出版事业股份有限公司，2007，第 297 页。李超群也谈道，"但报纸却从未刊载此次事件的只字"。参见李超群《兰大学潮真象》，《新闻天地》1948 年第 44 期。笔名为江汉的作者提到："因为消息被严密封锁，除掉看见南京的'中大新闻'有一段极简单的记载以外，任何报纸杂志都没有一字的叙述。"江汉：《雾里的西北青年》，《中建》第 2 期，1938 年。而甘肃旅渝同乡会创办的《陇铎》杂志有着非常浓厚的地域主义思想，相继刊载了数篇有关兰大学潮的评论文章。
③ 何宗周：《兰大事件之我见》，《陇铎》新 2 卷第 4 期，1948 年。

是游历式的，赚钱式的，甚至其他别具野心的人物，形形色色，我们一看就可知道"。他还指责辛树帜让自己的外甥刘宗鹤担任秘书长是任人唯亲，是通过树立小集团来排挤甘省人。同时他们指责教授会做出的决议，解聘的教授和处罚的学生均为甘籍，有偏颇之嫌。还有人提出，辛树帜的"排甘"是为了肃清"甘院余孽"。国立兰州大学是1946年由甘肃学院、西北师范学院、西北医学院兰州分院等合并组建的，因此甘肃学院的教职工都转入了兰州大学。笔名为一申的作者认为，以辛树帜为代表的学校主要负责人"似乎以征服者底姿态出现，把前甘肃学院底教授职员及甘肃籍教职员学生，当作被征服者，甚至当作为奴隶或野蛮人。两年以来被排挤离校的前甘肃学院教职员，达三十余人"。①

以甘肃士绅为主体的甘肃省参议会在事件发生后，屡次致电兰大要求严肃处理事件中的外省籍教授和学生，并上报教育部陈请惩罚和开除事件中为首滋事的外省学生。但教育部回电称："甘籍教员与学潮有关者为郭维屏、李瑞征、谷苞、冯绳武四人。现除李瑞征一人系自动离校别有高就外，郭维屏仍为本校教授且亦与程宇启、史念海、庄鸣山等同受休假待遇。至谷苞、冯绳武二人本年皆以讲师而升为副教授，原电谓解除甘籍教授，未知何所根据？"② 同时，由于当年兰大录取的甘籍学生过少，在当年的招生过程中，在甘籍806名考生中，兰州大学只招收了86名，又被甘省人指为"报复主义"。甘肃省参议会又多次发文要求兰大扩大招生比例，却未获兰大方面的实质性回应，双方的关系也越来越恶化。

在外省人眼中，兰大学潮事件是"封建意识遗留下来的地域私见"，是"反进步狭隘的小圈间私见"。他们指出，在兰大学潮发生之前，兰大校园内已经屡次出现了学生斗殴事件。当时湖南籍学生与甘肃籍学生势不两立，阵线分明，相互督戒。"在学潮发生之初的某夜，曾发生'打群架'，平日感情好者，也曾参于该夜'互打'。"③ 他们指责甘籍学生野蛮，称其打死了一名先修班的学生，并准备将历史系代理主任史念海绳缚

① 一申：《兰大风潮如此处理》，《陇铎》新2卷第7期，1948年。
② 《教育部关于本年度学潮处理及招生经过给甘肃省参议会代电》，1948年12月13日，甘肃省参议会档案，甘肃省档案馆藏，档案号：14-2-215。
③ 李超群：《兰大学潮真象》，《新闻天地》第44期，1948年。

双手，以抛往黄河。后在经过兰大后门时被他人阻止，遂将史念海教授殴打致脊椎骨折，甚至有学生主张打死史念海。[1] 他们从外省学生的立场指出，兰大学潮事件使学校成为恐怖的场所，外省学生不敢在学校住宿，甚至有湖南籍学生准备集体大撤退。他们指责军政当局仅派了一个排的宪兵及百余名警察，不能完全保障外省学生的安全。笔名为江汉的作者与李超群的看法一致，认为"地域观念和封建统治是一项结着不解的姻缘的；凡是封建势力最猖獗的地方，部落式的地域观念也表现的最显著。……在兰州，这个西北的重镇，内地的都市……本地人和外省人之间虽然表面能够相安，骨子里却潜伏着一道鸿沟。最近兰州大学空前的风潮，可说是把这种暗中的地域观念爆发了"。他对学潮中的籍贯意识分析更为具体，认为兰大学潮是兰州政界湖南籍的外省人与本地人长期冲突的产物。他介绍说，"传说湖南籍同学准备大撤退，在大撤退的时候，要火焚学校精华的图书馆，理由是图书馆是湖南籍校长辛树帜一手办成的，湖南人不能在甘肃念书，甘肃人也不应当享受湖南人心血的结晶"。[2] 他介绍说，由于史念海向学生承诺下学年不再让郭李等人在历史系开课，郭李等人遂联合甘籍学生谈话，说史某排斥甘肃人，并提出"兰大是甘肃人的兰大"这个口号。一部分学生即至史处责问，继以拳殴，将他推出校门之外，扬言兰州大学不要这样的系主任。[3]

　　对兰大学潮的起因和解读的不同版本，映射的是甘省人与外省人对此的不同态度。外省人将甘省人的不满视为封建意识下的狭隘地域观念，视作甘省人"反进步"的一种表现，从而加深了对甘省人的"歧视"。"反歧视"则是甘省人在学潮中的一个主导思想，包括对兰大管理层"歧视"甘省教职工的不满和兰大"歧视"甘省学生的不满。这种"被歧视"的观念，与现代国家构建所赋予兰州的"中心"政治地位形成极大的反差。当民族国家所创造的"无中心的、平等的"的社会理想在现实面前幻灭的时候，甘省人不得不在愤怒中团结起来，以籍贯为纽带尝试进行反抗。

---

[1]　关于史念海的伤势，各方描述也颇不一致。《陇铎》杂志的记者曾提及史念海头发被拔光。参见长风《仲夏夜之梦中的兰州》，《陇铎》新 2 卷第 4 期，1948 年。

[2]　李超群：《兰大学潮真象》，《新闻天地》第 44 期，1948 年。

[3]　江汉：《雾里的西北青年》，《中建》第 2 期，1938 年。

小 结 现代国家构建中的边缘心态

以兰州为陆都并称其为"全国地理的中心"，是现代国家构建的产物。在前近代中国，兰州一直处于内地的边缘。新疆建省后，中国的疆域版图进一步明晰，兰州也一变成为国家的地理中心，"兰州中心说"应运而生。

"兰州中心说"的提出，因应了现代国家构建过程中景观符号的需要。在中文语境中，现代国家至少包含了三重含义，分别是：Country，代表着疆域；Nation，代表着民族；State，代表着政权。因此，在建构现代国家的过程中，除了现代政权建设外，还包括确定中国的疆域和建构全新的中华民族共同体。清末以后，兰州的地理边疆属性开始减弱，而疆域核心地位逐渐上升，开启了从边缘向中心转变的尝试。当"新兰州"的两大特质浮现出来时，人们惊喜地发现，以往位处边缘地带的兰州竟然是最接近中国陆地中心的大都会，以往被视为"隔阂羌戎"的兰州竟然是"五族共和"的"民族大会堂"。这一颇具戏剧性心理冲突的转变迎合了重新发现和建构"中国"的需要。于是，"兰州中心说"就成为现代国家构建过程中一个最为准确的符号象征，它一方面强调中国内陆疆域的统一和完整，另一方面强调五族共和的民族观念。兰州的悠久历史，也成为对中国"领土历史化和历史领土化"① 这一过程的论证，代表着全体国人在祖国统一和民族平等团结的目标下同呼吸、共命运的历史实态。

"兰州中心说"的提出，也反映了兰州及西北地区消解边缘化的努力和抗争，并凸显了中国大陆性认同者试图以兰州作为中国之陆地中心的天然合法性来消解其边缘性地位，以达到建设现代国家、实现民族复兴的目的。我们必须意识到，边缘始终是由中心定义的，中心不发生位移，反抗边缘化的激烈举措只能是情绪的宣泄，而产生不了实质性的结果。但是，这种激烈反抗，也为重新定义国家的"中心"提供了压力和可能。

---

① 胡安·诺格：《民族主义与领土》，徐鹤林、朱伦译，中央民族大学出版社，2009，第
93～94 页。

现代国家构建中的"中心"与"边缘"

国家与边缘的互动关系，构成了一个广义的国家史。在前近代，国家对边缘的控制呈现出分散化的特点，行政机构并没有在边缘地区建立均质化的有效统治。近代以来，历届中央政府都试图通过创建一个现代国家体系来获取边缘社会的政治认同，从而不断打破传统时期边缘地区与国家中心的有限联系，变"非直接统治"为"直接统治"，实现权力密度的均一化。于是，现代化进程在边缘地区的体现，就是国家要求与边缘地区建立现代性密切联系的强烈愿望，以及在这种愿望之下，国家对边缘地区的强制性干预和建构集体意识的努力。在这一过程中，现代国家构建的动机就为边缘社会的发展提供了最重要的能量来源。

一 现代国家构建是边缘社会发展的基本动力

尽管有学者强调自15000年前就有人类在兰州繁衍生息，或者强调秦始皇时期设置榆中县已表明兰州已经拥有了行政建制并成为"中国"的一部分，但宋朝时兰州（包括其辖区）人口不足1000人的事实仍然说明了这里还是边陲荒蛮之地。直到明初肃王朱楧移藩兰县，兰州才得以从一个默默无闻的边陲小镇发展成为西北的政治、经济、文化中心。政治力量由此显现出了对边缘城市演进的深刻影响。因而，对于边缘城市而言，其城市发展与其说是自身积累的结果，不如说是国家主导的产物。国家力量的介入和引导是边缘城市发展的根本原因和基本动力，也深刻影响和改变了边缘城市的空间格局和发展方向。

在向边缘地带扩张和复制的过程中，兰州因缘际会成为国家向西辐射政治、经济和文化的支配力的重要桥梁。伴随着这一进程的推进，兰州逐渐成长为国家面向西域、"消融边陲"的新核心。清朝对西北茶马互市贸易控制的需要，促使兰州"道理其事"进而成为西北经济体系的中心；清朝对西北政治、军事控制的需要，促使兰州以其"东西道里适均"的位置成为陕甘总督驻地，进而成长为西北政治体系的中心。历任陕甘总督坐镇兰州实现了对整个西北地区的掌控，其管辖范围包括今天的陕西、甘肃、青海、宁夏、新疆等省区，也使兰州成为清朝管辖范围最大的一个省城。左宗棠西征的胜利，进一步巩固和提升了兰州在西北地区的政治、军事、经济和文化中心作用，并帮助兰州实现了对西北地区更为有效的管辖。在这种情况下，兰州对整个西北的控制能力，就体现了国家力量在西北的掌控能力。但是，辛亥一役，以兰州为中心的西北内陆秩序轰然崩塌。兰州统治能力的缺失也代表着这一时期国家力量的缺席，地方军阀势力随之产生、发展。辛亥一役终结了兰州在传统治边模式中的效力，地方军阀势力的发展则大大阻碍和延缓了其适应新的现代国家框架的能力和进程。在此影响下，兰州的管辖范围从西北半壁沦为甘肃一隅，甚至只及一个皋兰县。与此同时，历届民国政府都力图打造一个以现有政权为认同对象的民族国家，并不断寻求各种契机进入兰州以掌控西北。于是，中央政府的力量、地方军阀、兰州士绅之间的博弈和冲突就成为这一时期的常态。直至邵力子携中央权威入甘后，才得以在一定程度上廓清地方军阀势力的影响，并帮助兰州重新成为西北事实上的政治中心。抗战时期，兰州成为"抗战建国"的重要基地，兰州设市及国民政府的经济投入极大地推动了兰州的现代化进程。

　　国家构建虽然为边缘地区的发展带来巨大的推动力，但是国家构建的意图及方式也可能对边缘地区的发展造成破坏。国家构建的政治意图下沉到基层社会的逻辑路径又被称为国家在场治理技术①，分为政治技术、经

---

① 国家在场治理技术，即 state in society approach，源于米格代尔在 *Strong Societies and Weak States: State-Society Relations and State Capabilities in the Third World* 一书中国家对社会治理路径的分析。根据布迪厄的场域理论，国家通过在场的方式，如直接代理人在场、国家机构在场、象征国家权力的文本符号在场、象征国家权力的象征符号在场、象征国家权力的意识形态在场等形式实现对社会的治理。李树燕在《边疆多民族地区国家在场治

济技术、文化技术和符号技术等四种。这四种治理技术在不同历史时期往往表现出不同的优先性,从而体现了国家在场治理技术在目标和策略上的不同。通过对近代兰州城市发展的分析可以发现,历届中央政府都力图通过兰州来宣示政权的合法性和正统性权威在西北的存在,近代兰州城市的空间格局适应了国家治理技术下沉路径的特殊需要。不管是兰州城市空间格局的"中国"性、城市街道名称所体现出的意识形态意味还是中央政府力主兰州设市的举措,都反映了国家在政治、经济、文化、符号等层面增强对近代兰州和西北社会控制能力的政治动机和意愿。由此也说明国家对边缘地区意识形态的渗透远比内地强烈。但是,在国家构建和增强凝聚力的政治压力下,国家往往更强调政治技术、文化技术、符号技术在边缘地区的应用,在一定程度上忽视了经济技术的重要性。

这一点也引起了许多学者的注意,如成崇德、张世明在研究清代西藏统治政策时指出:"(清朝)民族统治政策最大的成功就在于其在政治上的政策积极而稳妥,最明显的缺憾就在于其在经济开发上的政策稳妥有余而积极不足。"① 历代中央王朝在边缘地带的统治追求的是政治安定而非经济发展,甚至往往以牺牲边缘地区的经济发展来实现政治安定的统治目标。更重要的是,在现代国家构建的过程中,边缘地区在发展能力不足和发展水平落后的基础上,可能还要承载更多的"国家构建"和国家认同的意识形态功能,承担更为沉重的政绩压力。兰州市政发展过程中"市政"与"国政"的纠缠正说明了这一点。"市政"与"国政"的紧密联系,于事实上的确大大加快了兰州市政建设的步伐,也从官僚体制上形成了对地方官员发展市政的激励体系,但这也产生了很大的负面作用。正如涂文学、高路在研究中指出的那样,"市政与国政纠缠在一起,实际上将城市当成了政治的工具,抹杀了城市的主体性,最终就必然抹杀市民的主

理技术》一文中将其提炼为"国家在场治理技术",并将其分为经济技术、政治技术、文化技术、符号技术等四种权力技术形式,强调四种治理技术是国家意识形态在民众生活中得以实现的载体和方式。参见 Joel S. Migdal, *Strong Societies and Weak States: State-Society Relations and State Capabilities in the Third World*, Princeton University Press, 1988;李树燕《边疆多民族地区国家在场治理技术》,《云南行政学院学报》2013 年第 2 期。

① 成崇德、张世明:《清代西藏开发研究》,北京燕山出版社,1996,第 1 ~ 37 页。

体性。城市的执政者可以为了政治的目的牺牲市民和城市的利益，而且总是可以以一种冠冕堂皇、正气凛然的政治理论为自己制造借口"。① 无论是刘郁芬力图实现的西北军"典范都市"还是蒋介石所主张的"开发西北模范市"，② 兰州都成为其面向西北社会展示现代性政府成就进而树立合法性和获取政治认同的重要政治场域。因而在边缘地区，国家治理对政治技术的刻意强调和对经济技术的忽略，可能给边缘社会带来反作用。国家在强调政治技术的同时给予了边缘社会更多的发展承诺，但是对经济技术的忽略使得这一发展承诺难以兑现，进而形成了国家构建过程中的一种常见的内在冲突。

二　边缘社会参与、推动了现代国家构建

在学术研究中，边缘社会曾长期是失声的、被动的角色。在探究中华帝国系统的"形成过程"或"结构过程"中，许多学者致力于探讨从非均质性到均质性、从差异到认同的转变。但是现有的研究主要关注中华帝国体系由核心区向边疆区不断拓展的过程，采用以"汉化"为中心的阐述模式。它将中华帝国的形成过程描述为从王朝国家统治的核心，不断向外辐射其政治、经济与文化支配力的军事扩张、政治控制，是开展"教化"的单向的"融合"或"同化"的过程。"许多人都认为，中国的中心与边缘之间存在着一种家长主义的单向关系模式，即中原不断施恩于边缘，而愚昧的边缘民众则往往接受来自中原的这一恩惠或庇护。"③ 这一单向的关系（one-way relationship），反映了在传统观点中，边缘民众话语权的缺失和在国家构建过程中的"被动"角色。这一稍显偏颇的学术观点在新近的学术研究中被着力批判，尤其体现在人类学领域对"汉化"阐释模式的批评。鲁西奇在一篇书评文章中精辟地总结道，在"汉化"阐释模式中，"边缘"及居于其间的土著人群，一直是"被动的"。他们"被征服"，

---

① 涂文学、高路：《民国时期"市政"与"国政"的纠缠》，《江汉论坛》2013 年第 4 期。
② 蔡孟坚获任兰州市首任市长后晋谒蒋介石，蒋介石面示其"要把兰州市建设为开发西北的模范市"。参见蔡孟坚《首任兰州市长的回忆》，《兰州文史资料选辑》第 13 辑，第 3 页。
③ Diana Lary，"Introduction，" *The Chinese State at the Borders*，Vancouver，Toronto：UBC Press，2007，pp. 1.

"被控制","被传授","被教化","被标识","被开发"……这些被动语态凸显了这一阐释模式下土著人群的话语权缺失,边缘的"人"似乎只是被征服和统治的对象,"而不是活生生的、与王朝国家之间存在利害关系的、懂得利用政治经济手段与文化策略的、具有历史与生活经验的、有矛盾的心理和情绪的'人'"。[①] 边缘人不仅不是"被动"的,甚至是十分"主动"的,他们善于利用各种权威和代理形式来创制自己的身份。王明珂在研究中就指出:"在族群关系之中,一旦以某种主观范准界定了族群边缘,族群内部的人不再经常强调自己的文化内涵;反而是在族群边缘,族群特征被强调出来。"他还举例说,姚氏羌人宣称自己是华胄之裔时,他们的举止行事也有如华夏,甚至有时比华夏更华夏。[②]

在本书的研究中,近代兰州人就是这样主动的边缘人,他们刻意掩盖了自身的"边缘""异域"特征,甚至用"中国中心"这一标签来构建自我,体现出十分显著的"反抗边缘化"心态。当前学界已经认识到中央王朝或代表中央王朝的知识人往往会采取一些策略使一些族群或边疆民众的历史被整个国家的历史所遗忘,进而逐渐形成一种整体化的中国意识。[③] 但这种意识的形成不仅存在于中央,也广泛发生在边缘社会层面。在本书对兰州历史的追述中可以发现,自明清以来,国家一统志(包括《大明一统志》和《大清一统志》)中对兰州城市的描述仍停留在"山川扼塞,军事重镇",[④] 而由兰州地方知识人所编纂的地方志则不断变换语

---

① 鲁西奇:《"帝国的边缘"与"边缘的帝国"——〈帝国在边缘:早期近代中国的文化、族裔性与边陲〉读后》,《清华元史》第1辑,商务印书馆,2011,第461~462页。

② 王明珂:《华夏边缘:历史记忆与族群认同》,第69、77页。

③ 亚历山大·伍德赛(Alexander Woodside)在《中国政治理论中的"中心"和"边陲"》一文中就提到,中央王朝或代表中央王朝的知识人往往会采取一些策略以使一些族群或边疆民众的历史被整个国家的历史所遗忘,进而逐渐形成一种整体化的中国意识。随着时间的推移,中原民众对于边疆的恐怖性印象逐渐消退并最终在当代发展为中国的新发展区域。参见 Alexander Woodside, "The Centre and the Borderlands in Chinese Political Theory," *The Chinese State at the Borders*, Vancouver, Toronto: UBC Press, 2007, pp. 16 - 18。

④ 《大明一统志》对兰州的描述是:"境接巴嵩,地控边陲,南得钟存,北阻大河。中原迤西,山川扼塞,地势平夷,有长城之险,皋兰峙其南,黄河经其北。界接羌戎,其山峻耸"。(《大明一统志》第5册卷36《临洮府》,第2535页)《嘉庆重修一统志》仍然沿用之前的说法,称兰州"境接巴嵩之襟裔(宋张舜民复熙河颂),中原迤西,山川扼塞(明太祖谕,徐达文),据陇首,撩西倾,襟带河关,长城之险,抗衡三边"。(《嘉庆重修一统志》卷252《兰州府一·形势》,第4页 b)

言，逐渐将兰州描述为一个"文物昌明"的内地都市。康熙《兰州志》称兰州为"秦西极边郡"，"古谓西夷所必争，兰安则秦安，讵不重哉"，仍然强调兰州军事地位之险要；乾隆《皋兰县志》则认为兰州"蕞尔一邑，有统领全省之势"；道光《皋兰县续志》开始改称兰州"东连陇坻，西扼河湟，文物昌明，闾阎殷盛"，"与河洛齐鲁同为腹里"，"西州首邑，人文蔚起"。光绪《重修皋兰县志》进一步提出，"皋兰人文蔚起，卓然为诸属冠"，"与西安天府并为省会名区焉已"。话语转换背后也是地方知识人对兰州城市身份的态度，他们并不认为兰州是西北边陲，而是与河洛齐鲁同为腹里的内地；他们开始刻意忽视兰州历代的军事重镇角色，而强调兰州的"人文蔚起"，强调其作为一个文明都市的理念。这都说明，一个整体性的中国意识的形成，不仅受到来自中央政府的策略推动，在很大程度上也是边缘人群积极参与的结果。

将兰州建构成为一个"文明""内地"都市，说明兰州地方人士在刻意摆脱"边缘"的标签，从而产生将自身建构为"非边缘人"的强烈意识。这也可以从兰州城市空间格局的形成和发展中得到印证。作为一个处于边缘地带的城市，近代兰州与中国中心的距离遥远，在许多中东部地区民众的眼中是充满异域色彩的城市。但是，统观近代兰州城市的空间格局，我们非但很难发现某些"异域"的色彩，反而发现它在许多方面都显得更为"中国"。辛亥革命以后，越来越多的兰州本地人认识到自身的"中心"地位，并往往以此自居且有很强的自豪感。不管是蔡孟坚的"中州"之议，还是张慎微等人主办《中心报》，都体现了本地人对"兰州中心说"的认同和提倡。兰州本地人不仅都以甘肃"将为东半球交通之中心"为理想，[①] 他们还"想让旅游者们认识到甘肃的重大战略意义……他们也引以自豪地宣称，中国在地理上的中心是甘肃"。[②] 兰州本地人的这种"中心"心态，与以往研究中所展现的边缘人群的被动、默默无闻形成鲜明的对照。同时，兰州本地人对"兰州中心说"的认同与中东部地区民众对"兰州中心说"的提倡，切实反映了全国上下对国族概念构建

---

① 李烛尘：《西北历程》，第13页。
② 鲍大可：《中国西部四十年》，第163页。

的期盼，推动了现代国家构建的进程并完善了国族概念的内涵。这也说明，在现代国家构建的过程中，边缘地区民众不仅主动参与了国族概念的构建进程，还在实践中形成了对现代国家构建的行动反馈和知识再生产。

在现代国家构建过程中，边缘地区因缘际会摆脱边缘地位实现自身形象的大转变，远非仅兰州一例，而是在各个地区都有所体现。如传统的东北边疆由封禁之地在抗战后成为国家重要的工业基地，哈尔滨也从一个渔村演变为"东方的莫斯科"；近代西南地区也经历了从"西南一隅"到"西南半壁"的话语转换，①这种转换与"兰州中心说"在逻辑理路上极为相似。江远山也曾总结出一种"政治的边缘地带中心化"现象，他指出，近代中国"走的是从边缘地带的政治实践的基础上重建现代国家的道路"，"地域社会既是解构传统政治与社会秩序的突破口，也是实现现代国家重建的道路"。②这些都代表了边缘社会对现代国家构建的主动参与和积极反馈，它们以不同的形式参与其中并成为现代国家构建的组成部分。

三　反抗边缘化：现代国家构建的内在冲突

从近代兰州城市的发展历程可以看出，中央政府进行现代国家构建的政治动机为边缘地区地位的提升提供了最初的政治能量，边缘社会发展的积极性在这一构建过程中被激发，进而提出了"反抗边缘化"的目标，却无法摆脱边缘化的悖论。在现代国家构建过程中，国家对地方不同的政策、资源支持和赋予地方不同的自主空间，会造成不同区域之间动力和活力的差异。国家有意或无意地将沿海地区作为现代化的核心地区，将资源和政策优势不断向该地区转移，从而进一步加快了边缘地区的边缘化趋势。相较于核心区，边缘区更需要国家的"扶持之手"。但是在国家现代化进程中，沿海地区才是现代化的核心区域，因此国家把"扶持之手"更多伸向了核心区。一旦国家把注意力锁定在核心区，那么对边缘地区的发展目标就变成了政治安定而非经济发展，甚至还以牺牲经济发展来实现

---

① 张轲风：《民国时期西南大区区划演进研究》，人民出版社，2012，第 160~162 页。
② 江远山：《近代中国地域政治化研究——以广东为考察对象》，博士学位论文，复旦大学，2008，第 85 页。

政治安定的统治目标。

如果我们将现代国家构建分为以主权为基础的民族国家构建和以合法性为基础的民主国家构建的话，在近代兰州，在边缘人群积极参与民族国家构建的同时，他们也提出了十分强烈的民主国家构建的意识和愿望。"主动的边缘人"不仅积极认同中央权威以获取自身发展的合理资源，还在强调和树立自身"中心""中国"属性的同时，不断要求去除"边缘"的标签，实现与内地国人在身份和地位上的平等。这也说明，在将边缘地区纳入"现代中国"政治版图的同时，还亟须完善二者之间的政治认同和价值融合。有论者以边缘地区民族－国家建设任务的急迫和繁重为缘由，认为应在边缘地区实行先"国族"后"民主"的道路。① 殊不知"国族"构建与"民主"构建之间还隐含着潜在的学理冲突，先"国族"后"民主"只会让现代中国与其边缘地区之间的政治认同和价值融合更困难，其过程拉得越长，风险也越大。

"兰州中心说"的理想与现实的冲突，其实也代表了现代国家构建中理想与现实的冲突。现代国家构建的理想包含了民族－国家、民主－国家两部分，但是民族－国家的构建却挤占了民主－国家构建的社会空间，进而导致了国家构建体系内在的紧张。处于国家中心地带的人忙于应对近代殖民主义的威胁和部署国家现代化的任务，难以感受到这种紧张；而处于边缘地带的民众则不断被区域失衡和边缘化的失落感所包围，在心理上更易敏感和焦虑。但是，1949 年前历届政府都以"安边、治边"和"民族融合"为治边策略，无力解决这种现代化所导致的边缘困境。直到 1949

---

① 徐勇教授曾提出，在欧美国家，民族国家与民主国家的构建是同步的。而在中国这类后发国家，民族国家和民主国家的构建是不同步的。中国的现代国家构建分为不同的两个阶段：第一阶段是建立现代民族国家，实现民族国家的转型；第二阶段是进行民主国家构建，实现向民主政治的转型。尽管从历史逻辑来看，近代中国的国家构建确实遵循了这两个步骤，但我们不能因此就在实践中持先"国族"后"民主"的思路。先"国族"后"民主"，必然刻意忽略了边缘人群对现代公民身份的渴求和对"民主国家"构建的意愿，也就在事实上忽略了他们的诉求进而大大延缓了政治认同和价值融合的进程。就本书的研究来看，"兰州中心说"的提出以及籍贯冲突的出现，恰恰说明边缘人群对于"现代公民"身份的渴求欲望并不逊于"中国中心"的民众，甚至在某种程度上比后者更甚。参见徐勇《现代国家建构中的非均衡性和自主性分析》，《华中师范大学学报》2003 年第 5 期；王勇《西北国族与东南民主——中国区域政治发展非均衡的一个解释框架》，《朝阳法律评论》2012 年第 2 期。

年后在共产党领导下施行民族平等和区域平衡的举措，才开始对边缘社会的诸种权益要求做出切实的回应。

边缘地区比核心地区承载了更多的政权认同和族群认同功能，因此，边缘社会对其"边缘化"身份更为敏感，在政治认同的同时更希望消弭在现代化过程中所导致的愈益边缘化倾向。因而，边缘地区民众在参与和推动现代国家构建的同时，也或明或暗地提出了要求建构民主－国家的愿望，而这种愿望，并没有在1949年前的中国获得来自中心的回应。①　于是，边缘地区不断呼吁国家力量的介入，以改变自身边缘化的现状，但是以籍贯为分野的政治、经济地位的不平等往往又使本地人士产生"被殖民"和"被侵略"的幻觉。在这种不平等中，籍贯冲突就成为一个严重的社会问题。本省人对外省人的反感既体现了其对外省人"高人一等"和对自身"边缘"身份的不满，也包含了在区域失衡中不断加剧的失落感和焦虑感。但是，边缘始终是由中心定义的，中心不发生位移，反抗边缘化的激烈举措便只是情绪的宣泄，而产生不了实质性的结果。但是，这种激烈反抗，也为重新定义国家的"中心"提供了压力和可能。

综上所述，国家构建所带来的边缘地位的提升与国家现代化所导致的愈益边缘化之间的矛盾，不仅存在于近代兰州，也是整个边缘社会的基本特征。了解这一点，不仅是在整体上把握边缘社会的切入点，也是对现代国家与其边缘的关系、推动边缘社会发展和实现区域平衡等问题进行全方位审视的一个重要抓手。

---

① 之所以说边缘地区民众提出的要求构建民主－国家的愿望在1949年前的中国没有获得回应，是因为在1949年前历届中央政府的治边政策都强调的是"安边、治边"或"民族融合"，这无法解决现代化发展在中国边缘地区所造成的资源分配不均衡问题。而1949年以后，共产党领导建立了民族区域自治制度，并在政治、经济资源上向边缘地区大幅度倾斜，可以视为对边缘地区资源分配不均衡问题进行纠偏的一种努力。王明珂据此提出："社会主义中国的建立，的确在很多少数民族地区造成人民的'解放'。贯彻民族平等政策与民族自治，以及给予少数民族的优惠，使得在曾往'汉化'方向摆荡的传统华夏边缘上，如今许多人都乐于承认或争取得到少数民族身份。如此将过去狭隘之华夏概念所造成的'边缘'，调整为一国族下整体资源共享体系，以人类生态来说，这应是两千年前来华夏及其边缘发展中最具积极意义的一面。"参见王明珂《华夏边缘：历史记忆与族群认同》，浙江人民出版社，2013，第319页。

四 现代国家构建与中国"中心"观的重置

现代国家的建立，就是一个由中心不断向边缘渗透整合的持续过程。主流观点往往关注"中心"对"边缘"的影响，而忽视了"中心"的改变。事实上，在现代国家构建的过程中，"国家"的概念在发生改变，国家关注的重点区域在发生改变，国家的"中心"也在发生改变。正是因为国家"中心"的移动，"边缘"的位置才有了转换的可能。

"兰州中心说"是对中国"中心"进行重新定义的一次尝试。"中心"定义着"边缘"，只有"中心"发生位移，"边缘"的位置才能改变。民国时期"兰州中心说"的提出，代表着国家中心民众对西部价值的重新发现，就像翁文灏所说的，"现在西北地理位置的重要确又复活了，而且更加上前古未有的扩大"。[1] 尤其是在全面抗战初期，长期以来象征中国现代化和海洋化成就的沿海地区几乎全部陷落，社会舆论不由自主地折返回陆地中国，重新强调传统中国具有优势的大陆性特征及其文明，并试图消解海洋化过程所造成的内陆的边缘化。将中国的"中心"从东南沿海转移到内陆兰州，代表着中国"中心"观的变化，也只有在"中心"发生改变的情况下，"边缘"才具有消解边缘话语的可能。"中心"与"边缘"耦合，也是兰州城市的一大特色。尽管我们今天不能再称兰州为"中国中心"，但是兰州的某些特质，仍然应该作为城市特色保留下来，比如兰州的边缘性。兰州的边缘特色具有可穿越性，那就是，对西北人而言，兰州是繁华的内地；对中东部的民众而言，兰州是"骑着骆驼的边疆"。这充满了戏剧的张力，民国时期的许多旅行者都表达过这种惊讶，以为自己来到了祖国的边疆，殊不知却是祖国的心脏。因此，在对外宣传上，兰州应同时宣传两种形象，一种是展现自己边缘性的形象，比如"西行的起点"；[2] 另一种则完全相反，突出表现自己的"陆都"身份。两个具有戏剧性反差的形象，可以对旅行者产生强烈的心理冲击，既

---

[1] 翁文灏：《如何开发西北》，《独立评论》第40号，1933年3月5日。

[2] 2012年4月，兰州市委宣传部、兰州市旅游局召开新闻发布会，正式发布"中国西北游出发在兰州"兰州旅游形象宣传口号。这一口号就突出强调了兰州是"西行的起点"，暗含了兰州"边缘性"的身份设定。

能形成美好的心理体验，又能够增强对兰州的认知。

改革开放以来，富庶的沿海地区再次成为国家关注的焦点，中国"中心"再次向东部移动。海疆虽名为边疆，但早已没有了"边疆"的色彩。与之相应的，是西部内陆再次被边缘化，兰州也重新变成了"骑着骆驼的边疆"。可幸的是，党中央根据邓小平同志关于中国现代化建设"两个大局"的战略思想，提出了实施西部大开发战略，加快西部地区发展，逐步缩小西部地区与中东部地区的经济差距的战略举措。尤其是党的十八大以来，在以习近平同志为核心的党中央坚强领导下，西部地区经济社会发展取得重大历史性成就。2020 年 5 月 17 日，中共中央、国务院又印发了《关于新时代推进西部大开发形成新格局的指导意见》，强调以更大力度、更强举措推进西部大开发形成新格局。而兰州在西部大开发和"一带一路"建设中重新散发出璀璨的光芒，当仁不让地成为"丝绸之路经济带黄金段"的重要支点。这再次说明，现代国家构建是边缘社会发展的基本动力。在国家的推动下，自左宗棠以来就积累下来的社会压力将引导边缘社会积极参与并实施。

如果说之前的国家现代化是一种以空间置换时间的畸形现代化，是将"东部"作为"中国中心"来观照西部问题的话，① 那么西部大开发就应该强调以时间置换空间，将中国"中心"从"东部主义"中解放出来。站在"东部主义"的立场，西部永远是边缘，是缺乏价值、需要救扶的对象。只有在陆海统筹文明观的指导下重新设置中国"中心"，我们才会发现，"中国"不仅仅是东部的中国，也是西部的中国；"中国"不仅仅是海洋的中国，也是陆地的中国。只有中国"中心"再次西移，人们才会发现，西北既不西也不北；人们才会发现，"中国"不但指向的是富庶的沿海，还包括无边广袤的西部；人们才会发现，中国的对外发展方向，从来不只海洋一条，还有历史更为悠久的内陆。这样，才能将中国海疆和陆疆真正融合起来，进而在对"中国"空间性认识中深化对"中国"的认知，从而大大扩展国家发展的战略回旋空间。

---

① 陈文江、周亚平：《西部问题与"东部主义"——一种基于"依附理论"的分析视角》，《北京工业大学学报》2010 年第 2 期。

　　中国"中心"观的转移对今天的西部大开发战略和"一带一路"建设的实施有着重要的启示作用。西部大开发话语的背后，仍然隐藏着将西部地区作为国家中心之外的边缘地区的话语逻辑，也包含了在"开发"话语下西部边缘地区民众再次被"客体化""被动化"的隐患。两大工作的展开，需要我们重新设置中国"中心"，需要重新发现中国陆地文明的价值，重新发现西部中国的空间价值，重新发现西部中国通向亚欧大陆的空间延伸价值。只有抛弃"东部主义"和重新确立中国"中心"观，边缘才能褪去"边缘"的身份和色彩，中国才能在去中心化过程中实现均质化和一体化，才能建构更加紧密团结的中华民族共同体。

参考文献

一 经典著作与文献

《马克思恩格斯选集》，人民出版社，1995。

《列宁选集》第 2 卷，人民出版社，1972。

《毛泽东选集》，人民出版社，2014。

二 历史档案

甘肃督察驻京办事处档案（88），甘肃省档案馆藏。

甘肃省财政厅档案（16），甘肃省档案馆藏。

甘肃省参议会档案（14），甘肃省档案馆藏。

甘肃省地政局档案（26），甘肃省档案馆藏。

甘肃省高等法院档案（13），甘肃省档案馆藏。

甘肃省民政厅档案（15），甘肃省档案馆藏。

甘肃省政府档案（4），甘肃省档案馆藏。

空袭紧急联合办事处档案（40），甘肃省档案馆藏。

兰州市区建设委员会、兰州市自来水公司筹备处档案（62），甘肃省档案馆藏。

兰州市政府档案（59），甘肃省档案馆藏。

兰州市总工会、兰州市商会档案（60），甘肃省档案馆藏。

省合作金库、省合作金库合作社、联社档案（46），甘肃省档案馆藏。

中共甘肃省委办公厅档案（91），甘肃省档案馆藏。

三　报刊

《边铎》《边疆半月刊》《边声月刊》《边声周刊》《边事研究》《甘肃财政月刊》《甘肃警务周刊》《甘肃贸易季刊》《甘肃民国日报》《甘肃民政月刊》《甘肃省建设季刊》《甘肃省政府施政报告》《甘肃县政旬刊》《甘肃政报》《甘肃自治月刊》《甘行月刊》《河声报》《回教月刊》《开发西北》《兰州和平日报》《兰州日报》《兰州市政二周年》《兰州市政三周年》《兰州市政四周年》《兰州市政一周年》《兰州政府公报》《粮情周刊》《陇铎》《陇风》《申报》《西北》《西北春秋》《西北导报》《西北经济通讯》《西北论衡》《西北论坛》《西北评论》《西北日报》《西北问题》《西北问题季刊》《西北新闻日报》《西北言论》《西北研究》《西北月刊》《新兰州》《新陇》《新西北》《新亚细亚》《阵中日报》

四　调查文集、日记等

鲍大可：《中国西部四十年》，孙英春等译，东方出版社，1998。

陈博文：《甘肃省一瞥》，商务印书馆，1926。

陈赓雅：《西北视察记》，申报馆，1936。

陈奕禧：《皋兰载笔》，《西北行记丛萃·宁海纪行》，甘肃人民出版社，2002。

范长江：《中国的西北角》，天津大公报馆出版社，1937。

福克：《西行琐录》，中国野史集成编委会、四川大学图书馆编《中国野史集成》第46册，巴蜀书社，1993年影印本。

甘肃省银行经济研究室编《甘肃省各县经济概况》第2集，1942。

甘肃省银行经济研究室编辑《甘肃之工业》，甘肃省银行总行，1944。

甘肃省银行经济研究室编辑《甘肃之特产》，甘肃省银行总行，1944。

高良佐编著《西北随轺记》，建国月刊社，1936。

顾颉刚：《史林杂识初编》，中华书局，1963。

顾祖禹：《读史方舆纪要》，中华书局，2005年标点本。

郭步陶：《西北旅行日记》，大东书局，1932。

侯鸿鉴、马鹤天：《西北漫游记·青海考察记》，甘肃人民出版社，2003。

今秋：《西北远征记》，北新书局，1930。

李孤帆：《西行杂记》，开明书店，1942。

李烛尘：《西北历程》，文化印书馆，1945。

林竞：《蒙新甘青考察记》，甘肃人民出版社，2003。

林竞：《西北丛编》，中国西北文献丛书编辑委员会编《中国西北文献丛书·西北稀见方志文献》第6卷，兰州古籍书店，1990。

凌鸿勋：《西北行》，中国旅行社，1945。

刘文海：《西行见闻记》，南京书店，1933。

罗家伦：《西北行吟》，商务印书馆，1946。

《马达汉西域考察日记（1906~1908）》，王家骥译，中国民族摄影艺术出版社，2004。

马鹤天：《甘青藏边区考察记》，商务印书馆，1947。

马鸿亮：《国防线上之西北》，经纬书局，1936。

马无忌：《甘肃夏河藏民调查记》，文通书局，1947。

潘益民编《兰州之工商业与金融》，商务印书馆，1936。

任美锷、张其昀、卢温甫等：《西北问题》，科学书店，1943。

陕西实业考察团编辑《陕西实业考察》，陇海铁路管理局，1933。

铁道部业务司商务科编《陇海铁路甘肃段经济调查报告书》，沈云龙主编《近代中国史料丛刊三编》第51辑，台北，文海出版社，1989。

汪公亮：《西北地理》，正中书局，1935。

王金绂编著《西北地理》，立达书局，1932。

王金绂：《西北之地文与人文》，商务印书馆，1935。

王志文编《甘肃省西南部边区考察记》，甘肃省银行经济研究室，1942。

吴震华：《西北徒步之一瞥》，同仁书店，1935。

西北实业调查团：《西北实业报告》，西北实业调查团，1940。

萧梅性编著《兰州商业调查》，陇海铁路管理局，1935。

徐盈：《抗战中的西北》，生活书店，1938。

许公武：《青海志略》，商务印书馆，1943。

薛桂轮：《西北视察日记》，申报馆，1934。

严重敏：《西北地理》，大东书局，1946。

杨希尧：《青海风土记》，新亚细亚书店，1931。

张联渊：《皋兰田赋之研究》，台北，成文出版社；美国，中文资料中心，1997。

张维：《兰州古今注》，中国西北文献丛书编辑委员会编《中国西北文献丛书·西北史地文献》第 24 卷，兰州古籍书店，1990。

张维著，王希隆主编《还读我书楼文存》，三联书店，2010。

赵敏求：《跃进中的西北》，新中国文化出版社，1941。

中央银行经济研究处编辑《甘青宁经济纪略》，中央银行经济研究处总务科，1935。

周开庆：《西北剪影》，中西书局，1943。

五　资料汇编

甘肃省机械工业志编辑室编《甘肃近代机械工业史料（1872～1949)》，兰州大学出版社，1989。

甘肃省档案馆编《甘肃历史人口资料汇编》（共两辑），甘肃人民出版社，1997。

甘肃省图书馆书目参考部编《西北民族宗教史料文摘》（甘肃分册），甘肃省图书馆，1984。

甘肃省图书馆书目参考部编《西北民族宗教史料文摘》（青海分册），甘肃省图书馆，1986。

《皇明经世文编》，续修四库全书编纂委员会编《续修四库全书》一六五六《集部·总集类》，上海古籍出版社，2002 年影印本。

《李文忠公全书·奏稿》，沈云龙主编《近代中国史料丛刊续编》第 70 辑，台北，文海出版社，1980 年影印本。

梁方仲：《中国历代户口、田地、田赋统计》，上海人民出版社，1980。

宓汝成：《中华民国铁路史资料（1912～1949)》，社会科学文献出版社，2002。

《明会典》，续修四库全书编纂委员会编《续修四库全书》七八九《史部·政书类》，上海古籍出版社，1996年影印本。

乾隆《东华续录》，续修四库全书编纂委员会编《续修四库全书》三七三《史部·编年类》，上海古籍出版社，1996年影印本。

《钦定平定七省方略》，中国书店，1985年影印本。

秦孝仪主编《革命文献》，台北，中央文物供应社，1980。

秦孝仪主编《总统蒋公思想言论总集》，台北，中央文物供应社，1984。

全国政协文史资料研究委员会、甘肃省政协文史资料研究委员会编《邓宝珊将军》，文史资料出版社，1985。

上海社会科学院经济研究所编《刘鸿生企业史料（1931～1937年）》下册，上海人民出版社，1981。

孙毓棠编《中国近代工业史资料（1840～1895）》第1辑，科学出版社，2016。

《左宗棠全集》，岳麓书社，2014。

六　地方史资料

《大明一统志》，台北，台联国风出版社，1977。

道光《兰州府志》，《中国地方志集成·甘肃府县志辑》第1册，凤凰出版社，2008。

《甘肃省政府职员录（1932年）》，甘肃省图书馆藏，索书号：572.4/178。

《甘肃省政府职员录（1937年9月）》，甘肃省图书馆藏，索书号：573.916/178.11。

《皋兰县续志》，中国西北文献编辑委员会编《中国西北文献丛书·西北稀见方志文献》第34卷，兰州古籍书店，1990。

光绪《重修皋兰县志》，《中国地方志集成·甘肃府县志辑》第3～5册，凤凰出版社，2008。

《嘉庆重修一统志》，上海书店出版社，1984。

康熙《兰州志》，《中国地方志集成·甘肃府县志辑》第1册，凤凰出版社，2008。

《兰州市参议会首届第七八次大会记录》，1947，甘肃省图书馆藏，索书号：573.9161016/51.04。

《兰州市参议会首届第五六次大会记录》，1947，甘肃省图书馆藏，索书号：573.9161016/51.03。

《兰州市参议会首届第一二次大会记录》，1946，甘肃省图书馆藏，索书号：573.9161016/51.01。

《陆洪涛督甘史料》，甘肃省图书馆藏，索书号：629.16/112。

乾隆《皋兰县志》，《中国地方志集成·甘肃府县志辑》第3册，凤凰出版社，2008。

《张广建督甘史料》，甘肃省图书馆藏，索书号：629.16/798。

东亚同文会支那省别全志刊行会编《支那省别全志》第6卷《甘肃省（附新疆省）》，国际出版印刷社，1918。

甘肃省地方史志编纂委员会、甘肃省交通史志年鉴编写委员会编纂《甘肃省志》第38卷《公路交通志》，甘肃人民出版社，1993。

甘肃省地方史志编纂委员会、甘肃省人民防空办公室编纂《甘肃省志》第10卷《军事志》，甘肃人民出版社，2000。

甘肃省地方史志编纂委员会、甘肃省志建设志编纂委员会编纂《甘肃省志》第32卷《建设志》，甘肃人民出版社，2000。

甘肃省地方史志编纂委员会编纂《甘肃省志》第2卷《大事记》，甘肃人民出版社，1989。

兰州市地方志编纂委员会、兰州市财政税务志编纂委员会编纂《兰州市志》第36卷《财政税务志》，兰州大学出版社，1998。

兰州市地方志编纂委员会、兰州市房地产志编纂委员会编纂《兰州市志》第9卷《房地产志》，兰州大学出版社，1998。

兰州市地方志编纂委员会、兰州市建置区划志编纂委员会编纂《兰州市志》第1卷《建置区划志》，兰州大学出版社，1999。

兰州市地方志编纂委员会、兰州市教育志编纂委员会编纂《兰州市志》第55卷《教育志》，兰州大学出版社，1997。

兰州市地方志编纂委员会、兰州市林业志编纂委员会编纂《兰州市志》第 26 卷《林业志》，兰州大学出版社，1998。

兰州市地方志编纂委员会、兰州市民族宗教志编纂委员会编纂《兰州市志》第 42 卷《民族宗教志》，兰州大学出版社，2007。

民国《甘肃省志》，中国西北文献丛书编辑委员会编《中国西北文献丛书·西北稀见方志文献》第 33 卷，兰州古籍书店，1990。

民国《甘肃通志稿》，中国西北文献丛书编辑委员会编《中国西北文献丛书·西北稀见方志文献》第 27~29 卷，兰州古籍书店，1990。

慕寿祺：《甘宁青史略》，广文书局，1972。

彭英甲编《陇右纪实录》，沈云龙主编《近代中国史料丛刊三编》第 40 辑，台北，文海出版社，1989。

乾隆《甘肃通志》，四库全书本。

全国政协文史和学习委员会编《亲历辛亥革命：见证者的讲述》，中国文史出版社，2010。

王圻、王思义编集《三才图会》，上海古籍出版社，1988 年影印本。

宣统《甘肃新通志》，中国西北文献丛书编辑委员会编《中国西北文献丛书·西北稀见方志文献》第 23~26 卷，兰州古籍书店，1990。

颜永桢：《兰州楹联汇存·亨卷》，慕寿祺鉴定，颜永基校阅，1929，甘肃省图书馆藏，索书号：856.7/67。

政协甘肃省委员会文史资料研究委员会编《甘肃文史资料选辑》第 1 辑至第 46 辑，甘肃人民出版社，1986~1997 年陆续出版。

政协兰州市委员会文史资料研究委员会编《兰州文史资料选辑》第 1 辑至第 21 辑，1983~2002 年陆续出版。

政协兰州市城关区委员会文史资料委员会编印《城关文史资料选辑》第 1 辑至第 8 辑，1988~2002 年陆续出版。

朱允明：《甘肃省乡土志稿》，中国西北文献丛书编辑委员会编《中国西北文献丛书·西北稀见方志文献》第 30~32 卷，兰州古籍书店，1990。

七 著作

W. 阿瑟·刘易斯：《经济增长理论》，梁小民译，三联书店，1990。

安东篱：《说扬州：1550~1850 年的一座中国城市》，李霞译，中华书局，2007。

巴菲尔德：《危险的边疆：游牧帝国与中国》，袁剑译，江苏人民出版社，2011。

滨下武志：《近代中国的国际契机：朝贡贸易体系》，朱荫贵、欧阳菲译，中国社会科学出版社，1999。

曹子西主编《北京通史》，中国书店出版社，1994。

陈育宁主编《宁夏通史》，宁夏人民出版社，1993。

陈之迈：《中国政府》第3册，商务印书馆，1946。

程兆生：《金城漫话》，甘肃人民出版社，1987。

崔永红：《青海经济史》，青海人民出版社，1998。

崔永红等主编《青海通史》，青海人民出版社，1999。

戴鞍钢：《港口·城市·腹地：上海与长江流域经济关系的历史考察（1843~1913）》，复旦大学出版社，1998。

戴维·瓦尔德纳：《国家构建与后发展》，刘娟凤、包刚升译，吉林出版集团有限责任公司，2011。

戴逸、张世明主编《中国西部开发与近代化》，广东教育出版社，2006。

邓慧君：《甘肃近代社会史》，甘肃人民出版社，2007。

翟松天：《青海经济史·近代卷》，青海人民出版社，1998。

丁焕章主编《甘肃近现代史》，兰州大学出版社，1989。

方荣、张蕊兰：《甘肃人口史》，甘肃人民出版社，2007。

傅崇兰：《中国运河城市发展史》，四川人民出版社，1985。

傅高义：《共产主义下的广州：一个省会的规划与政治》，高申鹏译，广东人民出版社，2008。

傅熹年：《中国古代城市规划、建筑群布局及建筑设计方法研究》，中国建筑工业出版社，2001。

傅熹年：《中国古代建筑十论》，复旦大学出版社，2004。

中国近代纺织史编辑委员会编著《中国近代纺织史》，中国纺织出版社，1997。

高红霞：《上海福建人研究（1843~1953）》，上海人民出版社，

2008。

葛兆光：《宅兹中国：重建有关"中国"的历史论述》，中华书局，2011。

谷苞主编《西北通史》，兰州大学出版社，2005。

郭厚安、陈守忠主编《甘肃古代史》，兰州大学出版社，1989。

韩起澜（Emily Honig）：《苏北人在上海，1850～1980》，卢明华译，上海古籍出版社、上海远东出版社，2004。

韩渝辉主编《抗战时期重庆的经济》，重庆出版社，1995。

何一民主编《近代中国城市发展与社会变迁（1840～1949年）》，科学出版社，2004。

何一民主编《近代中国衰落城市研究》，巴蜀书社，2007。

赫尔曼·M. 施瓦茨：《国家与市场——全球经济的兴起》，江苏人民出版社，2008。

黄滨：《近代粤港客商与广西城镇经济发育——广东、香港对广西市场辐射的历史探源》，中国社会科学出版社，2005。

黄立人：《抗战时期大后方经济史研究》，中国档案出版社，1998。

黄正林：《陕甘宁边区社会经济史（1937～1945）》，人民出版社，2006。

黄宗智：《华北的小农经济与社会变迁》，中华书局，2000。

黄宗智：《长江三角洲小农家庭与乡村发展》，中华书局，2000。

柯文：《在中国发现历史——中国中心观在美国的兴起》，林同奇译，中华书局，2002。

拉铁摩尔：《中国的亚洲内陆边疆》，唐晓峰译，江苏人民出版社，2005。

兰州市公路交通史志编写组编《兰州市公路交通史》，人民交通出版社，1990。

李瑊：《上海的宁波人》，上海人民出版社，2000。

李金铮：《近代中国乡村社会经济探微》，人民出版社，2004。

李清凌：《西北经济史》，人民出版社，1997。

李清凌主编《甘肃经济史》，兰州大学出版社，1996。

李世华、石道全：《甘肃公路交通史》，人民交通出版社，1987。

李涊：《帝国远行：中国近代旅外游记与民族国家建构》，中国社会科学出版社，2011。

李占才：《中国铁路史（1876～1949）》，汕头大学出版社，1994。

梁元生：《上海道台研究——转变社会中之联系人物，1843～1890》，陈同译，上海古籍出版社，2003。

林永匡、王熹编著《清代西北民族贸易史》，中央民族学院出版社，1991。

刘景纯：《清代黄土高原地区城镇地理研究》，中华书局，2005。

刘伟：《晚清督抚政治——中央与地方关系研究》，湖北教育出版社，2003。

刘心武：《钟鼓楼》，东方出版社，2006。

刘易斯·芒福德：《城市发展史——起源、演变和前景》，宋俊岭、倪文彦译，中国建筑工业出版社，2005。

刘易斯·芒福德：《城市文化》，宋俊岭等译，中国建筑工业出版社，2009。

刘毓汉主编《甘肃省情》，兰州大学出版社，1989。

鲁西奇：《城墙内外：古代汉水流域城市的形态与空间结构》，中华书局，2011。

罗伯特·斯特林·克拉克、阿瑟·德·卡尔·索尔比著，C. H. 切普梅尔编《穿越陕甘：1908～1909年克拉克考察队华北行纪》，史红帅译，上海科学技术文献出版社，2010。

罗威廉：《汉口：一个中国城市的冲突和社区（1796～1895）》，鲁西奇、罗杜芳译，中国人民大学出版社，2008。

罗威廉：《汉口：一个中国城市的商业和社会（1796～1889）》，江溶、鲁西奇译，中国人民大学出版社，2005。

罗兹·墨非：《上海——现代中国的钥匙》，上海市社会科学院历史研究所编译，上海人民出版社，1986。

马啸：《左宗棠在甘肃》，人民出版社，2011。

彭慕兰：《腹地的构建——华北内地的国家、社会和经济（1853～

1937）》，马俊亚译，上海人民出版社，2017。

彭树智：《东方民族主义思潮》，西北大学出版社，1992。

彭兆荣、李春霞：《岭南走廊——帝国边缘的地理和政治》，云南教育出版社，2008。

钱端升等：《民国政制史》，商务印书馆，1945。

秦翰才：《左文襄公在西北》，上海书店出版社，1989。

任放：《明清长江中游市镇经济研究》，武汉大学出版社，2003。

施坚雅（G. William Skinner）主编《中华帝国晚期的城市》，叶光庭等译，中华书局，2000。

施坚雅：《中国农村的市场和社会结构》，史建云、徐秀丽译，中国社会科学出版社，1998。

史明正：《走向近代化的北京城：城市建设与社会变革》，王业龙、周卫红译，北京大学出版社，1995。

宋仲福主编《西北通史》第5卷，兰州大学出版社，2005。

宋钻友：《广东人在上海（1843～1949年）》，上海人民出版社，2007。

苏辙：《栾城集》，上海古籍出版社，1987年标点本。

苏智良主编《上海城区史》，学林出版社，2011。

孙秋云：《核心与边缘：18世纪汉苗文明的传播与碰撞》，人民出版社，2007。

孙逊、杨剑龙主编《都市、帝国与先知》，上海三联书店，2006。

孙逊主编《都市文化研究》第1辑至第5辑，上海三联书店，2005年至2008年陆续出版。

田多华、肖兴吉编选《名人笔下的兰州》，兰州大学出版社，1989。

田培栋：《明清时代陕西社会经济史》，首都师范大学出版社，2000。

田澍总主编《兰州通史》，人民出版社，2021。

涂文学：《城市早期现代化的黄金时代——1930年代汉口的市政改革》，中国社会科学出版社，2009。

王笛著译《茶馆：成都的公共生活和微观世界（1900～1950）》，社会科学文献出版社，2010。

王笛：《街头文化：成都公共空间、下层民众与地方政治，1870～1930》，李德英、谢继华、邓丽译，中国人民大学出版社，2006。

王笛：《跨出封闭的世界——长江上游区域社会研究（1644～1911）》，中华书局，2001。

王东杰：《国家与学术的地方互动：四川大学国立化进程（1925～1939）》，三联书店，2005。

王劲：《甘宁青民国人物》，兰州大学出版社，1995。

王玲：《北京与周围城市关系史》，北京燕山出版社，1988。

王明珂：《华夏边缘：历史记忆与族群认同》，台北，允晨文化公司，1997。

王明珂：《羌在汉藏之间：一个华夏边缘的历史人类学研究》，台北，联经出版事业股份有限公司，2003。

王明珂：《游牧者的抉择：面对汉帝国的北亚游牧部族》，台北，联经出版事业股份有限公司，2009。

王希隆：《清代西北屯田研究》，兰州大学出版社，1990。

王致中、魏丽英：《明清西北社会经济史研究》，三秦出版社，1989。

王致中、魏丽英：《中国西北社会经济史》，三秦出版社，1996。

魏晋：《兰州春秋》，甘肃人民出版社，2002。

杨重琦主编《兰州经济史》，兰州大学出版社，1991。

魏明孔：《西北民族贸易研究——以茶马互市为中心》，中国藏学出版社，2003。

魏永理：《中国近代西北开发史》，甘肃人民出版社，1993。

吴良镛等：《张謇与南通："中国近代第一城"》，中国建筑工业出版社，2006。

吴廷桢主编《河西开发研究》，甘肃教育出版社，1993。

吴万善、张玉峰：《西北近代史略》，甘肃人民出版社，1991。

西北军政委员会贸易部编《西北商业概况》，西北人民出版社，1952。

鲜肖威、陈莉君：《兰州地理》，兰州学刊编辑部，1982。

萧正洪：《环境与技术选择——清代中国西部地区农业技术地理研

究》，中国社会科学出版社，1998。

谢觉哉：《谢觉哉日记》，人民出版社，1984。

忻平：《从上海发现历史——现代化进程中的上海人及其社会生活（1927～1937）》，上海人民出版社，2009。

熊大桐等编著《中国近代林业史》，中国林业出版社，1989。

熊月之主编《上海通史》，上海人民出版社，1999。

徐安伦、杨旭东：《宁夏经济史》，宁夏人民出版社，1998。

杨大金编《现代中国实业志》，商务印书馆，1938。

杨重琦主编《兰州经济史》，兰州大学出版社，1991。

尹伟先主编《西北通史》第4卷，兰州大学出版社，2005。

袁林：《西北灾荒史》，甘肃人民出版社，1994。

张轲风：《民国时期西南大区区划演进研究》，人民出版社，2012。

张克非主编《兰州大学校史》，兰州大学出版社，2009。

张仲礼主编《东南沿海城市与中国近代化》，上海人民出版社，1996。

赵荣、杨新军：《西北地区城市发展研究》，陕西人民出版社，2001。

赵园：《城与人》，上海人民出版社，1991。

周子峰：《近代厦门城市发展史研究（1900～1937）》，厦门大学出版社，2005。

Diana Lary, *The Chinese State at the Borders*, Vancouver, Toronto：UBC Press, 2007.

Max Weber, *Essays in Sociology*, translated and edited by H. H. Gerth and C. Wright Mills, London：Routledge and Kegan Paul, 1970.

Michael Hechter, *Internal Colonialism：The Celtic Fringe in British National Development, 1536 - 1966*, Berkeley：University of California Press, 1975.

Pamela Kyle Crossley, Helen F. Siu, Donald S. Sutton, *Empire at the Margins：Culture, Ethnicity, and Frontier in Early Modern China*, Berkeley：University of California Press, 2006.

Peter. C. Perdue, "The Qing State and the Gansu Grain Market, 1739 - 1864," in Thomas. G. Rawski and Lillian M. Li, eds., *Chinese History in*

Economic Perspective，Berkeley：University of California Press，1992.

Piper Rae Gaubatz，*Beyond the Great Wall：Urban Form and Transformation on the Chinese Frontiers*，Los Angeles：Stanford University Press，1996.

八　已刊论文

钞晓鸿：《晚清时期陕西移民入迁与土客融合》，《中国社会经济史研究》1998 年第 1 期。

陈柏萍：《17 世纪青海蒙藏民族与内地贸易交往初探》，《青海民族学院学报》1997 年第 4 期。

陈晶晶：《中国市政组织制度的近代化雏形——〈广州市暂行条例〉》，《中山大学研究生学刊》1999 年第 4 期。

陈蕴茜：《民国中山路与意识形态日常化》，《史学月刊》2007 年第 12 期。

陈钊：《甘肃雷马事变中的蒋介石与杨虎城》，《民国档案》2009 年第 3 期。

程牧：《清代西北城市的外贸和洋行》，《兰州学刊》1987 年第 3 期。

岱宗：《明清西北城市的市民社会经济生活》，《兰州学刊》1988 年第 1 期。

邓明：《兰州历史地理研究取得丰硕成果——兰州市情·历史地理论证会研究成果综述》，《兰州宣传》1997 年第 1 期。

丁孝智：《近代兰州地区的茶叶贸易》，《社会科学》1990 年第 5 期。

丁孝智：《近代兰州的私营商业》，《甘肃理论学刊》1990 年第 4 期。

丁孝智：《丝路经济的明珠——兰州水烟业》，《西北师大学报》1990 年第 8 期。

杜常顺：《明清时期黄河上游地区的畜牧业》，《青海师范大学学报》1994 年第 3 期。

范瑛：《论清代西昌城市空间形制及其特征》，《民族学刊》2012 年第 4 期。

方秋梅：《辛亥革命与近代汉口市政体制转型》，《江汉论坛》2011 年第 11 期。

冯建勇：《构建民族国家：辛亥革命前后的中国边疆》，《中国边疆史地研究》2011 年第 3 期。

冯建勇：《清季近代国家观念之构筑及其在边疆地区的适用》，《北方论丛》2009 年第 2 期。

冯明：《清代湖北义学空间分布差异分析》，《法制与社会》2007 年第 10 期。

高占福：《回族商业经济的历史变迁与发展》，《宁夏社会科学》1994 年第 4 期。

高占福：《丝绸之路上的甘肃回族》，《宁夏社会科学》1986 年第 2 期。

郝锦花、王先明：《清末民初乡村精英离乡的"新学"教育原因》，《文史哲》2002 年第 5 期。

何一民：《中国近代城市史研究述评》，《中华文化论坛》2000 年第 1 期。

胡卫清：《地方性事件与国家认同：汕头䲷民学校风潮之解读》，《中山大学学报》2008 年第 4 期。

华伟：《城市与市制——市制丛谈之一》，《中国方域》1999 年第 3 期。

华伟：《自治市与行政市——市制丛谈之二》，《中国方域》2000 年第 1 期。

黄志繁：《国家认同与土客冲突——明清时期赣南的族群关系》，《中山大学学报》2002 年第 4 期。

黄志繁：《土客冲突、商镇发展与民俗创造——江西上犹营前圩的个案研究》，《清华大学学报》2011 年第 1 期。

姜芃：《城市史是否是一门学科？》，《世界历史》2002 年第 4 期。

结古乃·桑杰：《甘肃藏区寺院经济探析》，《西藏研究》1997 年第 2 期。

雷绍宇：《近代市制与广州城市治安管理的近代化》，《黑龙江史志》2008 年第 20 期。

李刚、卫红丽：《明清时期山陕商人与青海歇家关系探微》，《青海民族研究》2004 年第 2 期。

李晓英、牛海桢：《科举制废除及绅士阶层在新式教育领域中的贡献》，《甘肃社会科学》2006 年第 6 期。

李兴华：《兰州伊斯兰教研究》，《回族研究》2006 年第 2 期。

李兴平：《略述清末民初的兰州典当业》，《甘肃行政学院学报》2002年第 1 期。

李艳：《清末民初甘肃的城市近代化》，《兰州学刊》2004 年第 6 期。

刘进：《兰州城市近代化迟滞原因试析》，《天水师范学院学报》2001年第 1 期。

刘进：《清末民国时期兰州城市商业近代化趋向述评》，《天水师范学院学报》2002 年第 4 期。

刘景华：《清代青海的手工业》，《青海社会科学》1997 年第 6 期。

刘喜堂：《青海建省述评》，《西北史地》1994 年第 1 期。

鲁西奇、马剑：《空间与权力：中国古代城市形态与空间结构的政治文化内涵》，《江汉论坛》2009 年第 4 期。

马明忠、何佩龙：《青海地区的"歇家"》，《青海民族学院学报》1994 年第 4 期。

马平：《近代甘青川康边藏区与内地贸易的回族中间商》，《回族研究》1996 年第 4 期。

马学贤：《回族在青海》，《宁夏社会科学》1987 年第 4 期。

缪心毫：《清代义学生存困境分析》，《历史档案》2006 年第 2 期。

彭南生、邵彦涛：《陆地中国还是海洋中国？——民国时期第四次建都论战中的东西之争及其内涵》，《人文杂志》2014 年第 2 期。

彭南生、邵彦涛：《民族命运共同体话语下的民国"兰州中心说"》，《人文杂志》2011 年第 1 期。

朴基水：《清中期广西的客民及土客械斗》，《中国社会经济史研究》2005 年第 4 期。

乔纳森·李普曼：《论大清律例中的伊斯兰教和穆斯林》，王建平译，《回族研究》2002 年第 2 期。

邱红梅：《近代中国市制的变迁及其特点》，《咸宁学院学报》2007

年第 5 期。

尚季芳：《民国政府时期的西北考察家及其著作述评》，《中国边疆史地研究》2003 年第 3 期。

邵彦涛：《法律、私庙与官官相争：兰州朝元观庙产纷争案研究》，《宗教学研究》2015 年第 1 期。

邵彦涛：《疆域观与族类观的转变：兰州城市身份演变与"中国"观念变迁》，《青海民族研究》2014 年第 1 期。

邵彦涛：《近代兰州区域市场中的客商概述》，《高等函授学报》2010 年第 8 期。

邵彦涛：《客商与同籍专业化模式：近代兰州客商的产业链条探析》，《湖北师范学院学报》2012 年第 5 期。

邵彦涛：《民国设市标准与财政能力之关系——以兰州设市为中心的考察》，《甘肃社会科学》2016 年第 2 期。

邵彦涛：《土客互动与区域市场的内外共建——以近代兰州区域市场为中心的分析》，《兰州学刊》2012 年第 12 期。

邵彦涛、易仲芳：《植树与现代国家构建——以近代兰州林业发展为中心》，《近代史学刊》2021 年第 1 期。

石志新：《清代后期甘宁青地区人口与耕地变量分析》，《中国农史》2000 年第 1 期。

石志新：《清末甘肃地区经济凋敝和人口锐减》，《中国经济史研究》2000 年第 2 期。

侍建华：《甘肃近代农业发展史事纪要（1840～1949）》，《古今农业》2001 年第 1 期。

宋俊岭：《城市的定义和本质》，《北京社会科学》1994 年第 2 期。

苏海洋、雍际春等：《丝绸之路陇右南道甘肃东段的形成与变迁》，《西北农林科技大学学报》2011 年第 3 期。

苏明强：《清末新政与中国近代市政机构的萌生》，《辽宁教育行政学院学报》2009 年第 9 期。

陶东风：《全球化、文化认同与后殖民批评》，《东方丛刊》1999 年第 1 期。

陶玉坤：《长城与中国文化地理》，《阴山学刊》2005 年第 5 期。

田穗生：《旧中国市建制设置概述》，《学术研究》1985 年第 1 期。

万芳珍：《清前期江西棚民的入籍及土客籍的融合和矛盾》，《江西大学学报》1985 年第 2 期。

王金岩、梁江：《明初兖州府城形态扩展及鲁王城规划分析——兼论藩王城规划》，《规划师》2007 年第 1 期。

王立忠：《解放前兰州清真寺述略》，《西北民族学院学报》1983 年第 3 期。

王日根、张学立：《清代科场冒籍与土客冲突》，《西北师大学报》2005 年第 1 期。

王翔：《传统市场网络的近代变形——近代冀南与西北"土布换皮"贸易初探》，《近代史研究》2011 年第 2 期。

王炎：《离异与回归——从土客对立的社会环境看客家移民的文化传承》，《中华文化论坛》2008 年第 1 期。

王永亮：《西北回族经济活动史略》，《回族研究》1996 年第 2 期。

王致中：《"歇家"考》，《青海社会科学》1987 年第 2 期。

王致中：《明清时期甘肃矿业考》，《社会科学》1985 年第 6 期。

王致中：《明清西北城市若干社会经济功能特征试探》，《兰州学刊》1987 年第 1 期。

王致中：《清代甘宁青市场地理考》，《西北史地》1986 年第 2 期。

魏丽英：《论近代西北市场的地理格局与商路》，《甘肃社会科学》1996 年第 4 期。

魏丽英：《明清时期西北城市的"商帮"》，《兰州学刊》1987 年第 2 期。

魏丽英：《清季西北城市近代化的初步尝试》，《西北史地》1988 年第 2 期。

魏明孔：《西北民族贸易述论——以茶马互市为中心》，《中国经济史研究》2001 年第 4 期。

吴承明：《利用粮价变动研究清代的市场整合》，《中国经济史研究》1996 年第 2 期。

吴松弟：《市的兴起与近代中国区域经济的不平衡发展》，《云南大学学报》2006年第5期。

　　吴忠礼：《宁夏建省溯源》，《宁夏大学学报》1984年第2期。

　　夏阳：《甘肃毛纺织业史略》，《社会科学》1985年第5期。

　　夏阳：《论近代甘肃市场的初步发育及时代特征》，《甘肃社会科学》1994年第6期。

　　鲜肖威：《甘肃境内的丝绸之路》，《兰州大学学报》1980年第2期。

　　鲜肖威：《论历史上兰州东平原的黄河河道变迁》，《兰州学刊》1982年第1期。

　　向达之：《论近代后期西北地区工商业经济的严重萎缩》，《甘肃社会科学》1993年第6期。

　　向达之：《清末至民国前期的兰州商业》，《兰州学刊》1987年第4期。

　　肖遥：《明清西北城市手工业制造丛考》，《兰州学刊》1987年第4期。

　　谢宏维等：《清中晚期至民国时期江西万载的土客冲突与国家应对》，《江西社会科学》2004年第2期。

　　谢亮：《中心与边缘的关系重建：南京国民政府时期的西北开发活动分析》，《西北第二民族学院学报》2007年第6期。

　　忻平：《试论抗战时期内迁及其对后方社会的影响》，《华东师范大学学报》1999年第2期。

　　邢康、戴均良：《中国市制创立简述》，《中国民政》1987年第9期。

　　熊月之、张生：《中国城市史研究综述（1986～2006）》，《史林》2008年第1期。

　　徐建平：《民国时期南京特别市行政区域划界研究》，《中国历史地理论丛》2013年第2期。

　　杨宇振：《图像内外：中国古代城市地图初探》，《城市规划学刊》2008年第2期。

　　杨重琦：《清末以来的兰州私营商业》，《发展》1995年第3期。

　　姚兆余：《清代西北地区农业开发与农牧业经济结构的变迁》，《南京农业大学学报》2004年第2期。

叶骁军：《关于建设兰州标志性景观——中华国心塔》，《西北史地》1999 年第 3 期。

雍际春：《论明清时期陇中地区的经济开发》，《中国历史地理论丛》1992 年第 4 期。

于逢春：《论中国疆域最终奠定的时空坐标》，《中国边疆史地研究》2006 年第 1 期。

余文倩：《国民政府统治后期市制的发展趋势》，《四川教育学院学报》2008 年第 7 期。

袁剑：《边缘社会的外国眼：拉铁摩尔及其中国边疆民族理论》，《中国民族报》2010 年 5 月 21 日，第 6 版。

张福运：《意识共同体与土客冲突——晚清湖团案再诠释》，《中国农史》2007 年第 2 期。

张庆军：《民国时期都市人口结构分析》，《民国档案》1992 年第 1 期。

周振鹤：《行政区划史研究的基本概念与学术用语刍议》，《复旦学报》2001 年第 3 期。

朱立芸：《近代西北金属矿业开发简论》，《开发研究》2000 年第 5 期。

朱英：《戊戌至辛亥地方自治的发展——湖南保卫局与上海总工程局之比较》，《近代史研究》1999 年第 4 期。

九　未刊学位论文

白维军：《兰州织呢局的成败探析及启示》，硕士学位论文，内蒙古大学，2005。

蔡峰：《城市地图下的城市》，硕士学位论文，同济大学，2008。

陈江：《结合碑刻看明清时期兰州的社会状况》，硕士学位论文，兰州大学，2009。

陈宇：《明清时期兰州地区水环境与城市发展研究》，硕士学位论文，西北师范大学，2012。

陈元长：《1940 年代兰州市民日常生活研究》，硕士学位论文，西北师范大学，2016。

　　崔欣：《民国时期兰州婚俗研究及其旅游开发》，硕士学位论文，西北师范大学，2007。

　　高源：《清真寺的社会功能——兰州清真寺中的族群认同》，博士学位论文，中央民族大学，2009。

　　葛野：《兰州白云观道教研究》，硕士学位论文，西北师范大学，2009。

　　贾强：《从"边塞"到"陆都"：近代兰州城市意象变迁研究》，硕士学位论文，西北师范大学，2017。

　　黎仕明：《清代甘肃城市发展与社会变迁》，博士学位论文，四川大学，2007。

　　李昂：《民国时期兰州新生活运动研究》，硕士学位论文，西北民族大学，2016。

　　李鲁平：《解放初期中共对兰州市接管工作研究》，硕士学位论文，西北民族大学，2019。

　　李颖：《1940年代兰州解决市区生活用水问题研究》，硕士学位论文，西北民族大学，2018。

　　刘海霞：《兰州城市发展演变研究——以设市初期为例（1941～1949）》，硕士学位论文，西北师范大学，2013。

　　刘娟：《二十世纪五十年代初兰州市工商业的政治重塑》，硕士学位论文，兰州大学，2012。

　　刘婷：《民国时期兰州水烟业研究》，硕士学位论文，西北师范大学，2012。

　　卢继旻：《明朝兰州城研究》，硕士学位论文，西北师范大学，2010。

　　芦雪：《兰州抗战文化宣传活动研究（1937～1945）》，硕士学位论文，西北师范大学，2016。

　　孟岩：《中苏关系视野下的中国城市变迁》，硕士学位论文，西北民族大学，2018。

　　牛晓燕：《清至民国时期兰州城市发展与地域影响》，硕士学位论文，西北师范大学，2008。

邵彦涛《近代兰州区域市场中的客商研究》，硕士学位论文，华中师范大学，2011。

司贵云：《铁路与兰州城市发展研究》，硕士学位论文，西北师范大学，2012。

宋杨：《抗战时期兰州毛纺织工业的发展研究》，硕士学位论文，西北师范大学，2017。

孙晓东：《民国时期兰州城市空间变迁与社会发展研究》，硕士学位论文，青海师范大学，2013。

王伦信：《清末民国时期中学教育研究》，博士学位论文，华东师范大学，2001。

王巍：《民国时期兰州金融近代化研究》，硕士学位论文，西北师范大学，2013。

王永飞：《抗日时期西北城市发展研究》，硕士学位论文，西北大学，2003。

韦宝畏：《清代至民国时期兰州及其周边地区农业开发研究》，博士学位论文，西北师范大学，2009。

辛超：《二十世纪二十年代广州市制改革与市政建设》，硕士学位论文，暨南大学，2010。

徐晶晶：《抗战时期八路军驻兰州办事处研究》，硕士学位论文，西北民族大学，2010。

徐晓丹：《兰州晚清至民国黄河津渡遗址调查与研究》，硕士学位论文，西北师范大学，2018。

杨海燕：《常与变：陕甘总督群体构成与人事嬗递探颐》，硕士学位论文，温州大学，2012。

杨洪远：《民国时期甘肃灾荒研究》，硕士学位论文，西北师范大学，2007。

杨佳玉：《清末民初兰州城市近代化研究》，硕士学位论文，西北师范大学，2013。

杨晓：《兰州重工业城市的形成和发展研究（1949～1978）》，硕士学位论文，兰州大学，2009。

张改妍:《1941～1949 年兰州房荒研究》,硕士学位论文,西北师范大学,2013。

张学武:《南京国民政府前十年市制探析（1927～1937)》,硕士学位论文,河南大学,2008。

赵鑫宇:《清代兰州城儒释道宗教场所的文化研究》,硕士学位论文,西北民族大学,2018。

Yeung Wing Yu Hans, Guangzhou, 1800 – 1925 the Urban Evolution of a Chinese Provincial Capital, Ph. D. thesis, University of Hong Kong, 1999.

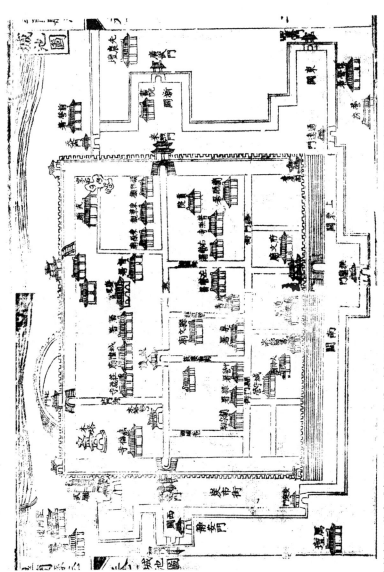

乾隆《城池图》

资料来源：乾隆《皋兰县志》卷1《图》，《中国地方志集成·甘肃府县志辑》第3册，凤凰出版社，2008，第11页。

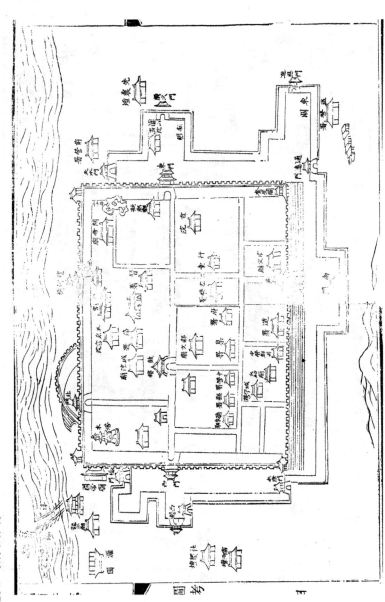

三　道光《府城图》

资料来源：道光《兰州府志》卷1《图考》，《中国地方志集成·甘肃府县志辑》第1册，凤凰出版社，2008，第455～456页。

四　宣统《省会城关全图》

资料来源：宣统《甘肃新通志》，中国西北文献丛书编辑委员会编《中国西北文献丛书·西北稀见方志文献》第 23 卷，兰州古籍书店，1990，第 182～183 页。

七 《兰州城市图》

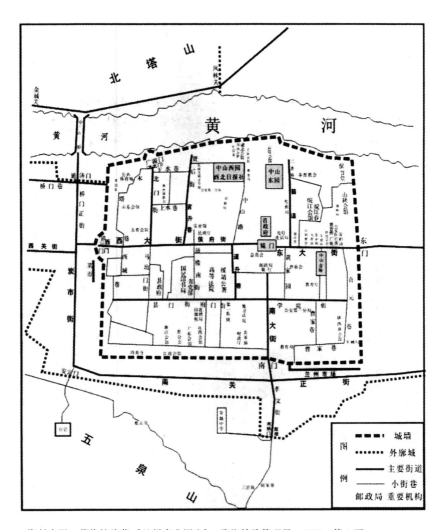

资料来源：萧梅性编著《兰州商业调查》，陇海铁路管理局，1935，第 1 页。

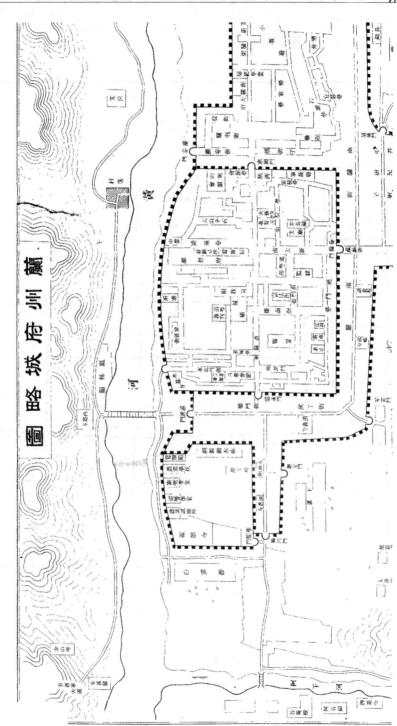

八　《兰州府城略图》

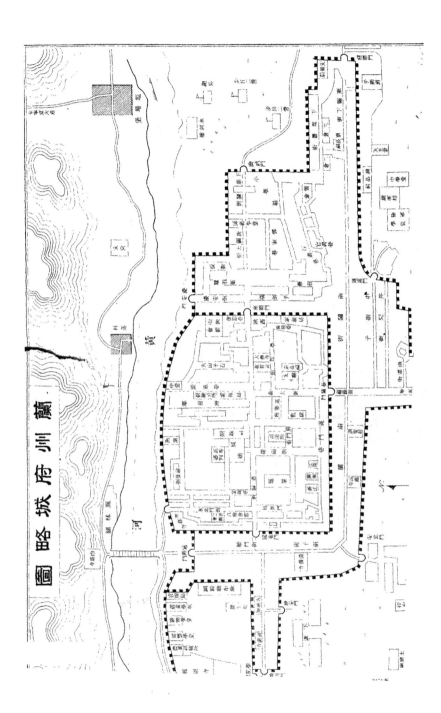

蘭州府城略圖

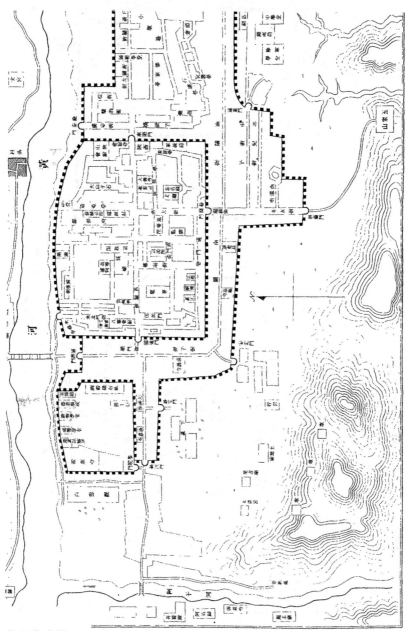

第六卷附图

资料来源：东亚同文会支那省别全志刊行会编《支那省别全志》第 6 卷《甘肃省（附新疆省）》，国际出版印刷社，1918，第 138 页附图。

后　记

选择近代兰州城市发展作为我的博士论文选题，缘于我在兰州大学的四年求学经历。我的父亲是一个沉默寡言、不善言辞的人，但在我高考填报志愿的时候，他建议我选择兰州大学。"去西部支援一下国家的西部大开发"，这是父亲的原话。我不知道，一辈子生活在祖国的中原腹地、几乎没有迈出过县城一步的父亲为何对国家的西部大开发战略情有独钟，但我仍然选择去了兰州。与我远在中东部的高中同窗相比，四年兰大的生活显得寂寥而平淡。跟现在朋友说起兰州，他们依然好像是在听一部真实版的大话西游。多年过去了，大家对西北兰州的印象还是没有太多的变化，一切的一切交汇到那个最初的笑话，问：兰州是不是没有水喝啊？答：是啊，我们不喝水，都喝饮料。兰州这种具有悖论性质的边缘性，成为最初吸引我的地方。对西北人而言，兰州是繁华的内地；而对于大多数中东部的人来讲，兰州则是"骑着骆驼的边疆"。兰州城市身份的这种模糊性和穿越性，促使我不断思考和发掘这座城市的历史与现实，也就此形成了博士论文最初的问题意识。

在本书即将付梓之际，我要对所有关心我进步和成长的老师、同学表示深深的谢忱和敬意。感谢我的导师彭南生教授。2008年我从兰州大学慕名来到华中师范大学，顺利拜入彭老师门下。彭老师严谨的治学风范令人钦佩，高质量的课堂教学使我受益匪浅。尤其是他广阔的理论视野和新颖的学术观点，总能给在学业中困惑的我以恰到好处的指导。每次私下谈话，彭老师总是不厌其烦地对我学习过程中的问题提出意见，对我所关注的学术问题给予高屋建瓴的指点。正是在这种如沐春风的教育下，我的学业有了很大的进步，并顺利完成了博士论文的写作。

感谢中国近代史研究所的所有老师。感谢朱英老师、严昌洪老师和罗福惠老师，阅读他们的著作是一种理性的享受。感谢郑成林老师和魏文享老师，郑老师幽默风趣的课堂总是让人难忘，魏老师看似随意的点拨让人回味无穷。感谢何卓恩老师、付海晏老师、田彤老师、刘伟老师、许小青老师和江满情老师，在论文的开题、写作和预答辩过程中，他们提出了许多宝贵的修改意见，开阔了我的学术视野。感谢答辩委员会主席、日本千叶商科大学赵军教授为本书的修改提出建设性意见。感谢中国近代史研究所的资料室，海量的资料储存为本书写作提供了巨大的便利。遥想在兰州求学的时候，因为资料短缺，我习惯了在网上寻找电子版资料书，每日对着电脑咬文嚼字，尽享疲累之苦。而当我穿梭在中国近代史研究所资料室的书林中时，真有"乘桴浮于海"的飘逸感，便利之处，自不待言。

还要感谢国家社科基金后期资助项目、华中师范大学优博计划对本书的慷慨资助。2017年，我有幸获得了国家社科基金后期资助项目的资助，进而有了更好的基础拓展本选题的研究。

同时，还要感谢兰州大学的乔健老师、杨红伟老师、张克非老师、冯培红老师、聂红萍老师和刘继华老师等。他们是引领我进入史学研究领域的启蒙者，也对本书的写作提供了很多指导。乔健老师的"精神贵族"一课一直是支持我在历史研究道路上前进的精神力量，杨红伟老师独特的人格魅力——粗犷的性格、严谨的考据功夫和深厚的理论涵养，不断影响着我。感谢我高中的班主任乔永亮老师，他的历史课堂和他超凡脱俗的气质是促使我选择历史专业的一个主要因素，我也从他那里学到了"为学不随流俗转"的永恒信念。感谢亦师亦友的岳奎老师、易仲芳老师、郑宁老师和严鹏师兄。感谢我的同窗好友孟玲洲、唐婧、杜银蝶、熊庆农、熊云腾、黄金、陈磊、尹阳硕、王闯、储竞争、李凤凤、朱洪涛、张博峰等。他们为本书的写作提供了诸多帮助，既有观点的启迪，也有资料的惠赐。

最后要感谢养育我并一直支持我的父母和其他家人，他们的爱是支持我不断前进的精神动力！我出生在"黄帝故里"古城新郑一个非常普通的农民家庭，父母都务农为生，辛辛苦苦拉扯我们姐弟三人。由于家庭经济拮据，我的两个姐姐早早辍学打工，以减轻家庭负担并支持我求学。我对两个姐姐一直心存感激，没有她们的支持以及对双亲的辛苦照料，我不可能有如此宽裕的时间和空间来从事学术研究。感谢我的岳父岳母，作为无房无车的"裸身"一族，他们非但不反对，还积极支持我和爱人白海霞的结合。感谢我的爱人白海霞，在我博士论文写作期间，她不顾自己课业的繁重辛勤照料我的生活。每次论文写作陷入困境的时候，她都会用严谨的哲学逻辑思维帮我推理和疏导，与她的相逢是我一生最大的幸事。

再次衷心感谢所有帮助过我、支持过我的良师和益友，正是他们的关心和帮助，才使我在学术之路上越走越开阔，同时也使这一切变得更富有价值和意义。

在我修改这篇后记的时候，英雄的城市、英雄的人民已经取得了抗击新冠肺炎疫情的决定性成果。在武汉封城的前两天，我回到了老家，并在郑州市中心医院新郑分院隔离了十四天。在彷徨无措的十四天里，幸好手头有这部书的书稿，让我在埋头修订的过程中短暂忘却了疫情给我这个归乡的"武汉人"带来的精神压力。郑州市中心医院新郑分院的医生护士，不仅要为我们提供医疗服务，还要在我们解除隔离后再自行隔离十四天。他们无怨无悔，胸怀大爱，以救死扶伤、医者仁心的职业操守，冲锋陷阵、义无反顾，是真正的白衣天使。惊心动魄的抗疫斗争给每个武汉人留下了终生难忘的记忆，感谢伟大的中国共产党，感谢伟大的中国人民，感谢每一个为武汉抗疫、中国抗疫做出贡献的人。

邵彦涛

2021 年 11 月 1 日于武汉桂子山

图书在版编目（CIP）数据

现代国家与其边缘：近代兰州城市发展研究：1872 -
1949／邵彦涛著 . - - 北京：社会科学文献出版社，
2023.1

国家社科基金后期资助项目

ISBN 978 - 7 - 5228 - 0760 - 7

Ⅰ.①现⋯　Ⅱ.①邵⋯　Ⅲ.①区域经济发展 - 研究 -
兰州 - 1872 - 1949 ②城市建设 - 研究 - 兰州 - 1872 - 1949
Ⅳ.①F127.421 ②F299.274.21

中国版本图书馆 CIP 数据核字（2022）第 171559 号

· 国家社科基金后期资助项目·

现代国家与其边缘：近代兰州城市发展研究（1872~1949）

著　　者／邵彦涛

出 版 人／王利民
责任编辑／李期耀
文稿编辑／徐　花
责任印制／王京美

出　　版／社会科学文献出版社 · 历史学分社（010）59367256
　　　　　　地址：北京市北三环中路甲 29 号院华龙大厦　邮编：100029
　　　　　　网址：www. ssap. com. cn
发　　行／社会科学文献出版社（010）59367028
印　　装／三河市龙林印务有限公司

规　　格／开　本：787mm × 1092mm　1/16
　　　　　　印　张：24.75　字　数：388 千字
版　　次／2023 年 1 月第 1 版　2023 年 1 月第 1 次印刷
书　　号／ISBN 978 - 7 - 5228 - 0760 - 7
定　　价／128.00 元

读者服务电话：4008918866